面向 21 世纪课程教材
Textbook Series for 21st Century

普通高等教育"十五"国家级规划教材

法 理 学

Jurisprudence

（第四版）

沈宗灵 主编

撰稿人（按姓氏笔画顺序排列）

巩献田　沈宗灵　张　骐
李清伟　罗玉中　侯　健

图书在版编目(CIP)数据

法理学/沈宗灵主编.—4 版.—北京:北京大学出版社,2014.10
(面向 21 世纪课程教材)
ISBN 978-7-301-24999-4

Ⅰ.①法… Ⅱ.①沈… Ⅲ.①法理学—高等学校—教材 Ⅳ.①D90

中国版本图书馆 CIP 数据核字(2014)第 237408 号

书　　　名:	法理学(第四版)
著作责任者:	沈宗灵　主编
责 任 编 辑:	白丽丽
标 准 书 号:	ISBN 978-7-301-24999-4/D·3697
出 版 发 行:	北京大学出版社
地　　　址:	北京市海淀区成府路 205 号 100871
网　　　址:	http://www.pup.cn
新 浪 微 博:	@北京大学出版社　@北大出版社法律图书
电 子 邮 箱:	编辑部 law@pup.cn　总编室 zpup@pup.cn
电　　　话:	邮购部 62752015　发行部 62750672　编辑部 62752027　出版部 62754962
印 刷 者:	北京圣夫亚美印刷有限公司
经 销 者:	新华书店
	730 毫米×980 毫米　16 开本　25.75 印张　490 千字
	2001 年 11 月第 1 版　2003 年 6 月第 2 版
	2009 年 2 月第 3 版
	2014 年 10 月第 4 版　2025 年 3 月第 11 次印刷
定　　　价:	45.00 元

未经许可,不得以任何方式复制或抄袭本书之部分或全部内容。
版权所有,侵权必究
举报电话:010-62752024　电子邮箱:fd@pup.cn

内 容 简 介

本书是普通高等教育"十五"国家级规划教材,为全国高等学校法学专业核心课程教材之一。本书共 4 编 20 章,认真总结和吸纳了我国法治建设的实际经验和法理学多年的研究成果,丰富和更新了法理学的教学内容,显著地调整和完善了法理学课程体系。

本书全面、系统、深入地阐释了法理学的基本概念、基本知识和基本理论。第一编"法的一般原理"不但详细论述了法的概念,法的价值,法律上的权利、义务与权力,法的作用,还阐述了法律发展及西方国家法。第二编"依法治国,建设社会主义法治国家"对依法治国的理念,依法治国与经济、政治、文化和科学技术等方面的关系进行了阐述。第三编"法的制定"论述了法的制定、法的渊源和分类、法律体系等问题。第四编"法的实施和监督"分析了法的实施、法律关系、法律责任与法律制裁、法律解释与法律推理、法律监督等问题,廓清了法的实施与监督理论的基本框架。

本书突出了法理学的应用品格,吸收我国法治建设的实践成果,在基本理论、基本观点、基本知识的论述上更加精炼、准确、恰当,形成和建立了有中国特色的法理学课程内容的体系框架。

本书第四版结合近年来我国法学理论和实践的发展对相关内容进行了修订。

本书可作为高等学校法学专业的教科书,也可供其他专业选用和社会读者阅读。

作者简介

沈宗灵 北京大学法学院资深教授。主要著作有:《美国政治制度》(商务印书馆1980年版)、《现代西方法律哲学》(法律出版社1983年版)、《法学基础理论》(主编,北京大学出版社1998年版)、《西方人权学说》(上)(主编,四川人民出版社1994年版)。

罗玉中 北京大学法学院教授,博士研究生导师。主要著作有:《科技法律制度》(主编,北京科学技术出版社1992年版)、《科技法基本原理》(中国科学技术出版社1993年版)、《科学技术进步法论》(高等教育出版社1996年版)、《人权与法制》(北京大学出版社2001年版)、《知识经济与法律》(主编,北京大学出版社2001年版)、《科技法学》(主编,华中科技大学出版社2005年版)。

巩献田 北京大学法学院教授,法学博士,博士研究生导师。主要著作有:《现代法理研究》(法律出版社1995年版)、《论依法治国》(河南人民出版社1996年版)、《法理学三论》(华龄出版社1997年版)、《法律基础与思想道德修养》(主编,高等教育出版社2000年版)、《思想道德修养与法律基础知识》(主编,中国法制出版社2006年版)、《中华人民共和国法律大辞书》(副主编,长春出版社1991年版)、《法学概论》(副主编,北京大学出版社1999年版)、《列宁法律思想史》(副主编,法律出版社2000年版)。

张 骐 北京大学法学院教授,法学博士,博士研究生导师。主要著作有:《法律推理与法律制度》(山东人民出版社2003年版);译著有:《法律:一个自创生系统》(北京大学出版社2003年版)。

李清伟 上海大学法学院教授,法学博士,博士研究生导师。主要著作有:《法理学》(主编,格致出版社、上海人民出版社2013年版)、《法理学导论》(主编,上海财经大学出版社2006年版)、《法理学》(副主编,中国民主法制出版社2005年版);译著有:《法理学:从古希腊到后现代》(合译,武汉大学出版社2003年版)。

侯 健 复旦大学法学院教授,法学博士。主要著作有:《舆论监督与名誉权问题研究》(北京大学出版社2002年版)、《表达自由的法理》(上海三联书店2007年版)、《人文主义法学思潮》(法律出版社2007年版)。

目 录

第一编 法的一般原理

第一章 导论 (3)
- 第一节 法学的研究对象和体系 (3)
- 第二节 法学与其他学科的关系 (7)
- 第三节 法学的历史发展 (8)
- 第四节 当代中国的法学发展 (14)
- 第五节 法学研究的方法 (15)
- 第六节 法理学在法学体系中的地位 (18)

第二章 法的概念 (22)
- 第一节 法的基本特征 (22)
- 第二节 法的要素 (27)
- 第三节 法的学说 (33)

第三章 法的价值 (40)
- 第一节 法的价值概述 (40)
- 第二节 法律与正义 (43)
- 第三节 法律与自由 (46)
- 第四节 法律与利益 (50)
- 第五节 法律与秩序 (56)

第四章 权利、义务、权力 (60)
- 第一节 权利、义务与权力的概念 (60)
- 第二节 权利与义务的分类 (64)
- 第三节 权利与义务的关系 (66)
- 第四节 历史上权利与义务的观念 (69)

第五章 法的作用 (72)
- 第一节 法的作用的概念 (72)
- 第二节 法的规范作用 (73)
- 第三节 法的社会作用 (77)

第四节　当代中国法的社会作用 …………………………………… (80)
　　第五节　正确认识法的作用 ………………………………………… (82)
第六章　法律发展 ……………………………………………………… (88)
　　第一节　法的起源 …………………………………………………… (88)
　　第二节　法律发展 …………………………………………………… (90)
　　第三节　法律移植 …………………………………………………… (92)
　　第四节　法律继承 ………………………………………………… (100)
　　第五节　法的现代化 ……………………………………………… (102)
第七章　西方国家法 ………………………………………………… (107)
　　第一节　近代西方国家法的产生 ………………………………… (107)
　　第二节　西方国家法的渊源和分类 ……………………………… (111)
　　第三节　西方国家法制 …………………………………………… (113)
　　第四节　法系 ……………………………………………………… (116)
　　第五节　第二次世界大战后的美国法律 ………………………… (120)
　　第六节　欧盟法律与两大法系的关系 …………………………… (125)

第二编　依法治国，建设社会主义法治国家

第八章　依法治国总论 ……………………………………………… (133)
　　第一节　法治、德治(人治)和法制的概念 ……………………… (133)
　　第二节　"依法治国"的理论 ……………………………………… (139)
　　第三节　依法治国的优越性、局限性和前景 …………………… (147)
第九章　法律与经济 ………………………………………………… (151)
　　第一节　法律与经济概述 ………………………………………… (151)
　　第二节　法律与经济体制 ………………………………………… (154)
　　第三节　市场经济法律制度 ……………………………………… (160)
　　第四节　宏观调控与法律 ………………………………………… (163)
第十章　依法治国与社会主义政治 ………………………………… (167)
　　第一节　法治与政治 ……………………………………………… (167)
　　第二节　法治与政党 ……………………………………………… (168)
　　第三节　法治与国家 ……………………………………………… (171)
　　第四节　法治与民主 ……………………………………………… (174)
　　第五节　法治与人权 ……………………………………………… (178)

第十一章　法律与文化 (185)
第一节　法律与文化 (185)
第二节　法律与文明 (193)
第三节　法律与道德 (197)
第四节　法律与宗教 (205)

第十二章　依法治国与科学技术 (209)
第一节　科技进步与法制建设 (209)
第二节　科技法的产生与发展 (213)
第三节　新时期健全科技法制建设的目标和举措 (224)

第三编　法的制定

第十三章　法的制定 (233)
第一节　法的制定和立法的概念 (233)
第二节　法的制定的指导思想和基本原则 (239)
第三节　立法体制、立法程序和立法技术 (247)

第十四章　法的渊源与法的分类 (256)
第一节　法的渊源与法的分类的概念 (256)
第二节　当代中国社会主义法的渊源及其分类 (261)
第三节　规范性法律文件的系统化 (272)

第十五章　法律体系 (276)
第一节　法律体系和部门法 (276)
第二节　中国特色社会主义法律体系的基本框架 (283)
第三节　中国特色社会主义法律体系的发展与完善 (294)

第四编　法的实施和监督

第十六章　法的实施 (301)
第一节　法的实施概念 (301)
第二节　法律效力 (307)
第三节　法律实效 (310)
第四节　当代中国法律适用的原则 (317)

第十七章　法律关系 ……………………………………………… (325)
第一节　法律关系的概念 ……………………………………… (325)
第二节　法律关系的主体和客体 ……………………………… (327)
第三节　法律关系的演变 ……………………………………… (329)
第四节　法律关系的分类 ……………………………………… (331)

第十八章　法律责任与法律制裁 ………………………………… (335)
第一节　法律责任的概念 ……………………………………… (335)
第二节　法律责任的种类 ……………………………………… (341)
第三节　法律责任的归结与免除 ……………………………… (348)
第四节　法律制裁 ……………………………………………… (352)

第十九章　法律解释与法律推理 ………………………………… (356)
第一节　法律解释的概念 ……………………………………… (356)
第二节　法律解释的目标与方法 ……………………………… (361)
第三节　当代中国的法律解释体制 …………………………… (367)
第四节　法律推理 ……………………………………………… (372)

第二十章　法律监督 ……………………………………………… (380)
第一节　法律监督概说 ………………………………………… (380)
第二节　国家机关的监督 ……………………………………… (388)
第三节　社会监督 ……………………………………………… (394)

第四版后记 …………………………………………………………… (401)

//
第一编　法的一般原理

第一章 导 论

本章是全书的导论，主要探讨法学的一些共同性问题，包括：什么是法学的研究对象；法学体系由哪些分支学科组成；法学与其他学科的关系；中国和西方法学的历史发展；马克思主义法学的出现；当代中国法学的发展；法学的研究方法；法理学在法学中的地位。

第一节 法学的研究对象和体系

一、法学的概念

（一）"法学"一词的词源

在探讨法学概念时，也应了解"法学"这个词在中国和西方国家的来源。中国先秦时，与现在所讲的"法学"近似的词是"刑名法术之学"或"刑名之学"。① "刑名法术之学"将"刑名"和"法术"两词联在一起，其中"名"指的是循名责实，赏罚分明。"刑名"也可作刑种解。"术"指的是君主实行统治的策略、手段。自汉开始各代又有"律学"的名称，但总的来说，在中国，法学或法律科学这一名称，直到19世纪末20世纪初西方文化大量传入后才被广泛使用。

在西方，最早出现的法学一词通常指古代拉丁语中的 jurisprudentia，其原意是"法律的知识"和"法律的技术"。该词由词根 jus（法）的形容词形式 juris 和另一个词根 providere（实践知识，实践智慧）构成。据考证，这一概念早在公元3世纪就已经出现了。② 古罗马法学家乌尔比安（Ulpianus，约170—228年）对该词下的定义是"人和神的事务的概念，正义和非正义之学"。③ 随着欧洲中世纪中后期罗马法的复兴和近代民族国家的建立，jurisprudentia 逐步衍生出一组表示"法学"或"法律科学"的术语，如德文中的 Jurisprudenz, Rechtswissenschaft，法文中的 science du droit, science juridique，英文中的 legal science, science of law 等。"法律科学"一词（英文中的 science of law，德文中的 Rechtswissenschaft 等）到19世纪后期才被广泛使用。

---

① 《史记·老子韩非列传》；《史记·商君列传》。
② 何勤华：《西方法学史》，中国政法大学出版社1996年版，第5页。
③ 《学说汇纂》1，1，10，2；《法学阶梯》1，1，1。

(二) 法学的概念

法学是研究法律这一社会现象及其发展规律的学问,它以特定的概念、原理讨论法律现象,寻求法律问题的答案。人类的知识可以分为理论知识和实践知识,其中实践知识包括宗教知识、伦理知识、政治知识、法律知识等。在这个意义上,法学是一门实践性的科学,具有实践性的特征,是人们在社会实践的基础上建立和发展起来的。法是实践经验的总结,它来源于社会实践,又反过来为实践服务。

根据近代对科学和学问的划分,学问大体上分为自然科学与社会科学。一般认为,法学属于社会科学。自然科学研究自然现象,社会科学研究社会现象。哲学是对自然、社会和思维知识的概括和总结。法学、政治学、军事学、经济学、社会学、史学、宗教学等学科都属于社会科学。

二、法学的研究对象

(一) 法学研究法(律)这一社会现象

法学研究法或法律这一特定社会现象。这里讲的法是一个动态的概念。法学的研究对象不限于对一般法律规定的理解,还要研究法的产生、本质、特征、发展、作用(功能)、制定、实施和监督等方面的概念、原理和知识。总之,不仅研究纸面上的法,而且研究现实生活中的法。例如,在研究经济生活中经常遇到的合同时,不仅应研究有关合同的法律规定,而且还应进一步了解有关法律在现实生活中的实现及其社会、经济效益等问题。

再有,在研究法这一社会现象时,往往会发现有关这一现象的客观规律,它们是不依人们意志为转移的。例如,随着商品生产等现象的出现,就必然会产生法律;法律随着经济、政治和文化等条件的发展而发展;法律从习惯法发展为成文法等,都可以说是有关法律发展的一些客观规律。

(二) 对法学研究具体对象的不同理解

在法律思想史中,不同学派的思想家、法学家,由于对法本身有不同的理解,因而对法学的具体对象就有不同的理解。在西方法学中,主张法代表正义、道德或哲理的人(自然法学、哲理法学派),就认为法学应主要研究法的价值或最高目的,也即研究正义的、理想的法。主张法是国家权力的产物的人(分析法学派),就认为法学应主要研究法的形式,如法律规范的效力来源、逻辑结构和法律概念等。主张法是一种社会现象的人(社会学法学派),则认为法学应主要研究法的社会功能、法的效果、法和社会生活的关系等事实。

这些西方法学家对法的本质的解释,在本书下一章中再具体论述。作为一门科学,法学既应研究法的形式,包括法律规范的效力来源、逻辑结构和概念分析等,也应研究法与社会、经济、政治、宗教、思想、道德、文化、历史等因素的相互关系,其中包括法的产生、本质、作用和发展等问题,因为这些问题都涉及法与社会、经济、政治等因素的相互关系。

三、法学体系

(一) 法学体系的含义

像任何其他学科体系一样,法学体系是法学的各个分支学科构成的一个有机联系的整体。法学体系从来没有也不可能有固定不变的模式。不同时代、不同国家都有不同的法学体系,当然,它们之间既有联系又有区别。一般来说,一国的法学体系是在总结本国法律实践经验的基础上建立的,同时又借鉴本国历史上的和外国的经验。随着社会发展的需要、本国法律的发展以及法学家认识水平的提高,法学体系也就不断发展。每个国家的法学家当然最关心本国法学体系的建立和发展,因此,每个国家的法学体系的状况同本国法学家对这一问题的认识水平是不可分的。同时,一国的法学家也要关注其他国家法学体系,以加强不同法学体系之间的交流与借鉴。

(二) 国外法学对法学分支学科的划分

在国外法学著作中对法学分支学科的划分并没有比较一致的观点。例如,英国《牛津法律指南》中将法学分为理论法学和应用法学两大部类,并具体分为七个部门:(1) 法律理论和哲学;(2) 法律史和各种法律制度史;(3) 比较法研究;(4) 国际法;(5) 超国家法(如欧洲共同体或欧盟法律);(6) 国内法;(7) 附属学科,如法医学、法律精神病学等。以上(1)—(3) 部门属于理论法学;(4)—(6) 部门属于应用法学;(7) 部门本身并不研究法律问题,但同所发生的法律问题有联系。[1] 日本《万有百科大辞典》中将法学分为四大部类:(1) 公法,包括宪法、行政法和国际法;(2) 私法,包括民法、商法、民事诉讼法、劳动法、国际私法;(3) 刑事学,包括刑法、刑事诉讼法、刑事政策学;(4) 基础法学,包括法律哲学、法律社会学、法律史学、比较法学。[2] 原苏联法学界曾将法学体系分为四类:(1) 方法论和历史科学(国家和法的理论、国家和法的历史);(2) 与各法律部门相联系的专门科学(国家法、行政法、民法和刑法等);(3) 研究外国国家和法以及对国际关系法律调整的科学。(4) 辅助法律科学,如法医学、法律精神病学、法律化学等。[3]

(三) 法学分科的不同角度

从以上可以看出,法学的分科相当广泛,其名称也颇多。研究这一问题的关

---

[1] D. M. Walker, *The Oxford Companion to Law*, Clarendon, 1980, p.754.
[2] 《万有百科大辞典》,第13卷,1973年,第530页。
[3] 〔俄〕齐切瓦茨和齐夫斯:《社会主义法律体系》,参见 J. C. B. Mohr:《国际比较法百科全书》,第2卷,第2册,1974年版,第135页。

键是怎样划分分支学科。例如,人们都承认国内法学不同于国际法学,理论法学不同于应用法学,而为什么它们能包括在一个法学体系内?答案是:人们是从不同角度来划分各分支学科的。

第一,从各种类别的法律这一角度出发,法学可分为:(1)国内法学,其中又可分为宪法学、民法学、刑法学等各部门法学;(2)国际法学(广义),又可分为国际公法学、国际私法学和国际经济法学等;(3)法律史学,又可分为法制史和法律思想史,二者又都可再分为通史、国别史、断代史、专史等;(4)比较法学和外国法学,这里之所以将二者并列,是因为比较法(或比较法学、比较法研究)通常是指对不同国家的法律进行双边或多边的比较研究。

第二,从法律的制定到实施这一角度出发,法学又可分为:(1)立法学,即研究立法原则、立法规划、立法预测、立法体制(立法权限的划分)、立法程序、法律形式的规范化、法律的统一化、立法体系、法律体系、法律清理、汇编、编纂以及对立法的评价等。这里讲的立法和法律都是从广义上讲的,是指各种法律法规的制定。(2)法律解释学,实质上即中外历史上早已出现的注释法学。(3)法律社会学,即研究法律制定后如何实施、是否实施、怎样得以实施、法律的社会作用(功能)和效果究竟如何、法律和其他社会因素的关系等。

第三,从认识论角度出发,法学可分为理论法学和应用法学。目前我国法学界把理论法学称为"法理学",主要研究法的基本概念、原理和知识等。应用法学通常是指在社会中实际应用的法学分科,其内容包括国际法和国内法以及这种法律的制定、解释和实施。从这一意义上说,以上所讲的那些法学分科,除法理学和法律思想史外,都可以归入应用法学。

第四,从法学和其他学科的关系这一角度来看,法学又可分为法学本科和法学边缘学科。以上所讲的三种分科都属于法学本科,但在法学体系和法学分科的传统概念中,法学中除本科外,还包括法学与自然科学、工程、技术科学或其他人文社会科学学科之间的一些边缘学科,如科技法学、犯罪学、司法鉴定学、法律精神病学、证据学、法律统计学、法律教育学等。

这里应注意的是,以上分科是从不同角度来分的,它们处于不同的平面上。因此,在上述几类分科中,应用法学和法学本科并不是法学体系中的独立分科,能成为独立分科的仅有九个,即国内法学、国际法学、法律史学、比较法学和外国法学、立法学、法律解释学、法律社会学、理论法学、法学的边缘学科。在这九个独立的分科之间,也会存在不同程度的交错。在每一独立分科中,又可再划分为不同层次的较低的分科。例如,国内法学又可再分为宪法学、行政法学、民法学等第二层次分科;民法学又可再分为物权法学、债权法学、婚姻法学、继承法学等第三层次分科。

(四) 法学体系和法律体系

以上讲的法学分科是从一般意义上讲的,即不分国家和时期。如果仅就一个国家在一定时期的法学而论,它总是以研究本国现行法律的理论和实践为重点的。因此,本国的法学体系和法律体系是密切联系的。法律体系在本书以下有专章论述,它是指由本国各部门法构成的整体。所以它与法学体系虽有联系但含义不同,法学体系范围比法律体系为广。法学体系和法律教育中的课程体系既有联系又有区别。课程体系,即法律院校的课程设置方案,并不等于法学体系,更不等于我国法律体系或部门法体系,课程设置应考虑本单位培养对象的不同要求,一般地说,它不可能包括法学体系中所有分科,反过来,个别课程也可能兼跨几个分科。但总的来说,法律院校的课程设置应以法学体系的分科作为基础。

我国法学体系的现状是法学家关注的一个问题。我国的法学体系应以本国法制建设作为基础,同时也应考虑国外法学分科的现状。科学的法学体系对立法、执法、司法以及法律教育、法学研究、法学的对外交流等都有重要意义。

第二节 法学与其他学科的关系

在现代社会中,法在调整人们行为方面的作用极为广泛。法学与包括自然科学在内的各门学科都有不同程度的关系。

(1) 法学与哲学的关系。任何学派的法学都以某种哲学作为其理论基础。当代中国的法学是以马克思主义哲学,即辩证唯物主义和历史唯物主义作为自己的理论基础的,从中汲取世界观和方法论,又为哲学提供丰富的材料。

(2) 法学与社会学的关系。二者存在着极为密切且相互交错的关系。法律社会学既是法学的分支学科,又是社会学的分支学科,是介乎法学和社会学之间的边缘学科。作为法学分支的法律社会学和作为社会学分支的法律社会学,两者既有联系又有区别。例如,青少年犯罪、家庭、婚姻等问题是社会学和法学共同关注的问题,但双方的研究角度又有所不同。前者需要综合各种社会因素来研究这些问题,后者则着重研究这些问题的法律方面。

(3) 法学与经济学的关系。法学和经济学都需要研究法与经济的关系。法学从研究法律制度、法律关系、法律行为的角度(例如研究合同制度、当事人双方权利义务关系、民事侵权行为等)出发来研究法与经济的关系,而经济学则从生产力、经济制度、经济规律和经济活动的角度出发来研究这种关系。

(4) 法学与政治学的关系。在历史上,法学和政治学曾长期结合在一起。在欧洲中世纪,教会居于主导地位,政治学和法学都从属于教会的神学。17—18世纪,法学和政治学都摆脱了神学的桎梏,但还是一些哲学家包罗万象的哲学体系中的两个环节,而且,两个学科也很难分开。直到 19 世纪,法学和政治学才从哲学中脱离出来,各自成为独立学科。

法和国家、政府、政党以及政治家的活动等现象是密切联系的。法学要研究政治,政治学也要研究法律,而且两者都要研究国家,只不过研究的对象和重点不同而已。

(5)法学与伦理学的关系。在古代和中世纪,法律规范和道德规范有时很难分开。古代印度的《摩奴法典》和公元 7 世纪出现的《古兰经》就是这方面的典型。即使在近现代,一般说,法律规范与道德规范、法学与伦理学已明显分开,但法学与伦理学都极为关注法律与道德的关系这一极为重要和复杂的问题。

(6)法学与心理学的关系。法是调整人们行为的规则,而人的行为同人的心理活动是不可分的。因而法学与心理学也必然具有密切的联系。法学在研究法律的作用时应重视人的心理活动,注意吸收心理学的研究成果,如犯罪心理学是刑法学、犯罪学与心理学相结合的边缘科学。

第三节 法学的历史发展

一、法学的产生和特征

一般地说,法学是随着法的出现而出现的,但也不是一有了法就有法学。法学是在法发展到一定阶段才产生的。从历史上看,法的起源的一般规律是从习惯演变为习惯法,再发展到成文法(广义的立法)。同时,法学意味着出现了研究法律的人,这种人开始很少,以后逐步增多,最后形成一批职业法学家。因而,法学产生的前提,一般地说就是:第一,立法已发展到相当复杂和广泛的程度;第二,社会上已出现了一个职业法学家的集团[①];第三,法律已经成为人们自由研究的对象,这是法学发展的政治条件。

法学的发展具有时代性,不同时期的法学都具有当时的时代特征,每一个时代的法学家的活动与思想都是时代的产物,带有时代的烙印。法学是治理国家、管理社会、保护社会成员正当权利的一门学问,不同时代的法学在一定程度上总是与特定时代的政治、经济、国家、阶级等相关,具有鲜明的时代特色,并服务于特定的时代。恩格斯曾指出:"我们的历史观首先是进行研究工作的指南,并不是按照黑格尔学派的方式构造体系的杠杆。必须重新研究全部历史,必须详细研究各种社会形态的存在条件,然后设法从这些条件中找出相应的政治、私法、

---

① 参见《马克思恩格斯选集》第 3 卷,人民出版社 2012 年版,第 261 页。

美学、哲学、宗教等等的观点。"①

二、中国历史上的法学

（一）春秋战国时期

在中国,法学起源于春秋战国时期。那时是中国古代文化史上极为辉煌的时期,各学派相继兴起,百家争鸣。法就是各家(主要是儒墨道法四家,尤其是儒法两家)争论的问题之一。这一时期的法律思想对中国后来的思想家有深远影响。

总的来说,儒家的法律思想是:强调主要依靠道德、礼仪教化手段,由圣君、贤臣来治理国家,法律(刑罚)只能作为辅助手段。主张"德治"、"礼治"或"人治",反对"法治",实行"德主刑辅"。

以墨翟为代表的墨家,反对儒家学说,他们从"兼相爱,交相利",即从人们互爱互利的社会信念出发,主张以"天的意志"作为法的根源,以天为法,顺法而行。墨家认为饥寒是犯罪的原因,应重视生产和节约;要求选拔贤才,执法严明公正。墨家所讲的法是很广泛的,包括法律、道德等所有规范。

以老子和庄子为代表的道家,认为国家应实行"无为而治";"我无为而民自化,我好静而民自正,我无事而民自富,我无欲而民自朴"。他们既反对儒家的"人治",也反对法家的"法治",提倡以道为核心的自然法则。"人法地,地法天,天法道,道法自然。"

春秋战国时期的法律思想主要是由商鞅、韩非等人为代表的法家提出的。与儒家相反,他们强调法律及其强制作用,而轻视圣贤或道德感化作用,即主张"法治"。法家还提出了许多有价值的法律思想,如法作为一种权衡、规矩、尺度,提供一个判断是非的客观准则;法应随时代而变;法由国家制定;法应公开,应平等适用;法与赏罚不可分等。那时法家所主张的"法治",是以加强君主专制和严刑峻法为基础的,不同于西方17—18世纪反封建专制、反酷刑的法治。

早在春秋时期,中国古代法律已从习惯法向成文法、从秘密法向公开法发展。到战国时期,魏国执政李悝在各诸侯国法律的基础上制定了中国历史上第一部较完整的成文法典《法经》。这部《法经》虽早已失传,但在一些历史著作中载有其篇目。

（二）秦汉至清末

公元前221年,秦始皇建立了中国历史上第一个统一的中央集权制的封建君主专制国家,采纳了法家另一代表人物李斯的建议,下令禁止儒生以古非今、以私学代替法律,而只准"以法为教"、"以吏为师"。这在形式上看仿佛极为重

---

① 《马克思恩格斯选集》第4卷,人民出版社2012年版,第599页。

视法学,事实上是推行政治上、思想上的专制主义,其结果之一是导致法学在中国的衰落。

汉武帝采纳儒家董仲舒的主张,"罢黜百家,独尊儒术"。儒家学说在法律中的统治地位,自董仲舒开始,曾发展到"经学决狱"的地步。从此,在思想领域中,儒家学说被奉为正统,儒家的法律思想垄断了长达两千年的法学领域。现在通常所讲的中国历史上的传统法律思想主要就是指儒家法律思想。

在这一时期,继百家争鸣而起的是依照儒家学说,对以专制君主名义发布的成文法进行文字上、逻辑上解释的律学,即通常所说的注释法学。东汉经学大师马融、郑玄等都曾对法律作章句注解。晋代张斐和杜预也曾对汉律作注解。东晋后,私家注解逐渐由官方注释所取代。

唐代大臣长孙无忌等人于公元652年奉诏编写《唐律疏议》,对《唐律》作了权威性的解释,这些解释与唐律具有同样的法律效力。这是中国历史上第一部完整保存的法律文献。它以儒家的"德主刑辅"作为主导思想。《唐律》及其《疏议》集战国至隋各代法律之大成,又成为唐以后宋、元、明、清各代法律的典范。《唐律》对当时中国近邻国家日本、朝鲜、越南等国法律也有重大影响,因而在国内外法学著作中,通常将以唐律为代表的中国封建法律称为中华法系或中国法系。

从三国魏明帝时起,设律博士职,专门传授法学。这一官制一直延续到宋,至元代才被废除。清末法学家沈家本在总结中国历史上法学的发展时曾认为,元明清时法学已日趋衰落。1740年编成的《大清律例》是中国封建社会最后一部法律。清末律家薛允升著《唐明律合编》,对唐律和明律进行了比较研究。

(三) 近现代

1840年鸦片战争后,中国社会逐步转变为半殖民地半封建社会,法律制度和法律思想领域也发生相应变化。康有为的《大同书》、梁启超的《法治思想》、孙中山关于三民主义和五权宪法的思想、严复所翻译的许多西方名著,都包括了西方18—19世纪流行的法律思想,既有民主主义、自由主义,又有社会学、进化论方面的内容。

如果说严复等人在中国传播的主要是西方法理学方面的思想,那么,以沈家本为代表的政府官员则主要传播西方法律制度,特别是基于罗马法的大陆(民法)法系法律制度的思想。沈家本任修订法律大臣时,主持中国历史上第一次仿照西方模式改革中国传统法律的工作。他派遣政府官员和学生出国考察和学习西方法律,聘请日本法学家来中国协助修订法律和讲学,于1906年创立第一所近代法律学校,并组织翻译了大量外国法律。

在1911年辛亥革命后至1949年中华人民共和国建立前,西方各种资产阶级法律思想,陆续传入中国,马克思主义法学思想也开始传入中国。

三、西方历史上的法学

(一) 古希腊、罗马与中世纪

西方法学的内容极为广泛,通常指古希腊、罗马奴隶制社会、西欧封建社会以及近现代西方资产阶级的法学或法律思想。

人类历史上积累了丰富多彩的法律文化。除中国外,还有西方各国、古代埃及、古代两河流域邻近地区各国、古代印度以及中世纪伊斯兰教各国、日本和俄罗斯等国家和地区的法律文化。但就内容之丰富和影响之深远而论,西方法学可列为首位。

在以雅典为代表的古希腊城邦,尽管成文法并不很多,也没有职业法学家,但当时哲学、政治学、伦理学、文学等著作中,探讨了关于法的许多基本问题。例如,法是神授还是人定,法的基础是权力还是自然、正义或理性,是法治还是一人之治,以及法和民主、自由、平等的关系,法和国家、自然法和实在法之间的关系,等等。这些思想对后世西方法学一直具有影响。

与古希腊不同,古罗马的成文法(主要是私法)和法学极为发达。在西方历史上,正是在罗马帝国前期,第一次形成了职业法学家集团,第一次出现了法律教育和法学学派,第一次产生了法学著作。罗马五大法学家之一的盖尤斯的《法学阶梯》是一本最早的并完整保存下来的西方法学著作。

在欧洲中世纪,由于天主教会在政治、经济上拥有很大势力,教会神学在思想领域中居于垄断地位,法学与哲学、政治学等都成了神学的附庸。在中世纪中期和后期,随着资本主义经济在封建社会内部的出现和成长,出现了一种以恢复和研究罗马法为核心的法学,即自11世纪末至16世纪相继出现的意大利的注释法学派、评论法学派以及法国的人文主义法学派。这三个法学流派虽各有特点且相互对立,但通过它们,罗马法在欧洲大陆得到广泛传播,从而为欧洲大陆以罗马法为基础的资本主义法律的形成创造了有利的条件。与欧洲大陆不同,英国中世纪的法主要是普通法。这种情况表明了以后西方世界两大法系的历史渊源:民法法系(又称大陆法系)是在罗马法基础上发展起来的,而普通法法系(又称英美法系)是在英国普通法的基础上发展起来的。

(二) 17—19世纪

17—18世纪资产阶级革命时期最为盛行的法律思想是古典自然法学,主要代表人物有荷兰的格劳秀斯、英国的霍布斯和洛克、法国的孟德斯鸠和卢梭等人。他们的学说和政治纲领尽管有很多差别,但总的来说,是新兴资产阶级反封建压迫、争取民族独立的思想,是《独立宣言》和《人权宣言》以及资产阶级民主、法制的理论基础。古典自然法学派极大地提高了法在社会中的地位,倡导了一系列新的法律原则,创立了宪法、国际法等新的法律学科,沉重地打击了神学,使政治学、法学摆脱了神学的束缚。典型的资本主义社会的法典《拿破仑法典》，就是在这个学派的思想基础上制定的。

古典自然法学派虽起过巨大的历史进步作用，但也不可能超出时代的限制。在19世纪，随着资本主义统治的确立，古典自然法学派渐趋衰落，代之而起的是历史法学派、分析法学派和德国古典唯心主义哲学家的哲理法学派。欧洲大陆各国则开展了广泛的编纂法典的活动，比较法学和行政法学随之产生。随着英国和欧洲大陆一些国家从事殖民扩张，普通法法系和民法法系的影响扩展到世界其他地区，西方两大法系终于确立其在世界范围中的地位。

(三) 20世纪

进入20世纪，西方法律和法学的一个重大问题是"法的社会化"问题，即强调法不仅应保护个人权利，而且应着重保护社会利益。第二次世界大战后，由于新的科技革命，垄断资本主义空前发展，国家经济职能大大增强，资本主义经济有了很大发展，资本主义国家的政府更多地采用改良、让步和福利主义政策。在这种条件下，一般地说，资产阶级统治相对稳定，资本主义民主和法制有了不同程度的发展。它们主要体现在下列方面：(1) 德、意、日三国在战后通过新宪法，建立了资产阶级民主和法制；主要资本主义国家中的人权和公民权利有所扩大，宪法和法律监督进一步加强。(2) 立法重点从私法转向公法，新的公法、公法化的私法、公私混合法大量出现。(3) 在立法指导思想上，已从17—19世纪的理性主义、概念论法学转向现实主义、利益多元论和折衷主义，在强调法律重大作用的同时承认这种作用的局限性。(4) 在法律形式上，虽然也制定和修订了若干重要法典，但一般采用单行法、特别法形式。(5) 对司法组织和程序进行改革，加强法官解释法律的权力，形成事实上的"法官创制的法律"。(6) 两大法系逐步靠拢、国际立法增多，并出现超国家组织的法律(如欧盟法律)。

在法学领域中，学派更加繁多，新自然法学(或类似的价值论法学)、新分析实证主义法学和法律社会学三大派别相互靠拢。非法学思潮对法学影响不断扩大，出现了经济分析法学、批判法学、女权主义法学、后现代法学等新的法学派别。

四、马克思主义法学

(一) 马克思、恩格斯的法律思想

马克思和恩格斯创立了马克思主义法学。马克思主义的三个组成部分中都包含有马克思、恩格斯的法律思想。马克思形成自己的学说，即从唯心主义转向唯物主义，从革命民主主义转向共产主义的过程，正是从批判资产阶级思想家对法的本质的唯心史观开始的。他曾在波恩大学和柏林大学学习法学，但主要致力于历史和哲学研究。1841年取得哲学博士学位。1842—1843年间事态的发展促使他去研究经济问题,写出了他的第一部著作《黑格尔法哲学批判》,这一研究的结论是:"法的关系正像国家的形式一样,既不能从它们本身来理解,也不能从所谓人类精神的一般发展来理解,相反,它们根源于物质的生活关系……"①

马克思和恩格斯在法学方面的主要贡献大体上可归纳为以下两个方面:

第一,他们在阐明唯物史观基本原理的同时也说明了法的本质及其产生和发展的规律,并深刻地批判了资产阶级思想家以及空想社会主义者、无政府主义者或其他机会主义者在解释法律时的各种唯心主义观点。

第二,他们在考察和研究资本主义社会的产生和发展以及在直接参加革命斗争的实践中,也精辟地分析和批判了资产阶级的法律制度。

(二)列宁的法律思想

列宁主义是无产阶级革命时代的马克思主义。列宁揭示了资本主义的最后阶段——垄断资本主义的发展规律,对马克思主义的无产阶级革命与无产阶级专政的学说作出了重大贡献。他亲自领导了十月社会主义革命,创建了第一个无产阶级专政的社会主义国家,从而也第一次创建了社会主义法制。他在发展马克思主义的过程中也发展了马克思、恩格斯所创立的马克思主义法学。他对马克思主义法学的主要贡献,大体上可以归纳为以下两方面:

第一,他在领导革命斗争,特别是在与俄国自由资产阶级、孟什维克、第二国际修正主义者和其他机会主义者作斗争的过程中,有力地揭露了沙皇俄国以及其他资本主义国家的法律制度,特别是与资产阶级代议制民主相联系的资产阶级法制的本质及其虚伪性。

第二,他在领导十月社会主义革命和创建苏维埃政权的过程中提出了有关社会主义法制的学说。他认为,无产阶级在革命过程中应废除被推翻的地主、资产阶级的法律;为了保卫无产阶级专政和建设社会主义,无产阶级必须建立和加强社会主义法制;苏维埃政权的法律代表无产阶级及其领导下的广大劳动人民的意志;社会主义法律具有重要作用,但只有法律是不够的;社会主义法律是实际经验的总结,但其他各国文献和经验中保护劳动人民利益的东西都一定要吸收;在社会主义社会中,法制应统一,应严格遵守法律;应坚决地惩办违法犯罪行为,要运用法律同官僚主义进行斗争;等等。

---

① 《马克思恩格斯选集》第2卷,人民出版社2012年版,第2页。

第四节　当代中国的法学发展

1949年中华人民共和国的建立,促成了当代中国的第一次法律革命,标志着马克思主义法学在当代中国的确立。这场法律革命适应了中国社会的经济和政治条件的需要,创造了一个既不同于西方资本主义国家,也不同于其他社会主义国家的全新的政权形式、政府组织和运行体制。毛泽东指出:"总结我们的经验,集中到一点,就是工人阶级(经过共产党)领导的以工农联盟为基础的人民民主专政。"[①] 1949年9月,中国人民政治协商会议第一次全体会议通过的《共同纲领》以及《中央人民政府组织法》,对新中国成立初期的国家政权系统做了明确的规定,建立了全新的国家政治制度。1954年9月召开的第一届全国人大第一次会议通过了《中华人民共和国宪法》,确立了我国社会主义政治、经济、社会制度的基本原则,为社会主义制度在中国的全面确立奠定了宪法基础。

从1954年9月到1956年,我国进入了较大规模的法律创制阶段。1957年以后到1978年12月中共十一届三中全会召开,我国法学的发展经历了曲折的过程,法律和法学出现了停滞。在这个时期,马克思主义成为法学研究和教育的指导思想,法律在国家政治和社会生活中的地位越来越低,直至被取消。"文化大革命"期间,无论是法学研究还是法制,都遭到了践踏。公民的权利和自由被根本否定,权利和法治成为禁区,法学教育被取消。

1978年中共十一届三中全会拨乱反正,开启了中国法学的新篇章。改革开放以来,是中国历史上法律和法学发展最好的时期。在这三十余年中,中国社会开始了依法治国的法治之路。在国家政治生活中,首先提出社会主义民主法制,继而又提出"依法治国,建设社会主义法制国家",再到确立了"依法治国,建设社会主义法治国家"的治国方略。中共十八届三中全会提出:"建设法治中国,必须坚持依法治国、依法执政、依法行政共同推进,坚持法治国家、法治政府、法治社会一体建设",这是中国历史上在治理国家方略上的根本性变革。与这一根本性变革相适应的是,经过三十余年的立法发展,我国已经基本建成了具有中国特色的法律体系,为法治中国建设提供了前提。与此同时,中国法学也出现了前所未有的繁荣景象,表现在与法治理念相关的一些命题,比如民主与法制、法治与人治、现代法的精神、人权、宪政、财产权的性质等的讨论,对国家和社会生活等都已经产生了积极的影响,社会生活正在走向法治的轨道。

不仅如此,当代中国社会为法学的发展提供了广阔的空间。法学的发展除了有法律可供研究之外,还要有一批法学学者从事法学研究。在现代中国社会,

---

① 《毛泽东选集》第4卷,人民出版社1991年版,第1480页。

一方面是有一大批法学研究者从事法学研究,另一方面,他们的研究成果能够在学术刊物上得以发表,由此构成了学术自由的基本内容。这是当代中国法学发展的另一个基础。

当代中国法学是中国历史上少有的发展最好的时期,可以预期,21世纪的中国法学必将在法治国家建设的进程中再创辉煌,为国家和社会的优良治理的制度安排,提供丰富的知识;为中华民族的伟大复兴,建设法治中国,发挥法学应有的功能。

第五节 法学研究的方法

一、马克思主义哲学方法论与法学自身方法论

(一) 马克思主义哲学方法论的普遍指导意义

当代中国法学是以马克思主义为指导的,因而它的方法论是建立在马克思主义哲学的基础上的。马克思主义的哲学,即辩证唯物主义和历史唯物主义,是关于自然、社会和人类思维发展最一般规律的科学,是科学的世界观和方法论的统一,唯物论和辩证法的统一,理论和实践的统一。它是人们认识世界和改造世界的锐利思想武器,对各门学科具有普遍的指导意义。

运用马克思主义哲学来研究法这一社会现象,就会认识到:法是阶级社会的上层建筑组成部分之一。它由相应的经济基础所决定,又对它有反作用;社会矛盾,主要是生产关系和生产力的矛盾,推动着法的发展;法的发展不仅有量变,而且有质变;原始社会不存在法,进入阶级社会出现了阶级意义的法,这是由肯定到否定;进入共产主义社会后,阶级意义的法又趋于消失,否定又被否定,或又进入新的肯定。

(二) 法学自身的方法论

马克思主义哲学作为方法论,对法学具有普遍指导意义,但法学还有自身的方法论。法学自身的方法论是建立在马克思主义哲学这一总的方法论的基础上的,但不能以马克思主义哲学这一总的方法论来代替法学自身的方法论。科学的方法论绝不是纯粹主观的产物。法学的方法论当然需要法学家去形成和发展,但他们也绝不是轻易地、任意地形成和发展的。我国的法学家在长期的研究过程中总结经验,逐步形成和发展出自己的法学方法论。除了主要依靠自己的经验外,当代法学家也应善于借鉴历史上的、外国的法学家,包括西方法学家的方法论。对西方法学的方法论,就像对待整个法律文化历史遗产一样,应该采取一分为二的态度,一方面要抵制和批判其反科学的部分,另一方面要有选择地吸收其中有价值的成分,不加分析地排斥或照搬都是错误的。例如,西方法学家经

常开展对犯罪情况的调查和法官行为的分析研究,他们的调查和研究不仅提供了丰富的实际材料,也表明他们的研究方法中有不少值得借鉴的成分,但其中也包括了不少反科学的成分,往往体现了他们的唯心史观和阶级偏见。此外,为了形成和发展法学的方法论,还要善于借鉴非法学学科(包括自然科学、技术科学)的方法论。

二、具体的法学方法

我国法学界虽然迄今并未对法学的方法论问题开展过正式的讨论和取得比较统一的认识,但我国法学工作者在自己日常研究工作中通常所使用的方法,大体上可归纳为以下几种:

(一)社会调查的方法

从实际出发是唯物主义的一条根本原则。立法、执法和司法固然要从实际出发,法学研究同样要着眼于实际,脱离实际的法学是毫无价值的。问题的关键是法学研究者如何了解实际情况。

与自然科学家不同,法学工作者以及其他社会科学工作者是不可能在实验室中进行科学研究的。为了研究法或其他社会现象,他们只能凭借人们通常所说的"社会工厂"或"社会实验室"进行社会调查。在当代,电脑、网络等极为发达,为社会调查提供了日益显著的便利。

这种社会调查的内容可以是极为广泛的,具体的内容自然要依调查的目的和计划而定。但总的来说,法学研究所要进行的社会调查一般应围绕以下这些问题:社会上存在什么需要解决的问题? 为了有效地解决这些问题,是否有可能采用法律手段? 应采用什么样的法律手段? 法律手段应与什么手段相配合? 为此应制定什么样的法律、法规? 这种法律、法规实行情况怎样? 它已取得什么样的社会效益? 如何保证或改进法律的实行? ……

就法学工作者进行调查活动的形式而论,他们需要通过各种渠道收集各种有关资料,包括各种统计资料和文件(讨论法律草案的记录、侦查、审理案件的记录,判决,合同等);他们也需要直接进入"社会工厂",参加立法、执法、司法工作,参加有关会议,采访有关人员等。这种调查,一般不是全面的,即采取重点调查、抽样调查和典型调查等不同形式。

(二)历史调查的方法

一切事物都有其产生、发展的过程,对研究对象进行历史考查是最合乎科学的方法之一。正如列宁在讲到如何研究国家问题时所指出的:"在社会科学问题上有一种最可靠的方法,它是真正养成正确分析这个问题的本领而不被淹没在一大堆细节或大量争执意见之中所必须的,对于用科学眼光分析这个问题来说是最重要的,那就是不要忘记基本的历史联系,考察每个问题都要看某种现象在历史上怎样产生、在发展中经过了哪些主要阶段,并根据它的这种发展去考察这一事物现在是怎样的。"①

(三) 分析和比较法律的方法

这里实际上包括两种方法:一种是对某一法律进行分析;另一种是对不同法律进行比较。分析法律,一般说就是对法律进行解释。法律是一种概括性的规范,因此要理解和实施法律就必然会产生法律的解释问题。解释或分析法律既是法学研究的一项任务,也是一种法学研究的方法。中外历史上都有过注释法学,都有过其法律解释被奉为权威的法学家或其他学者。在西方法学中,19世纪以来的分析法学派就是以分析法律规范而得名的。

对法律的比较研究既是法学的一个分科(比较法学),也是研究法学的一种方法。当然,作为法学的一个分科而论,比较法学主要是指对不同国家或地区的法律的比较研究,但作为一种研究方法来说,这种比较研究不限于不同国家的法律,也可以扩大到对本国的法律之间(不同时期或不同部门法之间)的比较研究。

与历史上的注释法学或西方的分析法学不同,现在在分析法律或对法律进行比较研究时,不能单纯地局限于法律条文本身的分析和比较,还应注意制定和实施这些法律的社会政治、经济等条件及其社会效果的分析和比较。

(四) 词义分析的方法

词义分析,又可称字义分析或语义分析,其含义大体上是指,在研究、讨论法律或有关法律问题时,或者在阅读某个法律或法学论著时,要注意自己或他人(包括立法者或论著作者)所使用的重要词语的含义。在确定词语含义时,有人往往依靠一些工具书上的释义。这些释义当然是可供参考的,但也不能将它们当做唯一的准则。更重要的是要考虑这些词义在社会上实际通用的含义,也要考虑使用该词语者本人所要表达的含义。

词义分析方法在法学研究中极为重要。这主要是因为法律本身的特殊权威性以及立法中经常出现一些伸缩性的词语。作为交流思想而论,词语分析方法也有助于避免误解或不必要的争论。当然,词义分析只是一种方法,其作用是有局限性的。可是有些词义上的分歧可能意味着理论原则或价值观念上的重大分歧。

(五) 社会效益和经济效益的分析方法

研究法律,不仅要研究法律规定本身,而且要研究这一法律在社会中的实效和效益。关于这一问题,本书在以下"法的实施"一章中将作论述。这也就是说,不仅要研究静态的法律,而且要研究动态的法律。以上讲的社会调查的方

---

① 《列宁全集》第37卷,人民出版社1986年版,第61页。

法,也是着眼于动态的法律。

这里讲的效益,一般又可分为社会效益与经济效益两种。社会效益是指为社会发展所作出的努力和它们所产生的社会效能、利益之比;经济效益是指经济领域中的投入与产出之比。一般地说,这两种效益是统一的,社会效益的范围要比经济效益为广。

近年来,西方一些法学家强调对法律的经济分析。这种方法如果能正确地理解,对法律研究也是有意义的,也就是指分析法律的经济效益。但应注意,经济效益分析方法并不是唯一的方法,而且这种分析要与社会效益分析相结合。

第六节 法理学在法学体系中的地位

一、法理学的研究对象及其名称的演变

以上五节探讨了法学学科的一些共同性问题,这一节要研究法理学这一学科或课程的共同性问题。

(一) 法理学的研究对象

法理学,即以前所称的"法学基础理论",是法学的一门主要理论学科,是法律教育的基础课程之一。它所研究的是法的一般理论,特别是我国社会主义法的基本理论。具体地说,它要研究有关一般的法,特别是有关我国社会主义法的产生、本质、特征、作用、形式、发展以及法的制定和实施等基本概念、原理与知识。在西方各国,相应学科或课程一般称为"法律哲学"或"法理学"(英语中 jurisprudence 一词作较狭义解时的汉译名称),也有的称为"法学理论"。在原苏联和某些东欧国家,将国家和法两个现象结合起来研究,称为"国家与法的理论"。

(二) 名称的演变

在 1949 年以前的旧中国,法学不受重视,法学专业的基础理论尤其不受重视。高等法律院系中开设有"法学通论""法理学"之类的课程,多半属于选修课。"法理学"主要讲授西方的一些法学派别,尤其是社会学法学的学说。"法学通论"一般讲授关于法的性质、作用、渊源、分类、效力、适用、权利、义务、制裁等问题的观点。在多数"法学通论"中,除以上这些问题外,还简单地论述宪法、民法、刑法和诉讼法的基本内容。

20 世纪 50 年代,我国法律院系专业的基础理论课程仿照原苏联模式,改为"国家与法的理论"(也有的称为"国家和法权理论"或"国家和法律理论"),基本上使用原苏联在 20 世纪四五十年代出版的同名教材。这些教材的内容和体系大体上包括以下六个部分:(1) 导论,一般论述"国家和法的理论"研究的对

象、方法、体系等问题;(2) 关于一般国家和法的理论,如国家和法的起源、本质、形式、职能、机构、法的渊源等问题;(3) 关于奴隶制、封建制和资本主义三种国家和法的理论;(4) 社会主义类型国家的理论问题,如社会主义国家的产生和无产阶级革命,社会主义国家的本质、职能、形式、机构等;(5) 关于社会主义法律的理论,如社会主义法律的产生、本质、法律规范、渊源、适用、法制和法律秩序、法律关系、法律与法律意识、法律与共产主义道德的关系以及法律体系等问题;(6) 共产主义社会和国家、法律的消亡。在这六个组成部分中,以(4)、(5),即社会主义类型国家和法律占主要地位。这里所讲的社会主义类型国家和法律,主要是指原苏联的国家和法律。在20世纪50年代,我国政法院系使用这些教材时补充了一些我国人民民主专政和法制的理论和实例。

从20世纪50年代后期到1966年期间,由于当时政治形势的发展,我国法律院校一般采用自编的"国家和法的理论"讲义,其内容也愈来愈多地讲授阶级斗争、国家和革命等问题,法律部分日益收缩。"文化大革命"期间,法学理论以至整个法学已基本不存在。

中共十一届三中全会后,这一学科的内容和体系有了很大变化,把"国家和法的理论"改为"法学基础理论"。这不仅仅是名称上的改变,而主要是学科内容和体系的改变。这一改变主要是由两个客观条件促成的。一个是由于中共中央作出了加强社会主义民主和法制的重大决策,为加强法学理论研究提供了必要性和可能性。第二个是在我国社会科学领域中恢复了政治学的地位,这就更明确了国家问题主要属于政治学研究的范围。当然,这一改变也离不开广大法学工作者的努力。他们在前几年就法学研究的对象问题展开了广泛的讨论,在这一过程中,绝大多数人认为:法学研究的对象是法而不是国家和法两者,更不能说主要是国家。国家和法两个现象是密切联系的,因此,政治学和法学都应研究国家和法之间的关系,但它们研究的角度、广度、深度和比重各有不同。

20世纪90年代初,应绝大多数法理学教学和科研工作者的建议,"法学基础理论"的名称改为"法理学"。后一名称更简明,且与国外法理学相衔接。

二、法理学课程体系

在研究法理学课程体系时应注意课程体系与学科体系的关系。后者指这一学科的全部内容根据一定指导思想组成一个有机联系的整体。这种体系有助于了解本学科研究的对象和范围、了解本学科和其他学科的联系与区别,了解本学科的有关内容及其相互关系。法理学的课程体系则指这一课程整个内容的各个部分的组成。从理论上说,两者是有区别的。

首先,学科体系范围较广,包括该学科全部内容,课程体系范围较窄,仅包括学科体系的某些部分;其次,学科体系很松散,实际上只是本学科工作者所公认的学科内容的总称,课程体系很严谨,需要明确地列出目标;最后,学科体系仅着眼于学科内容,课程体系还要考虑教学时数、教学要求、教学对象的接受能力等因素。但法理学的课程体系以它的学科体系作为基础,前者应包括后者的一些最基本的内容。当然,任何学科体系或课程体系都不是固定不变的,而是随着学科研究对象和内容的发展、本门学科工作者认识水平的提高以及其他因素(例如不同教学对象和教学要求)而改变的。

三、学习法理学的意义

学习法理学对任何一个高等教育法学专业的学生来说,大体上有以下几方面的意义。

(一) 对学习其他法学学科或课程具有普遍指导意义

以上已指出,法理学是法学整个学科的基础理论,属于理论法学。在高等学校法律院系课程设置中,它是一门基础课程。作为一门理论法学,法理学不同于刑法学、民法学或国际法学之类的应用法学。这些应用法学自然也有它们各自的理论,但它们各自的理论和法理学是不同的。应用法学研究的直接对象一般是本部门法的法律概念、规范和原则,它们是比较具体的,是与社会生活直接联系的。与此不同,法理学研究的直接对象是有关一般法律特别是本国法律的基本概念、原理和知识,它们是比较抽象的,主要是通过各部门法法律规范的中介同社会生活联系的。这些基本概念、原理和知识是各门应用法学共同适用的。它们是从应用法学中概括出来又用以指导应用法学的。正因此,法理学对学习其他法学学科或法学课程来说,具有普遍指导意义。学习各门应用法学,总应该了解法律的产生、本质、特征、作用(功能)、形式;应该了解法律与社会、经济、政治、国家、道德等现象的关系;应该了解法律的制定和实施、法律上的权利(权力)和义务、法律的效力和解释、守法与违法等概念和原理。

当然,这里着重说明法理学和应用法学的不同,绝不意味着学习应用法学是次要的。对法学专业的学生来说,无论理论法学还是应用法学都是重要的。

应注意的是,近年来,随着我国法制不断加强,特别是立法的迅猛发展,应用法学,尤其是有关经济领域的应用法学更受到重视,而对法理学的重要性则有所忽视。这种现象的产生有其历史原因。在改革开放以前,我国法制长期不受重视,立法很少,那时在法律院校中,应用法学很难开设,在这种情况下,一般的政治理论以及法学的基础理论仿佛是处于"优越"的地位。所以,近年来人们心目中所出现的法理学与应用法学之间的反差,从一定意义上讲,也就成为可以理解的一个现象。当然,法理学之所以不受重视,也与这一学科中长期存在的严重缺点不无关系。更重要的是,对法理学的轻视,从长远来说,对法学本身的正常发展将带来很不利的后果。改正这种不正常现象的办法是:一方面,需要法理学工作者的加紧努力,对本门学科不断创新;另一方面,有待于社会舆论、法律界人士以及法律院校师生逐渐改变观念。

（二）有助于提高自己的法律意识,增强民主与法治观念

社会主义精神文明建设包括理想建设、道德建设、文化建设、民主法制观念建设以及对这些建设具有指导作用的马克思主义的理论建设。提高法律意识、增强民主法制观念,是对我国社会主义社会成员的共同要求。对法学专业的学生来说,其重要性更可想而知。人们的法律意识、民主法制观念的水平,同他对法律的理论和知识的了解程度是有联系的,但衡量一个人是否有较强的法律意识或民主法制观念,主要是看他是否能将法律的理论和知识变成他的牢固的信念,能真正体现在为维护社会主义民主法制的行动上。认真学习法学基础理论将有助于培养这种信念。

思考题

1. 法学的研究对象是什么？怎样划分当代中国的法学体系？
2. 如何看待当代中国法学的发展？
3. 人们通常所使用的法学自身的方法论有哪些？
4. 对法学专业的学生来说,学习法理学有什么必要性？

参 考 书 目

1. 沈宗灵主编:《法理学》,高等教育出版社1994年版,第一章。
2. 张友渔主编:《中国法学四十年》,上海人民出版社1989年版,第一、二章。
3. 张文显主编:《法理学》(第三版),高等教育出版社、北京大学出版社2007年版,第一、二、三、四章。
4. 付子堂主编:《法理学初阶》,法律出版社2005年版,第一、二、四章。

第二章 法的概念

本章主要学习法理学的根本问题,即什么是法,包括法的本质和现象、法的内容和形式;法不同于其他上层建筑的一些重要特征;法的要素;法的三个层次的本质,特别是当代中国社会主义法的本质;评介其他思想家、法学家关于法的本质的学说。

第一节 法的基本特征

一、法、法律、法典、法库的词源和词义

(一) 词义的演变

在古代汉语中,"法"和"律"二字最初分开使用,含义也不同,以后发展为同义,更合称为"法律"。据我国历史上第一部字书——东汉许慎著《说文解字》记载,"法"的古体字是"灋"。"灋,刑也,平之如水,从水;廌(zhi),所以触不直者去之,从去。"①从以上可以看出,在古代,法和刑二字是通用的。"平之如水,从水",意指法代表公平,即"法平如水"。据说在审判时被廌(一种神兽)触者即被认为是有罪的人,所以"去之,从去"。这是古代人常使用的一种裁判形式,即借助"神意"来判断某人是否有罪。

据《说文解字》称,"律,均布也"②。清段玉裁所著《说文解字注》云:"律者,所以范天下之不一而归于一,故曰均布也。"意指律是一致遵循的格式、准则。据我国历史上最早解释词义的书《尔雅·释诂》篇记载:"法,常也;律,常也。"由此可见,早在秦汉时,"法"与"律"二字已同义。又据《唐律疏义·名例》称:"法亦律也,故谓之为律。"又称战国李悝"集诸国刑典,造《法经》六篇……商鞅传授,改法为律"③。自此以后,我国封建社会各代刑典,一般都称为"律"。在秦汉时,也已将"法""律"两字合为"法律"一词。如西汉晁错称:"今法律贱商人,商人已富贵矣;尊农夫,农夫已贫贱矣。"④还应指出,在我国历史上,"法""律"二

---

① 《说文解字》,中华书局 1963 年影印本,第 202 页。
② 同上书,第 43 页。
③ 《唐律疏议》,中华书局 1983 年版,第 2 页。
④ 《汉书·食货志》,中华书局 1962 年版,第 1133 页。

字虽可解为同义,但也有所区别。一般地说,法的范围较大,往往指整个制度(如"变法"一语中所讲的法);律则指具体准则,尤指刑律。

法典是与法、法律密切联系的一个法学术语。在我国法学中,对法典的释义一般是:"某一法律部门的经过整理、编订而形成的系统的规范性法律文件。一般是通过法典编纂而制定的重要法律,如民法典、刑法典、劳动法典等。"[1]《不列颠百科全书》对"法典"(law code)一词的释义是:"比较全面系统的用文字记载的法律文件。在远古时期,人们就已编纂法典……19世纪开展了全国性的编纂,其中最早的是1804—1810年的5个拿破仑法典。"[2]

(二) 广义的法律和狭义的法律

在现代汉语中,"法律"一词有广义和狭义两种用法。广义的"法律"指法律的整体。例如,就我国现在的法律而论,它包括作为根本法的宪法、全国人大及其常委会制定的法律、国务院制定的行政法规、某些地方国家机关制定的地方性法规等。狭义的法律仅指全国人大和人大常委会制定的法律。我国《宪法》第33条第2款规定:"中华人民共和国公民在法律面前一律平等。"这一条中讲的"法律",就是广义用法。《宪法》第62条和第67条分别规定全国人大及其常委会有权制定法律。这两条中所讲的"法律",就是狭义用法。为了区别起见,有的法学著作(包括本书),将广义解的法律称为法,但在很多场合下,仍根据惯例,统称为法律,即有时作广义解,有时作狭义解。

(三) 外文中的法和法律

英语中的"law"一词,同汉语中的"法律"一词的习惯用法相当,既可作广义解,又可作狭义解,具体含义要从该名词的单数或多数形式中或联系上下文加以识别。此外,law还可指规律、法则等。在欧洲大陆各民族语言中,广义的法律和狭义的法律分别用两个不同的词来表达,如拉丁文中的 jus 和 lex,法文中的 droit 和 loi,德文中的 Recht 和 Gesetz,俄文中的 право 和 закон 等,但 jus、droit、Recht、право 等词本身又是多义词,除广义的法律(通常译为"法")外,又指权利、正义等。lex、loi、Gesetz 和 закон 等词也是多义词,除狭义的法律外,还指规律、法则等。

(四) 静态的法和动态的法

在现代法学中,对法这个词可以有静态和动态两种意义上的理解。在本书第一章讲法学的研究对象时就已讲到,静态的法通常指法律规则、制度;动态的法则泛指立法、执法、司法、守法等活动或过程;或者就像法律社会学中通常所说的,静态的法指"纸面意义上的法",动态的法指"现实生活中的法"。

---

[1] 《法学辞典》,上海辞书出版社2002年版,第651页。
[2] 《不列颠百科全书》,中国大百科全书出版社1999年版,第503~504页。

二、法的本质和现象、内容和形式

（一）法的本质和现象

在研究法的概念时，首先应注意运用哲学中关于本质和现象这一对辩证法范畴。任何事物都有本质和现象这两个方面。它们是密切联系的，本质总要通过现象表现出来，现象也总要表现本质。但二者又是有区别的，有时还可能是对立的。本质是指事物的内在联系，比较深刻、稳定，人们只有靠抽象思维才能把握。现象是指事物的外部联系，是表面的、多变的，人们通过感官就可以感知。

法的本质和现象之间有什么区别？通常讲法是由国家制定和认可的，是一种带有强制性的行为规则，它规定了人们的权利和义务等。这些都可以说属于法的现象，它们体现法的外部联系，依靠感官就能感觉出来。例如，人们都很容易直接或间接见到或听到：立法机关通过一个法律，并且以国家的名义加以公布施行；法律规定在什么情况下人们享有一定权利或承担一定义务；如果有人违反了义务，有关国家机关就要以国家名义对他进行追究。但是，这些都是法的现象而不是法的本质。从人类对法的认识过程来说，法的本质要通过对法的现象的深入分析和研究，通过抽象思维才能认识。通常说阶级社会的法代表掌握国家权力的阶级和人物的意志，而这种意志归根结底是由这一阶级的物质生活条件决定的等，这些才是法的不同层次的本质。

应注意的是，这里讲的"法（或法律）的现象"，同平常讲的"法律现象"是不同的。"法律现象"这一概念在单独使用时，含义比较广泛，它可以指法的本质和法的外部表现形态的统一体，相当于法的概念，也可以指具有法律性质的有关事物、行为等。而这里讲的"法的现象"则是指同法的本质相对称的现象，是一个比较狭窄的概念。

（二）法的本质属性与非本质属性

任何事物都有许多属性或特征，特别是像法这样复杂的社会现象，可以从不同角度来说明它的众多属性。但在分析法的各种属性时，也应注意区分法的本质属性，即直接体现法的本质的属性（如法的阶级性、人民性等），以及法的非本质的属性即直接体现法的现象的属性（如国家强制性、规范性等）。当然，本质属性和非本质属性之分并不是绝对的，往往是从一定范围、一定条件来说的，特别是从某一事物与其他特定事物的关系来说的。例如，当人们讲阶级性是法的本质属性时，这是从法这一特定社会现象与其他无阶级性的客观事物相比而言的；当人们讲规范性、国家强制性是法的非本质属性时，这是从法与具有同样阶级性的其他事物（如国家、道德和宗教规范等）相比而言的。

（三）法的内容和形式

法的内容和形式，由于范围和关系的不同，具有不同的含义。就法和经济的关系而论,法的内容即指社会经济条件,法的形式即指法的本身。有时法的内容即指法的本质或法律规范的具体规定。法的形式泛指法的内容的表现形态,即法的内容的各种结构或组织,包括各种部门法的划分、效力意义上的法的渊源、其他各种法的分类以及各种具体法律制度、法律关系等。在个别法学著作中,将法的形式和法的渊源等同起来。本书并不将二者等同起来,且在这一节中对有关概念作一简介。

法的内容决定法的形式,法的形式反作用于法的内容,影响法的内容。适合法的内容的形式促进法的内容的发展,反之,不适合法的内容的形式阻碍法的内容的发展。法的形式随法的内容的发展而发展。相同法的内容由于不同条件往往可以采取多种法的形式,同一法的形式在一定条件下也可以为不同法的内容服务。因而,在研究法律时,应兼顾法的内容和形式。例如,不能仅看法的形式是否相同而不顾内容,也不能仅考虑法的内容而不顾形式。在研究本国法律形式时,应注意法的形式的最优方案,即选择最能促进法律发展的形式。例如,一般地说,制定法的形式优于习惯法,部门法的适当划分优于各种部门法的混杂(诸法合体)。在立法中,要注意法律术语应统一;法律规定含义应明确和精确,既不能过于抽象又不能过于具体;法律应公开;法律应平等适用;法律效力一般不应溯及既往;法律不应朝令夕改;在同一法律内或不同现行法律之间不应有相互抵触的规定;法律不应规定在实际生活中无法实现的事情等。所有这些要求都是法律形式问题。如果一个法律符合这些要求,就说明它的形式能促进法律内容的实现;相反的话,就会阻碍内容的实现。

在研究法律时,还应注意,在不同社会制度的国家,或相同社会制度的不同国家,或同一国家的不同时期,往往有各种各样的法律形式、法的渊源和分类。形成不同渊源和分类的原因是比较复杂的,除了经济条件外,政治、思想道德、历史传统(包括法律传统)、宗教以至国际交往等因素都有不同程度的影响。法的渊源和法的分类是法学中的两个重要概念。前者主要指法的效力渊源,如因法律效力不同而有宪法、法律、法规以及判例等不同形式之分;后者主要指从不同标准出发,对法作不同分类,如国内法和国际法、实体法和程序法等。

三、法的基本特征

(一) 法是调节人们行为的规范

这是表明法不同于同一上层建筑中思想意识和政治组织的特征。法是调节人们行为的规范,有时人们也说,法是调整社会关系的规范。这两种说法的意思实际上是一致的。因为社会是指以物质生产为基础而结成的人们的总体,社会关系即人与人的关系。人的行为既体现社会关系又反过来影响社会关系。

法是调节人们行为的一种社会规范,因而从现象上说,它具有规范性和一般性(又可称普遍性和概括性)的属性。规范性是指它为人们的行为提供了一个模式、标准和方向,从而为人们的行为规划出可以自由行动的基本界限。一般性主要包括几种含义:第一,法是一种抽象、概括的规定,它适用的对象是一般的人或事而不是特定的人或事;第二,它在生效期间是反复适用的,而不是仅适用一次的;第三,它意味着同样情况同样适用,也就是通常所讲的"法律面前人人平等"的原则。

从法的规范性和一般性这两个属性中还可以派生出法的其他一些属性:如连续性,即法在其生效期间一直有效;稳定性,即法不是朝令夕改的;效率性,指人人都可以依法行事,不必事先经过批准。

所以,对有权制定法律规范的国家机关发布的文件,要区别开规范性文件和非规范性文件。前者属于法的范围,后者虽然也有一定法律效力,但不属于法的范围,只是适用一定法律规范的产物,如委任令、逮捕证、营业执照、调解书等。在不承认法院判决是法的渊源之一的国家,法院判决也只是适用法律规范的产物。

(二) 法由国家制定或认可

法由国家制定或认可,也就是使法具有"国家意志"的形式。这一特征明显地表明了法与其他社会规范,例如道德规范、宗教规范、政党或其他社会组织的规章以及习惯礼仪等的差别。

法由国家制定或认可,这是从法作为一个整体并以国家名义制定或认可来说的。实际上,构成这一整体的各个法律、法规是由各种不同层次或不同类别的国家机关制定或认可的。制定或认可表明法的产生的两种方式。至于具体由哪些机关制定或认可,以什么方式制定或认可,以制定为主还是以认可为主,由于不同时期、不同社会制度、不同国家或不同法律传统等原因,往往存在很大差别。

国家制定的法,通称为成文法或制定法。在封建社会中,一般以君主名义制定。在资本主义社会中,一般由中央和地方、立法和行政机关分别制定。习惯经国家机关依法认可具有法律效力后,即成为习惯法。某种习惯的内容被吸收到成文法中后,这一习惯的内容已转化为成文法(例如西欧封建社会中不少国家制定的习惯法汇编。之所以仍称为习惯法,是指这种成文法来源于习惯)。法由不同国家机关制定或认可,因而就有宪法、法律、行政法规、地方性法规之分,它们的法律效力或法律地位是不同的。

法由国家制定或认可的特征,对以成文法或制定法为主的国家,例如大陆法系国家(法、德等国)或当代中国,是特别适合的。对以英、美等国为代表的普通法法系国家来说,它们以成文法和判例法并重,即法院的判例同样具有一定的约束力,因而判例的形成也就意味着国家授权特定法院对判例法的制定或认可。

法由国家制定或认可这一基本特征就表明法又具有权威性、普遍性和统一性的非本质属性。权威性指法代表国家主权即最高权力的意志。普遍性和统一性则指法在主权所及范围内普遍有效并相互一致和协调。

(三) 法规定人们的权利、义务

法的另一个重要特征是:法规定或确认法律意义上的权利、义务。权利和义务是法学中非常重要的概念。这一特征也表明法与其他社会规范的区别。有的社会规范(如政党或其他社会团体的规章)也规定各自成员的某种权利和义务,但在内容、范围和保证实施的方式等方面,法律上的权利和义务同其他社会规范中所规定的权利和义务,是有很大区别的。像道德、宗教等规范,一般说,仅规定义务而无权利。

法规定人们的权利和义务。这里讲的"人们",在法学上是指能成为法律关系的主体,包括个人、社会组织、国家机关以至国家本身。这里讲的权利和义务还包括国家机关及其代理人在执行公务时所行使和承担的权力、职权和职责。严格地说,权利、义务都有特定的含义,在以下有专章加以论述。

这一特征说明法的现实性属性,即法律具体规定了人们可以或不可以、应该或不应该作出一定行为。

(四) 法由国家强制力保证实施

法律以外的社会规范也具有不同性质、形式和程度的强制力,但这种强制力不同于以国家名义并由国家专门机关所实施的强制力。

对任何社会的法来说,都不可能指望全体社会成员都会遵守。因此,法必须由国家强制力保证其实施,也即对违法行为实行不同形式的追究以至制裁。法的强制力与法律制裁是既有联系又有区别的两个概念。这表明法的强制性是法的一个非本质属性。

第二节 法的要素

法是调节人们行为的规则,但法并不是仅由规则构成的。那么,法由哪些要素构成呢? 像研究国家这一概念一样,人们讲国家是由人民、领土与主权等要素构成的,法也有其构成要素。美国法学家庞德(R. Pound)在分析"什么是法律"时指出,法是一个极为复杂的现象,它是"由各种规则、原则、说明概念的法令和规定标准的法令组成的"[①]。这也就是说,法的构成要素是规则、原则、概念和标准等四者。对当代中国法律实践来说,法由规则、原则和概念三者构成是比较合适的,标准在我国法律、法规中当然有(例如提供合理服务、善良行为等标准),但并不很普遍。所以,以下仅论述规则、原则和概念三者。

---

① Pound, *Jurisprudence*, Vol. 2, West Publishing Co., 1959, p. 124.

一、法律规则

（一）法律规范与法律规则

法是一种规则。我国古代思想家曾指出："尺寸也,绳墨也,规矩也,衡石也,斗斛也,角量也,谓之法。"[①]在汉语中,规则和规范两词基本上是同义的。[②]在中外法学中,法律规则和法律规范也是通用的。凯尔森曾认为："法律创制权威所制定的法律规范是规定性的(precriptive);法律科学所陈述的法律规则却是叙述性的(descriptive)。"[③]即法律上的规定称法律规范,法学中对这些规定的陈述称法律规则。他的这种区分法并未为西方法学家普遍接受。在第二次世界大战后的法学作品中,绝大多数都使用法律规则一词。本书中除特殊情况外,一般使用"法律规则"一词。

（二）法律规则的逻辑构成

从逻辑上说,每一法律规则都由行为模式和法律后果两个部分构成。

行为模式是实际行为的理论抽象、基本框架或标准。行为模式并不是实际行为本身,它并没有实际行为中的具体细节。行为模式大体上可以分为三类:(1) 可以这样行为;(2) 应该这样行为;(3) 不应该这样行为。这三种行为模式也就意味着有三种相应的法律规则:(1) 授权性法律规则;(2) 命令性法律规则;(3) 禁止性法律规则。后两类法律规则可合称为义务性规则,即通常所说的"令行禁止"。"令行"即应该这样行为,法律为人们设定了积极的行为的义务;"禁止"即不应该这样行为,法律设定了消极的、不行为的义务。以上三类法律规则中每一类又可再细分若干类。例如,授权性法律规则中就可以包括鼓励性规则和容许性规则。

法律后果一般是指法律对具有法律意义的行为赋予某种结果。它大体上可分为两类:(1) 肯定性法律后果,即法律承认这种行为合法、有效并加以保护以至奖励。(2) 否定性法律后果,即法律上不予承认、加以撤销以至制裁。

法律规则在成文法中当然要由法律条文体现出来,但一个法律规则并不一定等于一个法律条文。一个法律规则可以包括在几个条文中;一个条文中也可能包括几个法律规则。例如,《合同法》第 8 条规定:"依法成立的合同,对当事人具有法律约束力。当事人应当按照约定履行自己的义务,不得擅自变更或者解除合同。"这一条文体现了一个古老的法律规则,即必须信守协定。但这一条文并不是一个完整的法律规则,至少它并没有规定不履行合同义务的法律后果

[①] 《管子·七法》。
[②] 参见《辞海》(缩印本),上海辞书出版社 1980 年版,第 1440 页。
[③] 〔奥〕凯尔森:《法与国家的一般理论》,沈宗灵译,中国大百科全书出版社 1996 年版,第 49 页。

是什么,这种后果在该法的其他条文中规定。如该法第 107 条规定:"当事人一方不履行合同义务或者履行合同义务不符合约定的,应当承担继续履行、采取补救措施或者赔偿损失等违约责任。"这样,《合同法》第 8 条和第 107 条结合,构成一个法律规则。这种情况在法律文本中大量存在。

在我国法理学教材中,关于法律规则的逻辑构成,还有其他的表述方式。其中比较具有代表性的是"三要素说",它由三个部分组成:假定、处理和制裁。假定就是规则中指出的适用该规则的条件和情况的那一部分。只有合乎这种条件,出现了这种情况,才能适用该规则。处理就是行为规则本身,也就是法律规则中指出的允许做什么,禁止做什么或者要求做什么的那一部分。这是法律规则的最基本的部分。制裁就是法律规则中规定的违反该规则时,将要承担法律后果的那一部分。①

在我国,法律规则由假定、处理和制裁三部分构成的学说受到了前苏联法学教材的影响。据美国法学家帕特森(E. Patterson)所称,欧洲法理学家长期承认法律规则的这种特征。例如帝俄时期彼得堡大学法学教授科尔库诺夫(H. M. Korkunov),他同意德国法理学家齐特尔曼(E. Zitelmann)关于"法律规则是将做什么的假设性判断"。之后,科尔库诺夫就提出"假定(hypothesis)与处理(disposition)是所有法律规范的普遍成分"②。科尔库诺夫在其主要著作《法律的一般理论》(1909 年英译本)的第二编"法的客观意义和主观意义"第 24 节中详细地论述了法律规则的假定和处理。又称,这样的法律规则可作如下形式表示:"如果……那么……"例如:"如果死者有几个儿子,那么他的财物应平等划分。""如果任何人偷窃,他应受监禁。"在第 26 节中,他又论述了法律规则的制裁。③

以上对假定、处理和制裁学说来源的考察是否全面,当然有待进一步研究。但这一学说对我国法理学界至今仍有影响,对这一学说与本书提出的观点(即法律规则由行为模式和法律后果两者构成)的差别有必要再次作一说明。本书认为,将法律规则解释为假定、处理和制裁三个部分仅是一种逻辑上的划分,在实际法律条文中,常常没有假定部分,或者已在法律总则中作了规定,或者将假定包括在处理部分之中。例如,我国《婚姻法》第 24 条第 1 款规定:"夫妻有相互继承遗产的权利。"这一条文从逻辑上可以这样理解:"如果夫妻的一方死亡(假定),他方有继承其遗产的权利(处理)。这样,假定和处理两个部分就明确分开了。"④对法律规则逻辑结构的这种解释有其合理的因素,但这也表明,假定

---

① 沈宗灵:《法学基础理论》,法律出版社 1982 年版,第 256 页。
② E. Patterson, *Jurisprudence*, The Foundation Press, 1953, p. 136.
③ Korkunov, *General Theory of Law*, Eng. transl Macmillan, 1909, pp. 176,187.
④ 沈宗灵:《法学基础理论》,法律出版社 1982 年版,第 257 页。

看来是多余的。这一学说更大的缺点是它将法律后果作了片面的理解,仅归结为制裁,事实上,法律后果有许多则是鼓励,而不是制裁。因而,把法律规则的逻辑构成分为假定、处理和制裁,显然是不合适的。

基于对法律规则逻辑构成三要素说的批评,有学者认为法律后果有奖有惩,因而提出新三要素说,认为法律规则由假定、处理和法律后果的新三要素说。①还有学者认为,"处理"一词与中文约定俗成的用法不合,应当用"行为模式"更妥当。法律规则的结构为假定、行为模式、法律后果三个方面。②

(三) 法律规则的分类

法律规则按其本身性质可以从不同角度加以分类。这里暂且提出以下四种分类。

第一,按照行为模式的不同,分为授权性、命令性和禁止性三种法律规则,或者分为授权性与义务性(令行禁止)两种,这里讲的授权包括授予权利或授予权力。新分析法学首创人、英国法学家哈特(H. L. A. Hart)认为,法律可分为两类规则:第一类规则(rules of primary type)设定义务;第二类规则(rules of seconary type)授予权力,包括公权力或私权力。③ 这一论述与本书上面讲的基本上是一致的。但在哈特的著作中,英语 power 一词的含义是较广的,往往兼有汉语中权利与权力两种意义,所以,他讲的"私权力"实际上是指私权利。

第二,按照特定行为以前是否有调整规则,分为调控性规则(regulative rule)和构成性规则(constitutive rule)。调控性规则是对已有行为方式进行调整的规则,其作用是控制行为,行为先于规则。构成性规则是指引人们按照规则的规定行为的规则,规则先于行为,用规则引导行为。据有的学者解释,前者的一个例证是交通规则,它规定在住宅区内车速应限制在每小时 30 英里以内,而在有这种规则以前,人们可以不顾任何车速限制驾驶车辆。与此不同,构成性规则所调整的行为在逻辑上有赖于这种规则。例如,棋赛规则就是这种规则,没有棋赛规则就不会有这种比赛。④

第三,按照法律规则的强制性程度不同,分为强行性规则与任意性规则。在法理学作品中,强行法与任意法之分是法的一般分类之一,与实体法与程序法、公法与私法的分类是并列的。本书认为,强行法与任意法之分在重要性上毕竟不同于实体法与程序法之分或公法与私法之分,因此就在法律规则分类中也列入强行性规则与任意性规则。前者指不问个人意愿如何必须加以适用的规则,

---

① 张文显主编:《法理学》,法律出版社 1999 年版,第 50~52 页。
② 刘金国、舒国滢主编:《法理学教科书》,中国政法大学出版社 1997 年版,第 65~67 页。
③ 〔英〕哈特:《法律的概念》,张文显等译,中国大百科全书出版社 1996 年版,第 83 页。
④ 〔英〕米尔恩:《人的权利与人的多样性》,夏勇、张志铭译,中国大百科全书出版社 1995 年版,第 16—17 页。

后者指适用与否由个人自行选择的规则。一般说来,公法类法律,特别是行政法、刑法等,主要涉及公共利益,强行性规则较多。相比之下,在民商法,即私法类法律中,主要涉及私人利益,任意性规则较多。但刑法中关于"告诉才处理"的规则就是任意性规则,民法中关于"以合法形式掩盖非法目的的民事行为无效"等规则就是强行性规则。

这里应注意,强行性规则与任意性规则之分与上面讲的授权性规则与义务性规则之分有密切关系,但并不等同。划分强行性和任意性是从所保护权益(公益或私益)、法律效力的强弱等角度出发的,授权性和义务性的划分主要是从不同行为模式的角度出发的。

第四,按照法律规则内容是否确定,分为确定性规则、委托性规则和准用性规则。确定性规则,即明确规定一定行为规则,不必再援用其他规则;委托性规则,即这种规则本身并未规定行为规则,而规定委托(授权)其他机关加以规定;准用性规则,即并未规定行为规则,而规定参照、援用其他法律条文或其他法规。如法律规定由某机关制定该法实施细则,就属于委托性规则。又如诉讼法中规定上诉程序有的可参照第一审程序,就属于准用性规则。

法律规则的分类可以从不同角度加以论述,但应注意,这种分类不宜与法学中其他一些分类,例如部门法的划分、法律渊源以及以下将要论述的其他两个法的要素即法律概念和法律原则的分类等混为一谈。

二、法律概念

法的要素包括法律规则、法律概念和法律原则三者。但法的主体是规则。这不仅因为在各国实在法中,法律规则的数量超过法律概念和法律原则,而且还因为后两者一般也是为了使人们正确地理解和运用法律规则。但这绝不是说法律概念和法律原则是无足轻重的。事实上,它们不仅对正确地理解和适用法律规则是不可少的,而且在法律实践中,它们往往有直接的、独立的意义。例如,在某些案件中,对某个法律概念的正确理解可以成为该案件的关键问题。又如在没有法律规则明文规定的情况下,往往就需要由法律原则来作为法律裁决的主要根据。以下先讲法律概念。

法律概念是法律上规定的或人们在法律推理中通用的概念。任何学科都需要自己的各种概念。法律是调整人们行为的较抽象的规范。没有概念,就像有的法理学家所讲的,"整个法律大厦就会瓦解"[1]。

法律概念并不是法学家任意创造的,它们是法学家从无数有关法律的实践中概括出来的。例如人类早在古代社会就已从相互取得一致的行为中逐步形成

---

[1] E. Bodenheimer, *Jurisprudence*, Harvard University Press, 1974, p. 382.

了"合同"的概念;从侵犯他人人身和财物的行为并对这些行为加以报复的现象中逐步形成了"侵权""犯罪""刑罚"等概念。直到今天,这些概念仍是所有人类社会共同使用的基本法律概念。当然,这些概念也不是自发地产生的,它们是通过人们,特别是法学家的加工逐步形成的。法学家的一个重要任务就是从客观社会生活的实践中提炼出法律概念。

法律概念的内涵和外延都不是固定不变的,它们随着社会生活的发展、法制水平和法学家认识水平的发展而不断发展变化。例如,1804 年《法国民法典》和 1896 年的《德国民法典》各自所用的"合同"概念,就既有历史联系,又都打上了不同时代的烙印。

在强调法律概念的重要性时,也必须注意法律概念的局限性。在西方法律思想史中,有一种"概念主义"(conceptualism)法学,它将研究法律概念当作法学的主要任务,并认为法律概念是永恒不变、普遍适用的。事实上,在不同的民族语言,不同时期,不同国家、地区,不同法律制度、法律传统,特别是不同社会制度中,都会有不同的法律概念。此外,即使是共同适用的概念,也可能会有不同的理解。19 世纪流行的"过错责任"原则和 20 世纪流行的"无过错责任"原则就体现了"责任"概念的重大变化。

各国法律中都有许多法律概念的规定。例如,我国《刑法》总则中的许多条文都是有关刑法的基本概念,如犯罪、故意犯罪、过失犯罪、犯罪的预备、犯罪未遂和犯罪中止等规定。我国《民法通则》中关于法人、个体工商户、个人合伙、财产所有权、债、合同等概念的规定,都是有关民法的基本概念。法律概念不同于法律规则或法律原则,但法律概念却是适用法律规则或法律原则的必不可少的因素。

三、法律原则

法律原则是法律上规定的用以进行法律推理的准则。法律原则和法律概念一样,它们不是法律规则,既没有规定确定的事实状态,也没有规定具体的法律后果,但在创制法律、理解或适用法律过程中,它们是必不可少的。没有法律概念,就不可能有法律规则和法律原则,法律原则不仅可以指引人们如何正确地适用规则,而且在没有相应法律规则时,可以代替规则来作出裁决,即较有把握地应付没有现成规则可适用的新情况。

美国法学家德沃金(R. Dworkin)在反对分析实证主义强调法律规则的观点时,曾论述了法律原则与法律规则之间的三个差别:第一,规则是在"全有或者全无"的形式下适用的,也就是说这一规则或者有效或者无效。如法律规定"遗嘱非经三个证人签署不得成立",如果仅二人签署,该遗嘱即视为无效。与此不同,法律原则比较有伸缩性。第二,法律原则是人们在一定情况下必须考虑的,但它本身并不一定能解决问题,因为也可能还要考虑到其他原则或政策。第三,在几个原则发生冲突时(如保护消费者的政策和契约自由原则的冲突),人们需要权衡几个原则的分量。①

法律原则与法律规则的关系,在制定法(成文法)中是比较明显的,而判例法中的法律规则却是相当模糊的。按照帕特森的解释,法律原则在判例法中的逻辑作用有三种:第一,限制法律规则的范围;第二,扩展法律规则的范围;第三,通过创造新前例并最后建立新规则的方式解决法律"空隙"问题。②

当代中国法律中,特别是作为根本法的《宪法》或各种法律的总则中有很多法律原则。例如 2007 年制定的《劳动合同法》第 3 条规定:"订立劳动合同,应当遵循合法、公平、平等自愿、协商一致、诚实信用的原则。"又如 2005 年修订的《公司法》第 5 条第 1 款规定:"公司从事经营活动,必须遵守法律、行政法规,遵守社会公德、商业道德,诚实守信,接受政府和社会公众的监督,承担社会责任。"《刑事诉讼法》和《民事诉讼法》中关于审理案件必须以事实为根据,以法律为准绳;一切公民在适用法律上一律平等;法院独立进行审判等规定,都是诉讼法中的原则。法律原则也不同于法律规则,它比法律规则更抽象、概括,对理解、适用法律规则或进行法律推理,具有指导意义。

国家的政策对法律,无论是法律原则或法律规则,都有指导作用,宪法或一些重要法律总则中的规定可以既是党的政策,也是有关法律的基本原则,例如我国《宪法》总纲中规定的民主集中制的原则,各民族一律平等、各尽所能、按劳分配的原则等。在中国,党的政策与国家的政策也是既有联系又有区别的。有关法律与党和国家政策的关系在本书以下论述法治与国家、政治、政策关系时将作进一步研究。

第三节 法 的 学 说

一、中国历史上法的学说

夏商和西周统治者宣扬"代天行罚"的神权法思想,将刑罚说成是"天"的意志。例如(商)王(汤)曰:"有夏多罪,天命殛之。"③

春秋战国时期,以孔子为代表的儒家,从"礼"和"仁"的思想出发,强调道德教化的作用,主张"道之以政,齐之以刑,民免而无耻;道之以德,齐之以礼,有耻

---

① 参见沈宗灵:《现代西方法理学》,北京大学出版社 1992 年版,第 129~130 页。
② E. Patterson, *Jurisprudence*, The Foundation Press, 1953, p.282.
③ 《十三经注疏》,中华书局 1980 年版,第 160 页。

且格"①。

墨家的代表墨子从"兼相爱,交相利"的核心思想出发,主张"以天为法"。从一定意义上讲,这是中国古代的一种接近自然法的思想。老子认为,"人法地,地法天,天法道,道法自然"②。这也是中国古代历史上罕见的一种接近"自然法"的思想,认为这种法是最完美的,而反对人为的法。但老子讲的自然法,实指宇宙法则、客观规律,不同于西方历史上盛行的自然法学说。

管子讲,"法者,天下之程式也,万事之仪表也"③。法家主要代表商鞅和韩非强调法的作用和法的规范性。商鞅认为,"故法者,国之权衡也"④。韩非则讲,"法者,编著之图籍,设之于官府,而布之于百姓者也"⑤。

我国历史上历代封建王朝的法律是以君主名义制定的,即所谓"钦定",而君主的权力却又被解释为"受命于天"。西汉哲学家董仲舒称:"受命之君,天命之所予也。"⑥因此,君主被奉为"天子""圣上",他所制定的法律就代表"天"的意志。这种以"天"为中心的观念是一种哲理化的神学,与一般宗教神学有所不同,但仍是一种神学。

南宋哲学家朱熹认为,"法者,天下之理"⑦。这也是中国历史上较突出的一种法律哲学,在形式上与古希腊斯多葛派所讲的理性相类似。

中国近代思想家梁启超提倡法是国家意志的体现,应实行法治等观点,"国家之意志何,立法是矣"⑧,"法治主义是今日救时唯一之主义"⑨。

二、当代中国法的学说

(一) 法是国家意志的体现

法是国家意志的体现。无论是奴隶制社会、封建制社会、资本主义社会或社会主义社会的法,都是国家意志的体现。当然,这里讲的法是现实生活中存在的法,而不是一些思想家、法学家学说中所假设的法。

在任何阶级对立社会,国家意志就是掌握国家政权的统治阶级的意志,在已消灭了剥削阶级的社会主义社会,那里的国家意志就是掌握国家政权的,以工人阶级为领导的广大人民的共同意志。马克思和恩格斯在《共产党宣言》中在批

---

① 杨伯峻:《论语译注》,中华书局1958年版,第12—13页。
② 《老子》第二五章,四部备要本。
③ 戴望:《管子校正》卷二一,《明法解第六十七》,《诸子集成》本。
④ 《商君书注译》,中华书局1974年版,第111~112页。
⑤ 《韩非子集释》卷一六,《难三第三十八》,中华书局1958年版,第868页。
⑥ 董仲舒:《春秋繁露·深察名号》。
⑦ 《朱子大全》文六九,《学校贡举私议》,四部备要本。
⑧ 《饮冰室合集·文集之九》,第102页。
⑨ 《饮冰室合集·文集之十五》,第43页。

判资产阶级的观念时指出:"你们的观念本身是资产阶级的生产关系和所有制关系的产物,正像你们的法不过是被奉为法律的你们这个阶级的意志一样,而这种意志的内容是由你们这个阶级的物质生活条件来决定的。"①列宁也讲过,法是取得胜利,掌握国家政权的阶级的意志的体现。从以上意义上讲,统治阶级意志、掌握国家政权阶级的意志、国家意志三者含义是相当的,但三者又是有区别的。

法要调整各种社会关系,实质上也即调整各种利益关系。从利益的内容来说,有物质利益、政治利益和精神利益之分。从利益的时间性来说,有眼前利益和长远利益之分。从利益的具体主体来说,有个人利益、集团利益和社会利益(往往又和国家利益结合在一起)之分。从阶级属性来说,有不同阶级利益,特别是统治阶级利益和被统治阶级利益之分。法是在维护统治阶级作为一个整体的、长远的、根本的利益的前提下来调整各种社会关系或利益关系的。

(二) 法的最终决定因素——物质生活条件

法的本质是国家意志,但这绝不是说法是以这种意志为基础的,更不意味着这种意志创造了社会经济关系。相反,无论是法还是它所体现的意志,都是由一定的社会经济关系所决定的,而这种社会经济关系是不以人们的意志为转移的。

上面已讲过,马克思和恩格斯认为,法所体现的国家意志的内容是由这一阶级的物质生活条件决定的。物质生活条件的含义是比较广泛的。马克思在《〈政治经济学批判〉序言》中认为,物质生活条件指生产方式,也可以指同物质生产力的一定发展阶段相适合的生产关系,也即社会的经济基础。因而法是建立在一定社会的经济基础之上的一个上层建筑。国家意志不是凭空产生的,它是一定经济关系或物质利益关系的集中体现,并反过来维护和发展这些关系。这也表明法并没有创造这些现实的经济关系,法并不是这些经济关系的基础,相反,法是以这些经济关系为基础的。

法所体现的国家意志的内容由其物质生活条件所决定,也意味着任何国家的立法者在立法时都应注意现实的经济条件以及相应的经济规律。法由经济条件所决定也意味着法的发展必然会随着经济条件的发展而变化。

从法由经济条件所决定这一点讲,法具有某种客观性。但这种客观性并不意味着将法和现实经济条件及其经济规律等同起来,并不意味着将以下两个事物混为一谈:一个是不以人们意志为转移的客观过程,另一个是通过人们的意志加工创造出来以国家名义发布的法。总之,法不是以意志为基础而是以社会为基础的。不能从唯心主义的唯意志论来理解法的本质属性。但另一方面,也不能否认法的国家意志而仅讲法是社会物质生活条件的反映,否则不仅将法与客

---

① 《马克思恩格斯选集》第1卷,人民出版社2012年版,第417页。

观经济规律混为一谈,而且也无从解释法是由人制定的这一事实。

(三) 经济以外的因素对法的影响

经济以外的各种因素,其范围是很广泛的,主要包括政治、思想、道德、文化、历史传统、民族、宗教、习惯等。如果以上所讲的物质生活条件中不包括人口、地理环境和科学技术等,那么它们也应列入非经济的因素。本国历史上的和外国的法律和法学,作为一种文化知识,对本国法律也具有重大影响。

恩格斯在其晚年阐述唯物史观的基本原理时曾指出:"政治、法、哲学、宗教、文学、艺术等等的发展是以经济发展为基础的。但是,它们又都互相作用并对经济基础发生作用。这并不是说,只有经济状况才是原因,才是积极的,其余一切都不过是消极的结果而是说,这是在归根到底不断为自己开辟道路的经济必然性的基础上的互相作用。"[1]特别应注意的是,他在当时还强调这一事实:"只有一点,还没有谈到,这一点在马克思和我的著作中通常也强调得不够,在这方面我们大家都有同样的过错。这就是说,我们大家首先是把重点放在从基本经济事实中引出政治的、法的和其他意识形态的观念以及以这些观念为中介的行动,而且必须这样做。但是我们这样做的时候为了内容方面而忽略了形式方面,即这些观念等等是由什么样的方式和方法产生的。"[2]

恩格斯这两段话的大意是:第一,政治、法律、哲学等因素的发展都是以经济发展为基础的,但它们又都互相影响并对经济有反作用;政治、法律等因素是在经济因素起决定作用的条件下互相影响的。第二,马克思和恩格斯在开始提出唯物史观时将重点放在经济基础对政治、法律等观念以及根据这些观念所产生的行动的决定作用上,这在当时是应当这样做的。第三,但在这样做时为了强调经济因素这一内容的决定作用却忽略了由经济因素所决定的那些形式,即政治、法律等观念本身"由什么样的方式和方法产生"的问题。法律的产生方式和方法也就包含了经济以外的因素对法律的影响。第四,以上所讲的忽略是一个"过错",但却是"应当这样做"时所造成的,是无法避免的。

在分析法的不同层次的本质时,应特别注意经典作家的这些原理。显然,不应该忽略经典作家在他们当时的条件下所难以避免的"忽略"。如果将经济条件理解为法的国家意志内容的唯一决定因素,实际生活中无数现象就无法理解了。一个简单的事实是:几个国家或一个国家在不同地区、不同时期,虽然就经济制度或经济发展水平来说是同样的,但它们的法律却可以存在着千差万别的情况。如果不认真分析经济以外的因素,又怎样能解释这种法律所体现的统治阶级意志的内容呢? 例如,在美国,路易斯安那州的法律倾向于民法法系(即大

---

[1] 《马克思恩格斯全集》第4卷,人民出版社2012年版,第649页。

[2] 同上书,第642页。

陆法系)传统,而其他州则属于普通法法系(即英美法系)传统,这两种现行的法律制度有很大差别。在这种情况下,又如何用国家意志及其经济基础来说明这二者之间的差别呢? 形成这种差别的原因当然很复杂,但总的来说,是由于历史传统的不同,这也就是前面所讲的经济以外的因素对法律所体现的国家意志内容的影响。当然,这种影响也是在美国的现行经济关系起决定作用的条件下发生的。所以,路易斯安那州的法律同其他州的法律,尽管有很大的差别,但它们都是资本主义的法律。

三、西方法的学说

(一) 神学论

在解释法时,历史上最早出现的观点,在世界各国几乎都是神学论,即直接、间接地将法的本质归结为神的意志。除中国以外的古代各国的成文法,包括古巴比伦王国的《汉穆拉比法典》,都反复表明它们代表了太阳神、上帝、真主等的意志。在西欧中世纪,罗马教会神学在思想领域中占有支配地位,哲学、政治学和法学都成了神学的分支。因而,法被归结为上帝意志。自然法只是沟通上帝的永恒法和世俗法的桥梁。这种神学的主要代表人物是经院主义哲学家托马斯·阿奎那。在16至18世纪,罗马教会的神学论受到了新兴资产阶级思想家的猛烈冲击。但自19世纪末以来,西方法学界中又出现了以复活托马斯·阿奎那思想为特征的法学派别——新托马斯主义法学。

(二) 正义论

在法学思想史中,对法的解释往往与抽象的正义一词相联系。从词源中也可看出,法与正义或其他同义词,如公正、公道、公平等是不可分的。特别在自然法学说中,更强调法代表道德、正义。对古代、中世纪神学来说,正义首先是指符合神、上帝的意志。17—18世纪的一些思想家、法学家,如荷兰的格劳秀斯等人,也强调法的正义性,但他们往往将正义归结为自由、平等和人权。自18世纪末、19世纪初开始,这些思想家在讲法的正义性时,往往仅强调自由。例如康德对法所下的定义是:"根据自由的一般法则,一个人的任意可以和其他人的任意相共存的条件的总和。"[1]其大意是:法是为个人有可能享受最大限度自由所提供的条件。在进入20世纪后,西方法学中的正义观又有所改变,正义内容已不限于自由和平等,而且更包含社会福利,正义要求个人的自由、权利应服从社会利益。

---

[1] 〔德〕康德:《道德的形而上学》,转引自 E. Bodenheminer, *Jurisprudence*, Harvard University Press, 1974, pp. 62—63。

(三) 理性论

不少思想家、法学家在将法解释为正义时,也往往同时将它解释为理性、人性等。在西方,首先将法归结为理性的是古希腊的斯多葛派哲学家,他们认为整个宇宙由理性构成,自然与理性是等同的,因而这种宇宙的理性就成为永恒不变的普遍的自然法的基础。斯多葛派的这种自然法思想传入罗马后,对罗马法(特别是万民法)的发展有很大影响。西欧中世纪神学家也认为法代表理性,但这是指上帝的理性或上帝赋予人类的理性。17—18世纪,古典自然法学盛行,这种法学将法(自然法)归结为人的理性和本性,通常又被称为理性主义法律思想,它反对神学和封建统治。

古典自然法学在将法(自然法)归结为人的理性和本性的同时,也往往将体现这种自然法的实在法解释为人的意志的体现。例如,卢梭从坚持民主共和国的观点出发,认为"法律乃是公意的行为"。① 这种观点后来为法国《人权宣言》所肯定:"法律是公共意志的体现。"黑格尔从客观唯心主义出发,认为法是"自由意志"的体现,这种自由意志不是单个人的意志,而是自在自为地存在的、合乎理性的意志。他指出:"法的基地一般说来是精神的东西,它的确定的地位和出发点是意志。意志是自由的,所以自由就构成法的实体和规定性。"②

(四) 民族精神论

19世纪初在德国兴起的历史法学派主张,理性主义法学是一种幻想,自古以来,法就像语言、风俗、政制一样,是"民族精神"的体现,它随着民族的发展而发展。如历史法学派的代表人物萨维尼认为:"法律只能是土生土长和几乎是盲目地发展,不能通过正式理性的立法手段来创建。"③他认为,法并不是立法者有意创制的而是世代相传的民族精神或共同意识,在人类"历史的早期阶段,法律已经有了该民族独立的固有特征,就如同他们的语言、风俗和建筑有自己的特征一样"④,立法者的任务只是帮助人们揭示"民族精神",发现"民族意识"中已经存在的东西。法的最好来源不是立法,而是习惯,只有在人民中活着的法才是唯一合理的法。

(五) 权力论和规范论

早在古希腊时,就有法是代表权力还是代表正义之争。在西方近代法律思想史上,主张法以权力为基础的学说的典型是英国奥斯丁(J. Austin)的分析法学。他认为,法是掌握主权者的命令,如不服从就以制裁的威胁作为后盾。现代

---

① 〔法〕卢梭:《社会契约论》,何兆武译,商务印书馆2003年版,第47页。
② 〔德〕黑格尔:《法哲学原理》,范扬、张企泰译,商务印书馆1979年版,第10页。
③ 张宏生主编:《西方法律思想史》,北京大学出版社1983年版,第369页。
④ 同上书,第371页。

西方法学中纯粹法学的创始人凯尔森(H. Kelsen)和新分析法学的创始人哈特虽然都继承了奥斯丁学说的基本思想,即法与道德无关或至少并无必然的联系,但他们都反对奥斯丁关于法的定义,他们不提主权者和命令,而强调法是一种规范或规则,它们构成一个能追溯法律效力的等级体系。但这里所讲的规范或规则体系实质上不过是权力的等级体系,即下级国家机关制定的法律的效力来源于上级国家机关制定的法律。

(六) 社会论

现代西方法学中的社会学法学认为法是一种社会现象,强调应研究法与各种社会因素的相互影响。欧洲社会学法学创始人埃利希(E. Ehrlich)认为,除了国家制定的法律外,还有一种"活的法",它是在实际社会生活中真正起作用的法律。社会学法学中的一个支派,社会连带主义法学创始人狄骥(L. Duguit)认为,社会连带关系是一切社会规则的基础,这是一种"客观法",高于国家制定的实在法。美国社会学法学主要代表庞德强调法的目的和任务在于以最少的牺牲和浪费来尽可能多地满足各种相互冲突的利益。

思考题

1. 怎样分析法的本质?
2. 法有哪些基本特征?
3. 法的要素是什么意思?从逻辑上看,法律规则是由什么构成的?

参 考 书 目

1. 沈宗灵:《法理学》,高等教育出版社 1994 年版,第二章。
2. 张友渔主编:《中国法学四十年》,上海人民出版社 1989 年版,第二章。
3. 刘升平、冯治良主编:《走向 21 世纪的法理学》,云南大学出版社 1996 年版。
4. 付子堂主编:《法理学初阶》,法律出版社 2005 年版,第七、九章。
5. 张文显主编:《法理学》(第三版),高等教育出版社、北京大学出版社 2007 年版,第五、七章。

第三章 法的价值

本章进一步学习与法的本质密切联系的一个重大问题,即法的价值,包括法的价值概述,法律与正义,法律与自由,法律与平等,法律与利益等。

第一节 法的价值概述

一、法的价值的概念

从词义上看,价值是判断事物或行为的标准,其含义是"可重视的、可珍贵的、可尊敬的"。经济学上的价值,主要是物化了的人类劳动,劳动是一切价值的基础,即劳动创造价值。哲学意义上的价值,首先是一个关系范畴,表达的是人与物之间的需要与满足的关系,即物满足人的某种需要。价值在西方政治理论和法学理论中使用频繁,用来指称各种有价值的事物,比如幸福、财富、荣誉、安全等,也用来指称人们用以评价各种事物的价值标准。

法的价值,或法律价值,并非中国法律传统中固有的概念,而是在20世纪80年代从西方法学中移植过来的一个概念。在西方法学中,法的价值一词是常用的。例如,1990年中国法学家曾翻译过英国法学家斯坦与香德合著的《西方社会的法律价值》[1]一书,该书认为西方社会法律的基本价值是秩序、公平和个人自由。美国法学家拉斯威尔和麦克杜格尔首创一种政策法学,将权力、财富等价值作为法的目的,使人们尽可能广泛地分享价值。[2] 在西方法理学中,又有"价值论法哲学"(value-oriented jurisprudence)的名称。[3]

从字面上讲,法的价值一词可以有不同含义:第一,它指的是法促进哪些价值;第二,指法本身有哪些价值;第三,在不同类价值之间或同类价值之间发生矛盾时,法根据什么标准来对它们进行评价。从这一意义上讲,法的价值即指它的评价准则。美国法学家庞德在其法理学作品中所讲的价值问题就是评价准则,他认为,在法律调整或安排背后,"总有对各种互相冲突和互相重叠的利益进行

---

[1] P. Stein and J. Shand, *Legal Values in Western Society*, 1974。中译本由王献平译、郑成思校,中国人民公安大学出版社1990年出版。
[2] 转引自 E. Bodenheimer, *Jurisprudence*, Harvard University Press, 1974, pp. 148~151。
[3] 同上。

评价的某种准则","在法律史的各个经典时期,无论在古代和近代世界里,对价值准则的论证、批判或合乎逻辑的适用,都曾是法学家们的主要活动"。①

法的价值的以上三种含义是不同的,不应加以混淆,但它们又是密切联系的。法促进哪些价值,实际上就是法的本质与目的问题,不同学派思想家、法学家有不同的理解。法本身有什么价值,实际上是指法不仅是实现一定目的的手段,同时它本身也有特定的价值。例如,一般的法,总意味着某种理性、效率和秩序,而与非理性主义、不顾效益和无政府主义是对立的;现代社会的法,一般地说,总意味着民主、自由与平等,而与专制、独裁是对立的。在研究法促进哪些价值时,必然会涉及法本身具有哪些价值。法所促进的各类价值之间或同类价值之间必然会有矛盾,因而就有对它们进行评价、协调、选择的问题。在研究法的价值时,不应仅讲法促进哪些价值而忽视它们之间的矛盾以及用以解决这些矛盾的评价准则问题。

在研究法的价值,尤其在研究个人利益与社会利益关系时,必然会涉及人性论和价值观问题。它们是哲学、心理学上的问题,但在法理学的很多领域也不可回避的问题。

人的本性是什么?古今中外思想家有大量言论。中国古代思想家有不同主张:性善、性恶、性无善恶、性有善恶、善恶相混。

孟子认为,"性犹湍水也,决诸东方则东流,决诸西方则西流。人性之无分于善不善也,犹水之无分于东西也"②。意思就是,人的本性是没有善恶之分的,就像急流的水一样,在东边开个口子,水就往东流,在西边开个口子,水就往西流。实际上,他认为人性的善与恶是后天形成的。他的这种观点同18世纪英国思想家洛克的看法相类似。后者将人的心灵比作一张白纸,上面没有任何记号,没有任何观念。心灵中的观点,包括道德观念,都是从社会经验中得来的,是后天获得的。

再有,应注意人的生理需要,一切生物的自然属性,与人的来自后天的社会属性是不同的。中国古代思想家所讲的"饥而欲食,寒而欲暖"就属于自然属性,"公""私""善""恶"这种道德、价值观念,才属于社会属性。③ 人的本性是指自然属性与社会属性的综合,但这里主要是讲社会属性。

与人性论密切相关的一个问题是价值观,它是一般价值,特别是正确地认识人的社会价值与自我价值关系等问题。一般地说,人的社会价值是一个人的思

---

① 〔美〕庞德:《通过法律的社会控制法律的任务》,沈宗灵、董世忠译,商务印书馆1984年版,第55页。

② 杨伯峻:《孟子译注》,中华书局1984年版,第254页。

③ 参见章炳元:《说"人性"》,载《人民日报》1991年5月20日。

想言行对社会发展进步的意义,即对社会的贡献。人的自我价值是指一个人的思想言行对自身德、智、体、美及个人生活有积极意义。人的社会价值与自我价值应该是统一的,只重视自我价值而忽视社会价值,或者反过来,只重视社会价值,而忽视人的自我价值,都是不正确的。但也应认识到,一方面,社会价值与自我价值不是并列的,社会价值是人的根本价值,因为社会高于个人,离开社会,个人就不可能生存和发展。另一方面,也不能因此而忽视自我价值的作用。因为在我国,最终达到共同富裕是社会主义的根本价值目标,社会价值是根本价值,共同富裕是指每个成员都达到富裕,社会价值中就包括自我价值,在这里,社会价值和自我价值都是目的,或者说,互为目的和手段。①

综上所述,正确地认识人性论和价值观,有助于树立正确的理想、信念和价值观,也为学习法的价值提供一些理论参考。

二、对待法律价值问题的态度

在西方法学发展史上,对法律价值问题的态度,出现了三种截然不同的观点。自然法学派注重法律价值,认为法律必须符合价值要求,符合价值要求的法律,就是善法(良法),不符合价值要求的法律就是恶法,不能称其为法。意思是说,在国家制定法与这种价值的关系上,价值是衡量国家制定法的标准。自然法学倾向于价值的绝对主义。

分析实证主义法学并不否认法律应体现一定的价值,但它坚持事实与价值的两分,尊重法律所确认的价值。在法律执行和适用时,只考虑法律规则的规定,主张不考虑价值问题,按照法律规则的规定操作,而不考虑法律规则之外的多元价值。这种方法的优势在于借助法律的强制力有效地解决法律价值的冲突,其缺点在于无从解决社会上价值多元和价值冲突的问题。

社会学法学派对法采取一种价值无涉(value-free)的态度,坚持事实与价值的区分,用科学的方法对待法学,运用逻辑实证和经验实证的方法处理法律问题,关注法律"实际上是什么"的问题,着力描述法律现象以及法律在社会生活中的运行,而不考虑法律自身的价值评判问题。它的优势在于客观地描述法律现象以及法律运行中凸现的价值多元和价值冲突,但其缺点是对法律所体现的价值以及价值多元、价值冲突,不提供解决方案。

---

① 参见王玉梁:《论人的社会价值与自我价值的关系》,载《光明日报》1997 年 7 月 5 日。

第二节 法律与正义

在20世纪80年代初以前,由于极"左"思潮的影响,中国法学作品中几乎从不涉及正义的概念,更不用说法与正义的关系。但自古至今人类社会普遍认为正义是一个崇高的价值、理想和目标,法与正义的关系问题始终是古今中外法学中一个永不消失的主题。

一、正义的概念及其分类

什么是正义?正义通常又可称公平、公正、正直、合理、正当等。这些词可以说含义相当,但意义强弱、范围大小可能有所差别,所以,在不同场合下应选择较合适的词。例如通常说:这一战争是正义的;这一判决是公平、合理的;这个人是正直的,等等。总的来说,仅从字面上看,正义一词泛指具有公正性、合理性、正当的观点、行为以至事业、关系、制度等。最早关于正义的思考见诸亚里士多德,他将正义区分为校正正义与分配正义。① 从实质上看,正义是一种观念形态,是一定经济基础之上的上层建筑。

在思想史上,对正义有不同的分类,这里,仅讲与法律有关的某些分类。

第一种是从经济、政治、道德、法律等不同角度来划分正义的,例如美国法学家庞德讲过,"在伦理上,我们可以把它看成是一种个人美德或是对人类的需要或要求的一种合理、公平的满足。在经济和政治上,可以把社会正义说成是一种与社会理想相符合,足以保证人们的利益与愿望的制度。在法学上所讲的执行正义(执行法律)是指在政治上有组织的社会中,通过这一社会的法院来调整人与人之间的关系及安排人们的行为;现代法哲学的著作家们也一直把它解释为人与人之间的理想关系"②。

第二种划分法是古希腊思想家亚里士多德提出的分配正义和改正正义之分。按照他的学说,正义意味着某种平等(仅适用于男性自由民)。这种平等的正义又可分为两类。分配的正义,指根据每个人的功绩、价值来分配财富、官职、荣誉,如甲的功绩和价值是乙的三倍,则甲所分配的也应是乙的三倍。改正的正义,即对任何人都一样看待,仅计算双方利益与损害的平等。这类正义既适用于双方权利、义务的自愿的平等交换关系,也适用于法官对民刑事案件的审理,如

---

① 〔古希腊〕亚里士多德:《尼各马克伦理学》,廖中白译注,商务印书馆2003年版,第134—140页。
② 〔美〕庞德:《通过法律的社会控制法律的任务》,沈宗灵、董世忠译,商务印书馆1984年版,第73页。

损害与赔偿的平等,罪过与惩罚的平等。① 这两种正义之分对后世思想史、法学史有重大影响。有人认为分配正义适用于立法或公法,改正正义适用于司法或私法。

第三种是当代美国哲学家罗尔斯(J. Rawls)对正义的划分。他论述了社会正义和个人正义之分以及实质正义和形式正义之分。他认为,社会正义原则是指社会制度的正义,主要问题是"社会的基本结构,是一种合作体系中的主要的社会制度安排",这种原则不能同个人正义原则,即"用于个人及其在特殊环境中行动的原则"混淆起来。而且他还认为,只有首先确定社会正义原则才能进一步确定个人正义的原则。因为个人正义的原则首先是个人在一定条件下应对制度所负责任的原则。② 实质正义是指制度本身的正义,形式正义是指对法律和制度的公正和一贯的执行,而不管它的实质原则是什么。所以,形式正义也可称为"正规性的正义"(justice as regularity)③,也就是指"法治"。形式正义意味着对所有人平等地执行法律和制度,但这种法律和制度本身却可能是不正义的,所以形式正义不能保证实现实质正义。但形式正义可以消除某些不正义。例如,一种法律和制度本身是不正义的,但如果它一贯适用的话,一般地说,至少能使服从这种法律和制度的人知道对他有什么要求,从而使他可以保护自己。相反地,如果一个已处于不利地位的人还受到专横待遇,那就成了更大的不正义。

以上是对正义的不同分类。正义是人类普遍认为的崇高价值,是指具有公正性、合理性的事物。但这种价值到底指什么?公正性与合理性又指什么?在西方思想史中,从古希腊、罗马直到现代,对正义的内容,有无数不同的理解,平等、自由、平等与自由的结合、安全、共同福利等,都曾被奉为人类谋求实现的正义。正如有的思想家所说的,正义是最为崇高但又是最为混乱的概念之一。可以说,不同时代,不同社会制度、意识形态、历史文化传统,不同国家,不同群体,不同学派,甚至可以说不同的人,对正义一词的内容都会有不同的理解。当然,这并不是说社会上每一个成年人都有自己的有关正义的较系统的观点。事实上,每个人都是属于特定的群体,例如,阶级、阶层、职业、家庭、家族等,同一群体的人往往有类似的正义观。一个富人和一个穷人,一个宗教信徒和一个无神论者,一个个人自由主义者和一个社会主义者,往往有截然不同的正义观,就这一意义上讲,正义只能是一个历史的、相对的概念。当然,正义概念的历史性、相对性是就正义概念的整体来说的,无论在历史上或当代世界上,都存在着人类社会

---

① 参见〔古希腊〕亚里士多德:《尼各马可伦理学》,廖申白译注,商务印书馆2003年版。
② 〔美〕罗尔斯:《正义论》,何怀宏等译,中国社会科学出版社1988年版,第50、105—106页。
③ 有学者将 justice as regularity 译为"作为规则的正义"。见〔美〕罗尔斯:《正义论》,何怀宏等译,中国社会科学出版社1988年版,第225页。

普遍接受的某些正义观念。

正义是一个相对的概念,是指它是具有条件的、受制约的、可变的概念,并不是指根本不存在判断是否正义的客观标准。衡量任何一种思想观点、活动以及制度、事业是否合乎正义的最终标准,就是看它们是否促进社会进步,是否符合最大多数人的最大利益。

二、正义与法律的关系

在西方法律思想史中,正义与法的关系是很紧密的。英语中的很多词,如法官、司法、法庭、法学等词都与拉丁语中的法 jus 一词有关。jus 一词以及欧洲大陆各民族语言中的相应的词,如法文中的 droit,德文中的 Recht 都是多义词,兼有正义、法和权利等意思。

在法与正义关系的理解上,西方法学中主要有三种观点:

第一,法本身就代表正义,法与正义是等同的。古希腊思想家柏拉图在其《理想国》中就讲到,色拉叙马霍斯(Thrasymachus)认为,"正义不是别的,就是强者的利益"。因为每个统治者、政府都制定对自己有利的法律并明告大家。"凡是对政府有利的对百姓就是正义的;谁不遵守,他就有违法之罪,又有不正义之名。"[①]这种观点与后世的国家主义思潮密切联系。

第二,正义是衡量法(指实在法)是否符合法的目的即正义的准则。这种观点在西方法律思想中通称正义论或自然法学。这里讲的正义即指自然法,它是高于国家制定的实在法的准则,这种说法在 17—18 世纪曾成为资产阶级反封建斗争的旗帜,对后世自由主义思潮有较大影响。

第三,认为法与道德(正义)是无关的,至少没有必然的联系,一个不正义、不道德的法律,只要是合法地制定的,仍应被认为具有法律效力。这也就相当于"恶法亦法"之说。19 世纪分析法学派奥斯丁鼓吹这种学说,继他之后的凯尔森更把这一学说推向极端。他认为,正义是一种主观的价值判断,作为一门科学的纯粹法学"不能够回答某一法律是否合乎正义以及正义究竟包括什么要素。因为这一问题是根本不能科学地回答的"[②]。

在正义问题上,最具根本性的是社会正义,有学者称之为社会基本结构的正义。"所谓社会的基本结构是指一整套的主要的社会制度、经济制度、政治制度、法律制度。"[③]由此可见,社会正义最终通过制度实现,没有制度上的正义安排,正义也就无从谈起。

---

① 〔古希腊〕柏拉图:《理想国》,郭斌和、张竹明译,商务印书馆 1986 年版,第 18—19 页。
② 〔奥〕凯尔森:《法与国家的一般理论》,沈宗灵译,中国大百科全书出版社 1996 年版,第 6 页。
③ 张文显:《法学基本范畴研究》,中国政法大学出版社 1993 年版,第 269 页。

社会基本结构的正义包含两个方面,一方面是社会各种资源、社会合作的利益和负担分配的正义问题;另一个是社会争端和冲突解决的正义问题。前者称之为实体正义,后者可谓形式正义或诉讼正义。①

第三节 法律与自由

一、自由的含义

在汉语中,"自"是指代本人或自己,"由"是指从事、践履。两者合在一起,自由含有自主从事某事之意。

在西方,自由(liberty,freedom)首先是指从约束中解放出来,或者说是一种不受约束的状态。在古希腊、古罗马时代,一个男子达到一定年龄,便从父权的束缚下解放出来,成为具有独立人格的人,享有公民的权利,承担公民的义务,拥有妻室、财产和奴隶,成为自由民。在拉丁语中,自由意味着从束缚中解放出来。在罗马法上,自由的定义是:"凡得以实现其意志之权力而不为法律禁止者是为自由。"其次,自由是指不受限制。如霍布斯所说,自由就是不受权力的限制。②卢梭所言"人生而自由,但却无往不在枷锁之中"③,也表达了这种含义。再次,自由是一种权利。孟德斯鸠认为:"自由就是做法律所许可的一切事情的权利。"④伯林在1958年的"两种自由概念"中所提出的积极自由也有这种含义。他认为,积极自由是指人在"主动"意义上的自由,即作为主体的人做的决定和选择,均基于自身的主动意志而非任何外部力量。当一个人是自主的或自决的,他就处于积极自由的状态之中(liberty to…)。这种自由是"做……的自由"。最后,在现代的自由理论中,自由还意味着无干预。伯林所提出的消极自由,就是此种意义上的自由。消极自由指的是在"被动"意义上的自由,即人在意志上不受他人的强制,在行为上不受他人的干涉,也就是处于免于强制和干涉的状态(liberty from…)。

自由有哲学上的自由和法律上的自由之分。哲学上的自由,其含义一方面是指对必然的认识和支配。在这里,必然是指对客观规律的认识,是对必然的驾驭。斯宾诺莎指出,自由与那种"其存在及其行为均按照一定的方式为他物所决定"的情况相反,"凡是仅仅由自身本性的必然性而存在,其行为仅仅由他自

---

① 张文显:《法学基本范畴研究》,中国政法大学出版社1993年版,第270页。
② 转引自李强:《自由主义》,中国社会科学出版社1998年版,第65页。
③ 〔法〕卢梭:《社会契约论》,何兆武译,商务印书馆1980年版,第8页。
④ 〔法〕孟德斯鸠:《论法的精神》(上),张雁深译,商务印书馆1978年版,第154页。

身决定的东西叫做自由"①。恩格斯指出:"自由不在于幻想中摆脱自然规律而独立,而在于认识这些规律,从而能够有计划地使自然规律为一定的目的服务。这无论对外部自然的规律,或对支配人本身的肉体存在和精神存在的规律来说,都是一样的。"②另一方面,自由乃是意志的规定性,自由即意志自由。意志自由包含两个方面:任意和自律。任意意志自由的绝对形态,是儿童或者原始社会中的人们所处的自由状态,它来自于每一个人自身的最原始的力量。"任意是对一切规范、习俗和文明的否定,因而是一种否定性的、破坏性的力量","当一定的规范、习俗已经成为自由的桎梏的时候,任意就表现为一种积极的力量"。③自律是意志自由的高级形式。斯宾诺莎最早提出自律的观念,认为一个自由人,就是纯粹根据理性的指导而生活的人。理性担当起控制激情和欲望的责任。康德进一步提出,真正的自由乃是人在道德实践中所具有的摆脱了自然以及肉体束缚的遵照自身建立起来的法则而行动的意志自由。康德认为:"要这样行动,使得你的意志的准则在任何时候都能同时被看做一个普遍的立法原则。"④

法律上的自由是指人在国家权力所许可的限度内活动而免受干预的能力。洛克认为:"自由意味着不受他人的束缚和强暴,而哪里没有法律,哪里就不能有这种自由。但是自由,正如人们所言,并非人人爱怎样就怎样的那种自由(当其他任何人的一时高兴可以支配一个人的时候,谁能有自由呢?)而是在他所受约束的法律许可的范围内,随其所欲地处置或安排他的人身、行动、财富和他的全部财产的那种自由,在这个范围内他不受另一个人的任意意志的支配,而是可以自由地遵循他自己的意志。"⑤孟德斯鸠认为,自由并不是愿意做什么就做什么,"在一个有法律的社会里,自由仅仅是:一个人能够做他应该做的事情,而不被强迫做他不应该做的事情","自由是做法律所许可的一切事情的权利;如果一个公民能够做法律所禁止的事情,他就不再有自由了,因为其他人也同样有这种权利"。⑥ 由此可见,在法治国家中,自由是在法律的调控下,在国家权力划定的界限内,社会成员所享有的不受国家权力干预的能力。

二、法律对自由的确认和保障

在人类发展的历史进程中,争取自由与获得自由始终是一个基本追求。而自由的争取与获得,又总是在社会规则的框架下进行的,这些规则包括禁忌、习

---

① 〔荷〕斯宾诺莎:《伦理学》,贺林译,商务印书馆1983年版,第4页。
② 《马克思恩格斯选集》第3卷,人民出版社2012年版,第491页。
③ 付子堂主编:《法理学进阶》,法律出版社2006年版,第130页。
④ 〔德〕康德:《实践理性批判》,邓晓芒译,人民出版社2003年版,第39页。
⑤ 〔英〕洛克:《政府论》(下),叶启芳、瞿菊农译,商务印书馆1964年版,第36页。
⑥ 〔法〕孟德斯鸠:《论法的精神》(上),张雁深译,商务印书馆1961年版,第154页。

惯、道德、教规、法律等。

在现代社会中,法律对于自由及其实现具有重要的意义,概括地说,法律是对自由的确认和保障。亚里士多德认为:"法律不应该被看做(和自由相对的)奴役,法律毋宁是拯救。"①西塞罗曾说:"为了得到自由,我们才是法律的臣仆。"②启蒙思想家洛克认为,法律就其真正的含义而言,与其说是限制还不如说是指导一个自由而有智慧的人去追求他的正当利益……法律的目的不是废除或限制自由,而是保护和扩大自由。③ 马克思认为,自由是人类的天性,是人民不可剥夺的普遍权利;谁反对自由,谁就是反对人民,也就是违背了国家和法律的本质。法律不是压制自由的手段,正如重力定律不是阻止运动的手段一样……恰恰相反,法律是肯定的、明确的、普遍的规范,在这些规范中,自由的存在具有普遍的、理论的、不取决于个别人的任性的性质。"法典就是人民自由的圣经。"④由此可见,法律的使命是维护和保障人民的自由,自由必然是受法律限制的自由,在法治国家中,自由是在一个国家的法律框架内的自由,而法律应当是自由的体现,法律是自由的法,是自由的准则、规则、依据和保障。法律以自由为前提和目的,通过法律才能实现自由。

法律对自由的确认和保障应当遵循一定的具有全局性的指导原则,它们对于法律确认和保障自由,具有重要的指引意义。这些原则可概括为每个人自由并存原则、消极自由(非干预)之保障原则、积极自由(有限干预)之保障原则、公益干预原则。⑤

那么,法律通过什么样的机制确认和保障自由呢?有学者认为,法对自由的实现所发挥的作用在于:提供选择的机会,增加自由选择的效能;为自由意志的外化排除人为的不正当的障碍;把自由法律化为权利;把责任与自由联结,为平等的自由提供保护机制。⑥ 事实上,法律保障自由的方式最终表现为权利和义务、自由与责任和法律救济。权利和义务为自由划定了界限,自由和责任则表明自己的自由不得危及他人的自由,自由不得滥用,反之,相应的责任也就产生了。法律救济则为自由提供了最后一道屏障,当一个人的自由受到侵犯时,国家承担救济义务,矫正被侵犯的自由,追究侵犯他人自由的人的责任。

---

① 〔古希腊〕亚里士多德:《政治学》,吴寿彭译,商务印书馆1965年版,第276页。
② 转引自严存生:《法的价值问题研究》,中国政法大学出版社2002年版,第520页。
③ 〔英〕洛克:《政府论》(下),叶启芳译,商务印书馆1982年版,第64页。
④ 《马克思恩格斯全集》第1卷,人民出版社1995年版,第176页。
⑤ 张文显主编:《法理学》(第三版),高等教育出版社、北京大学出版社2007年版,第322页。
⑥ 张文显:《法哲学范畴研究》(修订版),中国政法大学出版社2001年版,第210—211页。

三、法律对自由的限制

法律是对人们自由的一种约束,这种约束不是对自由的奴役,而是对自由的拯救。"法律就好像一张网,罩在社会关系上,一个个的网孔,即各个人的行为范围,各个人的行为,在那些范围以内是自由的,若跨出那些范围以外,便不自由。所以法律替一切个人划定了自由和不自由的界限,个人自由只能是法定界限以内的自由。"[①]应当看到的是,法律对自由的限制不是随意的,法律对自由的限制必须说明理由。围绕这一问题,形成了四种不同的限制自由的学说:伤害原则、父爱主义、冒犯原则和法律道德主义。

(1) 伤害原则,又称密尔原则。该原则由密尔最先提出。他主张,个人的行动只要不涉及他人的利害,个人就不必向社会负责。个人应当对有害于他人利益的行为负责。他认为,人的行为具有自涉性和涉他性,前者只影响自己利益或仅仅伤害自己,后者则影响别人利益或伤害到别人。只有伤害别人的行为,才是法律检查和干涉的对象,未伤害任何人或仅仅伤害自己的行为不应受到法律的惩罚。"人类之所以有理有权个别地或集体地对其中任何分子的行动自由进行干涉……唯一的目的只是要防止对他人的危害。"[②]这一原则的缺陷在于忽视了仅伤害自己而不伤害他人的行为,也是不合理的。

(2) 父爱主义,又称亲缘主义原则,即一个人的自愿行为有时也不是自由的行为,当他的行为会使他自己丧失重大利益时,法律可以限制他的自由。比如禁止吸毒的法律就体现了这种父爱主义。父爱主义的缺陷在于可能导致国家权力对个人自由的过度干预。

(3) 冒犯原则,是指法律可以限制那些可能并不伤害他人的冒犯行为的自由。这里的"冒犯行为"是指明知可能被人看到并会使人感到极度羞耻、惊恐或愤怒的行为,如出版或传播色情淫秽物品的行为。这类行为公然侮辱公众的道德信念、道德情感和社会风尚,应当受到抵制,乃至制裁。

(4) 法律道德主义原则,又称立宪伦理原则,是指法律应当限制违反道德的行为,法律可以并且应当禁止不道德的行为。它认为社会不是个人的简单集合,而是观念共同体。共同体拥有共同的道德,离开共同的道德,共同体将难以维系。既然共同的道德是共同体所必需的,国家应当运用法律机制维系共同的道德。法律道德主义原则是限制赌博、卖淫等行为的法理依据。法律道德主义与冒犯原则相比,前者主张在道德领域中,"实现公共利益和个人利益的原则是容忍与社会完整统一相协调的最大限度的个人自由;尽可能地尊重个人隐私;法律

[①] 李达:《法理学大纲》,法律出版社1983年版,第100页。
[②] 〔英〕密尔:《论自由》,程崇华译,商务印书馆1982年版,第13页。

涉及最低限度的而不是最高限度的行为标准",后者"把受制裁的不道德行为限定在公然的不道德行为的范围内"。①

第四节 法律与利益

一、利益的概念与分类

利益就是好处,或者说就是某种需要或愿望的满足。庞德在论述法的作用和任务时曾这样来界定利益:"它是人类个别地或在集团社会中谋求得到满足的一种欲望或要求,因此人们在调整人与人之间的关系和安排人类行为时,必须考虑到这种欲望或要求。"②利益存在于各种社会关系中,在不同历史时期和不同社会条件下,利益的性质、内容和相互关系是不同的。

对利益也有不同的分类法,这里仅讲与法律有关的一些分类。

首先,根据利益存在的不同领域,分为物质、政治、精神三种利益。物质利益又可称为经济利益,它是社会经济关系的体现。正如恩格斯所讲的,每一个社会的经济关系首先是作为利益表现出来。政治利益是指人民在政治生活中的地位和民主权利的行使,其核心是公民的民主权利。精神利益是指与人们的精神生活需要有关的利益,它以声誉、名望、自我实现以及价值观念、文化、宗教信仰等多种形式表现出来。

其次,从计算角度不同划分,利益有多数利益与少数利益之分,长远利益与眼前利益之分,整体利益与局部利益之分。

再次,根据利益主体不同,利益有个人、群体和社会三种利益之分,社会利益也指国家利益;有时可以将国家利益单列为一项,从而有四种利益之分。这三种或四种利益分别以个人、群体、社会或国家的名义出现并为了满足各自活动的需要。在这些主体中,群体的含义很广,它可以指企业、学校、医院等单位,有各自的组织结构、行为准则,群体成员的关系也较密切;也指社会中阶级、阶层等人群,如工人、农民、知识分子等,其成员相互关系较松散,一般通过特定社团(如政党、工会)等来达到全体成员的联系和团结;还可以指依据性别、年龄、民族、职业、地区和宗教信仰而划分的人群,这类群体成员之间的联系很不一致,有的较紧密,有的较松散。③

---

① 付子堂主编:《法理学进阶》,法律出版社2006年版,第139页。
② 〔美〕庞德:《通过法律的社会控制法律的任务》,沈宗灵、董世忠译,商务印书馆1984年版,第81—82页。
③ 参见徐蔡燎:《法律和利益》,载沈宗灵主编:《法理学研究》,上海人民出版社1990年版,第61页。

最后,根据法律与利益的关系,可以将利益划分为:合法利益,即法律所承认和保护的利益;非法利益,即法律所反对和否认的利益;法律不加过问或法律地位不明确的利益,例如人们友谊关系中的利益。利益的法律地位不明确的原因比较复杂,法律不完备可能是其中之一。

二、法律与利益

(一) 法律与利益的学说

法律上的权利与利益是密切联系的,在日常用语中,经常将它们合在一起,简称为权益。因为权利就是法律所承认和保护的利益,当然,群体、社会或国家的权利,代表群体、社会和国家的利益,并不等于个人的权利和利益。再有,所有的利益并不都是权利,只有法律所承认和保护的利益才是法律意义上的权利。

早在古希腊和古罗马时期,思想家和法学家就已经关注法律和利益问题了。亚里士多德认为,法律是最优良的统治者,法律的任务是为自由公民的共同利益服务。

17世纪初古典自然然法学创立时期,荷兰法学家格劳秀斯(Hugo Grotius)在《战争与和平法》中指出:"一国的法,目的在于谋取一国的利益,所以国与国之间,也必然有其法,其所谋取的非任何国家的利益,而是各国共同的利益。"[1]

19世纪初,英国伦理学家、法学家边沁(Jeremy Bentham)所首创的功利主义思潮在西欧兴起。边沁反对17—18世纪自然法学;认为人的天性在于"避苦求乐",也即谋求"功利",这是人们行为的动机,也是区别是非、善恶的标准,道德和立法的原则。立法的任务在于计算苦乐,最好的立法在于促进社会幸福,即"最大多数人的最大幸福",社会利益即组成社会的各成员利益的总和。政府活动与立法应达到体现最大多数人最大幸福的四个目的,即生存、富裕、平等与安全。其中最重要的是安全,财产与自由也包括在安全之内。

19世纪末德国法学家耶林(R. Jhering)进一步发展了边沁的学说,提倡新功利主义。耶林主张,法的目的在于利益,法律权利就是法律上被保护的利益。老功利主义者强调个人利益,而他的新功利主义则强调社会利益,或个人利益和社会利益的结合。

19世纪后半叶和20世纪前期,德国法学家赫克(Philip Heck)提出,法律不仅是一个逻辑结构,而且是各种利益的平衡。在《法律解释和利益法学》中,他提出:"法律是所有法的共同社会中物质的、国民的、宗教的和伦理的各种利益

---

[1] 〔荷兰〕格劳秀斯:《战争与和平法》,转引自《西方法律思想史资料选编》,北京大学出版社1983年版,第139页。

相互对立、谋求承认而斗争的结果。在这样一种认识之中,存在着利益法学的核心。"

功利主义对西方思想界、法学界具有重大影响。庞德的社会学法学以及美国目前流行的经济分析法学都是在功利主义的基础上发展起来的。

(二) 法律平衡利益关系的机制

法在调节利益关系,也即在缓解利益与正义的矛盾中,具有极为重要的作用,是处理这种矛盾的一个重要手段。经济体制改革实质上是经济利益的再分配。无论是改革或市场行为都需要由一定法律规范来加以调节,否则社会就可能陷入无序状态或误入歧途。

立法与调节利益关系之密切可以说是不言而喻的。从宪法、法律到每一个法规、规章,从实体法到程序法,都离不开对各种利益关系的调节(包括个人利益、集体利益与社会利益或国家利益,或者是多数利益与少数利益、长远利益与眼前利益、整体利益与局部利益在内),都离不开对这些错综复杂关系的矛盾以至冲突的解决。

执法与司法对调节利益的关系,当然不同于立法,但同样存在着密切的关系。一般说来,立法划定利益相关方的利益界限,执法与司法将这些抽象的界限应用于具体案件。如果法律中并没有规定这些界限,或者这些界限模糊不清,执法、司法人员所处理的具体案件,即执法、司法过程就更复杂了。

法在调节各种利益关系的形式上是多种多样的,从积极方面讲,包括对有关利益加以确认、鼓励或保护,对实现利益提供机会或条件,协调不同利益间的矛盾,预防利益矛盾的产生和激化等。从消极方面讲,包括对有关利益的限制、禁止,对利益纠纷加以裁决,对受损害一方提供补救,对损害他人利益的一方实施制裁等。

法在调节各种利益关系,缓解正义与利益的矛盾中具有极为重要的作用,但正像法的一般作用一样,法在调节利益关系中的作用也是有限制的。美国法学家庞德对此曾提出了以下三种限制:"在决定法律秩序可以保障什么利益以及如何保障这些利益时,我们必须记住,法律作为一种社会控制工具存在着三种重要的限制。这些限制是从以下三个方面衍生出来的:(1) 从实际上说,法律所能处理的只是行为,只是人与事物的外部,而不能及于其内部;(2) 法律制裁所固有的限制,即以强力对人类意志施加强制的限制;以及(3) 法律必须依靠某种外部手段来使其机器运转,因为法律规则是不会自动执行的。"[①]

这三方面的限制都可以归结到一点:利益关系是复杂的,社会或国家用以调

[①] 〔美〕庞德:《通过法律的社会控制法律的任务》,沈宗灵、董世忠译,商务印书馆1984年版,第118页。

节利益的手段是多种多样的。法律是一个重要手段,但也只是其中之一。除法律外,还有政策、思想道德、宗教和除法律以外的其他各种社会规范,如习惯、社团规章等。有的利益关系,可以仅由或主要由法律加以调节(如商事行为中的合同纠纷),有的需要由法律配合其他手段加以调节(如离婚),有的根本不适合使用法律手段(如仅有作恶的思想而并无作恶的行为)。

法律在调节利害关系的作用的限制当然不限于以上所讲的三种情况。关于这方面的问题在本书"法的作用"一章中要作专门分析。

三、法律调整利益关系的准则

现代社会是由不同的群体构成的,不同的群体,其利益也是不同的,因而,利益和利益冲突是同时存在的,大凡利益存在的地方,利益冲突也在所难免。法律要在不同的利益之间进行平衡,这是法律的使命。

(一)兼顾国家、集体、个人三者利益

人必须生活在社会中,人是社会的人,但社会本身又是人的社会,无数个人组成了社会。所以个人和社会是内在统一的。当代中国是社会主义社会,是人民民主专政的国家,所以作为人民的个人利益与社会或国家利益更是内在统一的。

但个人与社会或国家之间的这种内在统一关系并不否认国家、集体和个人三种利益的存在,更不意味着三种利益可以相互代替。这三种利益代表不同利益主体,都有各自的需要,不论缺少哪一种,整个社会利益体系都会受到破坏。

所以法律在调节这三种利益关系时,首先应考虑兼顾,在兼顾的基础上来考虑如果发生矛盾,如何使个人和集体的利益服从社会或国家的利益。还应考虑到各种不同具体情况,例如国家利益在战时就比平时更为突出。

在处理这些利益关系矛盾时,应注意到这一现象:一个具体的利益可以从不同角度来确定它是哪种利益。例如某人盗窃另一个人的财物,从被盗者来说,是他的个人利益受到侵犯,但从社会或国家来说,某人的盗窃行为危害社会秩序和社会治安,也即侵犯了社会或国家的利益。也应注意到,一种利益可能会转化为另一种利益。例如,某个工厂宣告破产,企业职工失去职业,个人利益当然受到损害。但如果多数人长期不能重新就业就会造成社会不安定,演变成对社会利益的损害问题。

在考虑个人利益、集体利益和国家利益的关系时,还应注意,绝不能将个人利益与拜金主义、利己主义混为一谈。

(二)兼顾多数利益与少数利益、长远利益与眼前利益、整体利益与局部利益

这里讲的多数利益与少数利益可以指不同利益主体,如个人、企业、地区的多数或少数;长远利益与眼前利益也适用于不同利益主体。整体利益或全局的

利益一般指国家或社会利益,局部利益一般指个别地区或个别群体的利益。

像国家、集体、个人三者利益关系一样,在处理多数与少数、长远与眼前、整体与局部这三方面利益的关系上,同样也是首先考虑兼顾,在这一基础上,如果发生矛盾,法律上就应考虑使少数利益服从多数利益,眼前利益服从长远利益,局部利益服从整体利益。

这样的考虑也就可以归结为一点:立足于最大多数人的最大利益。当然,"立足"是指从最大多数人的最大利益出发,首先兼顾各种利益关系,然后来确定何者优先。

(三) 效率与公平的平衡

经济效率的含义一般指所消耗的劳动量与劳动成果的比率。这也就是说,如某甲的劳动量与劳动成果的比率是1:3;乙的比率是1:1,这就表示甲的劳动效率比乙高2倍。按照按劳分配原则,那么甲的收入就应比乙的收入高2倍。但这是对经济效率的很简单的说明。

效率与公平是一对矛盾,在社会发展过程中,应平衡效率与公平之间的关系,换句话说,国家在对经济实行宏观调控时要考虑经济发展的因素,也要考虑是否公平的道德因素。如果仅顾公平而不顾效率,就会阻碍经济发展。反过来,如果仅顾效率而不顾公平,社会成员之间就会出现收入差距过大,分配不公以至形成贫富悬殊的现象,而这种现象必然会触犯人们的正义感,引起社会上大多数人的不满,造成效率与公平之间的矛盾。

社会经济的发展要求高效率,市场经济能促进高效率。市场竞争事实上是追求利益的竞争。但市场本身不能解决收入分配不公问题,这也说明了在实行社会主义市场经济条件下国家对经济的宏观调控是必不可少的,兼顾效率与公平,兼顾正义与利益的矛盾,正是宏观调控的一个重要方面。

效率与公平是社会发展中的一对矛盾。公平倾向社会成员利益平等化,但却容易忽视社会经济发展的高效率。效率强调社会经济的迅速发展,但却容易忽视利益差别的扩大。在实行改革开放以前,人们把公平错误地理解为平均主义,将公平与效率对立起来。实践证明,平均主义只能导致共同贫困。改革开放以来,实行以按劳分配为主体的多种分配形式,允许一部分人通过诚实劳动和合法经营先富起来,以达到共同富裕的目标。但在实行这一政策的同时必须防止或消除社会不公平、贫富悬殊等现象,并坚决制裁以违法手段牟取暴利的行为。

(四) 利益冲突及其解决:善于选择最佳方案

利益冲突是指个人或组织涉及不同方面相同的利益时,对自己或与自己相关人士作出偏袒或优待的不当行为。这涉及不同利益之间的调节问题,法律在调节各种利益关系矛盾的一些准则中,都使用了"兼顾"一词。从字面上讲,兼顾是指不要有片面性,几个矛盾的方面都考虑在内。但在兼顾各个方面矛盾,企图从中找到解决矛盾的方案时,还应注意避免绝对化、简单化。实际上,社会上的利益关系是极端复杂的,缓解矛盾的方案一般也不会是独一无二的,总会存在多个可供选择的方案。因此,就需要在多种方案之中,权衡利弊,通过民主化、科学化的决策,从中选择一个或几个最佳方案,也就是所作牺牲最少而收获最大的方案。

四、正确理解"共同富裕""两极分化"与"社会公平"

在讲我国社会主义社会中各种物质利益的关系时,必然要涉及我国分配制度以及"共同富裕""两极分化"和"社会公平"等观念。正确地认识这些观念有助于了解法律与正义、利益的关系问题。

(一) 共同富裕

邓小平对社会主义本质的理论概括是:"社会主义的本质,是解放生产力、发展生产力,消灭剥削,消除两极分化,最终达到共同富裕。"我国现在的分配制度是以按劳分配为主体,多种分配形式并存,即将按劳分配和按生产要素分配相结合,坚持效率优先,兼顾公平。共同富裕是社会主义的一个根本原则,社会主义的本质特征,实行以按劳分配为主的分配方式是实现共同富裕的主要手段。搞平均主义,吃"大锅饭"实际上是共同落后,共同贫穷,所以"共同富裕"并不是"均富"和"同步富裕",而是有先有后、有快有慢、有差别地逐步实现。实行以按劳分配为主的分配形式,是由社会主义公有制为主体、多种经济成分并存的所有制结构决定的。"人们的收入和富裕程度,除了按劳分配的劳动收入作为主要来源外,还有其他分配方式形成的来源,其中,包括个体劳动所得,存款投资利息红利所得,经营风险补偿以及资本占有的非劳动所得等。这些收入是社会主义初级阶段不可避免的,它有利于调动各种积极因素……"①

(二) 两极分化

自实行改革开放以来,由于允许和鼓励一部分人、一部分地区先富起来,有人就担心,中国现在是否已"两极分化"?认为中国现在已"两极分化",这当然是极大的误解。社会主义的本质,社会主义的基本制度以及党和国家的路线、方针和政策都要求实现共同富裕,避免两极分化。有学者指出,在判断是否出现"两极分化"时,人们应注意以下几点:第一,我国改革前的收入和财富分配情况处于普遍贫穷下的极度平均状态,改革后打破了平均主义,人民生活得到普遍提高,但在提高中也有一部分人收入相对下降。人们应在这样一个基础上考察改革以来收入差距的扩大。第二,中国地域广大,长期以来就形成城乡之间、地区之间较大的经济发展差距,加之沿海和内地在实行开放程度方面的不同,使地区

---

① 宗寒:《坚持共同富裕的社会主义原则》,载《人民日报》1997年3月25日。

差距更为扩大。第三,判断是否"两极分化",很重要的是要恰当地确定"极"的人数比重。这种比重应以 8%—10% 为宜,如果仅仅以在财富占有上并不具有特殊意义的 1% 甚至更少的人的高收入、高消费或资产占有状况作出判断,那是会出现误差的。①

总之,在实践中,要注意防止收入差距过分悬殊,防止出现两极分化。近年来,党和国家正在坚持区域经济协调,缩小地区差别,解决几千万贫困人口的扶贫任务。

(三) 社会公平

人们对"效率优先,兼顾公平"中的"公平",或"社会公平"的含义的理解存在争议。据有的学者解释,首先,社会公平是以共同的价值观为基础的,指一定社会对人的生存、发展等基本条件的共识,是社会秩序和社会制度赖以存在的道德基础。其次,社会公平不仅仅局限于经济领域,它涉及财富的占有,收入的分配,权力和权利的获得,声望和社会地位的状况,享受教育的机会,职业的选择等。再次,社会公平不仅仅指社会福利的配置结果,更重要的是指发展机会的平等。也就是说,人们获得发展机会(如教育、就业)的权利不应受到家庭背景、性别、种族、身份和资本占有情况的影响。复次,社会公平是对市场缺陷的一种补偿和对竞争过度的一种制约。最后,社会公平与竞争和效率并不是对立的。②

第五节 法律与秩序

一、秩序的概念

秩序是与混乱、无序相对立的概念,是指事物存在的一种有规则的关系状态。英国社会学家科恩认为,秩序的主要意义和规定性是:(1)"秩序"与社会生活中存在一定的限制、禁止、控制有关;(2) 它表明在社会生活中存在着一种相互性——每个人的行为不是偶然的和杂乱的,而是相互回答或补充他人的行为的;(3) 它在社会生活中捕捉预言的因素和重复的因素——人们只有在他们知道彼此期待的情况下,才能在社会上进行活动;(4) 它能够表示社会生活各组成部分的某种一致性和不矛盾性;(5) 它表示社会生活的某种稳定性,即在某种程度上长期保持它的形式。③ 美国法学家博登海默指出,秩序是指"在自然进程和社会进程中都存在的某种程度的一致性、连续性和确定性。无序概念则表明

---

① 李培林:《试析新时期利益格局变化的几个热点问题》,载《人民日报》1995 年 4 月 12 日。
② 同上。
③ P. S. Cohen, *Modern Social Theory*, Basic Books, 1968, p.138.

存在着断裂(或非连续性)和无规则性的现象"。① 可见,秩序可分为自然秩序和社会秩序。自然秩序是自然现象的规律,社会秩序则是社会生活中的有序状态。在人类发展的历史长河中,社会秩序形成所依靠的力量先后经历了宗教、道德和法律三个阶段,由此形成了三种不同的社会秩序,即宗教秩序、道德秩序和法律秩序。

法律秩序是在宗教秩序和道德秩序之后出现的一种社会秩序。在这种秩序下,法律和秩序两者达到了高度的统一,法律取代了宗教、道德成为维护社会秩序的重要手段。随着法律秩序的出现,人类社会也就由宗教社会、道德社会转向法律社会,法律成为调整和整合社会关系的主要方法。美国法学家昂格尔认为,法律秩序的形成依赖于两个前提条件:一是在一个社会中首先要有多元利益集团存在,并且没有一个集团在社会生活中永远居于支配地位,也没有一个集团具有一种与生俱来的统治权利,这是法律秩序得以形成的社会基础;二是要有一种超出于实证法之上的更高的普遍的或者神圣的法律,即自然法,用以论证或者批判国家制定的实证法,这是法律秩序形成的理论上的基础。② 而这样的基础只在西方社会才初次出现。事实上,东方法治文明的现实和进程表明,如日本、韩国相继实现法治,中国正在建设法治国家,这些都表明法律秩序也可以在东方出现。

关于法律秩序的概念,存在着两种不同的观点。一种观点认为,法律秩序就是法律制度或法律体系。《牛津法律大词典》指出:"法律秩序这个术语被一些法律家在不同的意义上用作制度或法律体系,甚至是法律的同义词。"③另一种观点认为,法律秩序不仅仅是法律制度或法律体系,而且是根据这种法律制度或体系而形成的一种生活状态,即法律在社会生活中的实现。雅维茨认为:"法律秩序可以被看做是法的实现的终点。"④博登海默认为:"法律秩序中的规范与事实这两个方面,互为条件且相互作用。这两者要素缺一不可,否则就不会有什么真正意义上的法律制度。"⑤本书赞同第二种观点,法律秩序是法律规范和法律实现两者的结合,是在法律规范规制下形成的有序的社会生活状态。

二、法律促成秩序

在文明社会中,法律是消除无序状态,或预防无序状态,达成秩序的主要途

---

① 〔美〕博登海默:《法理学:法律哲学和法律方法》,邓正来译,中国政法大学出版社2004年版,第227页。
② 〔美〕R.M.昂格尔:《现代社会中的法律》,吴玉章、周汉华译,译林出版社2001年版,第63页。
③ 〔英〕D.M.沃克:《牛津法律大辞典》,北京社会与科技发展研究所组织翻译,光明日报出版社1988年版,第539页。
④ 〔苏〕雅维茨:《法的一般理论》,朱景文等译,辽宁人民出版社1986年版,第203页。
⑤ 〔美〕博登海默:《法理学:法律哲学与法律方法》,邓正来译,中国政法大学出版社2004年版,第254页。

径,促成秩序是法律的基本功能。法律促成秩序的根据来自于法律是对社会经济生活、政治生活、文化生活等的回应,它记载经济、政治、文化和社会生活的内容,并把它们法律化。由此可见,法律是满足和维护一定的秩序目的而创设的,它是对社会经济、政治以及文化生活领域的复杂关系作出的安排。

在人类社会中,调整人与人之间关系的手段有多种,除了法律之外,道德、宗教等都是调整社会关系的规范,可以认为社会秩序是这些规范共同作用的结果。在这一问题上,现代社会与古代社会并无不同。但是,应当看到的是现代社会主要依靠法律来达成秩序。原因在于现代社会已经高度原子化,人与人之间的关系更加疏远,集体意识、宗教意识式微,道德、宗教等对社会的控制力减弱,这为法律的调整提供了广阔的空间。

首先,通过法律确立并维持经济秩序。在法律和经济的关系中,一个社会的经济基础是其法律的根据。恩格斯说:"在社会发展的某个很早的阶段,产生了这样一种需要:把每天重复着的产品生产、分配和交换用一个共同规则约束起来,借以使个人服从生产和交换的共同条件。这个规则首先表现为习惯,不久变成了法律。"[①]法律把社会生产、分配和交换等的关系,抽象为具体的规则,从而使生产、分配和交换等的活动,具有确定性、可预测性和安全性,从而为生产、分配和交换活动提供了有序运行的法律保障。在法律的规制下,资源配置从起点上有所有权制度予以保障,在产权明晰的前提下,市场经济才有了合法的起点。在市场运行的过程中,法律的主要功能一方面是保护自由竞争的市场秩序,另一方面对危及交易公平、交易安全的行为,又要予以及时的、必要的、适度的干预,并为劳动者提供基本的生存条件提供法律上的安排和救济。

其次,通过法律建立并维持政治秩序。在现代民主国家,各个国家的法律都规定,一切权力属于人民,即人民主权原则,人民是主权者。但是,权力运行实际上只能由少数人执行,不可能所有人都来执行权力。因而,以什么样的方式把人民所享有的权力交给少数人来执行,就成了问题的关键。现代民主国家,大多采用宪政制度来安排国家权力、国家机构及其运行模式,目的在于消除权力行使过程中的恣意、专横、自由裁量权的滥用等。与此相适应,在宪政模式下,公民权利对国家权力的约束机制以及权利与权力之间的制衡机制,普遍得以确立。不仅如此,政治秩序的达成还有赖于各阶级、各利益集团的和谐。社会各阶级和利益群体之间的冲突,是社会秩序化的主要障碍。为了避免这种冲突的恶化进而使社会重新回到秩序化的状态,必须运用一定的控制工具,这种控制工具不是社会自给的,而必须由国家来提供。在现代社会中,国家主要依靠法律来平衡各阶级、各集团之间的利益冲突。法律把各阶级和利益集团之间的冲突限制在社会

---

① 《马克思恩格斯选集》第3卷,人民出版社2012年版,第260页。

所能承受的范围以内,通过这种方式使社会政治秩序合法化。在现代法治理念下,由于国家的治理已经从人治转向法治,法律规则对所有社会成员无一例外地平等适用,任何人违反法律,侵犯国家的、他人的合法权利和利益,都将受到法律的强制,从外观上实现了各阶级、各利益集团在法律上的平等,这正是法治的优越性所在。

最后,通过法律达成社会生活秩序。安定的社会生活状态,是社会进步的基本条件。没有安定的社会生活环境,社会交往关系将无从展开。在现代社会中,法律对安定的社会生活秩序的形成,起到至关重要的作用。法律通过确定权利和义务的边界,定分止争。法律划定权利和义务界限的方法主要有三种:一是法律直接规定权利和义务,二是法律仅规定划定权利和义务的标准,由当事人自行确定权利和义务的内容,三是法律设定权威的解释制度,弥补上述两种方法的不足。但是,无论法律如何详尽,在社会生活中,权益之争仍难免出现。在纠纷发生后,现代社会的纠纷解决机制,也主要通过法律安排。法律所建立的纠纷解决机制,主要依靠司法来完成,也就是说,当纠纷发生后,个人可以通过司法程序,平等辩论,在法律认定的事实的基础上,由法官依法裁判,从而使冲突得以解决。这是文明社会的基本标志,也是人类进化的结果。

思考题

1. 怎样理解法的价值、正义和利益的概念?
2. 怎样评价中国古代思想中的"义利"之争以及西方法律思想史中关于法与正义关系的观点?
3. 试举实例说明法律在调节正义与利益关系时的作用及其局限性。

参 考 书 目

1. 沈宗灵主编:《法理学》,高等教育出版社 1994 年版,第三章。
2. 刘升平、冯治良主编:《走向 21 世纪的法理学》,云南大学出版社 1996 年版,第二部分。
3. 〔美〕庞德:《通过法律的社会控制法律的任务》,沈宗灵、董世忠译,商务印书馆 1984 年版。
4. 张文显主编:《法理学》(第三版),高等教育出版社、北京大学出版社 2007 年版,第二十、二十一、三十二、三十四章。
5. 付子堂主编:《法理学进阶》,法律出版社 2006 年版,第五、六、七、九、十一章。

第四章 权利、义务、权力

本章主要学习法律的三个重要概念,即法律意义上的权利、义务和权力,对这三个概念的解释和权利与义务的分类;法律上权利与义务的关系;中国历史上和西方法律和法学中关于权利与义务关系的理解。

第一节 权利、义务与权力的概念

一、权利的概念

在我国目前使用的大多数法理学教材中,对权利与义务概念的解释,除了在论述法律的形式特征,即法律规定人们的权利和义务中提到外,一般集中在法律关系这一章,即将权利和义务作为法律关系的内容来论述。这种编写方式是沿用20世纪50年代法理学(即旧称"国家和法的理论")的模式。

但自20世纪70年代末以来,由于我国社会主义民主和法治建设的推进以及法学研究的迅速发展,加上市场经济和人权观念的广泛影响,权利和义务概念已越来越显示其重要性。

现代汉语中权利一词最初是从西方法律或法学中引进的。但这个词在中外文中都有较多且较不规范的释义。

从西方语言来看,首先,英语中的法律(law)一词,可作法律的广义解也可作狭义解。权利有一个专用词 right。欧洲大陆各国民族语言中,广义的法律与狭义的法律分别用两个不同的词来表达,但这两个词本身又都是多义词,作为广义解的词也指权利(详见本书第二章第一节有关"外文中的法和法律"的词义分析)。其次,英语中的 right(权利)与 power(权力)一般也是分开的。例如,美国1776年的《独立宣言》全文和1787年《宪法》及其修正案中广泛地使用了"权利"(right)与"权力"(power)两个词,且含义都很明确:人民享有权利,政府行使权力。然而在一些英美法学家著作中,这两个词却往往是通用的,例如英国法学家哈特在《法律的概念》中就认为:"法即第一性规则和第二性规则的结合";"第一性规则设定义务,第二性规则授予权力,公权力或私权力"[①]。他显然将权力

[①] 〔英〕哈特:《法律的概念》,张文显等译,中国大百科全书出版社1996年版,第81页以下。英文版(英国牛津大学出版社1961年版)第77页以下。

和权利两词通用,私权力即权利。再有,美国法学家霍菲尔德(W. N. Hohfeld)曾对权利、义务等基本概念进行较系统的分析。他认为,仅就权利一词而论,它包括以下四种含义:(1)狭义的权利,指人们可以要求他人这样行为或不行为;(2)特权(privilege),指人们能不受他人干涉而行为或不行为;(3)权力(power),指人们通过一定行为或不行为而改变某种法律关系的能力;(4)豁免(immunity),指人们有不因其他人行为或不行为而改变特定法律关系的自由。[①] 霍菲尔德的上述分析在英美法学界虽然也不断受到批评和修正,但却长期被重视。

在现代汉语中,特别在当代中国法律、法规以至法学中,法律意义上的权利,一般指公民、普通法人和其他组织的权利以及作为民事法律关系主体的国家机关法人的权利,也可以指国家工作人员所具有的、与其职务相关的个人权利,例如《公务员法》所规定的公务员权利。权力一词或者是指"国家权力",或者是指国家机关在执行公务时所使用的职权、权限和职责。特权一词或者是指受法律保护的外交特权,或者是法律上不容许的凌驾于法律之上的现象。中国法律中所讲的"豁免",一般是指受法律保护的外交豁免。中国也有些适用于本国公职人员的、与外国所讲的豁免相类似的现象,但在法律上称为"不受法律追究"。

总之,"权利"一词无论在外国或中国,或在中外之间,往往有不同意义。我们在研究法律或法学时应注意这一词语词义的复杂性。

在论述权利含义时,还应注意这是指什么意义上的权利。一般地说,我们在日常生活中会接触到几种不同意义的权利。例如法律、道德、宗教意义上的权利;习惯上的权利;非国家组织规章中所规定的本组织成员的权利(如政党党员的权利、工会会员的权利)等。这些不同类的权利,既然都是权利,自然有共同点,但却各有不同点。此处仅研究法律意义上的权利。

1980年上海辞书出版社出版的《法学词典》第1版中对权利一词的释义是:"法律赋予人们享有的某种权益,表现为享有权利的人有权作出一定的行为和要求他人作出相应的行为(义务)……"(第226页)该词典1989年第3版中对权利一词的释义是:"法律上关于权利主体具有一定作为或不作为的许可。"(第288页)

1984年出版的《中国大百科全书·法学》中对权利一词的释义是:"法律对法律关系主体能够作出或者不作出一定行为,以及其要求他人相应作出或不作出一定行为的许可与保障。"(第485页)

2008年复旦大学出版社出版、公丕祥主编的《法理学》的释义是:"权利是规定或隐含在法律规范中,主体以相对自由的作为或不作为的方式获得利益的一种关系。"(第145页)

---

① 参见沈宗灵:《对霍菲尔德法律概念学说的比较研究》,载《中国社会科学》1990年第1期。

2011年高等教育出版社出版、张文显主编的《法理学》的释义是："法律权利是规定或隐含在法律规范中，实现于法律关系中的，主体以相对自由的作为或不作为的方式获得利益的一种手段。"（第94页）

　　2012年中国人民大学出版社出版、朱景文主编的《法理学》的释义是："法律权利，反映由一定物质生活条件所制约的行为自由，是法律所允许的权利人为了满足自己的利益而采取的，有其他人的法律义务所保证的法律手段。"（第295页）

　　近三十多年来中国出版的法学工具书和法理学教材很多，以上只是其中一部分，这些释义也只是有关撰稿人个人的观点。

　　这些释义在试图解释权利的核心特征时，使用了不同的表述：权益、许可、许可与保障、获得利益的关系、手段、法律手段。在这里，我们不禁想到西方有些法学家对权利释义的一些看法。分析派法学家萨蒙德（Salmond）曾讲过："权利—义务已被用得太过分了。它常被用在实际上并不相同的关系中，从而造成了法律辩论中的混乱。"[1]《牛津法律指南》中关于权利的释义也讲过，权利是"一个用得太滥且用得过度的词"[2]。

　　以上释义都是以定义的方式试图揭示法律权利的本质特征。词语的含义在使用中。我们不妨以描述的方式来概括说明人们对法律权利概念的通常使用方式。这也是人们对法律权利这一概念理解上的共识：第一，权利主体是法律关系的主体或享有权利的人。一般是指个人（公民、自然人）和法人，也包括其他团体、组织，以及作为民事法律关系主体的国家机关和国家。第二，权利的内容一般是指法律关系主体可以这样行为或不这样行为，或者要求其他人这样行为或不这样行为。例如以选举权而论，选举人（作为法律关系主体）有权参加选举；也有权要求主管部门将自己的姓名列入选民名单；在有人侵犯自己的选举权时，有权向主管部门提出控告，等等。第三，权利的依据是法律规定。

二、义务的概念

　　在法律上，义务是权利的关联词或对应词，两者相辅相成，有权利即有义务，有义务即有权利。因此，以上所讲权利概念中一些论述也适用于义务的概念。义务一词在英语中，一般用 duty，但它和 responsibility，liability，obligation 等词极易相混。义务也有法律、道德、宗教、习惯、社会团体章程等意义上的义务，此处仅指法律意义上的义务，即由国家规定或承认，法律关系主体应这样行为或不这样行为的限制或约束。这就是说，法律或者积极地规定或承认人们必须这样行

---

[1] J. Salmond, *Jurisprudence*, 11th ed., Sweet & Maxwell, 1957, p.299.
[2] D. Walker, *The Oxford Companion to Law*, Oxford University Press, 1980, p.1070.

为,或者消极地规定或承认人们不应这样行为。对承担义务者来说,前一情况是作为的义务,后一情况是不作为的义务。

像权利一样,义务的主体,是法律关系主体或承担义务的人,一般是指个人(公民、自然人)和法人,也包括其他团体、组织以至国家。

这里应注意的是:法律意义上的义务与非法律意义上的义务之间的区别。例如某人的一定行为既违反法律(没有履行法律义务),也违反道德、习惯(没有履行这些方面的义务)等,在一般情况下,此人既要承担法律责任,也要承担违反道德、习惯的后果。但也可能某人的一定行为,仅违反法律(例如不合法律程序),但却并不一定违反道德或习惯,或者反过来,他的行为仅违反道德或习惯,但却并不违法。在这两种情况下,此人仅承担一个方面的责任或后果。

三、权力的概念

在本章一开始就已讲过,权利一词的复杂性之一就是权利与权力两词的关系:有时可以通用,有时又有区别。这种现象的形成可能与法律权利这一概念的历史演变有联系。法律意义上权利这一用语最早来源于罗马法。但罗马法中讲的权利是指以财产权为中心的一般民事关系。以后到17—18世纪资产阶级反封建斗争时,那时先进的政治、法律思想家将权利这一概念不仅适用于财产权,而且也扩大到一般的公民权、政治权。19世纪法学家不仅确认法律关系主体有自然人和法人之分,又将法人分为公法人与私法人。公法人主要指国家及国家机关。因而权利与义务的概念也同样适用于国家、国家机关、法人和个人。

在西方现代法律制度中,权利与权力一般是区别使用的,法学著作的趋势也是把权利和权力区分开来,权利的主体是人民,权力的主体是政府。在现代汉语和法律规定中,权利和权力,特别是公民权利和国家权力是有严格区分的。

在国家机关参加的法律关系中,的确有一般民商事法律关系,如机关工作人员以本机关名义在商店中购买商品。在这种一般民商事法律关系中,国家机关(作为采购者)的法律地位与普通公民是一样的,都享有一定的民事权利并承担相应的民事义务。

但在国家机关参加的法律关系中,这种民商事法律关系的数量是微不足道的,它所参加的绝大部分法律关系是从事法定的、职权范围内的活动。它拥有职权、权限、权力,并承担相应的义务或责任。在我国法律(如公务员法、法官法等)中也规定了这些官员的权利和义务,但它们并不是职权、权力关系的内容。

当然,从字面上说,职权、权限、权力等词,与权利一样,也可以理解为法律关系主体可以这样行为或不这样行为,或要求他人这样行为或不这样行为,但它们与权利有很重要的区别。

首先,在我国现行《宪法》中,对中央国家机关使用了职权一词,对地方国家机关使用了权限一词,对公民则使用了权利一词。

其次,权利一词通常是与私人利益相联系的,但职权一词却只能代表国家或集体利益,绝不意味着行使职权者的任何私人利益。

再次,人们在讲权利指法律承认并保护法律关系主体具有从事一定行为或不行为的资格或能力时,一般并不意味着法律要求他必须这样行为。与此不同,职权一词不仅指法律关系主体具有从事这种行为的资格或能力,而且也意味着此一主体必须从事这一行为,否则就成为失职或违法。

最后,国家机关的职权、权力是与国家的强制力密切联系的。国家机关行使职权,在多数情况下,直接或间接伴随着国家机关的强制力。与此不同,公民在其权利遭到侵犯时,一般只能要求国家机关的保护,而不能由公民自己来强制实施其权利。

第二节 权利与义务的分类

法律权利与义务的分类是法理学中经常讲到的一个问题,但正如权利与义务的概念一样,这方面的观点相当复杂。其原因就在于法律上有众多的权利和义务,人们往往从不同的角度,以不同标准来说明形形色色的权利和义务。因而就有很多不同的分类法,它们之间往往有不少交叉。

一、权利的分类[①]

(1) 公权利和私权利。划分的角度和标准主要是作为权利依据的法律类型,即公法与私法,其主体一般有国家与个人、法人之分。例如国家的公权利有立法、行政与司法等权利,个人的私权利如民法商法方面的无数权利,国家参加一般民事关系主体时,也享有私权利。18世纪德国哲学家康德在《法的形而上学原理——权利的科学》一书中就对权利作了如此划分。不过如此划分,并把国家的立法、行政与司法等职权称为公权利的分类法越来越少见了。

另外,根据法律类型的不同,还有宪法规定的公民的基本权利和一般法律中规定的普通权利之分,以及实体法规定的实体权利和程序法规定的程序权利之分。

(2) 对世权和对人权。划分的角度和标准是权利的效力范围的不同。对世权是对其他任何人的权利,如所有权。对人权是对特定人的权利,例如债权。

在法学中,对世权与对人权之分往往称为绝对权与相对权之分。此外,还有

[①] 对前四种权利和义务的分类,参考了袁坤祥:《法学绪论》,台湾东吴大学出版社1990年版,第123页以下。

对物权(right in rem)和对人权(right in personam)之分,前者指对一般人的权利,后者指对特定人的权利。

(3) 原权利和救济权。划分的角度与标准是权利是否独立存在。前者如所有权,后者如损害赔偿请求权。也可称为第一位权利和第二位权利,"第一位权利是指这种权利的成立不必引证已存在的权利。第二位权利的产生仅由于保护或实行第一位权利,它们也可称预防性(保护性)或救济性(赔偿性)权利"①。在法学中,还有主权利和从权利之分,其含义与原权利与救济权之分有些类似。

(4) 专属权与可移转权。划分的角度与标准是这种权利可否转移。只能属于特定人所有,不能转让与他人的权利,称专属权,如个人的人格权、人身权等。可移转权,即可转移给他人的权利,如一般物权、债权。

(5) 行动权和接受权。这一划分来自英国政治学家拉斐尔(D. Raphael)。他在政治哲学著作中讲到,美国法学家霍菲尔德曾将权利一词的含义划分为四种,其中两种在权利的非法律词语中是经常使用的,即一种是做什么的权利,另一种是接受什么的权利。霍菲尔德将前者称为自由(liberty),将后者称为主张(claim)。为了避免自由一词的多种含义,拉斐尔将以上讲的"自由"称为行动权(right of action,因为它是做什么的权利),将"主张"称为接受权(right of recipience,因为它是接受什么的权利。)②

以上是对一般权利的分类。还有些是比较特殊的权利分类。

根据《世界人权宣言》和联合国通过的《公民权利及政治权利国际公约》以及《经济、社会、文化权利国际公约》,权利分为公民、政治权利以及社会、经济、文化权利。人权是一种特殊的权利,它的分类也较复杂。有关情况,参见本书第十章第五节"法治与人权"。

英国法律中有法定(legal)权利与衡平(equity)权利之分,前者指"谋求实现本人利益的权利人具有法律资格和法律救济手段";后者"指只能在衡平(法)中实现的权利"③。

二、义务的分类

义务与权利是关联、对应的,所以义务的分类一般可以从对权利分类的反面来理解。

(1) 公法上义务与私法上义务。依法律不同而分。前者是依照公法而承担的义务,如公民应服兵役、应纳税等义务;后者是依照私法而承担的义务,如债务

---

① *Black's Law Dictionary*, 5th ed., West Publishing Co., 1974, p.1189.
② D. D. Raphael, *Problems of Political Philosophy*, Macmillan, 1990, pp.105—106.
③ *Black's Law Dictionary*, 5th ed., West Publishing Co., 1974, p.1190.

人清偿债务的义务,子女赡养父母的义务。这种分类与上面讲的公权利与私权利之分是对应的。

(2) 对世义务与对人义务。依效力范围不同而分。前者是一般人都承担的不作为的义务,如法律规定不得侵犯他人的自由;后者是特定人对其他特定人作为的义务,如合同缔约人相互履行各自的合同义务。在法学上,对世义务也称绝对义务,对人义务也称相对义务。这种分类同对世权与对人权之分相对称。

(3) 主义务与从义务。依义务是否独立存在而分。前者又可称第一位义务,后者又可称第二位义务。这种义务分类同上面讲的原权利与救济权之分是相对应的。主义务的例子是法律规定人们负有不得损害国家财产的义务,从义务是某人因损害国家财产(违反主义务)从而负损害赔偿之责(从义务)。

(4) 专属义务与可移转义务。依义务可否移转而分。专属义务的产生有两种情况,一种是因身份而发生的关系,如父母与子女之间、夫妻之间的关系;另一种是因特别的协议,例如,某剧场与某演员约定由后者于某一天在该剧场演出,这一演员的义务只能由他本人履行,不能由其他人代替,这就是说,他的义务是不能移转的。如果该剧场雇佣一个清洁工,他因病不能履行义务可以由别人代替,这种义务就是可转移的。专属义务与可移转义务同以上讲的专属权与可移转权是对应的。

(5) 积极义务与消极义务。依履行义务形式的不同而分。前者是承担义务人应对享有权利人积极地作出特定行为,后者是承担义务人应对享有权利人消极地不作出特定行为。这种义务分类与上面讲的对世义务与对人义务之分相似,都表现为作为与不作为之分,但对世义务与对人义务的对象分别是一般人与特定人,而积极义务与消极义务的对象可以都是同样的享有权利人。再有,积极义务与消极义务之分与上面讲的行动权和接受权之分不能说是相应的,因为承担义务人有作为或不作为义务之分,但享有权利人的行动权与接受权都可以说是积极行为的权利。

第三节 权利与义务的关系

一、权利与义务关系的理论根据

在法律上,义务是权利的关联词或对应词,有权利即有义务,有义务即有权利,两者相辅相成,既对立又统一。

首先,从权利与义务两词的释义来看,权利是指法律关系主体可以这样行为或不这样行为,或者要求其他人这样行为或不这样行为。例如我有权利外出购物、散步、旅游、访友、参观等,所有这些活动都随之产生一定的义务;我去购物,在选定物品后,必须交付出售人以价款;我要进入某一博物馆参观,入门时应按规定购门票。在这些情况下,我作为享有权利人也同时作为承担义务人。承担义务人也可能是其他人,例如,就我所购物品的售货人而言,他应将所购物品交付给我,如果该物品质量有问题,他应包换包退,甚至赔偿我的损失。博物馆的工作人员应维持博物馆的秩序和整洁等。这些都是他们的义务。更广泛地讲,任何人都不应侵犯我通过合法手段所取得的利益。

人们出席一个会议的权利可能由于自然条件变化(如暴风雨)或本人患病而无法行使,即不能参加会议,但并不是他的权利受到他人侵犯。

这里讲的仅是一些很简单的例子。一般地说,人们的所有活动,在法律上都可能产生一定的权利与义务关系。就义务而言,或者是享有权利人本人应尽的义务,或者是其他人应尽的义务。

其次,从人的社会性来看,人总是在社会中生活,也就是说,人与人之间总存在相互合作(当然也可能伴随着相互冲突)的关系。个人不可能孤独地生存和生活,必须和其他人一起生活。为此,必须有调整人们相互关系的行为规范和保证这种规范得以施行的形式。这种形式在法律上讲就是权利和义务。

最后,从当代中国现行法律、法规来看,都分别规定了一定的权利和义务。现行《宪法》规定了公民的基本权利和义务,如:"任何公民享有宪法和法律规定的权利,同时必须履行宪法和法律规定的义务。"(第33条第4款)"中华人民共和国公民在行使自由和权利的时候,不得损害国家的、社会的、集体的利益和其他公民的合法的自由和权利。"(第51条)《宪法》还将公民的劳动和受教育规定为既是权利又是义务。(第42条、第46条)

《民法通则》规定:"公民从出生时起到死亡时止,具有民事权利能力,依法享有民事权利,承担民事义务。"(第9条)"法人是具有民事权利能力和民事行为能力,依法独立享有民事权利和承担民事义务的组织。"(第36条)

《消费者权益保护法》更广泛地规定了消费者在购买、使用商品和接受服务时享有人身、财产安全不受损害等权利。

当然,由于法律的不同,权利与义务的规定在比重上也有差别。一般地说,在私法中,以私权利和义务为主;在公法中,以公权利、权力以及职责等为主,但总的来说,不论哪种法律,都不可避免地会规定离不开相应的权利、义务或权力等。

以上主要是对权利与义务的概念和相互关系的一般理论,是抽象的。具体到现实社会生活中,就有不同的现象。例如,在古代奴隶制社会,奴隶根本不被认为是人,法律上毫无权利可言。在封建社会,广大农民仅有极有限的权利,统治阶层则拥有广泛的特权。在资本主义社会,社会成员在法律形式上是平等的,而实际上有时并非如此。在社会主义社会,社会成员开始走向真实平等的漫长里程。

现代法律在规定公民的权利时一般体现以下原则:(1)在法律面前人人平等;(2)权利与义务之间的平衡;(3)权利及其实现必须制度化、法律化;(4)有关权利的实现水平要与国家的社会经济发展相适应,不能超越特定的历史发展阶段;(5)权利的实现机制和保护方式也应当与具体的国情社情相适应,没有一个统一和固定的模式。

二、有关权利与义务关系的不同观点

有关权利和义务关系,中国法学界曾经展开过讨论,形成了一些不同意见。大体上有三种意见:权利本位论、义务重心论、权利与义务本位(或权利义务无本位)论。[①]

1. 权利本位论

权利本位论认为,在权利和义务的关系中,权利是第一性的,是义务存在的前提。相对于义务而言,权利是目的,是处于主导地位的;对于权利而言,义务是手段,是权利的引申和派生物。奴隶制法和封建制法是以义务为本位的;资本主义法是以权利为逻辑起点和轴心的;社会主义法将权利本位与社会主义原则相结合,形成社会主义权利本位阶段。

2. 义务重心论

义务重心论认为,在社会价值中,权利和义务具有同等价值,但从实效上讲,义务更为重要,法律的重心在于约束,法律首先要稳定秩序,义务为人们遵守和执行法律提供比权利更多的信息条件。法律作为社会控制手段,主要通过义务性规范来实现自己的目的。

3. 权利义务本位(或权利义务无本位)论

权利义务本位论认为,权利和义务都是法的本质的体现,两者同时产生、存在,相互依存,不可分割,因此它们之间不存在本位问题。本位论思想在思维方法上明显失误,这种绝对性思维方法必然导致僵化,本位论者按照自己的理解,在权利和义务之间确定了矛盾的主要方面,然而却把它固定化和静止化,在剥削阶级已被消灭,人民当家作主的社会主义制度下,仍然宣扬权利本位或义务本位思想都是不合时宜的,只有强调权利与义务一致,才符合时代精神。

---

① 以下有关观点来自李茂管:《法学界关于权利和义务的关系的争论》,载《求是》1990年第24期。

第四节 历史上权利与义务的观念

一、中国历史上的有关观念

在中国封建社会的法律结构中,刑法一直占有主导地位。刑律是最基本的法律,民事、行政与诉讼等方面的法律都围绕刑律,甚至法即是刑。在这一点上,中国与以罗马法为基础发展起来的大陆法系以及以英国普通法为基础发展起来的英美法系有很大差别。"在前清光绪二十八年前,历代所订颁之法典,均属刑法兼及行政法,其间虽亦有涉及户婚甚至田土钱债,惟规定甚简陋。民法既附丽于刑法,而商法更无其地位;于是民事与商事,多为相沿之礼或相沿之习惯所支配。"①

正因为整个法律以刑为主,私法处于依附地位,所以,在中国封建社会的法律以及法学中,不存在可以与现代汉语的权利一词严格对应的概念。《辞海》对权利一词的释义为"权势和势利",并举了两个例证:一个是《史记·魏其武安侯列传》:"家累数万千,食客日数百人,陂池田园,宗族宾客,为权利。"另一个是《盐铁论·禁耕》:"夫权利之处,必在深山穷泽之中,非豪民不能通其利。"②其含义都与现代汉语的权利一词差别甚大。但另一方面,我们也可以在历史文献中看到一些与现代意义上的权利与义务类似的词。例如,法家商鞅讲过,"一兔走,百人逐之,非以兔可分以为百也,由名分之未定也。夫卖兔者满市,而盗不敢取,由名分已定也"③。大意是:一只兔子如果"名分"不定,众人就会去争夺它。反过来,很多卖兔者的兔,由于名分已定,坏人也不敢去取。在这里,他就讲到了法律的作用,即定"名分",这个"名分"概念类似于后代法律意义上的权利和义务。

与"名分"相同的词也出现在古代思想家管仲所讲的"律者,所以定分之止争也"④。梁启超认为,《管子》中所说的"分",就是权利,"创设权利,必借法律,故曰定分止争也。人民之所以乐有国而赖有法者,皆在于此"⑤。

直到19世纪末20世纪初,西方政治、法律思想大量传入中国,权利与义务等词在中国也广为传播。与此同时,清末沈家本主持的修订法律工作也对中国的传统法律的结构进行了重大改革,即打破了以刑律为主的诸法合体,转而采用

---

① 林泳荣:《中国法制史》,台湾中兴大学法律研究所1976年版,第220页。
② 《辞海》缩印本,上海辞书出版社1979年版,第1252页。
③ 《商君书注译》,中华书局1974年版,第190页。
④ 《管子·七臣七主》。
⑤ 转引自宋仁主编:《梁启超政治法律思想研究》,学苑出版社1990年版,第147页。

了西方的诸法分立体系,逐步向公法和私法并重发展。这一变化必然促进了权利与义务等观念的兴起。

二、西方历史上的有关观念

在古希腊,正义与权利的含义仿佛是相等的。所以,亚里士多德认为,正义意味平等,一种是分配的正义,另一种是改正的正义。古希腊思想家并不使用权利这个词,他们谈的是正义。

美国法理学家庞德认为,"在罗马法中,也没有明确的权利分类或权利概念"[1]。因为我们现在译为权利的拉丁字"jus",是有多种意义的词。但总的来说,罗马法和罗马法学家使用权利这个词的地方是相当多的。正如英国法史学家梅因(H.S.Maine)认为,"概括的权利是各种权利和义务的集合……概括的权利这个用语不是古典的,但法律学有这个观念,应该完全归功于罗马法"[2]。

中世纪神学家阿奎那借用了罗马法所概括的权利与义务概念,但却用神学来加以阐释。

17—19世纪西方先进思想家、法学家用自然法、自然权利(人权)观念,反对封建专制和神学,将权利的概念从私权利扩展为公权利。自19世纪初《法国民法典》制定后,私法上权利也不断扩大、更新。

前面已讲过,美国法学家霍菲尔德曾将权利概念分解为狭义的权利、特权、权力、豁免四种。庞德也曾将权利一词分解为六种含义:第一,利益;第二,广义的法律权利,即利益加上用来保障它的法律工具;第三,通过国家权力强制其他人从事或不从事一定行为的能力,这可以称为狭义的法律权利;第四,法律权力;第五,自由权,即法律不加限制的情况;第六,指什么是正义的。[3]

以上霍菲尔德和庞德对法律权利的释义(其中也包括了权利的性质),显然有助于我们对权利(在一定意义上也包括义务)的理解。进一步,我们要了解权利的性质到底是什么。在古代直至19世纪,西方思想家往往将权利的性质(或来源)归于神、理性、自然法等,但自19世纪以来的思想家和法学家,一般集中体现为两种学说:利益论和意志论。

利益论的最突出的代表是德国法学家耶林。他认为法律由人类有意识地创立以达到一定目的。根据边沁的功利主义,这种目的就是利益,但边沁强调个人利益,耶林本人则强调社会利益或个人利益与社会利益的平衡。所以他将法律权利界定为:法律上被保护的利益。根据这种理论,某人提出权利要求,是因为

---

[1] 〔美〕庞德:《通过法律的社会控制》,沈宗灵、董世忠译,商务印书馆1984年版,第44页。
[2] 〔英〕梅因:《古代法》,沈景一译,商务印书馆1959年版,第102页。
[3] 〔美〕庞德:《通过法律的社会控制》,沈宗灵、董世忠译,商务印书馆1984年版,第46—48页。

所要求的东西对他有利;某人提出诉求,是因为他的利益被剥夺。不论权利客体是什么,对权利人来说,它总是一种利益。离开了利益,权利就是空无所有了。这里存在一个问题:比如我履行一项义务,可能有很多人会由此而获得利益,但是我们不能说这些人都有权利要求我履行义务。对此,利益论认为,存在着直接利益和结果利益之分,只有某项行为的直接受益者,才拥有权利。直接受益者(权利人)是这样的人,其利益的保护是他人的义务的核心理由。当对甲的利益的保护非常重要,以至于构成了给乙施加义务的理由时,我们就可以说,甲拥有权利。

主张意志论的一般根据是:法律的目的在于赋予人们以最大限度的自我主张,所以权利是人的意志的内在属性。新分析法学派创始人哈特就持权利的意志论。他主张,有权利就是主张法律或道德在有关对象或关系上承认某个人的意志(或选择)优于他人的意志和选择,因此,哈特又将他的权利论称为选择论。[①]

思考题

1. 怎样理解法律意义上的权利和义务的概念?
2. 试从我国宪法来看权力与权利两词的区别。
3. 试论权利和义务的关系。
4. 有关权利的利益论和选择论,你比较认同哪一个?

参 考 书 目

1. 李茂管:《法学界有关权利和义务的关系的争论》,载《求是》1990 年第 24 期。
2. 沈宗灵:《对霍菲尔德法律概念学说的比较研究》,载《中国社会科学》1990 年第 1 期。
3. 张文显:《法哲学范畴研究》(修订版),中国政法大学出版社 2001 年版,第九至十四章。
4. 〔奥〕凯尔森:《法与国家的一般理论》,沈宗灵译,中国大百科全书出版社 1996 年版,第一编第四、六章,第二编第二、三章。

[①] P. Hacker and J. Raz(eds.), *Law, Socieaty and Morality*, Clarendon, 1977, pp. 192—195.

第五章 法的作用

本章主要学习与法的本质密切联系的另一个问题,即法的作用,内容包括:法的作用的概念;法的规范作用和社会作用的关系和各自的体现;当代中国社会主义法的社会作用;正确认识法在当代中国社会生活中的重要性和局限性。

第一节 法的作用的概念

一、法的作用的含义

法的作用,又称法的功能,泛指法对个人以及社会发生影响的体现。

法的作用与法的概念、本质、价值和目的等问题密切联系。"法是什么"这一问题也包括法到底有什么作用。法的作用同样表明法是一个极为复杂的事物:国家治理,国际关系,企业、机关和个人的行为,上至宇宙空间,下至海洋,都会涉及法的作用问题。同时,法的作用在不同时期、不同国家以至不同地区,又有差别。再有,不同学派思想家、法学家对法的作用会有各种各样的解释。

还应注意,法的作用可以从不同角度来分类。例如,整体作用和部分作用,直接作用和间接作用,预期作用和实际作用,积极作用和消极作用,规范作用和社会作用等。以下仅论述规范作用和社会作用。

二、法的规范作用与社会作用

一切社会的法都有规范作用和社会作用之分。我们通常讲,法主要是由法律规范(规则)构成的,它调整人们的行为,这是从法是一种调整人们行为的规范,即从法的规范性特征这一角度出发来解释法的作用的。我们通常也讲,法是经济基础的上层建筑,是为维护经济基础和发展生产力服务的,这是从法的本质和目的这一角度出发来解释法的作用的。以上这两种讲法都表明法的作用,但却是从不同角度讲的。因而我们可以根据这两种不同角度将法的作用分为规范作用和社会作用两个方面。所谓规范作用,是指法律基于其规范性特征在调整人们行为方面所具有的作用;社会作用,是指法律基于其本质和目的在调整社会关系方面所具有的作用。这两方面作用之分并非是像实体法与程序法之分那样的分类,而是从不同的侧面对法的作用的观察。它们是相辅相成,不可分割的。我们在讲法的作用时往往也将这两方面作用结合起来,但在理论上或逻辑上,我们应认识到这两方面作用是相辅相成但却不是并列的,它们之间具有手段和目的的关系。我们可以说,法通过调整人们行为这种规范作用(作为手段)来实现维护经济基础和发展生产力的社会作用(作为目的)。

历史上不少思想家、法学家在论述法的作用时,实际上都讲到了这两方面作用,不过他们并没有作出明确的划分。例如,我国古代思想家管仲曾认为:"法者所以兴功惧暴也,律者所以定分止争也,令者所以令人知事也,法律政令者,吏民规矩绳墨也。"①从字面上看,他在这里分析了法、律、政令三者之间的不同点和共同点,并没有明确地划分出法律的规范作用和社会作用。我们现在根据这两方面作用的认识,不妨把他的论述作如下解释:法是通过"令人知事"和"规矩绳墨"的手段(规范作用),而达到"兴功惧暴"和"定分止争"的目的(社会作用)。

我们在讲法的作用时,通常仅注意法的社会作用而忽视法的规范作用。这主要是因为法的社会作用直接体现法的本质和目的,自然容易引起人们的注意。但不同事物有不同的特征。一定社会的法、国家以及在这一社会中占支配地位的政党、道德、宗教、思想意识等,都属于同一上层建筑,在本质上可以说是一致的,都有为经济基础和发展生产力服务的作用。但法的作用的特征之一就在于它是以自己特有的规范作用来实现它的社会作用的。如果忽视法的规范作用就难以表明法的社会作用和国家的社会作用的区别。

法的规范作用和社会作用之分的观点是由英国新分析实证主义法学家拉兹(J. Raz)首先提出的。他认为法理学家经常讲法的作用,例如,庞德讲法"以最小限度的牺牲尽可能多地满足全体人类的需要"②,富勒认为"法是使人类行为服从规则治理的事业"③,凯尔森讲"法律秩序规范调节人们行为"④,尽管这些讲法都是对的,但他们都只注意法的某些方面的作用而并未提出对法的作用的全面分析。拉兹认为,法不仅具有社会作用,就像庞德所说的那样,而且具有规范作用,就像富勒和凯尔森所说的那样。⑤

第二节 法的规范作用

根据行为的不同主体,法的规范作用可分为指引、评价、教育、预测和强制五

---

① 《管子·七臣七主》。
② Roscoe Pound, *Introduction to the Philosophy of Law*, Yale University Press, 1961, p.47.
③ Lon L. Fuller, *The Morality of Law*, Yale University Press, 1969, p.106.
④ Hans Kelsen, *Pure Theory of Law*, Berkeley, 1967, p.31.
⑤ Joseph Raz, "Function of law", in A. W. B. Simpson, *Oxford Essays in Jurisprudence*, Oxford, 1973, p.280.

种作用。任何社会的法,都有这几种作用,当然,在不同社会制度下和不同历史时期,这几种作用的性质、目的和作用的范围和方式等方面,都有很大的差别。

一、指引作用

(一) 对本人行为的指引

法的规范作用首先体现为对本人行为具有指引作用。在这里,行为的主体是每个人自己。对人的行为的指引可以分为两种:一种是个别指引(或称个别调整),即通过一个具体的指示就具体的人和情况的指引;另一种是规范性指引(或称规范性调整),即通过一般的规则就同类的人或情况的指引。为了说明这两种指引的区别,我们不妨举这样一个实例。个别指引仿佛是有个人亲自领一个儿童进入一个市区,他领他往东走再往西走。规范性指引就仿佛是一张市区交通图或每条道路上的道路名称的标志或其他交通标志(如东长安街、单行线、此路不通、此路段易发事故等)。人们要根据这些标志的指引由自己决定走哪条路。法律是一种社会规范,它的指引作用是规范性指引。就像上面所说的市区交通图或道路名称和其他交通标志的指引作用一样,人按照法律的指引由自己来决定怎样行为或不行为。

在人类社会生活中,个别指引在很多情况下是必不可少的,比如一个幼儿在马路上必须由大人领着走,即必须要有个别指引。这种指引方式也有它的优越性(如比较具体、针对性强),但只有在一种关系很单纯、人数比较少的群体(例如幼儿园、家庭)中,才可能仅依靠个别指引。在一种关系比较复杂的、人数很多的社会中,仅依靠个别指引,是不可能建立社会秩序的,至少不可能建立较持久的、稳定的社会秩序。这种指引形式在时间、精力和经济上会带来莫大的浪费,而且也不符合人的一般心理要求。从心理学上看,人倾向于过一种合乎理性的、比较稳定的、有相对独立性的生活,而反对生活在一个变幻莫测的、完全受他人支配的环境中。即使就一个较小的群体,例如一个有成千上万人的大学来说,我们也不能想象,没有规章制度(规范性指引),每个学生、教师的每项行为都要请示学校领导人。当然,规范性指引也有它的局限性,如比较抽象,对个别特殊情况不一定适合,因而在这种情况下,还需要有个别指引或其他补救办法。但规范性指引却是建立社会秩序的一个必不可少的条件,它具有连续性、稳定性、高效率的优点,也符合一般人的心理要求。

(二) 确定的指引和有选择的指引

上面讲过,法律规范可以分为授权性和义务性两种。这两种规范分别代表了规范性指引的两种指引形式。义务性规范代表确定的指引,即法律明确规定人们应该这样行为(如应履行合同)或不应该这样行为(如在履行合同时不应有欺诈行为);一般还规定,如果违反这种规定,就应承担某种否定性的法律后果

(如国家不予承认、加以撤销或予以制裁等)。授权性规范代表有选择的指引,即法律规定人们可以这样行为(如参加选举);一般还规定,如果人们这样行为,将带来某种肯定性的法律后果(如国家承认其有效、合法并加以保护或奖励等)。

因此,确定的指引是指人们必须根据法律规范的指引而行为,有选择的指引是指人们对法律规范所指引的行为有选择余地,法律容许人们自行决定是否这样行为。从立法的意图来说,这两种指引中所包含的两种法律后果都是促使人们行为时所考虑的因素。但不同的是,就确定的指引来说,法律的目的是防止人们作出违反法律指引的行为,而就有选择的指引来说,法律的目的一般是鼓励人们,至少是容许人们从事法律所指示的行为。例如,我国《宪法》和《选举法》规定,年满18周岁的公民有选举权。这一法律规定的目的显然是鼓励年满18周岁的公民积极参加选举。又如我国《民法通则》第145条规定:"涉外合同的当事人可以选择处理合同争议所适用的法律,法律另有规定的除外。涉外合同的当事人没有选择的,适用与合同有最密切联系的国家的法律。"这一规定的目的是容许涉外合同当事人,除法律另有规定外,有权选择处理合同争议所适用的法律。总之,法律规范的指引作用,一方面在于鼓励,至少是容许人们从事某种行为,另一方面在于防止人们从事某种行为。

二、评价作用

作为一种社会规范,法律具有判断、衡量他人行为是否合法或有效以及行为人应否承担责任、承担多大责任的评价作用。前面讲的指引作用的对象是每个人本人的行为。这里讲的评价作用的对象是指他人的行为,例如我作为一个社会成员,对其他社会成员的行为的评价,或者一个警察对交通参与人行为的评价,一个法官对诉讼参加人行为的评价等。法律实践中的归责就是依据法律的评价活动,行政决定和司法判决就是这种活动的结果。

在评价他人行为时,总要有一定的、客观的评价准则。法是一个重要的普遍的评价准则,即根据法来判断某种行为是否合法。当然,仅根据法来判断人们的行为,往往是不够的,这是因为法只能或主要作为判断是合法还是违法或有无法律效力的准则。例如,人们的很多行为并不由法律来调整,而由其他社会规范,如仅由政策、习惯或道德规范来调整;有很多行为虽然也要由法律来调整,但仅靠法律来判断是不全面、不深入的,还需要依据其他社会规范。例如,对一个离婚案件,从法律上一般仅能判断是否应准予离婚,但对离婚原因可能需要根据道德规范来加以评价。还有一种情况是,法律判断本身就渗透了其他规范的因素,由于法律存在一定的弹性空间和模糊不清,其他因素不可避免地介入并影响了判断。作为一种评价准则,法律当然有其优点。正如古希腊思想家亚里士多德在讲法治胜于人治时所指出的,人的本性难免有感情用事的毛病。"法律恰正是全没有感情的。"[①]一般地说,法律不是个人智慧的产物,而是由较多的人经过详细研究才制定出来的,"群众比任何一人有可能作较好的裁断"[②]。此外,作为一种评价准则,与政策、道德规范等相比,法律还具有比较明确、具体的特征。

三、教育作用

作为一种社会规范,法律还具有某种教育作用。这里讲的教育作用,不同于上面所说的指引作用,也不同于法在促进文化教育方面的社会作用,它是指另一种规范作用,即通过法的制定和实施而对一般人的行为所发生的积极影响。这种作用的对象是一般人的行为。当人们看到法律所宣示的行为规范,就知道了什么是不可以做的、什么是必须做的、什么是可以做的、什么是国家提倡或鼓励的。法律实施的正反事例对社会公众都有教育作用。有人因违法行为而受到制裁,固然对一般人以至受制裁人本人有教育作用(严格地说,对那些企图违法的人来说,是一种威慑作用),反过来,人们的合法行为及其法律后果也同样对一般人的行为具有示范作用。

任何一部法律都有不同程度的威慑作用,但主要依靠威慑作用的法律是不稳定的、不能持久存在的。只有能对绝大多数社会成员真正起教育作用的法律才是稳定的、持久的。但是,一个法律能否真正起教育作用以及这种作用的程度如何,归根结底要取决于法律规定本身能否真正体现社会的价值共识和绝大多数社会成员的利益。

四、预测作用

法律的预测作用,或者说,法律有可预测性的特征,即依靠作为社会规范的法律,人们可以预先估计到他们相互间将如何行为。预测作用的对象是人们相互的行为,包括国家机关的行为。例如,一个打算从事工商业经营的人,总会考虑到主管部门是否能对自己的申请核准登记并发给营业执照。一个诉讼当事人总会考虑到其他诉讼当事人、证人会有什么行为,也总会考虑法院对自己的案件会作出什么判决,这些考虑如果以法律作为根据的话,就意味着法律的预测作用。法律为人们的互动和博弈行为提供了制度框架。

预测作用的一个简单例子是交通法规。一般的人都会认为,虽然道路上车辆很多,但自己在道路上行走时只要遵守交通法规,还是相当安全的。这种认识就表明了法律的预测作用。也就是说,人们相信,在通常情况下,驾驶车辆的人

---

① 〔古希腊〕亚里士多德:《政治学》,吴寿彭译,商务印书馆1965年版,第163页。
② 同上。

会遵守交通法规,他们不会危害自己的安全;如果他们违反交通法规,交警将会对他们采取相应措施。所以,法律的可预测性也同样促进社会秩序的建立,保障社会生活的正常进行。合同法特别明显地说明了法律的预测作用在经济领域中的体现。它使订立合同的双方当事人在各自履行合同义务的同时,可以合理地指望,也即预测到,在一般情况下,对方将履行合同规定的义务,人民法院将保证合同具有约束力。法律的这种预测作用对市场经济的正常运行是必不可少的。通过合同法和所订立的合同,双方就可以相互预测对方的行为以及有关机关对这种行为的反应,就可以增进相互信任,加强对自己的行为和合法权益的安全感,从而维护经济秩序,提高社会经济效益。

五、强制作用

法的另一个规范作用在于制裁、惩罚违法犯罪行为。这种规范作用的对象是违法者的行为。对任何社会的法律来说,由国家的强制力保证其执行,即对违法犯罪者以国家名义加以制裁,都是必要的。当然,这并不是说,在任何情况下,社会成员遵守法律,都是由于害怕强制,所有的法律对所有社会成员都是以强制为基础的。这种强制的性质、目的以及对社会成员实施强制的范围,在不同社会或不同法律中是有差别的。法的强制作用不仅在于制裁违法犯罪行为,而且还在于预防违法犯罪行为、增进社会成员的安全感。

第三节 法的社会作用

与法的规范作用相比,法的社会作用是一个较为复杂的问题。因为规范作用是从法作为一种社会规范这个特征出发来分析的,而这种特征是比较容易认识的现象。法的社会作用是从法的本质和目的这一角度出发来分析的,是指维护有利于特定人群的社会关系和社会秩序,这种本质和目的却并不是容易认识的,要通过对大量现象的研究才得以认识。我们可以从不同角度来分析法的社会作用。

(一) 从作用的领域来看,法律的社会作用可以分为法律的政治作用、经济作用、文化作用等

政治作用是法律在调整、管理政治事务,例如设置国家机关、确立和维护政治制度方面的作用。经济作用是法律在调整、管理物质资料的生产和消费活动、确立和维护交易条件和秩序等方面的作用。文化作用是法律在管理社会的教育、科学、文化事务,推进社会精神文明建设方面的作用。法律在这些方面发挥着积极或消极的作用,在不同性质的社会或不同的历史时期有着不同的目标和方向,对不同阶层的社会成员产生不同的影响。

（二）从作用的方式来看，法律的社会作用还可以划分为确认、提取、分配、保护和限制等方面的作用

法律根据一定的价值准则确认一定的社会关系、一定的事实和状态为合法和正当。根据一定的价值准则，法律从社会或社会的某些阶层中提取财富或其他有价值的社会资源，置于国家的控制之下，或者置于掌握国家政权的阶层或集团的控制之下；在社会成员间、在不同阶层间、在不同的利益集团间分配权利、义务和权力。同样，根据一定的价值准则，法律限制为大多数社会成员或某些社会阶层所反对的行为，从而减少这些种类的行为在社会中的数量；保护为大多数社会成员或者某些社会阶层所认可的行为，从而增加这些种类的行为在社会中的数量。

（三）从作用的性质来看，法律的社会作用可以分为阶级统治作用和执行社会公共事务的作用

这主要是指在阶级对立的社会中，法的社会作用大体上可归纳为以下这两大方面：维护阶级统治和执行社会公共事务。

1. 维护统治阶级的阶级统治

法是调整社会关系的。在阶级对立的社会中，法的目的是维护对统治阶级有利的社会关系和社会秩序。维护统治阶级的统治是法的社会作用的核心。

阶级对立社会中，阶级统治的含义极为广泛，包括经济、政治、思想道德等各个领域。法在维护阶级统治方面的最重要的作用是：确认和维护以生产资料私有制为基础的社会经济制度以及统治阶级对被统治阶级的专政。

在阶级对立的社会中，由于被统治阶级的斗争，统治阶级也可能被迫作出某种让步，在法律中规定一些保护被统治阶级利益的条款。这种法律条款既反映了被统治阶级的斗争的成果，也体现了统治阶级为了维护自己的统治而暂时缓和阶级矛盾的一种手段。

为了维护统治阶级的统治，统治阶级中个别成员也可能因违法犯罪而受到惩治。在我国封建社会中，的确有不少著名的"清官"，如宋朝的包拯和明朝的海瑞等。他们公正廉明，刚直不阿，敢于打击豪强的精神和品质，即使在今天，也是值得借鉴的。但他们的这种作为归根结底仍是为了维护封建法律的权威。

法在调整统治阶级内部和统治阶级及其同盟者之间的关系方面也具有重要作用。

2. 执行社会公共事务

阶级对立社会的法，除了维护阶级统治这一核心作用外，还具有执行各种社会公共事务的作用。在我国法学理论作品中，对这两方面的作用，往往借用恩格斯《反杜林论》一书中的提法，即政治职能和社会职能。但本章所讲的阶级统治含义较广，不限于政治统治。社会公共事务则是指与阶级统治相对称的活动，在

各个阶级对立的社会中,这种社会公共事务及有关法律的性质、作用和范围是很不相同的。总的来说,执行这些活动的法律大体上有以下几种:(1) 为维护人类社会基本生活条件的法律,例如有关自然资源、医疗卫生、环境保护、交通通讯以及基本社会秩序的法律;(2) 有关生产力和科学技术的法律;(3) 有关技术规范的法律,即使用设备工序、执行工艺过程和对产品、劳动、服务质量要求的法律;(4) 有关一般文化、娱乐事务的法律。

随着社会生产的发展和社会制度的变革,执行社会公共事务的法律也必然会日益复杂和增多。一个社会化大生产、开放型社会同一个自然经济、封闭型社会相比,其社会公共事务是不能同日而语的。

在阶级对立的社会中,法的社会作用,总的来说,可以分为维护阶级统治和执行社会公共事务这两方面。但就具体法律而论,有的明显地体现了前一方面的作用,有的明显地体现了后一方面的作用。但也存在着两种作用交错并存的法律,或者是某一方面作用占主导地位,另一方面作用占次要地位的法律。例如,以资本主义社会对企业的经营管理的方法而论,有一部分和资本主义剥削制度并没有必然的联系,它们反映了社会化大生产的共同规律。即使是和资本主义剥削制度相联系的那一部分,也要作具体分析。正如列宁在论述美国工程师泰罗所首创的生产管理和工资制时所指出的,它有两个方面,"一方面是资产阶级剥削的最巧妙的残酷手段,另一方面是一系列的最丰富的科学成就……社会主义实现得如何,取决于我们苏维埃政权和苏维埃管理机构同资本主义最新的进步的东西结合的好坏"①。因此,对资本主义社会中有关企业经营管理的法律,应作具体分析,哪些是反映资本主义剥削手段,也即维护资产阶级统治的,哪些是反映社会化大生产共同规律或科学成就的,也就是与阶级统治相对称的社会公共事务。

维护阶级统治的作用和执行社会事务的作用这两方面的法律之间存在着明显的区别。首先,顾名思义,前一种法律的对象是阶级统治,后一种是阶级统治以外的事务。这两种法律都是调整社会关系,即人与人之间的关系,但其保护的直接对象是不同的。其次,维护阶级统治的法律当然仅有利于统治阶级,对被统治阶级则是剥夺和压迫;执行社会公共事务的法律,至少从客观上说,有利于全社会而不是仅有利于统治阶级一个阶级。最后,执行社会公共事务作用的那种法律,即使在不同社会制度下,往往也是相似的,是可以相互借鉴的。

3. 关于执行社会公共事务的法律的性质

我们对阶级对立社会的法的社会作用,作出以上两种作用的概括,一方面是出于对客观事实的认识,另一方面也是从马克思主义经典作家的有关论述中获

---

① 《列宁选集》第3卷,人民出版社1995年版,第511页。

得的启发。马克思在《资本论》中论述私有制社会中政府的职能时曾指出,政府的监督劳动和全面干涉包括两方面:既包括执行由一切社会的性质产生的各种公共事务,又包括由政府同人民大众相对立而产生的各种特殊职能。恩格斯在《反杜林论》中批判杜林的一种暴力论(即人对自然界的统治以人对人的统治为前提)时曾分析了阶级统治和奴役关系形成的两个过程:一个是在什么条件下起先的社会公仆逐步变为社会的主人,另一个是在什么条件下形成了这样一种社会大分工,一方面由群众从事单纯体力劳动,另一方面由少数特权分子垄断了劳动管理、国家事务、法律事务以及艺术、科学等等社会公共事务。

在肯定阶级对立社会中的法具有这两种作用的同时,我国法学理论界对体现社会公共事务作用的那一部分法律的性质,有不同的理解,也就是对法的阶级性和社会性存在争论。大体上说,有以下两种不同的观点:一种是,凡法都有阶级性,即使是那些在客观上对整个社会有利的、执行社会公共事务的法律,也有阶级性;法的社会性与阶级性是一致的,社会性是有阶级性的社会性,法的阶级性也是有社会性的阶级性。另一种观点是,从整体上看,法是有阶级性的,但具体到各组成部分来说,有的阶级性强,有的阶级性弱,有的很难看出它与阶级的联系。

以上讲的法的两种社会作用,是对一般阶级对立社会(或称私有制社会)来讲的。但不同阶级对立社会,特别是资本主义社会法的社会作用,在第七章"西方国家法"中还要进一步论述。

第四节 当代中国法的社会作用

将法的社会作用概括为维护阶级统治与执行社会公共事务两个方面,对当代中国法律来说,即使从形式来看,也是不合适的,因为当代中国已消灭了剥削阶级,不存在阶级统治。那么,当代中国法的社会作用又有哪些呢?国内以前出版的有些法理学教材中,将这些社会作用归纳为四个方面,即保障和促进:(1) 社会主义经济建设和经济体制改革;(2) 社会主义精神文明建设;(3) 社会主义民主建设和政治体制改革;(4) 对外交往。[①]

这种划分法的根据是当代中国社会主义现代化建设的总体布局。它符合中国实际情况,而且也易于理解。但这种划分法主要是从政治理论角度出发的。因此,它既可以作为法的社会作用的划分,也可作为国家、政党的社会作用的划分。这里我们不妨从法学角度出发,将当代中国法的社会作用归纳为以下六个方面:

---

① 参见沈宗灵主编:《法学基础理论》,北京大学出版社1988年版,第210—217页。

（一）维护秩序，促进建设、改革与开放，实现富强、民主与文明

这是我国社会主义法的总的作用。我国宪法以及一切法律、法规，都从不同方面体现了这一作用。

秩序也就是我们通常讲的稳定。维护秩序之所以首先提出，就在于我们常说的，"没有稳定，什么事也干不成"，所以我们必须在社会政治稳定中推进改革、发展；在改革发展中实现社会政治稳定。

建设与改革、开放，就是指党通过改革开放，推动社会主义现代化建设。实现富强、民主与文明，就是指我国宪法规定的社会主义现代化建设的目标。

（二）根据一定价值准则分配利益，确认和维护社会成员的权利、义务

这里讲的分配不限于经济学中讲的社会再生产过程中的分配，而是指社会基本制度怎样确认和维护社会成员的权利和义务。权利实质上是法律上所确认的利益，权利义务不可分。分配利益当然要有一定的价值准则，在本书第三章中已对法的评价准则加以论述。

这里讲的社会成员的权利和利益不仅指经济上、物质上的，而且指政治、精神上的，包括社会地位、荣誉、机会等。维护社会成员的权利和义务，是指法律一方面保护他们享有权利，另一方面也对他们滥用权利的行为实行制约。

宪法中规定的公民的基本权利和义务是法的这一社会作用的全面体现，其他法律、法规，特别是民法、商法、经济法、劳动法以及行政法、刑法和诉讼法等都体现了法律的这一重要作用。

（三）为国家机关及其公职人员执行公务（即行使权力）的行为提供法律根据，并对其滥用权力或不尽职责的行为实行制约

所有国家机关及其公职人员在履行公务时都必须有法律根据，即依法办事。任何人妨害其履行公务，都应承担相应责任。与此同时，法律对国家机关及其公职人员滥用权力或不尽职责的行为也实行制约，即对他们的公务行为实行监督，纠正其错误，追究和制裁他们的违法行为。国家机关组织法、行政法、刑法、诉讼法以及公务员法、法官法、检察官法、警察法等都体现了法律的这一作用。

（四）预防和解决社会成员之间以及他们与国家机关之间或国家机关之间的争端

公民之间、法人之间、公民和法人之间，以及公民、法人与国家机关之间或国家机关之间，在发生各种法律争端时，都应根据有关法律解决，其中很多争端还应通过诉讼（民、刑事诉讼和行政诉讼）解决。当然，法律还应预防争端的发生。完备的法律规定是减少争端的一个重要措施。调解和仲裁是减少诉讼的两个重要措施。

（五）预防和制裁违法行为

就像上面讲的争端一样，违法行为在社会生活中也是必然存在的现象，法律

良好的一个重要标准是:预防违法行为,尽可能减少违法行为;对已发生的违法行为,加以相应的制裁。

(六) 为法律本身的运行与发展提供制度和程序

法律作为一种社会规范(规则)不同于其他社会规范的一个特点是:法律应规定它本身运行和发展(如法律的制定、解释和修改,起诉,上诉等)的制度和程序。这是其他社会规范(如道德或习惯)、规章不可能具有或不完全具有的一个特点。但即使有这种制度和程序,仍需外力的监督。

第五节 正确认识法的作用

一、对社会主义法的重要作用的认识

在中国,人们对法律的重要作用的认识,是逐步加深的。在"文化大革命"结束之后,人们强烈要求安定团结和加强法制。1978年12月召开中国共产党十一届三中全会是新中国成立以来具有深远意义的伟大转折。它开始全面认真地纠正"文化大革命"中以及之前的"左"倾错误,果断地停止使用"以阶级斗争为纲"的口号,作出了把工作重点转移到社会主义现代化建设上来的战略决策。同时,中共十一届三中全会还着重提出了健全社会主义民主和加强社会主义法制的任务。之所以作出这一决定,主要是吸取了十年动乱的教训,即不重视社会主义民主和法制是"文化大革命"得以发生的一个重要原因。为了防止"文化大革命"之类现象的重演,就必须发展民主和加强法制,使这种制度和法律不因领导人的改变而改变,不因领导人的看法和注意力的改变而改变。对党和全国人民来说,在对法律作用的认识上,这是一个飞跃。

改革开放以来,我国坚决而有步骤地进行经济体制改革。改革的目标就是建立和完善社会主义市场经济体制。市场经济的发展必然要求制定并保证实施用以调节复杂的经济关系和经济活动的法律;必然要求以法律作为调节和控制经济运行的重要手段。有关经济领域的大量法律、法规的制定,经济合同制的广泛推行,经济纠纷案件的剧增,企业部门纷纷聘请法律顾问等现象,都明显地表明法律在经济领域中的作用以及人们对这种作用的认识的普及和深化。

在建设社会主义民主政治、改革政治体制方面,人们也日益认识到法制的重要作用。人们认识到,民主必须制度化、法律化,才能获得切实的保障和有条不紊的运作。宪法明确规定,我国的民主是社会主义民主,我国公民依法享有广泛的自由和权利,同时也必须承担法定的义务,必须遵守宪法和法律,在行使自由和权利的时候,不得损害国家的、社会的、集体的利益和其他公民的合法的自由和权利。民主和法制不可分,权利和义务不可分。法律制度还在预防和打击腐

败、制约国家权力、推进依法行政和公正司法方面发挥着越来越大的作用。中共十一届三中全会以来,在反腐倡廉等方面,没有采取以往常见的群众运动的方式,而要求通过法律途径,遵循法制原则。

在社会主义教育、科学、文化建设方面,人们认识到不仅要依靠政策、思想政治工作,依靠理想、道德教育,依靠建设文明单位的活动和模范人物的榜样等,还必须有社会主义法律和法制。法律制度对于实施国民教育、促进科技进步、保护物质和非物质文化遗产和繁荣文化发挥了较以往更大的作用。在社会建设和管理方面,相关的法律制度不断完善,对于保障和改善民生、扩大公共服务、促进就业、建立社会保障体系、完善社会管理和维护社会安定团结,也发挥着重大的作用。

在其他一些方面,人们也要求有法可依、依法办事。改革开放以来,我们也愈来愈明显地看到法制在实现对外开放政策中的重大作用。一个简单的事实是:对外经济、技术交流的重要内容是利用外资、引进技术并与国际经济接轨,而实现这些内容的重要条件之一是我国要有健全的法制,为此就要制定和实施大量涉外的或具有涉外因素的法律。

20世纪90年代以来,中国共产党的几次全国代表大会报告都提出,坚持从严治军,完善军事法规体系,提高依法治军的水平。人们还认识到,实现祖国统一,不仅需要政治的决心和智慧,而且需要法制的保障。有关法律制度为香港、澳门的顺利回归奠定了法律基础。

由此可见,对法律或法制在社会主义现代化建设方面的重要作用的认识,并不是偶然产生或从抽象的原理中推论出来的,它是从新中国成立以来正反两方面的经验,特别是十一届三中全会以来的有益经验中总结出来的。党的十五大报告明确地提出了"依法治国,建设社会主义法治国家"的方略,1999年以宪法修正案的方式把这一方略载入宪法,都是这种经验总结的体现。

从以上关于我国社会主义法律作用的分析中,我们可以得出一个明确的结论,即必须充分认识法律在建设中国特色社会主义这一根本任务中的重大作用,而且社会主义现代化建设事业越发展,法律的作用也必将随之增长。经济、政治等体制的改革,社会主义物质文明和精神文明的建设,社会主义民主的发展以及良好的社会秩序,是和社会主义法治并行发展的。相反,破坏、动乱、专制、贫困和无政府主义,则是和社会主义法治背道而驰的。低估甚至否定它的作用必将对社会主义现代化建设事业带来极大的损害。新中国成立以来半个多世纪正反两方面的经验已向我们揭示了以上这些关于社会主义法律的客观规律,随着社会主义现代化建设事业和社会主义法律本身的发展,我们将更清楚地认识这些客观规律。

二、对法的作用的一些片面和错误的认识

为了正确理解法的作用,这里应注意改正一些对法的作用的片面和错误的认识:

第一,有人认为法只是指一些法律条文。这里讲的法律条文大体上可以理解为法律规范或法律规则。但这只是指法的一种现象,而不是法的本质。还有,法律规范不同于其他社会规范(如道德、习惯等),它是以国家名义发布的,具有特殊的权威性。再有,法是一种规范或规则,这是从法律的静态概念来说的。从法律的动态概念来说,它不仅仅指法律规范或规则,而是像许多西方法学所讲的,它是一种"过程"或"事业"。这也就是说,从法律的制定到它在社会实际生活中的实行(执行、适用以及监督)的全部活动都属于法的概念的范围。因此,法学家也就往往区分开"纸面上的法律"与"行动中的法律"。法律领域同样存在理论与实际脱节的现象。

第二,有人认为,法是"国家意志"的体现。就现代国家来说,撇开"自然法"或"神意法"之类学说不谈,仅就实在法而论,主要是指议会或其他立法机关以国家主权名义发布的规范性文件。从这一点上讲,法当然是"国家意志"的体现,这是法的本质的体现,但应注意的是,讲法是国家意志的体现,绝不是指法是以意志为基础的,绝不能以"唯意志论"来理解法。根据唯物史观,法是以社会为基础的,法的本质是由各种社会因素(包括政治、文化等)在经济因素起最终决定作用的条件下相互作用而形成的。在分析经济和其他社会因素对法本身的影响时,应特别注意利益和正义的影响。因为社会经济关系首先是作为利益而体现的。自古至今人类社会尽管对正义有无数不同的解释,但普遍认为它是一个崇高的价值、理想和目标,法与正义的关系始终是古今中外法学中一个永不消失的问题。研究法的本质应注意法与利益和正义之间的关系。

这也就是说,我们讲法的作用,不是片面推崇国家意志,而是应注意法律发挥作用的社会政治、经济、文化等方面的条件。法的作用的大小、领域多少、程度深浅,取决于人的主观能动性与社会条件的客观制约性的结合。

第三,也有人认为法是达到一定目的的手段和工具。法的确是达到一定目的的手段。但应注意,就法而论,目的和手段是相对的,有时还是可以相互转化的。例如,我们常讲法是保证实现社会、经济可持续发展这一目的的一种手段,但反过来,社会经济的发展也促进了法的发展及其实施。再有,法不仅是实施一定目的的手段,同时它本身也有特定的价值。例如,现代社会的法总意味着某种理性和秩序,而与非理性主义、无政府主义相对立;一般地说,它也总意味着某种民主、自由与平等,而与专制、独裁相对立。

第四,人们也常讲法的任务在于管理、调节、控制或监督等。管理或调节等

词的含义可以有不同理解,但即使从广义来说,法的作用也不限于管理和调节等。正如美国法学家伯尔曼(H. Berman)所讲的,"在法律一词的通常意义上,它的目的不仅仅在于管理;它是一种促成自愿协议的事业"①。自愿协议的明显例证是国内法中的合同以及国际法中的条约。当然,达成协议的条件,违反协议的处理等,都需要法律的规定,也即法律的管理和调节,但法"促成自愿协议"却是一个实质性、关键性的作用。

另一位美国法学家博登海默从一个角度阐述了法律的巨大作用:人往往有创造性和惰性两种倾向,法律是刺激人们奋发向上的一个有力手段。法律不可能直接下命令使某人成为一个发明家或创作出优秀的音乐作品,但它却可以为人们发挥创造才能提供必要的条件。②

以上四种对法的作用的认识,从一定意义上说,都是正确的,但却又都有片面性。还有两种认识是我们在日常生活中经常会感觉到的,但却是完全错误的认识。

一种是认为法律是"专管老百姓"的。这里的"管"是指"约束"的意思。这是一种封建社会中所讲的法是"防民之具"的腐朽思想的体现,它与"权大于法""以言代法"之类的思想和行为是相通的。它们与现代社会的法律,特别是社会主义法律,是根本对立的。现代社会的法律,至少从理论上、法律上讲,对所有人都授予权利并设定义务。"法律专管老百姓"意味着老百姓只是承担义务而不是享有权利的主体。同时,现代社会的法,既为立法者、执法者、司法者或一切国家公职人员履行公务的行为提供法律根据(即授予职权、权力),也对他们的行为实行制约,即防止和制裁他们滥用权力的行为。

还有一种错误认识是:"法就是刑",意思就是法专指惩治犯罪的刑法。在中国,这种思想是有悠久的历史渊源的。在古代汉语中,法就是指刑,封建王朝的"律"也主要就是指刑律。刑法当然是每个国家法律体系中一个极为重要的部门,但刑法并不代表整个法律体系。这个法律体系的范围是极为广泛的。

三、法的作用的局限性

法保障和促进社会发展的作用是巨大的,但另一方面,我们也应认识到,像任何事物一样,法的作用也是有局限性的。法的作用的局限性是由法的局限性造成的。法的局限性是法理学中的一个重要问题。庞德曾指出:"在决定法律秩序可以保障什么利益以及如何保障这些利益时,我们必须记住,法律作为一种社会控制工具存在着三种重要的限制。这些限制是从以下三个方面衍生出来

---

① 〔美〕伯尔曼:《法律与革命》,贺卫方等译,中国大百科全书出版社1993年版,第5页。
② Edgar Bodenheimer, *Jurisprudence*, Harvard Unversity Press, 1974, pp. 306—307.

的:(1)从实际上说,法律所能处理的只是行为,只是人与事物的外部,而不能及于其内部;(2)法律制裁所固有的限制——即以强力对人类意志施加强制的限制;以及(3)法律必须依靠某种外部手段来使其机器运转,因为法律规则是不会自动执行的。"① 这里我们可以分四个方面来说明法的作用的局限性。

(一) 法并不是调整社会关系的唯一手段

国家用以调整社会关系的手段,除法律外,还有经济、政治、行政、思想道德、文化、教育、习惯、传统、舆论等手段。在有的社会,宗教也是一个重要手段。法也不是唯一的社会规范,党规、政纪、道德规范,企事业单位和其他社会团体的规章、守则以及各城市中的文明公约,农村中的乡规民约,各行各业的职业公约等都是社会规范。

这里应注意,以国家名义规定社会生活的基本规则应主要体现为法律,或仅体现为法律,如宪法、刑法、民法等。在这里,对社会生活的调整,法律具有主导地位。大部分社会关系要由法律和其他手段并行调整。有些社会关系的调整,主要应依靠其他手段,法律只能起辅助作用。而且,有的问题不能应用法律,也就是说,法律不是解决这类问题的有效手段,例如人们的思想、信仰或私生活方面的问题。

(二) "徒善不足以为政,徒法不能以自行"②

这是中国古代思想家孟子在强调道德教化作用时所提出的一个重要观点,对当代的政治学和法学有重要的启发意义。首先,即使是制定得很好的法律,也需要合适的人正确地去执行和适用,如果一个执法或司法工作者不具备相应专业知识和思想道德水平,法律的有效实施是难以想象的。其次,即使是制定得很好的法律,还需要绝大多数社会成员的支持,如果他们缺乏一定法律意识,缺乏遵守法律的思想道德风尚和习惯,法律也不可能有效地实施。最后,法律的实现必须要有相应的社会、经济、政治、文化条件的配合。

(三) 法律的抽象性、稳定性与现实生活的矛盾

作为一种规范,法律规定必定具有抽象性、稳定性的特征,而现实生活中的问题却是具体的、多变的、千态万状的,想制定一个包罗万象、永久适用的法律只是一个幻想。同时,即使是很有才智的立法者,他们的认识能力也总是有限制的,因此,法律本身存在缺陷、漏洞、空隙等情况也是难以避免的。

(四) 法律所要适用的事实无法确定

适用法律的前提是确定事实,如果确定事实在客观上根本不可能,则制定这种法律不仅无从适用,而且会损害法律的权威。从历史上看,为了确定法律要适

---

① 〔美〕庞德:《通过法律的社会控制》,沈宗灵、董世忠译,商务印书馆1984年版,第118页。
② 《孟子·离娄上》。

用的事实,人类曾使用过多种手段:古代和中世纪的神明裁判、抽签、决斗,现在仍在实行的陪审制(即由陪审员确定事实)和测谎器等,但总有些事实在客观上是无法确定的。

所以,轻视法律的作用或认为法律可有可无,是错误的。反过来,将法律的作用夸大到极端的程度,也就是无视法律的局限性,同样是错误的。"法律万能论"的思想倾向在我们现实社会中也是存在的。例如有人认为,凡事均应一一立法,或者认为,一立了法,什么事都能解决。这种思想在理论上是错误的,在实践中是有害的。

思考题

1. 怎样理解法的规范作用和社会作用的关系和区别?
2. 法的规范作用怎样体现?规范性指引和个别指引、确定的指引和有选择的指引有什么不同?
3. 怎样理解当代中国法的社会作用?
4. 请回顾自己在近年来对法律作用认识的变化。

参 考 书 目

1. 〔英〕约瑟夫·拉兹:《法的权威:法与道德论文集》,朱峰译,法律出版社2005年版,第九篇"法律的功能"。
2. 〔美〕庞德:《通过法律的社会控制》,沈宗灵、董世忠译,商务印书馆1984年版。

第六章 法律发展

本章进一步学习与法的本质和作用密切联系的又一个重要问题,即法的历史发展,包括:法的起源;法律发展,法的质变与量变的原理和法的历史类型;中国历史上与西方国家思想家关于法的历史发展的学说;法的借鉴与吸收,法律移植,法律继承;对法的现代化问题的探讨。

第一节 法的起源

法的起源,就法的一般理论来说,有重大意义,但现实意义是有限的。而且有关的原理在社会发展史、历史唯物论和政治经济学等课程中都已涉及。因此在这里仅讲一些简明的原理。

国家和法是人类社会发展到一定历史阶段的产物。在此以前,人类曾经历了长达数百万年之久的没有国家和法的原始社会时期。

法的起源主要指原始社会中人类的社会组织和行为规则有什么特征,在什么条件下产生了法,法与原始社会的习惯有什么区别等问题。

一、原始社会的社会组织和行为规则

在人类第一个社会——原始社会,社会生产力发展水平极端低下,大家共同占有生产资料,共同劳动,平均分配,没有私有制、剥削和阶级,也没有国家和法。那时只有以血缘关系为基础的氏族组织。在氏族之上还有胞族、部落、部落联盟等。氏族有议事会、经选举产生的酋长和军事首领。但氏族并不是阶级社会中的国家;氏族首领也不是阶级社会的国王;那时有调整人们行为的规则,即习惯(它与图腾、道德、宗教规则融合在一起),如禁止氏族内通婚、实行血族复仇等。这种行为规则主要依靠氏族成员自觉遵守和氏族首领的威望来维持;但也有外在压力,也有一定的强制性,违反这种规则也会受到很严厉的制裁,例如被驱逐出氏族之外的制裁,这在当时条件下无异于判处死刑。

二、法的产生条件和原因

原始社会的社会组织和习惯后来又是怎样发展的?人类学家、社会学家和法学家有各种各样的解释。我们认为,法是以社会为基础的,法的产生和发展是多种社会因素相互作用的产物,但这些因素又是在经济因素起最终决定作用的

条件下相互作用而产生的。为此,我们认为,恩格斯对法的产生的一个分析是科学的:"在社会发展的某个很早的阶段,产生了这样一种需要:把每天重复着的产品生产、分配和交换用一个共同规则约束起来,借以使个人服从生产和交换的共同条件。这个规则首先表现为习惯,不久便成了法律。随着法律的产生,就必然产生出以维护法律为职责的机关——公共权力,即国家。"①

除了以上讲的经济根源外,法的产生也是当时阶级划分和阶级斗争的结果。随着社会生产力发展,社会分工以及生产与交换发展的同时,社会上也出现了私有制、国家与阶级。从此也就产生了奴隶与奴隶主的划分以及两者之间的斗争。作为统治阶级的奴隶主,利用国家和法律来维护自己的统治,这是法律产生的阶级与政治根源。

此外,随着社会经济的发展,社会公共事务也比以往原始社会愈益复杂和增多。为了处理这些事务,原始社会中的极为简单的习惯已不再适应,因而就需要一种新的行为规则,即法律。同时,随着社会经济的发展,人的独立意识的成长也促进了法的产生。总之,法的产生,除了经济、阶级根源外,还有其他人文、地理等因素的影响。因此,世界上不同原始社会转变为阶级社会的具体形式必然存在差别。

三、法产生的共同规律及其与原始社会习惯的主要区别

虽然不同原始社会转变为阶级社会的具体形式各有特点,但法的产生存在一些共同规律。

首先,对人们行为的个别调整逐步发展成为规范性调整,即不是对特定人、特定事的调整,而是对一般人、一般事的调整。

其次,法的产生经历了由习惯演变为习惯法,再发展成为成文法的过程。

最后,从法律、道德和宗教规范混为一体,逐渐分化为各个相对独立的、不同的社会规范。

阶级社会的法与原始社会习惯的主要区别是:(1) 阶级对立社会的法代表统治阶级意志,原始社会的习惯代表该社会全体成员的利益。(2) 法由国家制定或认可,并由国家强制力保证其执行。原始社会习惯一般是自发形成的。它虽然有强制力,但在性质和形式上与法律的强制性不同。(3) 法的内容,一般地说,是在原始社会习惯中不可能有的。当然,最初出现的法的内容中包含了与原始社会习惯类似的内容(如同态复仇等)。(4) 法一般适用于国家权力管辖范围内所有居民,原始社会习惯仅适用于同一氏族或部落,即相同血缘关系成员,不以地域为界限。

---

① 《马克思恩格斯选集》第3卷,人民出版社年版2012年版,第260页。这也就是说,法是商品生产和交换的产物。

第二节 法律发展

一、法的历史发展

我国法理学对法的历史发展,一般都根据马克思主义关于历史唯物论—社会发展史的理论,划分为不同社会形态的法:奴隶社会的法、封建社会的法、资本主义社会的法以及社会主义社会的法,这种以四种社会形态为标准的划分,通称为法的历史类型。应注意法的历史类型不同于法的渊源的分类、一般法的分类、部门法的分类和法系的分类。

根据辩证唯物主义的质量互变规律,法的发展也有质变和量变之分,质变是事物根本性质的变化,量变是事物数量上的变化;事物的发展要经历由量变到质变,又由质变到量变的循环往复的过程。在我国一般法理学作品中,都将法的质变理解为法的历史类型的变更,也即法所代表的社会基本制度的变化,例如,奴隶制法改变为封建制法,资本主义法改变为社会主义法等。至于法的量的变化,却是纷繁复杂的,例如,从法的不完备发展到相当完备,或某一重要法律的修订等,都可以归入法的量变的范畴。同时,质的变化一般要通过社会变革以至革命,而量的变化却可以有多种形式。

我们认为,将法的社会性质的变化理解为法的质变是科学的,但不宜将法的质变仅限于社会性质的变化。例如,民法法系(大陆法系)、普通法法系(英美法系)与介于两大法系之间的混合法(hybrid law,如美国路易斯安那州法、加拿大魁北克省法以及南非、以色列等国法律),从社会性质上讲,它们都属于资本主义法,但它们相互之间存在很大差别,而且各自变化也大,如果在划分法的分类时,将它们都仅列入资本主义法,而没有其他性质的区别,也不一定合理。根据社会性质不同划分法的历史类型是应坚持的,但以上这些法律之间的区别,也可以理解为不仅有数量上的差别,也存在某种性质上的差别。

二、法的历史发展的学说

在古代西方思想家中,有些主张"神意法"或"自然法"的人认为,法律是永恒不变的。例如,古罗马的西塞罗(Cicero)就说:"真正的法律是和自然一致的正当理性,它是普遍适用的,不变的和永恒的,它命令人尽本分,禁止人们为非作歹。"①

---

① Cicero, De Re Republica, transl, C. W. Keyes Loeb Classical Library, 1928, BK. Ⅲ. xxii.

第六章 法律发展

中国历史上也多次出现要求"变法"与反对"变法"之争。例如商鞅在秦变法时主张,"治世不一道,便国不必法古"①。反对者甘龙则称:"据法而治者,吏习而民安。"②当然,这种争论实际上并不是争论法本身是否有变化,而是争论这种法所代表的某种制度是否应改变。西方法学家曾提出了很多法律历史发展的学说,例如,20世纪初英国法制史学家维诺格拉多夫(Paul Vinogradoff)曾根据社会形态的不同,将法律的历史发展划分为六个阶段:(1) 图腾社会中处于萌芽状态的法律;(2) 部落法;(3) 城邦法;(4) 中世纪法律;(5) 个人主义的法律;(6) 社会化的法律。

庞德不同意上述划分法,他认为这是社会学、政治学的解释,但政治组织的类型与法律类型并不是一致的。为此,他将法律发展分为六个阶段:(1) 原始法阶段;(2) 严格法阶段;(3) 衡平法和自然法阶段;(4) 法律的成熟阶段;(5) 法律的社会化阶段;(6) 世界法阶段。前五个阶段之分是庞德早期法学著作中提出的,第六阶段是他在1959年出版《法理学》一书中补充的。③

另一美国著名法学家昂格尔(R. Unger)在其《现代社会中的法律》一书中提出了又一种法的发展阶段的学说,即从部落社会的习惯法发展为贵族社会的官僚法,再转变为自由社会的法律制度;最后导致后自由主义社会法律制度。他认为,每个社会通过法律显示它们怎样使人们结合起来的内在秘密,而不同类法律冲突则体现了调整人类集团的不同方式。④ 他又认为,中国法律经历了从习惯法到官僚法的发展,但却从未达到自由社会法律制度的程度。他所讲的自由社会就是西方资本主义社会。

美国研究中国法专家安守廉(W. P. Alford)教授对昂格尔关于中国法律发展的解释提出了批评,认为他运用资产阶级法治的模式来判断中国历史上的法律。⑤

以上这些法的分类法,有一个共同的特点,即以西方社会法律发展的模式作为标准。这种分类法尽管有一定的参考价值,但也难免有片面性。

---

① 高亨:《商君书注译》,中华书局1974年版,第17页。
② 同上书,第15页。
③ Pound, *Jurisprudence*, Vol.1, West Publishing Co., 1959, pp. 366—367;386,429—430;457—459.
④ R. Unger, *Law in Modern Society*, Free Press, 1976, p.47.
⑤ 关于安守廉先生这一的观点,见高道蕴等编:《美国学者论中国法律传统》,中国政法大学出版社1994年版。

第三节 法律移植

一、法律移植的概念

在大多数国家,法的历史发展过程中的一个共同规律是:在创制本国法律时,主要根据本国国情,以本国经验为基础,同时也要借鉴与吸收其他国家或地区法律中对本国现在有用的因素。与法的借鉴与吸收相类似的词还有引进、参考、模仿、移植、继承等。法律移植是法学中的一个重大的理论和实践问题。人们开展这一问题研究的主要目的之一,在于通过对不同国家或地区法律的比较研究,有选择地借鉴或移植其他国家或地区的法律,从而改进本国的立法。但是,人们对于如何理解法律移植的概念却一直存在着分歧。中国也有学者采用了"法律趋同化"一词:"指不同国家的法律,随着社会需要的发展,在国际交往日益发达的基础上,逐渐相互吸收、相互渗透,从而趋于接近甚至趋于一致的现象……"[①]根据《牛津英语辞典》的解释,移植(transplant)是指"移动并处于新的位置",或"传送或转移到别处",或"移居至另一个国家或地区","移植"意味着"位移"。在西方比较法学著作中,经常使用"借鉴"(drawing on, borrowing)、"吸收"(assimilation)、"模仿"(imitation)、"转移"(transfer)、"传播"(spread)、"引进"(introducing)等词,表达与移植相同的意思。

法的借鉴与吸收之所以成为法的历史发展的一个共同规律,主要理论根据可以参见我国现有法理学教材。这些教材在这一问题上提出的论证有:(1)人类物质生产的历史延续性;(2)法的相对独立性;(3)法作为人类文明成果的共同性;(4)法的历史发展事实的证明。

关于法律移植的概念,英国著名法律史学家阿兰·沃森(Alan Watson)认为,法律移植意指"规则的转移……从一个国家到另一个国家,或者从一个民族到另外一个民族"。[②] 对此,我国学者也作了有益的尝试。有学者指出,"就移植一词而言,它原本并非法律词汇,而是植物学和医学中的词汇","从植物学术语的角度,移植意味着整株植物的移地栽培,因而有整体移入而非部分移入的意思。但是,如果从医学术语的角度看,器官的移植显然是指部分的移入而非整体的植入。而且器官移植还可使人想到人体的排他性等一系列复杂的生理活动的

[①] 李双元、于喜富:《法律趋同化:成因、内涵及在"公法"领域的表现》,载《法制与社会发展》1997年第1期。

[②] Alan Watson, *Legal Transplants*, 2nd., University of Georgia Press, 1993, p.21.

过程,从而更能准确地反映法律移植后的复杂情况"①。移植是指将有机体的一部分或器官补在或移入同一机体或另一机体的缺陷部分。从词源上看,移植来源于植物学和医学。一般说来,法律移植是指"特定国家(或地区)的某种法律规则或制度移植到其他国家(或地区)"②。法律移植实际上是广义的立法运动、法律变革乃至更为耀眼的法律革命的"代用词语"。换言之,法律移植的实质在基本层面上和广义"立法"是同一的。③ 意思是说,法律移植总是发生在立法进程中的。

在本书中所使用的法律移植,其含义相当于我国通常所讲的对其他国家或地区法律的借鉴和吸收等,有时又比借鉴等词有更多的意义,但它们之间并无实质上的重大差别。

二、法律移植的理论

对法律是否可以移植这一问题的回答,构成了人类法律发展史上的基本问题,形成了法律移植的肯定说和法律移植的否定说两种根本对立的观点。

(一)法律移植的否定论

法律移植的否定论由来已久。孟德斯鸠在《论法的精神》中曾指出,法律与一个国家或者民族生活的地理环境、人民的生活方式、风俗习惯、宗教等具有非常密切的内在关联,"为某一国人民而制定的法律,应该是非常适合于该国的人民的;所以如果一个国家的法律竟能适合于另外一个国家的话,那只是非常凑巧的事"④。意思是说,除非巧合,法律不可移植。

19世纪的历史法学派的代表人物萨维尼认为,法律制度是一个民族文化的组成部分,法律不是立法者的恣意行为的结果,而是对非人格化的民族精神的一种回应。正是运用法律的民族精神理论,萨维尼反对德国移植法国民法典。⑤

20世纪以来,法律移植的否定说仍有坚定的支持者。T.B.史密斯表达了与萨维尼相似的观点。他说:"自从1707年苏格兰与英格兰联合以后,她在某种意义上作为一个民族的存在便只有依靠和通过她的法律和司法制度了。"库柏爵士更进一步,认为:"法律是一个民族精神的反映,这是个真理,只要苏格兰人还

---

① 王晨光:《不同国家法律间的相互借鉴与吸收》,载沈宗灵、王晨光编:《比较法学的新动向》,北京大学出版社1993年版,第217页。
② 沈宗灵:《论法律移植和比较法学》,载沈宗灵、罗玉中、张骐编:《法理学与比较法学论集》(上),北京大学出版社、广东高等教育出版社2000年版,第583页。
③ 刘星:《重新理解法律移植》,载《中国社会科学》2004年第5期。
④ [法]孟德斯鸠:《论法的精神》(上),张雁深译,商务印书馆1961年版,第6页。
⑤ Lord Lloyd of Hampstead, Q. C. and M. D. A. Freeman, *Lloyd's Introduction to Jurisprudence*, 5th edition, Stevens & Sons, 1985, p.868.

意识到他们是一个民族,他们必定保存其法律。"①

20世纪50年代以后,法国学者罗格朗是法律移植的否定说代表之一。他认为,法律具有不可能移植的性质。其理由是:(1)法律是文化中不可分割的组成部分,文化构成法律规则的语境,规则一旦脱离语境就失去了其生命赖以存在的环境;(2)法律的基本单位是规则,规则由词语形式和内在意义两个要素构成,规则的词语形式可以移植,但规则的内在意义是特定文化的产物,不可移植,因为规则离开意义之维就不成其为规则;(3)不同文化对于同样的规则会赋予不同的含义,在规则的适用中也会作出不同的解释,因此规则一旦移植到异质文化中,含义就会发生变化,而这就使得该规则成为一个不同的规则;(4)规则的意义之维决定了规则的目标、价值和效果,规则一旦移植到新的情境,其目标、价值和效果就都会发生变化,而这意味着移植失败。②

美国的塞德曼夫妇虽然积极参与了法律与发展研究,但却认为法律不具有可移植性,并提出了"法律的不可移植性规律"③。他们认为,由于人们依据法律规则而作出其对法律行为选择时,不仅要考虑法律规则及其约束力的情况,同时还要考虑到他所面对的各种政治的、经济的、社会的、文化的等多种因素的影响,由于在法律的原产地与其移入地这些"非法律的因素"不可能完全相同,因而法律在其移入地无论如何也产生不出在其原产地所发挥的那种作用和效果。④

(二)法律移植的肯定论

法律移植的肯定论认为法律可以在不同的国家或地区之间位移。K. M. 诺尔认为:"法律和法律制度是人类观念形态,正如其他观念一样,不能够禁锢在国界之内。他们被移植和传播,或者按照接受者的观点来说,他们被引进和接受",如果没有法律移植,那么法律史"几乎是难以想象的"。⑤ 德国比较法学家格罗斯菲尔德(B. Grossfeld)认为:"一些人甚至谈到'法之不可转移性的规律',但这种说法太武断,我不能同意,因为成功接受和有效合一的例子的确存在。"⑥

---

① 〔英〕阿兰·沃森:《法律移植论》,贺卫方译,载《比较法研究》1989年第1期。
② P. Legrand, "What 'Legal Transplant'?" D. Nelken & J. Feest (eds.), *Adapting to Legal Cultures*, Hart Publishing, 2001, pp. 55—68.
③ Robert B. Seidman, *The State, Law and Development*, Croom Helm Ltd., 1978, p. 36.
④ Ibid. 安·赛德曼和罗伯特·赛德曼表达了类似的观点,参见〔美〕安·赛德曼和罗伯特·赛德曼:《发展进程中的国家与法律:第三世界问题的解决和制度变革》,冯玉军、余飞译,法律出版社2006年版,第52页。
⑤ 〔德〕诺尔:《法律移植与1930年前中国对德国法的接受》,李立强、李启欣译,载《比较法研究》1988年第2期。
⑥ 〔德〕伯恩哈德·格罗斯菲尔德:《比较法的力量与弱点》,孙世彦、姚建宗译,清华大学出版社2002年版,第113页。

尽管他们总体上持法律移植的肯定观点,但实质上又有一定的区别,由此又形成法律移植的绝对论和相对论。以下分别分述这两种观点。

法律移植绝对论的代表人物是阿兰·沃森(Alan Waston)。在1974年出版的《法律移植:一个比较法的研究》中,他提出法律移植是法律发展的普遍方式。他认为法律可以在不同的国家和地区之间进行移植,原因在于:(1)历史上法律规则的跨民族或国家迁移屡见不鲜,法律的发展主要得益于法律规则在不同法系或法律制度之间的移植;(2)作为以规则形式存在的法律是自治的体系,独立于政治、经济和社会等力量的影响[①];(3)法律经常不反映社会的需求,例如历史上有许多不反映社会需要之法曾长期独立存在;(4)法律移植主要归功于立法者、法官、律师和法学家等法律职业精英群体。[②]

法律移植的相对论的倡导者是已故英国比较法学家、牛津大学教授卡恩—弗罗因德(Otto Kahn-Frend)。他支持法律移植,认为法律具有可移植性,法律移植是法律现实生活中的一个常见现象。他说:"在回顾20世纪英国立法的发展时将会注意到,在这个世纪里,英国法律在接受外国影响方面达到了前所未有的程度。"由此,在卡恩—弗罗因德与沃森之间,就法律移植问题展开了讨论和争论。他们的争论不在于法律是否可能被移植,而在于对法律移植可能性程度有着不同的估价。沃森主张,法律移植简便易行,是历史上常见的;同时也不需要了解移植来源地的各种条件以及法律实行的情况,因为"法律规则通常不是专为特定社会设计的"。这就意味着法律仿佛是超越社会、独立自在的本体。卡恩—弗罗因德的观点是比较科学的,他是从孟德斯鸠关于"法的精神",即法律的发展与各种自然、社会条件都有关系的学说出来来立论的。但他又认为,自孟德斯鸠以后的二百多年来,由于工业化、城市化、交通发达、人口移动剧增等原因,地理、社会、经济和文化这些环境因素对移植的阻力已下降,而"纯粹政治"因素对移植的阻力却大大增加。例如,民事侵权责任方面的变化就体现了环境因素影响的逐步消失。[③]

我国学者也有持相对论者。高鸿钧教授提出,"沃森所提出的法律自治论不符合法律与社会的实际关系,将法律等同于规则并与社会情境剥离开来,不过是在逻辑上消除了法律移植的障碍,实际上并无助于简化法律移植的复杂性,无

---

① 在1985年发表的《法律的演变》中,沃森认为:"法律基本上是自主的(autonomous)而不是由社会需要形成的;虽然没有相应的社会制度就不存在法律制度,法律是从法律传统演变而来的。"见沈宗灵:《论法律移植和比较法学》,载沈宗灵、罗玉中、张骐编:《法理学与比较法学论集》(上),北京大学出版社、广东高等教育出版社2000年版,第588页。

② Alan Waston, *Legal Transplants*, 2nd., University of Georgia Press, 1993.

③ 有关卡恩—弗罗因德的观点,见〔英〕卡恩—弗罗因德:《比较法与法律移植》,贺卫方译,载《比较法研究》1990年第3期。

法回避法律移植将遇到的各种阻力","在进入现代社会以来,尤其在当今全球化时代,法律已经远远不是特定民族传统和独特民族精神的产物,不同民族的文化和社会环境、地理、气候以及其他某些环境差异也不足以构成法律移植不可逾越的障碍。因此,在法律移植问题上,无论是绝对的法律自治论还是极端的'社会镜像论',都未免过于简单和失之偏颇"①。因此,"第一,关于法律是否可以移植的问题,不应当简单加以肯定或予以否定,应根据不同的社会发展阶段而定。在初民社会,法律基本上是不可以移植的。第二,大量的事实和现实经验表明了法律的可移植性……第三,法律移植的原因多种多样,它或者源于不同法律文明之间自发的法律交流和传播,或者源于强势文明对弱势文明的法律强加,或者源于一个国家或民族变法改制的内在需求,或者源于不同国家间的区域性法律协调、整合或一体化需要(如欧盟法的协调和一体化需要),或者源于经济全球化和法律全球化的压力等。第四,不应笼统谈论法律移植的难易,而应进行具体分析,移植的难易程度取决于移植国和被移植国社会的总体发展程度,政治、经济和文化条件以及法律传统的相似程度。一般说来,不同民族或国家之间所处的社会发展阶段越相近,它们的政治、经济、社会和文化条件越相似,它们的法律传统越相似,法律移植就越容易,反之法律移植就越难。"②

在本书中,我们认为沃森的观点是很难成立的,卡恩—弗罗因德的论断仅在有限意义上有效,因为他所讲的地理、经济和文化这些环境因素与政治因素的区分是很难界定的,而且没有"纯粹"的政治,它是各种社会集团经济利益的集中体现。

实际上法律移植是相当复杂的。就移植对象或内容而论,立法者和法学家应区分所移植的"法律"的不同情况:(1)是指整个国家或地区法律制度,整个法典、法律,还是指个别或部分法律制度、法律原则、规则、概念等?(2)是指与社会基本制度、意识形态、价值观念密切联系的法律,还是指这种联系很少,甚至没有联系的法律?(3)即使就同一法律规则而论,是指它的政治目的还是指它的社会功能?(4)是指倾向国际化的法律还是指倾向民族或地区文化传统的法律?显然,这些差别与移植可能性、程序以及方式等,是密切联系的。

按照意大利法学家萨科(R. Sacco)的观点,从一定意义上说,法律变化有首创性革新与模仿两大类。前者的例证有英国衡平法中的信托财产制。他认为,在所有的法律变化中,也许只有千分之一是首创性革新。这种估计是否准确我们暂且不说,但至少在现代社会,在国际交往、法律交流等都极为频繁的条件下,法律变化大量是通过直接、间接的模仿,即通过对其他国家或地区法律的借鉴或

---

① 高鸿钧:《法律移植:隐喻、范式与全球化时代的新趋向》,载《中国社会科学》2007年第4期。
② 同上。

移植来实现的,首创性革新是极少的。"一国两制"的原则是当代中国所首创的一个政治、法律原则的卓越例证。萨科还认为,模仿又可分为两种情况,一是外力强加,例如一国征服另一国家或地区后,将其本国法律强行在后者实行。另一种是某一法律凭借其声望(即法律具有较高质量)而为他国或地区自愿实行。当然,这里情况很复杂,有时可能是外力强加与自愿实行两种因素兼有。例如日本明治维新时的法律变革以及20世纪初清末沈家本对法律的"修订",可以说既有外在压力,又有维新的强烈愿望。

(三)法律移植的效果

关于法律移植的效果,总的来说,可分为成功与失败两大类。移植成功的明显例证很多,如欧洲大陆国家移植法国的行政法院制,很多民法法系国家移植《法国民法典》和《德国民法典》等。法律移植失败或基本上失败的例证,明显的有19世纪欧洲大陆移植英国的陪审制,主要由于本国法律界(即法官、律师界)的反对,实际上是失败的。又如英国1971年保守党执政时不顾工党反对而通过《工业关系法》,但1974年工党获胜后就废除了该法律。这一法律主要仿效美国的劳资关系法,涉及集体谈判、工会与雇主关系以及罢工等问题。实际上,在许多场合,对法律移植效果评价的标准是很难界定的。例如,所移植的法律可能是众所周知的法律,一国立法者制定这种法律时可能并没有意识到是在移植法律。又如,所移植的法律在其首创国家收效甚佳,但在接受国家中却收效甚微。再如,所移植的法律在开始时收效不佳,但从长远看,却有很大发展。也有的移植可能采用各种"软着陆"方式,使一般人感觉不到移植,或采用避免实行过程中阻力的形式,等等。

20世纪70年代中期西方法学开始对法律移植展开讨论时,中国正处于"文化大革命"期间,国内法学界对上述讨论并无反应。到80年代中期,国内有关部门和法学界有人讲到可以移植香港地区有关市场经济方面的法律。当时正在北京大学讲学的两位美国学者塞德曼(R. B. Seidman)及其夫人安·塞德曼教授在中国发表文章,再次强调了"法律不能移植性的规律"。这里应指出,两位塞德曼教授的上述观点不同于以上讲的卡恩—弗罗因德与沃森之间的争论,他们争论的只是法律可移植程度上的分歧,而两位塞德曼教授所主张的是法律根本不可能移植。

三、法律移植的实践

世界法律发展的历史证明,法律移植是法律发展的重要途径之一。从当今世界主要法律体系的形成上看,无论民法法系还是英美法系的形成,都是法律移植的结果。随着全球治理和国际法治的不断发展,法律移植在全球化进程中,仍将扮演重要角色。

借鉴与吸收本国历史上和外国法律中对我国现在有用的知识是改革开放以

来立法所强调的一个重要原则。20世纪80年代初,我国法制建设的主要奠基人之一彭真就要求中国法学工作者,研究法学必须吸收古今中外的有益的经验。当时全国人大常委会法工委长期负责法律起草工作的项淳一、杨景宇和顾昂然等也曾陈述了中国立法的指导思想,其中之一就是"研究、借鉴历史的和外国的经验",他们还特别指出,有两种借鉴,一是"纯属借鉴性质,比如,体现在我国历史上长期形成的风俗习惯,在研究起草民法时,就有必要加以研究";二是"必须加以研究,作出相应规定,否则,我们的法律就不能适应现实需要。涉外法律,比如中外合资经营企业法,几个涉外税法中关于税目和税率的规定,民事诉讼法(试行)中对涉外案件的规定,海洋环境保护法等,就是这样。制定这些法律,如果不参考外国的法律规定,不研究国际公法和国际私法,关起门来立法,肯定会行不通,要么我们就会吃亏。"[①]

在20世纪80年代初我国立法起草工作中对借鉴外国法律的必要性,可能主要是从起草涉外法律方面着眼的。但事实上,无论从理论上还是从实践上来讲,借鉴外国法律的范围都是相当广泛的,不限于起草涉外法律,即使是起草那些非涉外法律时,也会有不同程度的借鉴。

20世纪90年代以来,中国法律改革出现了新趋势,为了适应全球化的挑战,中国的法律移植进入了一个新阶段。沈宗灵教授认为,当代中国的法律移植涉及法律的各个领域,内容源自众多国家,在中国法律的发展中扮演着重要角色。[②]朱景文教授对当代中国立法过程中借鉴外国法的情况进行了研究,认为中国法律发展借鉴外国法的情况,大体可以分为三种情况:"第一种情况是在有关涉外法律方面借鉴外国法;第二种情况是在国内事务领域中借鉴国外的立法;第三种情况是在全球化条件下制定国内法参照国际标准。"[③]高鸿钧教授对当代中国的法律移植归结为:第一,20世纪80年代中期以来,中国大量地翻译和介绍国外法学著作,为法律移植提供了知识积累和观念培育;第二,当代中国的法律移植放弃了"一边倒"的"苏化"倾向,博采各国立法之长,尤其是对西方法律的移植和借鉴;第三,当代中国在移植西方法律的过程中,改变了过去偏重大陆法的倾向,开始重视英美法;第四,中国的法律移植已经受到了经济全球化和法律全球化的影响;第五,当代中国的法律移植主要影响因素是经济、政治、文化和全球化背景下的人类共同价值,政治的决定作用开始下降,但对法律移植来说仍然至关重要,文化的影响虽然没有以前那样重要,但是中国仍然处在传统社会向

[①] 项淳一、杨景宇、顾昂然:《努力建设有中国特色的社会主义法律体系》,载《红旗》1984年第3期;此处转引自《中国法学文集》,法律出版社1984年版,第7—8页。
[②] 沈宗灵:《当代中国借鉴外国法的实例》(上、下),载《中国法学》1997年第5、6期。
[③] 朱景文:《当代中国立法中的法律移植》,载《河南政法干部管理学院学报》2006年第4期。

现代社会转型过程中,因而文化因素仍不可低估。①

从 1978 年底中共十一届三中全会以来的三十多年中,中国的立法取得了巨大的成就,这个时期的立法是在立足国情,同时借鉴外国立法的成功经验的基础上进行的。这种借鉴的内容是相当广泛的,几乎涉及我国包括宪法在内的所有部门法。例如在宪法方面,借鉴了加强制定地方性法规权力的经验。在行政法方面,借鉴了建立行政诉讼制、国家赔偿制、听证制度的经验,吸收了现代行政法治中的比例原则、信赖保护原则等。在刑法方面,借鉴了罪刑法定原则和公开审判原则,确定统一的刑法形式,规定不能说明超过合法收入财产来源的罪刑,规定单位犯罪、危害国家安全罪、资助恐怖活动罪、洗钱罪、内幕交易罪、操纵证券期货交易罪、妨害信用卡管理罪等罪名。在刑事诉讼法方面,加强辩论制,确定无罪推定原则;在民事诉讼法中实行督促程序等。在民法、商法与经济法方面,《民法通则》《物权法》《合同法》等法律,兼采普通法系和大陆法系国家的许多基本制度,吸收了国际通行的私法原则和精神,确定民法与经济法的界限,涉外合同当事人选择合同争议所适用的法律,民事侵权行为的无过错责任,商标法保护范围,专利法保护范围和期限,公司法与企业法的区别,海上运输承运人损失赔偿的限额,回扣与折扣、佣金的区别,消费者权益保护法的主要内容,税收保全和强制执行措施,劳动法的调整范围,等等。②

法律移植与一个国家的发展进程密切相连,特别是在法律不发达国家。在法律发展的进程中,有一些领域法律移植的可能性比较大,而另有一些领域法律移植的难度就比较大,应当结合具体的经济、社会、文化等背景,乃至一个民族的宗教、信仰等来考虑。在 1992 年北京大学召开的国际比较法学会上,加拿大法学家、国际比较法法学会主席克雷波(P.-A. Crepeau)教授在论述加拿大法律改革时讲到:"在某些领域,特别是在人、婚姻、家庭等法律领域,法律规则是基于根本不同的道德宗教价值观念的。在财产法或劳动关系法领域的某些社会价值也是如此。在这两个领域,'法律移植'(正如人们这样称谓的),即将具有某种社会价值的法律引入不存在这种价值的其他法律管辖区中,必然是相当困难的。但是,在商务活动领域,并不具有如此根本的差别以至于不同国家的观念就不能交错繁殖。"③日本法学家小岛武司更系统地论述了日本移植外国法律的经验。④

---

① 高鸿钧:《法律移植:隐喻、范式与全球化时代的新趋向》,载《中国社会科学》2007 年第 4 期。
② 关于中国立法借鉴外国立法的部分内容,见国务院新闻办公室:《中国的法治建设》白皮书,2008 年 2 月 28 日发表。
③ 〔加拿大〕克雷波:《比较法、法律改革与法典编纂》,载沈宗灵、王晨光编:《比较法学的新动向》,北京大学出版社 1993 年版,第 102 页。
④ 〔日〕小岛武司:《比较法在移植外国法律中的第二任务》,载沈宗灵、王晨光编:《比较法学的新动向》,北京大学出版社 1993 年版,第 49—60 页。

由于小岛武司教授的论文,与会的有些中国学者对"法律移植"的词义展开了讨论,认为在讲法律移植时,只有用医学而不是植物学意义上的移植来理解,才不致产生误解。同时大家又认为,如果从约定俗成的角度看,我国习惯上使用的"借鉴与吸收"这两个词更为便利和准确。

根据以上分析,在法律移植问题上,不妨概括为以下几点:第一,我国目前借鉴和移植国外(或特定地区)的法律是我国选择接受的,而不是外力强加的,其目的是为了有利于我国社会主义现代化事业。第二,我国在借鉴和移植国外(或特定地区)的法律时,应认真地研究移植来源国家或地区以及本国的各种社会或自然条件。第三,法律移植的词义与我们通常讲的法律借鉴与吸收是相当的,有时也可能含有较多的意义,但并没有太大的区别。因此,我们完全可以使用这一在国外法学中已通行的术语。第四,作为当代中国的法学家,应研究国外法学中有关法律移植的经验和理论,特别是研究我国历史上与当代在移植法律方面的经验和理论。

第四节 法律继承

一、法律继承的概念

法律继承是法律发展的又一重要途径,每一种新的法律制度的形成,都是以先前的法律制度为基础的。从法律发达史看,一个社会的传统法律文化和法律制度,必然要以一定方式延续下来,"立法者可以通过引进或创立全新的法律来彻底摧毁传统的法律制度,但立法者不可能真正彻底消灭传统法律文化,传统法律文化仍然会深深影响人们的法律观念和实际的行为,并且通过这种影响扭曲、抵制乃至架空本本上的法律制度"[1]。所谓法律继承是指不同历史类型的法之间的延续、相继和继受,一般表现为旧法(原有法)对新法(现行法)的影响和新法对旧法的承接和继受。

法律继承是新法对旧法的扬弃过程。它对旧法,"在否定意义上指取消或舍弃,在肯定意义上指保持或保存"[2]。法的继承包括一国国内的新法对旧法的继承,也包括世界范围内的新旧法之间的继承。据此,可以把法的继承分为两种类型,一种是相同性质的法之间的继承,简称为同质法的继承;另一种是不同性质的法之间的继承,简称为异质法的继承。同质法之间的继承是指相同历史类型法之间的继承,比如奴隶制法之间、封建制法之间、资本主义法之间的继承。异质法之间的继承是指不同历史类型的法律之间的相互继承。

---

[1] 张文显主编:《马克思主义法理学》,高等教育出版社2003年版,第170页。
[2] 张文显主编:《法理学》,高等教育出版社、北京大学出版社2007年版,第207页。

二、法的继承的理论

（一）法的继承性问题

法律是否具有可继承性？这是法的继承中最基本的问题。20世纪50年代中期，中国法学界展开了对"法律继承性"的热烈讨论。据本书作者理解，当时讨论的主题可以这样来概括：新中国的法律是否可以批判地继承旧政权法律中对前者有用的因素？当时参加讨论者大部分人对此都持肯定态度，分歧主要在于对这里讲的"继承性"如何理解。

不幸的是，这一讨论开展后不久，席卷全国的反"右派"运动兴起。支持法的继承性观点的法学家受到批判。从此，这一问题就成了法学界的一个禁区。直到20世纪80年代初，我国进入一个新的历史时期后，法学界又展开了对法的"继承性"的讨论，但很快取得了比较一致的看法，即肯定法的继承性。

法律之所以具有继承性，主要根据和理由是：（1）社会生活的历史延续性决定了法的可继承性。在创制新的法律时，立法者不是在真空中进行的，立法活动是在一个国家或民族的法律文化中进行的，虽然立法者在表现现时代的社会生活条件时，具有选择的自由，但是原有的法律文化，特别是延续下来的具有生活常识性的规则和理念，必然会或多或少地被继承下来，并被纳入新的法律体系中来。（2）法的相对独立性决定了法律发展的连续性和继承性。法是社会生活的反映，它的产生和发展决定于社会存在，同时法律又具有相对独立性，这种独立性是指社会意识相对独立性的体现。这种独立性的物质基础是社会分工。（3）法作为人类文明成果的共同性决定了法的可继承性。作为社会控制的技术，法律是人类对自身社会的性质、政治、经济、文化以及其他社会关系认识的结晶，是人类认识世界、改造世界的文明成果，不管它们形成于什么时代、什么社会，具有何种性质，作为人类文明的成果，它们具有一种超越品格。（4）法律发展的事实证明了法的继承性。法的继承不只是一个理论命题，也是一个经历史验证的事实。1804年制定的《法国民法典》，其基础是古罗马法；1922年《苏联民法典》沿用了原俄罗斯的民法。这样的例子不胜枚举。

（二）法律继承的内容

法律继承的主要内容可以归结为以下几个方面：（1）法律概念。法律概念的继承又分为直接继承和改进型继承。前者是指直接把历史上使用的法律概念用于现行法律中，这样的例子很多，比如"原告""被告""共犯""共谋"等。后者是指继承概念的形式，对其内容进行改进，赋予其新的内涵。如中国传统中的"法""刑"等概念。（2）法律技术。法律技术是指法律运行过程中的各种方法，例如立法程序、法典编纂、法律汇编、法律解释方法等。（3）法律原则和规则。反映市场经济的法律原则、规则，反映民主政治的法律原则和规则，以及有关社会公共事务的组织与管理的法律规则等,都是法律继承的对象。(4)法律思想。法律思想是法律继承的重要方面,甚至是最重要的方面。法律思想是一个国家或民族法律制度的基础,改变法律制度容易,要改变一个国家或民族的法律思想则相对困难,法律思想的这种连续性就是法律继承性的体现。

第五节　法的现代化

一、法的现代化的含义

在讲"法的现代化"时,也有学者使用"法制现代化"[①]这一术语。首先应明确"法的现代化"含义是什么?"现代化"是一个有争议的概念,就其字面含义而言,它是一个对以时间为基础的一种状态和过程的描述。与"现代"相伴的概念一般包括"古代""近代""后现代"等,这些概念表达的是某个历史阶段的各种特征的总和。现在人们所说的现代化,是指人类社会自工业革命以来所经历的一场涉及社会生活诸领域的变革过程,这一过程以某些既定特征的出现为标志,表明社会实现了由传统到现代的转变。

人类社会的现代化发端于工业化,而工业化起始于欧洲,因此现代化的理论也是发端于欧洲大陆。作为社会从传统向现代转型的认知理论,现代化理论是一种综合性的理论体系,它涉及政治、经济、文化、道德、宗教、法律等诸多领域,包括政治民主化、官僚科层化、经济工业化、社会都市化、均富化、福利化、社会阶层流动化、人口控制化、道德多元化、宽容化、宗教世俗化、文化教育普及化、知识科学化、信息传播化、社会调控法治化等现代性因素和标准。

有关现代化的理论的发展,大致经历了以下三个阶段:(1)现代化理论的萌芽阶段。18世纪到20世纪初是现代化理论的萌芽阶段。这一段时间以总结和探讨西欧国家自身的资本主义现代化的经验和面临的主要问题为主。这一时期现代化理论的代表人物主要有圣西门、迪尔凯姆以及韦伯和孔德等。这个时期并没有出现现代化理论这一概念,但是却萌发了现代化理论的内核——对人类社会怎样从传统社会过渡到现代社会的认识。(2)现代化理论的形成阶段。这一时期的时间跨度大概是第二次世界大战后至20世纪70年代。这一时期在帕森斯、亨廷顿等人的推动下,形成了系统的现代化的理论体系。这一时期,探讨

---

① 在"法的现代化"研究中,也有学者使用"法制现代化"来表达与"法的现代化"大体相当的内容,本书采用"法的现代化"这一表达。如,贺晓荣:《法制现代化的观念阻碍及其文化背景》,载《西北政法学院学报》1987年第1期;李其瑞:《法制现代化刍议》,载《法律科学》1989年第3期;公丕祥:《中国法制现代化的进程(上)》,中国人民大学出版社1991年版。这些文献都使用了"法制现代化"。但作为"法的现代化"研究的早期作品,如Marc Glanter, Modernization of Law, in: M. Weiner(ed.), *Modernization: The Dynamic of Growth*, New York: Basic Books, 1966,使用的是"法的现代化"。本书沿用这一用语。

的主要问题是那些刚刚独立的第三世界国家如何实现现代化。他们把西方的发展模式看做唯一正确的模式,把西方资本主义国家,尤其是美国看做现代化的楷模。(3)现代化理论的批判阶段。从20世纪70年代至今,人们开始质疑和批判以西方模式作为普适的唯一模式,转而思考如何根据自己的国情和传统选择现代化的模式和道路。

法的现代化这一概念也没有明确的定义。国内学者作过一些有益的尝试,"法的现代化是指法从传统农业社会向现代工商社会的转变过程及其相关问题。"①当然,这里讲的"传统农业社会"的法与"现代工商社会"的法,都是从一般国家与法律而论的,所以对不同国家和地区或不同时期,又有不同理解。有学者认为:法的现代化是指"一国法律伴随着该国政治、经济、文化等诸领域的现代化变革而出现的、以某些特征为显著标志的、从传统人治向现代法治转变的深刻变革过程"②。在本书中,我们认为法的现代化是从传统法律向现代法律的一种运动,在这一运动进程中,伴随着社会的政治、经济、文化等的根本性变革,以及由这些根本性变革而引起的法律的革命。

中国的法律在过去两千多年里一直是传统的封建农业社会的法律,沈家本的清末"变法"、孙中山的政治、法律思想以及国民党政府的《六法全书》,在法律形式上都试图模仿西方资本主义国家的法律,但在实质上都未实现法律的现代化。1949年中华人民共和国成立,中国法律走上了社会主义法律的道路,但却经历了曲折的过程,直到1978年底中共十一届三中全会后才逐渐走上依法治国,建设社会主义法治国家的道路。我国现在将长期处于社会主义初级阶段,这是"逐步摆脱不发达状态,基本实现社会主义现代化的历史阶段",是一系列逐步转变的过程。③

二、法的现代化与传统法律文化

一个国家或地区的法律文化主要包括以法律规范为主体的法律制度,以法律观念和思想为主体的法律意识,以法律机构为主体的法律设施和由以上各项因素所构成的法律运行环境等内容。传统是指产生于过去并代代相传至今、具有突出的民族性和地域性的一以贯之的思想观念、风俗礼仪、生活方式、社会制度等,是文化的传承,是流传承继至今的文化,其中也包括法律文化。因此可以说,传统法律文化也就是法律传统。

---

① 范健等编著:《法理学——法的历史、理论与运行》,南京大学出版社1995年版,第50页。
② 付子堂:《法理学初阶》,法律出版社2005年版,第138页。
③ 参见江泽民:《高举邓小平理论伟大旗帜,把建设有中国特色社会主义事业全面推向二十一世纪》。

每个国家法律现代化都会存在与本国传统法律文化的冲突与融合问题。这一问题在当代中国尤为突出。正如有的史学家指出的,"中国是世界上唯一历史与文化传统未曾发生断绝的文明国家。这使中国具备了人类历史上独一无二的典型的传统社会的品格"①。在中国长期封建社会中,以孔子为首的儒家思想占有主导地位。这种思想不仅体现在儒家代表作中,而且也体现在历代王朝的法律中。这种传统法律思想,从其整体来说,同当代有中国特色的社会主义法律无疑是对立的。但就其具体组成部分来说,既有积极因素又有消极因素。我们对前者应加以改造、借鉴和吸收,对后者则应排斥和批判。当然,具体的思想是很复杂的,积极因素中也可能含有消极成分,消极因素中也可能含有经过批判还可以继承的成分。

三、法的现代化并不是法的"西方化"

在法的现代化理论中,一个经典的话题是法的现代化与法的"西方化"。中国法律需要现代化,但法律现代化又不是西化。"从主观愿望方面看,法律现代化是要通过借鉴、学习西方社会中已有的符合现代社会规律的、符合社会进步要求的内容,改造原有落后的中国法律,而不是要将西方社会的法律,特别是其中不合理的及不合乎中国国情的内容原样照搬过来,即把西方法律中为我所需的、好的东西拿过来,留下那些不需要的或不想要的东西。但实际上,由于为我所需的、好的东西的标准是社会功利性的、适时变化的,某项法律改革实践到底是否符合现代化的要求还是属于'西化'的也就难以说清楚了。"②

从世界历史上看,法的现代化是从英、法等国开始的,它们又将资本主义法律制度传播或强加于其他国家,特别是殖民地、附属国或其他占领地区,从而在世界上创建了西方两大法系。就这些被传播或强加的国家和殖民地来讲,它们从缺乏或基本上缺乏法制而逐渐发展为有法制的国家和地区,在一定意义上讲,这是一个历史的进步。但由于这种法律是外力强加的,且很多是脱离当地实际的,因此,有时会激起当地人民的强烈反抗。例如,美国在1776年独立战争爆发前是英国的殖民地,主要实行宗主国英国的法律。独立战争爆发时通过的《独立宣言》中列举了英国对北美殖民地实行暴政的27项事实,几乎都围绕宗主国"绝对专制的统治"及其在立法、执法和司法上的体现。又如,西方国家在其前殖民地和附属国家建立法制,从后者独立后的情况来看,少数国家和地区的法制还是相当健全的,但大部分国家和地区的法制,却仍然是不健全的。

---

① 《东方国家现代化发展中的理论问题——第十届全国史学理论研讨会综述》,载《光明日报》1997年9月9日。
② 蒋立山:《法律现代化的三个层面》,载《法学》2003年第2期。

当代中国法的现代化,主要是在依据本国国情并总结本国经验基础上发展的,在这一过程中,还需要借鉴和吸收外国法律中对本国有用的因素。从目前实际情况来看,主要是借鉴了资本主义国家和地区的法律。但这绝不是法的"西方化",而是实现当代中国法的现代化而采取的有效措施。"西方法律文化对非西方社会的冲击,诚然在一定程度上可以改变非西方社会法律文化的发展道路,但绝不是非西方社会法律文化历史转型的唯一动力,更不意味着'西方中心论'。非西方社会有其确定的社会组织系统以及法律文化体系,它扎根于本民族本国度深厚的社会土壤之中,因而,有其自己相对独立的道路和方式。西方法律文化对非西方社会的冲击,固然可以改变非西方社会法律文化的某些方面或领域,却不可能消弭非西方社会法律文化的固有特征。"[①]

四、法的现代化与法的国际化

法的现代化并不等于法的"西方化",但与"法的国际化"却是相容的,而且是相互促进的。

关于法的国际化,中外法学家也有不同理解。本书作者认为它指两方面含义:其一是指各个国家或地区的法律相互借鉴与吸收,逐渐形成共识,也就是通常所说的,在某些领域中,使本国的法律与国际上通行的法律相互衔接。另一是指积极参与国际立法的起草和制定工作,签署、批准和加入国际条约,严肃认真地履行自己所承担的国际义务。

从以上意义上讲,这里讲的法的国际化与上面已讲过的"法的趋同化"有类似之处。就世界范围而言,社会经济关系区域化、全球化发展趋势日益明显。因此,在民商法、经济法以及劳动法、环境法等方面法律也加速趋同化。我国实行对外开放政策,与各国经济贸易关系、科学、技术和文化的合作与交往不断增长,大大促进了我国社会主义法的现代化与国际化。

我国签署或加入的国际协议(包括双边条约、多边条约、国际公约)的范围是很广泛的,主要内容包括有关人权的国际保护、反对劫持人质、不扩散核武器、和平解决争端、维护海上运输、气候与环境保护、文书送达等。

法的国际化绝不容许任何国家干涉别国内政,侵犯别国主权。认为任何一种法律文化都可为所有国家普遍运用,以本国法律模式和标准去评判其他国家法律,将自己的模式强加于人,既不恰当,也根本行不通。因此,各国法的现代化进程应该是相互理解和相互尊重,促进不同法律文化的交流,相互借鉴与吸收,并促进法的国际化,为创造和发展人类共同的法律文明成果作出各自的贡献。

---

① 公丕祥:《法律现代化不等于西方化》,载《法学》1997年第1期。

思考题

1. 怎样理解法的质变与量变？
2. 怎样理解法律移植？我国近年来在借鉴外国法律方面有哪些实例？
3. 怎样理解法的现代化？中国法的现代化经历了什么样的过程？
4. 我国法的现代化与传统法律文化有什么样的关系？

参 考 书 目

1. 沈宗灵：《法理学》，高等教育出版社1994年版，第四章。
2. 刘升平、冯治良主编：《走向21世纪的法理学》，云南大学出版社1996年版，第三部分。
3. 付子堂主编：《法理学初阶》，法律出版社2005年版，第八章。
4. 张文显主编：《法理学》（第三版），高等教育出版社、北京大学出版社2007年版，第十五章。

第七章 西方国家法

本章主要学习西方国家法的一些基本理论和知识,包括西方国家法的产生、法的渊源和分类;西方国家法制;西方国家法的两大法系的概念、形成和比较;第二次世界大战后美国法律对民法法系的影响以及欧盟法律与两大法系的关系。

第一节 近代西方国家法的产生

一、近代西方国家法的出现

商品经济关系最初是在封建社会的内部自发地产生并逐步成长的。最初的资本家和雇佣工人是在简单商品生产者两极分化的基础上产生的。

总的来说,在封建主还掌握国家政权时,这一社会的法代表了封建主阶级的意志和利益,它是封建制的法。但在封建社会中后期(在西欧,约自11世纪至17世纪上半期),随着商品经济关系的出现和逐步成长,法律领域中也发生了某种变化,除了阻碍商品经济成长的法律外,在一定条件下也出现了一些带有商品经济因素的法律。例如,在一些沿海港口和城市,商业比较发达,商人、市民等级占有优势,或者是在君主和市民建立某种联盟的条件下,就可能出现这样的法律。

(一) 商法的兴起

这是封建社会中后期出现的、带有商品经济因素法律的第一个例证。商法通常指专门适用于商人或商事活动的法律(开始时又称"商人"法)。在西欧,这种法律最初来自地中海、北海、波罗的海等沿海城市和其他城市的商业习惯以及罗马法的有关规定。较早出现的商法是港口城市的海商法,其中比较出名的是公元10世纪左右在意大利阿马尔非城制定的《阿马尔非法》(又译《阿马尔非牌》),公元12、13世纪比斯开湾奥莱龙岛(当时属英国,现属法国)的《奥莱龙法》和波罗的海果特兰岛的《维斯比法》,15世纪西班牙巴塞罗那城的《海事法汇编》等。后来商法的范围日益扩大,包括票据法、保险法、公司法和破产法等。这些商法都表明海上贸易和其他商品生产和交换活动的需要,是体现资本主义经济因素的法律。

(二) 罗马法的复兴

这是西欧大陆中世纪中后期带有商品经济因素法律的又一例证。在中世纪初期,罗马法曾趋于衰落,但在 11—16 世纪,罗马法出现复兴。复兴的原因主要是当时商品经济的出现和成长需要一种能促进商品经济成长的法律。马克思、恩格斯曾指出海商法和罗马法复兴的历史背景:"在现代民族那里,工业和商业瓦解了封建的共同体,随着私有制和私法的产生,开始了一个能够进一步发展的新阶段。在中世纪进行了广泛的海上贸易的第一个城市阿马尔菲还制定了海商法。当工业和商业——起初在意大利,随后在其他国家进一步发展了私有制的时候,详细拟定的罗马私法便立即得到恢复并取得威信。"①

在中世纪中后期的西欧大陆,存在多种法律,如罗马法、教会法、城市的商法、地方上的各种习惯法等,为什么仅有罗马法才趋于复兴呢? 这是由于罗马法具有其他法律所不具有的特点。首先,查士丁尼所编纂的罗马法原先是代表一个统一的帝国的法律,这一特点既适应了中世纪后期市场统一和民族统一的需要,也符合君主在与贵族和教会争夺权力时的要求。其次,罗马法是建立在私有制和简单商品生产极为发达的基础上的,对私有制和商品经济关系提供了相当详尽的规定,这正好适应中世纪中后期商品经济成长的要求。最后,罗马法代表了相当高的法律文化水平,其他法律显然并不具备或至少并不完全具备罗马法的这些特点。商法虽然也具有资本主义经济因素,但它仅适用于部分地区、部分人和部分社会关系,教会法和地方习惯法代表了封建制,特别是地方习惯法更是地方性的、较低级的法律形式。总之,在西欧大陆中世纪中后期的历史条件下,罗马法适合新兴市民等级(资产阶级的前身)和与市民结成联盟的君主的需要。

(三) 资本原始积累时期的法律

资本原始积累是指资本主义生产方式确立以前通过暴力迫使小生产者同生产资料分离并积累货币资本的历史过程。在西欧,这一过程自 15 世纪开始,以英国最为典型。当时英国的资产者和新贵族所采用的手段,除了掠夺殖民地、贩卖奴隶和鸦片等以外,主要依靠对农民土地的剥夺(圈地运动),迫使农民成为工厂工人。西欧各国政府在 15 世纪和 16 世纪初曾制定了很多所谓惩治"流浪者"之类的法律,就是直接为资本原始积累服务的。马克思将这种法律称为"对于被剥削者的血腥的立法",他愤怒地指出:"这样,被暴力剥夺了土地、被驱逐出来而变成了流浪者的农村居民,由于这些古怪的恐怖的法律,通过鞭打、烙印、酷刑,被迫习惯于雇佣劳动制度所必需的纪律。"②

---

① 《马克思恩格斯选集》第 1 卷,人民出版社 2012 年版,第 213 页。
② 《马克思恩格斯全集》第 23 卷,人民出版社 1972 年版,第 805 页。

二、西方国家商品经济法的产生

(一) 英、法两国商品经济法的产生

英国17世纪资产阶级革命的一个重要特征是资产阶级和新贵族的妥协。这一特征在法律领域中体现得很突出。正如恩格斯讲过的,"在英国,革命以前的制度和革命以后的制度因袭相承,地主和资本家互相妥协,这表现在诉讼上仍然按前例行事,还虔诚地保留着一些封建的法律形式"①。这里应注意的是,"虔诚地保留"并不是指对封建时代的诉讼程序和其他法律形式都不加改变,事实上,英国在18—19世纪,对旧法律制度曾多次进行改革,在进入20世纪后,也仍然在改革。当然,某些封建法律形式至今也被"虔诚地保留着"。

与英国革命不同,法国18世纪资产阶级革命是相当彻底的。这一特征在法律领域中也体现得很突出。"在法国,革命同过去的传统完全决裂,扫清了封建制度的最后遗迹,并且在民法典中把古代罗马法——它几乎完满地反映了马克思称之为商品生产的那个经济发展阶段的法律关系——巧妙地运用于现代的资本主义条件……"② 1804年制定的《法国民法典》,即《拿破仑法典》,是法国资产阶级夺取政权后制定的最为重要的一部基本法典,它的制定标志着法国资产阶级开始系统地制定巩固和发展资本主义的基本法律。

(二) 西方其他主要国家商品经济法的产生

美国资产阶级国家政权是通过反对英国殖民统治的民族解放斗争这一形式建立的。这一特点也反映在美国商品经济法律的产生形式上。在1776年独立战争前,美国的前身,即英国在北美的13个殖民地,适用宗主国英国的法律,也适用殖民地立法部门制定的法律。独立战争爆发后,不少州禁止适用英国法律,各州宪法以及1787年制定的联邦宪法也都采用成文宪法的形式,以示与英国的不成文宪法传统的决裂,但自19世纪开始,美国又恢复了英国法传统。这并不是说,英国的法律在美国又有法律效力,而是指在法律概念、法律渊源、法律分类、诉讼形式和法律推理方式等方面,美国仍保留了英国法传统。

德国在19世纪通过君主和贵族自上而下的改革,使封建经济逐步向商品经济转变,又通过普鲁士王朝的三次对外战争,最终在1871年实现德国统一,为资本主义迅速发展进一步提供条件。在统一以前,代表资产阶级利益的法律已不断出现。统一后,法律领域中更进行了重大变革,制定了宪法和一系列重要法律、法典,包括1896年的《德国民法典》。

---

① 《马克思恩格斯选集》第3卷,人民出版社2012年版,第766页。
② 同上。

在日本,1868年开始的"明治维新",通过自上而下的改革,为资本主义发展创造了条件,其中改革之一即日本法律的"西方化"。19世纪末,日本以西方国家法律为蓝本,制定了一系列基本法典。当时德、日两国法律,虽然带有某些封建因素,但总的来说,是属于资本主义类型的。

三、西方社会商品经济法和以往法的继承关系

以上所讲的西方社会商品经济法的产生形式实际上涉及西方社会商品经济法和以往私有制社会法的继承关系问题。这种继承关系主要有两种形式。一种以英国法律为代表,即在建立自己政权后仍承认旧政权法律的效力,但赋予它以新的阶级内容并根据自己的利益对旧法律不断地改造和补充。另一种是以法国法律为代表,即在建立自己政权后在法律上不承认旧政权法律的效力,但却在以前社会的法律(主要是罗马私法和法国的习惯法)的基础上重新制定新的法律。英、法两国法律的产生代表了西方社会商品经济法律和以往私有制社会法律之间继承关系的两种主要形式,但它们并不代表一切西方社会商品经济法律的产生形式。例如美国法律的产生兼有以上两种形式;德、日两国法律的产生,并不存在是否承认旧政权法律效力问题,而是在现存政权领导下使原先的封建制法律逐步改造为商品经济法律。

恩格斯在《路德维希·费尔巴哈与德国古典哲学的终结》中曾探讨过西方历史上私法确认经济关系的不同形式。[①] 这实际上也关系到西方商品经济法和以往私有制社会法的继承关系问题。他认为,这种确认的方式首先可以分为两种:第一种就是以上所讲的英国的形式,第二种是西欧大陆国家那样,以罗马法为基础加以确认,这第二种确认形式又可分为三种。一是德国中世纪后期的普通法(gemeines Recht),那时德国通过法院审判改造罗马法,使之与原先的封建习惯法结合起来,形成一种适用于德国全境的普通法。二是1794年的《普鲁士邦法》(一译《普鲁士国家法》),它也是在罗马法基础上制定的,但内容庞杂,成为一个封建、军事专制的产物。三是《德国民法典》,它是在罗马法基础上制定的典型的资本主义社会的法典。这里应注意的是,恩格斯是在19世纪后期撰写这一著作的,所以他在分析私法确认经济关系在德国的例证时,仅讲到了德国在15世纪开始的普通法以及18世纪的《普鲁士邦法》,而没有也不可能分析1896年通过的《德国民法典》。

---

① 《马克思恩格斯选集》第4卷,人民出版社2012年版,第256—265页。

第二节 西方国家法的渊源和分类

一、西方国家法的渊源

在西方国家中,法的渊源一般可分为正式意义上(即有约束力)的渊源和非正式意义上(即虽无约束力但却具有一定程度说服力)的渊源。正式意义上的渊源一般包括制定法、条约、经认可的习惯;在实行判例法的国家,判例也是正式渊源。

制定法主要包括宪法、法律、法规等。一般来说,宪法是一国的基本法,其法律地位高于一般法律(如民法、刑法),在法律渊源中,列于首位。但这一原则对成文宪法制国家才适用,而对实行不成文宪法制国家就不适用。成文宪法制是指有一个称为宪法的、单独的、成文的法律,其法律效力高于一般法律,它的制定和修改也往往要通过不同于一般立法的程序。美国和其他大多数西方国家实行成文宪法制。不成文宪法制是指这一国家并不存在"宪法"这样一个法律文件,它的宪法是由具有宪法内容的立法、司法判例或宪法传统共同构成的。英国是实行不成文宪法制的典型国家。

在各种制定法中,立法机关(议会)制定的法律是仅次于宪法而高于其他制定法的。广义讲的制定法是指与判例法相对称的所有成文法,包括制宪会议、议会和政府部门分别制定的宪法、法律(立法)和行政法规等。但狭义讲的制定法往往仅指议会制定的法律。进入20世纪以来,由于社会矛盾的加剧以及立法内容专门化等原因,"授权立法"或"委托立法"日益成为资产阶级国家的一个法律渊源。这种立法的含义是立法机关(议会)在它所制定的一项原则立法(授权法)中,规定将某些具体事项立法权授予行政部门、专门设立的机关、司法机关或地方国家机关。在美国,这种授权立法颇多,除授权总统或一般行政、地方国家机关外,还授予专门设立的兼有行政、立法、司法三种职能的独立管制机构(如州际商业委员会和核管理委员会等),也授权联邦最高法院制定联邦法院适用的刑事诉讼法、民事诉讼法。德国《基本法》第80条中也肯定了委任立法制。法国在1946年《宪法》中还禁止委任立法:"国民议会单独享有议决法律案之权。该项权力不得委任代行。"(第13条)但在1958年《宪法》中已作了重大修改:"政府为了实施其施政纲领,可以要求议会授权自己在一定期限内以法令的方式采取通常属于法律范围内的措施。"(第38条第1项)在西方国家,有的地方政府往往享有不同形式的自治权。这些自治机关通过的自治法规也是法的一种渊源。

判例作为法的渊源,其地位在西方国家的法律渊源体系中有所不同。在普通法法系国家中,判例被认为是正式意义上的法律渊源之一,判例法和制定法是并行存在、相互作用的。但在民法法系国家,判例并不是正式意义上的法律渊源,正式意义上的法律渊源主要是制定法。这种制度最早来自古代罗马法的传统。《查士丁尼法典》中曾规定:"案件应以法律而不以前例为基础进行判决。"①以罗马法为基础而制定的《法国民法典》第5条中也规定:"审判员对于其审理的案件,不得用确立一般规则的方式进行判决。"因此,从法律上、理论上讲,上级法院的判决对下级法院并没有约束力,但事实上,下级法院在审理案件时,由于对它的判决有向上级法院上诉的可能性,因而也就总要考虑上级法院的判例,判例对它虽然没有法律上的约束力但却具有不同程度的说服力。从这一意义上讲,判例可以说是非正式意义上的法律渊源。

非正式意义上的法律渊源,除民法法系的判例外,主要指权威性法学著作、正义和公平等观念、政策等。在运用法律时,如果在正式意义上的法律渊源中没有规定,规定有矛盾或含糊,特别是在一些重大的疑难案件中,就需要依靠这些非正式意义上的法律渊源,即它们虽然没有法律上的约束力但对法庭有不同程度的说服力。

二、西方国家法的分类

西方国家的法,可以从不同角度加以分类,如成文法和不成文法、实体法和程序法、根本法和普通法、一般法和特别法、联邦法和联邦成员(州、省)法、制定法和判例法、公法和私法以及普通法法系的普通法和衡平法等。其中最重要的是关于公法和私法之分的问题。这是民法法系划分部分法的基础。普通法法系国家在传统上没有这种划分,但在这些国家的法学著作中,多数也倾向这一分类法。

罗马法学家乌尔比安首先提出了划分公法和私法的学说。他认为,保护国家利益的法律属于公法,保护私人利益的法律属于私法。后来西方国家的法律,主要是民法法系的法律,继承了这一传统。

但是,关于公私法划分的标准以及公私法中各自包括哪些具体部门法,在法学家中一直有不同意见。有的支持乌尔比安原先提出的以公共利益和私人利益作为划分公法和私法的标准,有的主张以法律关系的主体为标准,也有的以法律所调整的不同关系作为标准。也有人认为,除公法和私法外,还应有一种兼有公私法的混合法。有人主张公私法之分仅适用于实体法而不适用于程序法;但也有人认为,不同程序法应根据其主法(实体法)而决定它是公法还是私法;也有人认为凡程序法都属于公法。

---

① 《查士丁尼法典》V11,45,13。

由于划分标准的不同,对具体部门法的划分也就不同。根据一般的划分法,公法一般是宪法、行政法、财政法(包括税法)和程序法。劳动法、社会福利法、经济管理法(如反托拉斯法等)则是兼指公私法性质的法律。私法一般分为民法和商法。有人认为民事诉讼法也属于私法。对民法和商法的关系,有不同划分法。一种分法将民法和商法作为两个部门,称为"民商分立",它起源于19世纪初拿破仑所制定的五部法典,其中包括民法典和商法典。以后随着经济的发展,又出现了"民商合一"的趋向。1942年意大利的民法典是这种趋向的典型,它将商法合并在民法中。

在普通法法系国家中,由于英国的私法是在普通法的基础上发展起来的,私法中并没有像民法法系国家那样称为民法的一个独立的部门法。一般的私法就分为合同法、财产法、民事侵权行为法、继承法、家庭婚姻法等。

第三节 西方国家法制

一、西方国家法制的含义

汉语中的"法制"一词,就"依法办事"这一意义而论,在不同国家的民族语言中往往有不同用语。但含义是相似的,主要由于不同传统,所以才有不同。

不同历史时期西方思想家、法学家,对法制的具体含义有很多不同的解释。而这些不同的解释又往往同他们各自的政治主张是密切联系的,例如有的强调"君主立宪",有的强调"三权分立",有的强调"民主共和",有的强调"议会至上",有的强调"企业自由",有的强调"福利国家"等。尽管他们有不同的解释,但在有一点上他们的解释基本上是一致的,即主张法制同专制是对立的,主张要依法办事,要法治不要人治,有的还提"法律至上"等。从这一意义上说,资产阶级法制和资产阶级民主是不可分的。因此,法治是17—18世纪西方资产阶级反封建斗争过程中的一个重要原则。直到现在,法治还是西方国家民主的重要内容。

二、自由竞争时期的西方法制

近代意义的宪法是资产阶级革命时期的产物。首先取得革命胜利的英国在1688年后由议会制定了两个宪法性的法律,即1689年的《权利法案》和1700年的《王位继承法》,用以确立君主立宪的政体。这也就是说,英国开创了不成文宪法制。美国独立战争和法国资产阶级革命时期开始采用了成文宪法制,美国独立战争过程中制定的一些州宪法是历史上最早出现的成文宪法。

法国拿破仑主持的法典编纂工作标志着19世纪欧洲大陆广泛的立法活动

的开始。当时法国制定了《民法》《刑法》《商法》《民事诉讼法》和《刑事诉讼法》五部法典,对以后资产阶级国家的立法具有重大影响。其中影响最大的是《法国民法典》,它以精确的法律术语和详尽的法律条文规定了自由资本主义时期财产关系的一些基本法律原则,如:(1) 私有财产的绝对权利。法典第 544 条规定:"所有权是对于物有绝对无限制地使用、收益和处分的权利。但法令所禁止的使用不在此限。"这就是在民事立法上肯定了《人权宣言》中所宣布的一项原则,即"财产是神圣不可侵犯的权利"。(2) 合同自由。(3) 无过失不负损害赔偿责任等。19 世纪,在普通法法系的代表英国,议会立法也获得了重大发展,并对传统的普通法和衡平法进行了重大改革。

在 17—18 世纪,西方国家法治是反对封建统治的一个重要武器。在当时一些重要的政治、法律文献中都规定有资本主义法治的一些基本原则。例如,在法国《人权宣言》中就包括了如下一些原则:(1) 法律是公共意志的体现,公民都有权亲自或通过其代表参加法律的制定。(2) 在法律面前,所有公民都是平等的。(3) 法律和自由是不可分的。自由就是指有权从事一切无害于他人的行为。凡未经法律禁止的行为不得受到阻碍,不得强迫任何人从事法律所未规定的行为。(4) 罪刑法定和法律不溯及既往,除非根据在犯法前制定和公布的且系依法施行的法律,不得处罚任何人。(5) 无罪推定,任何人在其未被宣告为犯罪以前应被推定为无罪。

在 19 世纪,总的来说,西方国家是重视法治的。在这一世纪的 70 年代以前,西方社会还处于自由竞争时期,资产阶级的统治地位还比较稳定,在经济生活中占支配地位的自由竞争是和西方国家法制密切联系的。在使用"自由主义"方法,即趋向于扩大政治权利,实行改良、让步等方法时,西方国家法制具有重要作用。所以列宁说:"自由派资产阶级,尤其是自由派资产阶级知识分子,不能不追求自由和法制,因为没有自由和法制,资产阶级的统治就不彻底,不完整,没有保证。"①就像对西方国家民主一样,我们对法制,既要看到它在反封建中的历史进步作用,又要看到它的阶级本质和局限性。

三、资本主义垄断时期的西方国家法治

在进入资本主义垄断时期后,西方国家法律的一个重大变化,就是法律的"社会化"问题。西方法学家认为,在古代和中世纪,法律的精神和本位是义务,即强调人民应服从统治者的权力。自 17—18 世纪"天赋人权论"流行起,法律精神以个人权利为主。上面讲的《法国民法典》的三个基本原则或《人权宣言》中关于法制的那些基本原则,都体现了以个人权利为主的法律精神。但在进入

---

① 《列宁全集》第 22 卷,人民出版社 1990 年版,第 130 页。

20世纪后,他们又主张法律不仅应保护个人权利,而且更应着重保护社会利益,因此,以个人权利为主的法律精神就应改为以社会利益为主,即法律社会化的精神。因此,在财产关系的基本原则中,"所有权的权利"应补充"所有权行使的限制";"合同自由"应补充"合同自由的限制";"无过失不负损害赔偿责任"应以"无过失损害赔偿责任"作补充,即在某些民事法律关系中,法律规定当事人一方虽无过失但对另一方的损害仍要负责赔偿。在刑法中则提倡"社会防卫主义"和"保安处分"等,即对那些尚未犯罪但却处于犯罪"危险状态"的人或犯人服刑满期后采取隔离等"社会防卫"手段。此外,各种社会立法纷纷出现,形成不少新的部门法。例如,劳工法,作为一个独立的部门法来说,是在20世纪初形成的。承认工人有缔结集体合同权利的立法,在德国1918年第一次通过,在法国是1919年,在美国则是20世纪30年代。加强经济管理的法律和社会福利法也陆续出现。如美国于1890年制定第一个反托拉斯法,1935年制定第一个社会保障法。

这种法律社会化的理论企图在抽象的社会、权利和义务的词句下来说明法律在进入垄断时期后的变化。事实上,法律的社会化,或以社会本位的法律代替权利本位的法律,主要是指西方国家从自由竞争发展为垄断,国内外矛盾加剧的条件下,要求充分利用国家权力和法律手段来缓和阶级矛盾,加强国家对经济生活的干预。同时也表明,在社会、经济和科学技术发展的条件下,客观上也要求以法律手段扩大对社会公共事务的调整。

从第二次世界大战结束前的历史事实来看,大部分西方国家还是存在法治的,仅在个别资产阶级国家,最典型的是在德、意、日三国建立了法西斯专政,法制趋于破产。在那里,公开恐怖的专政代替了民主,干脆抛弃了两党制或多党制、普选制、代议制和法制,否定宪法和法律所规定的公民的基本权利和自由,而代之以法西斯头子和政党为核心的"极权国家"、强迫工人劳动的"劳动阵线"以及遍布全国的盖世太保(即秘密警察)、冲锋队、党卫队和集中营,在国外,疯狂地发动侵略战争,等等。

第二次世界大战后,由于科学技术的飞跃发展,西方国家的经济有了很大的发展。垄断不仅没有削弱,相反已从国内垄断扩大到国际垄断。在有的西方国家,中产阶级数量很大,工人阶级中又有白领工人和蓝领工人之分,在有的西方发达国家,前者数量甚至超过了后者。工人阶级的生活状况、思想政治状况和马克思、恩格斯的时代大为不同。还有的国家有外来移民,有不同的民族。[①]

随着经济、阶级状况的改变,主要西方国家在政治上也相应地采取改良、让步和福利主义政策,使一般群众的政治地位有所提高,并在相当大程度上改善了

[①] 《胡绳访谈录:要对有关阶级和革命问题作新的研究》,载《百年潮》1997年第1期。

居民生活。正是在这种条件下,西方社会在战后半个多世纪中,总的来说,虽然不断动荡,但资产阶级的统治还是相对稳定的,西方民主和法治有了不同程度的发展,主要有:(1)德、意、日三国在战后通过新宪法,建立了西方的民主和法治;主要西方国家中公民权利有所扩大,宪法和法律监督进一步加强。(2)立法重点从私法转向公法,新的公法、公法化私法、公私混合法大量涌现。(3)在法律指导思想上,已从17—19世纪的理性主义、概念论法学转向现实主义、利益多元论和折衷主义。(4)在法律形式上,虽然也通过了若干法典,但一般采用单行法、特别法形式。(5)对司法组织和程序进行改革,加强法官解释法律的权力。(6)两大法系逐步靠拢,出现像欧盟法那样的超国家组织的法律。(7)美国法律在西方国家法律中取得了"理智上的领导地位"。(8)在法学上强调法律的"全球化"。

以上情况表明,在战后新的历史条件下,西方国家都在进一步完善自己的法制。但与此同时,也应看到,在战后一些主要西方国家中,破坏法制的现象仍然是经常的、大量存在的,如行政权力的不断扩张、行政机关和立法机关相互争夺权力的加剧、警察和司法部门的专横、对少数族群的歧视和迫害、对公民基本权利和自由的侵犯、犯罪率的上升等。

第四节 法 系

一、法系的概念

法系是西方法学家经常使用的一个概念,但其用语很不一致。英语中的 legal genealogy, legal family, legal system 这些词组都可以称为法系。其中 legal system 更是一个多义词,通常可以指一个国家的法律的整体或某一类具体的法律制度,在汉语中通常译为法律制度、法律体系或法制。至于法系的含义以及法系怎样分类,更是众说纷纭。在第二次世界大战后,西方法学著作中一般认为,当代世界主要法系可分为民法法系(在我国法学界通常称为"大陆法系")、普通法法系(在我国通常称为"英美法系")、以苏联和其他东欧社会主义国家为代表的社会主义法系。其他还有伊斯兰教法系、印度教法系、犹太教法系、远东(包括中国和日本)法系和非洲各国法系等。

西方法学家所称的法系不同于我们通常所讲的"法律体系"(往往仅指一个国家的各部门法的总称),也不同于我们前面已讲过的法的历史类型,即根据不同社会形态来划分法的类别。他们所讲的法系原先主要是指具有某种共性或共同历史传统的法律的总称,也即根据这种共性或历史传统来划分法的类别,凡属于具有某种共性或传统的法律就构成一个法系。他们所讲的中国法系、伊斯兰教法系、印度教法系和犹太教法系等是指中国封建社会的法律以及分别以印度教、伊斯兰教和犹太教教义为基础的法律。这些法律对西方国家法律的影响是微不足道的。对西方法律影响最大的法系,或者更确切地说,随着商品经济的产生和发展而逐步形成的法系,是民法法系和普通法法系。它们是西方国家的两大法系。

二、两大法系的形成

(一) 民法法系

民法法系(civil law system)是以罗马法为基础而发展起来的法律的总称,又名罗马法系、大陆法系、罗马—德意志法系、法典法系等,因为这一法系的主要历史渊源是罗马法。它首先在欧洲大陆各国兴起。这些国家主要由拉丁族和日耳曼族人构成。法系的内容主要是民法,法系的代表性法律文献《查士丁尼民法大全》和《法国民法典》等都是法典,故有上述不同的名称。属于民法法系的国家和地区,主要是以法德两国(第二次世界大战后即指法国和联邦德国)为代表的很多欧洲大陆国家,包括意大利、比利时、西班牙、葡萄牙、荷兰、瑞士、奥地利等。但它的影响扩展到世界上广大地区,其中主要是以前法国、西班牙、荷兰、葡萄牙四国的殖民地,还包括日本、泰国、土耳其、埃塞俄比亚等国。

民法法系渊源于古代罗马法,中间经过11—16世纪罗马法在欧洲大陆的复兴、18世纪资产阶级革命,最后于19世纪发展成为一个世界性法系。19世纪初以罗马法为基础而制定的《法国民法典》对民法法系的形成起了重要的作用。因为罗马法毕竟是古代的、以奴隶制和简单商品生产为基础的法律,而《法国民法典》却是以简明、严谨的法律词句对近代资本主义民事法律关系作了较全面的规定。在该法典制定后所出现的资本主义民法典,都在不同程度上受它的影响,有的民法典更以它为蓝本。在《法国民法典》制定后出现的民法典中,最著名的是1896年制定的《德国民法典》。这两个民法典至今在法国和德国仍分别生效,当然已作了很多修改。尽管这两者都是资本主义民法典,但相隔近一个世纪,在主导思想方面,前一法典强调个人权利,后一法典则偏重社会利益。两者在结构和立法风格上也显著不同。因此,有的西方法学著作中将民法法系分为两个支系,一个是以《法国民法典》为蓝本的法国支系,另一个是以《德国民法典》为蓝本的德国支系。

(二) 普通法法系

普通法法系(common law system)是以英国普通法为基础发展起来的法律的总称,也可称为英美法系。普通法一词是一个多义词,这里特指英国历史上形成的一种法律,不同于汉语中所讲的与特别法或根本法对称的普通法,也不同于前面讲过的德国15世纪接受罗马法时所指的普通法。这一法系的范围,除英国

(不包括苏格兰)外,主要为曾是英国的殖民地、附属国的许多国家和地区,包括美国、加拿大、印度、巴基斯坦、孟加拉、缅甸、马来西亚、新加坡、澳大利亚、新西兰以及非洲的个别国家和地区。在有些国家或地区,例如菲律宾、南非、英国的苏格兰、美国的路易斯安那州和加拿大的魁北克省,由于历史上的原因,它们的法律一般兼有西方两大法系传统的特点。在亚洲、非洲一些国家和地区的法律,也往往兼有某一西方法系和原先的宗教法系的特征。例如,印度的法律主要属于普通法法系,但又属于印度教法系。叙利亚的法律主要属于民法法系,但又属于伊斯兰教法系。

普通法法系是在罗马法之外独立地发展的,首先渊源于自11世纪诺曼人入侵英国后开始逐步形成的普通法,即适用于英格兰全境的一种法律,中间经过16世纪衡平法(与普通法相对称的一种法律)的兴起,17世纪英国革命,到18—19世纪时,制定法急剧增加,英国的法律逐渐由封建制法转变为资本主义法;同时随着英国殖民地的扩张,英国法的影响扩展到英国以外广大地区,普通法法系终于成为西方主要法系之一。在属于这一法系的各国法律中,美国法与英国法的差别较大,主要是:美国法有联邦法和州法之分,英国法是单一制国家的法律;美国实行成文宪法制,联邦宪法占有最高法律地位,英国实行不成文宪法制;美国法院,特别是联邦最高法院,拥有审查一般法律是否违反宪法的权力,英国法院并没有审查议会立法的权力。因而就像民法法系中有法国和德国两个支系之分一样,普通法法系中也有英国和美国两个支系之分。

三、两大法系的比较

民法法系和普通法法系是西方法的两大传统,在本质、指导思想和基本原则方面,都是一致的,但在其他方面,却存在很多差别。总的来说,这些差别可分作两类:一类是微观差别,即具体法律制度、法律规则方面的差别;另一类是宏观差别,即在总的法律形式方面的差别,如法律渊源、法律分类、适用法律的技术或法律推理、司法程序、法律概念、术语等方面的差别。但无论是宏观差别还是微观差别,有的与法系之分是无关的,有的是有关的。与法系之分有关的、宏观方面的差别大体上有以下几种:

1. 在法律渊源方面的差别

主要是判例是否为正式意义上的法律渊源。由于历史传统的不同,在民法法系国家,制定法是主要的法律渊源,法院的判例,在法律上或理论上不被认为是正式的法律渊源,并不存在判例法。当然,就判例对法院的审判具有重大参考作用而论,判例也可以说是非正式意义上的法律渊源。与民法法系不同,在普通法法系国家,也由于历史传统的关系,判例被认为是正式意义的法律渊源之一,即上级法院的判例对下级法院在审判类似案件时是有法律上的约束力的。判例法和制定法是并行存在、相互作用的。

2. 在适用法律技术方面的差别

由于以上讲的法律渊源上的差别,在适用法律技术方面,或者说在法律推理方面,也同样存在显著差别。在民法法系国家中,法官审理案件时,除确定事实外,首先是考虑有关制定法如何规定。在这一过程中,当然会考虑有关判例,但判例不能作为自己判决的法律根据,只有制定法的规定才能作为判决的根据。与此不同,在普通法法系国家,法官在审理案件时,除确定事实外,首先要考虑以前类似案件的判例,将本案件事实与以前案件事实加以比较,然后从以前的判例中找出可以适用于本案的法律规则,作为判决本案的法律根据。

3. 在法典编纂方面的差别

民法法系国家的一些基本法律(如民法、刑法、诉讼法等)一般采用较系统的法典形式。普通法法系国家一般不倾向法典形式,它的制定法一般是单行的法律、法规。后来,普通法法系国家也逐步采用法典形式,这一差别已日益缩小。但普通法法系的法典也主要是判例法的规范化,不像民法法系法典那样抽象化和系统化。

4. 在法律分类方面的差别

民法法系国家法律的基本分类是公法和私法,公法主要指宪法、行政法和刑法,诉讼程序法一般也属于公法。私法主要指民法和商法。进入20世纪后,又有兼有公私法两种成分的法律,如社会法、经济法和劳动法等。普通法法系的基本分类是普通法和衡平法,在传统上并无公法和私法之分,但在英美等国法学著作中,往往使用公私法的分类法。

5. 在法律概念、术语上的差别

这一法系所使用的一些重要概念、术语,在另一法系中是没有的,例如民法法系民法中所讲的"债"是普通法法系中所没有的;普通法法系合同法中所讲的"约因"(consideration)是民法法系中所没有的。同一个概念、术语,在两个法系中也会具有不同含义。例如 civil law 这个词组在民法法系中主要是指与刑法或商法相对称的、作为一个独立部门法的民法。但在普通法法系中,这样的部门法是不存在的,因而 civil law 这一词组主要是指"民法法系"的法律。

6. 在哲学倾向方面的差别

以上这些差别主要是由于两大法系的不同历史背景造成的,同时也体现了不同的哲学倾向。一般地说,民法法系较倾向理性主义,普通法法系较倾向经验主义。

进入20世纪后,两大法系的差别已日益缩小,特别在英国加入欧洲共同体后,客观上也要求两种法系的融合。但由于传统的不同,两个法系之间的差别还将长期存在。

第五节　第二次世界大战后的美国法律

一、第二次世界大战后西方国家法律领导地位的转移

据西方国家一些法学家的分析,西方国家法律在"理智上的领导地位"是有变化的。所谓"理智上的领导地位"是指一个国家的法律制度的全部或部分"在某一历史时期为许多其他制度所考虑、讨论、模仿或采用"。[①]

自进入 19 世纪以来的半个世纪中,法国法律占有理智上的领导地位,许多欧洲大陆国家以及拉美国家一般以 1804 年《法国民法典》作为范本。普通法法系国家在传统上不采用法典形式,因而当时法国对英、美等国法律的影响不是《法国民法典》,而是广泛的法国法律文化。在 19 世纪,英国的普通法随着英国殖民地的扩展而适用于世界上许多国家和地区,但英国法律从未在理智上取得领导地位,因为英国法是以武力强加于这些殖民地的,而《法国民法典》,除了在个别国家或地区(如比利时)是拿破仑强行实施之外,在其他国家或地区一般是当地自愿接受的。

在 19 世纪后期起至 20 世纪初,西方法律的理智上的领导地位转向德国。与法国不同,德国的领导地位并不是依靠它在 1896 年制定的《德国民法典》,而主要是借助于德国法学家的学术成果,即通称为"学说汇纂派"(pandectists)的思想。那时以萨维尼(F. Savigny)为首的德国历史法学派曾着重研究罗马法学家的《学说汇纂》,企图将其材料构建成一个和谐的体系,因而他们特别强调系统性、抽象性和逻辑性,研究法律概念、原理、分类和体系,并通过形式和逻辑方法进行推理,从中演绎出更普遍的概念和原理。但这种研究法律的方法忽视与现实生活的联系,因而在后世被讥笑地称为"概念法学"或"机械法学"。德国"学说汇纂派"思想在 19 世纪后期对德国以及包括英美在内的其他国家许多法学家曾发生过重大影响。到 20 世纪 30 年代,随着西方法学界对"概念法学"的批判,特别是法西斯主义在德国的兴起,德国在法律上的领导地位迅速衰落。

第二次世界大战后,美国取得了这一地位并广泛地影响其他国家,后者的立法和判例以美国法律和判例为模式;各种官员频繁地去美国访问;法学学者纷纷去美国讲学或进修,并在美国出版自己的著作;青年学者争着去美国攻读法学学位。据瑞士伯尔尼大学法学教授威甘德(Wiegand)声称,"瑞士自 1971 至 1986 年间由国家委派出国留学生统计,在法学领域中约有 2/3 的国家资助的学生通过在美国学习研究生课程获得学位,这些资助旨在吸收人才,担任瑞士下一代的

[①] U. Mattei, "Why the Wind Changed: Intellectual Leadership in Western Law", *American Journal of Comparative Law*, Vol. 42, 1994, pp. 200—201.

教学和科研职位","将来瑞士的法学教授有一半或一半以上是有美国学位的"。再有,在瑞士,"获得私人企业或银行的职位,了解美国法律是极为重要的"。①

西方法律领导地位在第二次世界大战后的这种转变,首先无疑是由于政治上的原因,即美国战后成为一个超级大国。其他一些因素也促进了这一转变,如战后世界经济的迅速国际化,必然要求法律的国际化。美国是一个判例法和法律多样化的国家,又盛行实用主义哲学,它有助于对其他国家法律或法学思想的"兼收并蓄"。再有,20世纪30年代,有不少欧洲大陆著名法学家流亡美国并在美国继续从事法学活动,这也有助于欧洲大陆法学与美国法学的交流。

二、美国法律对民法法系国家法律的主要影响

第二次世界大战后,美国已在西方法律中取得了理智上的领导地位。这就意味着美国法律对西方另一法系(民法法系)的法律也产生了一定的影响。以下列出一些重要影响。

(一) 司法审查制

这是美国比较特殊的一个法律制度,其大意是指联邦最高法院有权审查联邦法律或州的宪法和法律是否符合联邦宪法;这实质上不是一般意义上的解释宪法,而是享有发展宪法的权力。这一制度对第二次世界大战后德、意、日三国以及法国的司法审查制有很大影响。当然它们与美国的制度又有很多差别。

(二) 联邦管理州际商业的权力

1957年,法、德、意等六国在罗马签订《成立欧洲共同体条约》(《罗马条约》),其中第85条规定成员国之间贸易关系就仿照美国《宪法》管理州际商业的条款。

(三) 公民权和政治权

在这方面,影响较大的是美国以下三种法律:

1. 反种族歧视的法律

在美国历史上,美国黑人在争取社会平等地位和公民自由的过程中,进行了长期的斗争。1853年林肯颁发解放黑奴令。1896年,美国最高法院在普莱西诉弗格森案(Plessy v. Ferguson)的判决中承认了南方种族隔离制度的合宪性,使黑人在南北战争之后又遭受了长达一个世纪的合法歧视和迫害。1954年,美国最高法院终于在布朗诉教育委员会案(Brown v. Board of Education)的裁决中推翻了"隔离但平等"原则,判决南方州的种族隔离教育体制违宪。1963年4月,民权运动领袖马丁·路德·金领导了著名的反对种族歧视的"伯明翰市民权运

---

① W. Wieggand, "The Reception of American Law in Europe", *American Journal of Comparative Law*, Vol. 39, 1991, p. 229.

动"。美国国会终于先后在 1964 年、1965 年和 1968 年通过了三个被统称为"第二次解放黑奴宣言"的民权法案,从法律上彻底结束了种族隔离和种族歧视制度。

长期以来,欧盟积极致力于反对欧洲的种族主义。1997 年《阿姆斯特丹条约》是欧盟反种族歧视立法的发端。该条约第 13 条规定:"在不影响本条例其他条款的情况下和在本条约授予共同体的权限范围内,理事会可根据委员会的提案并同欧洲议会磋商后,以全体一致同意采取适当的旨在同基于性别、种族、宗教信仰、残疾、年龄或性生活趋向的反歧视斗争的行动。"2000 年 6 月,欧盟部长理事会决议通过了《种族平等待遇指令》,规定了不分种族或民族本原而实施平等待遇原则;禁止就业、教育、社会保障以及公共产品供给中的种族与少数民族歧视。

2. 隐私权的法律

隐私权的概念诞生于 19 世纪末期的美国,最初是由于新闻舆论对公民私生活的过度干预而引发的。1890 年,美国哈佛大学法学院教授塞缪尔·D. 沃伦和路易斯·D. 布兰代斯在《哈佛法律评论》上发表了一篇名为《隐私权》的论文[1],首次提出隐私权的概念。他们认为:"生命的权利已经变成意味着享受生活的权利及不受干涉的权利……新的科学发明和行事方式使人们意识到对人保护的必要。"该研究把自由权的范围予以扩展,人将保障自我安全的要求,上升为一种受宪法确认和保护的权利。

3. 反"性骚扰"的法律

20 世纪 70 年代,美国女权主义者麦金农在性骚扰立法问题上,提出:"性骚扰最概括的定义是指处于权力不等关系下强加的讨厌的性要求。"[2]1980 年,美国平等就业机会委员会颁发了指南条例,将性骚扰定义为:"不受欢迎的性要求、性宠爱或其他性言行,当满足下列条件时,都将构成性骚扰:接受或拒绝此类的言行成为个人雇佣的明示或暗示的条件;以个人对上述言行的接受或拒绝作为影响其工作、人事决定的判断基础;此类言行具有不合理地影响个人的工作表现的目的或效果,或者直到令人生畏的、敌意的或令人厌恶的工作环境。"[3] 1990 年欧洲议会也制定了《关于保护男女工作人员尊严的议会决议》,1992 年消除对妇女一切形式的歧视委员会通过了关于针对女性暴力的 19 号一般建议。现在,美国、澳大利亚、法国、比利时、西班牙等国家和地区都在法律中明确规定性骚扰

---

[1] Warren, Samuel D. & Louis D. Brandies, "The Right to Privacy", *Harvard Law Review*, 1890, No. 4.

[2] 转引自胡光烨:《性骚扰的法律思考》,载《湖南民族职业学院学报》2006 年第 6 期。

[3] 同上。

属于应当禁止的非法行为。

（四）产品责任——消费者保护法

第二次世界大战后，美国对有缺陷产品实行严格责任制，即生产者或销售者应承担比"一般注意"更为严格的责任制度。这种制度以后又通称"消费者保护"制度，并从产业部门扩展到服务行业、医疗事故等方面。

（五）信托财产制

现代信托制度起源于13世纪英国的尤斯制，已有八百多年的历史。在中世纪的英国，财产转移受到法律限制，人们就采用信托方式规避这种法律限制，因此，信托一开始并不具备财产管理的功能。随着社会和经济的发展，有关财产转移的限制逐渐被取消，信托的主要功能由最早的转移财富转变为现代的专业化财产管理。19世纪末以来，信托机构作为一种盈利性组织在美国蓬勃发展起来。20世纪初日本引入欧美的信托制度后积极创新，由信托银行主导的信托业发展迅猛，目前也已跻身于信托业发达的国家行列。现代信托呈现金融化的趋势。信托活动越来越成为一种金融活动，信托业务金融性质日益明显，这可归结为以下两个原因。一是财富的日益金融化。在信托发展的早期，用来信托的财产主要是土地，后来出现了一些动产。随着经济的不断货币化，财富也开始金融化。由于用于受托的财产越来越金融化，整个信托活动也越来越金融化。第二个原因是财产管理方式的金融化。早期的财产管理方式更多的是带有保管、处分的性质。现代理财主要通过金融工具来实现。现在的信托机构一般是金融机构，并与银行、证券和保险构成现代金融业的四大支柱之一。

发达国家的信托业务按委托对象划分，可分为个人信托、法人信托以及个人和法人兼有的信托。个人信托包括为个人管理、监护财产，执行遗嘱，管理遗产，财务咨询及代理财务等信托业务。法人信托主要包括发行公司债券的受托业务，商务管理信托的受托业务，代理股票过户登记和支付股息业务，以及提供企业合并、改组和清算服务等业务。个人和法人兼有的信托主要包括公益信托、年金信托及职工持股信托等业务。

（六）破产法

美国破产法律制度的演进在一定程度上可反映出破产法律制度演进的基本轨迹，其基本理念是对无偿还能力的债务人的财产按法定程序作公平合理的清算，以保护债权人的利益，并使债务人的资产得到整顿，使确实没有偿还能力的债务人得以被免除部分债务，让他们在生活上有一个新的开端，有可能重新进行经营活动。美国破产法典上规定的程序设置和内容构建对其他国家产生了较大的影响。20世纪80年代以来，包括美国在内的一些经济发达国家先后掀起了破产法改革的浪潮，从不同的侧面映射出破产法改革的基本方向。

(七) 税法

为了保证及时可靠地取得财政收入,美国的税法规定了一整套行之有效的税务管理制度。美国实行联邦、州、地方三级政府分税制,不管在联邦层次还是州层次或地方层次,不论是税收还是各种收费,都有相应的法律或法院的判决为根据,对立法权、税收权和管理权,各层政府间有非常明确的划分,并且税法在源泉控制预缴代扣、资料收集与分析、重点稽查、信息的掌握与处理等各个环节都有明确的规定。另外,美国的个人所得税制度遵循的是"等量边际牺牲原则",即对收入越高的人征税越多,对低于一定收入水平的人免税。美国税法中规定税收的许多制度,如实行分税制,扩大所得课税的份额,分设国家和地方两套税务机构等,已成为许多国家借鉴的范例。

(八) 诉讼程序

美国诉讼程序的价值取向是正当程序。美国宪法第五和第十四修正案所包含的"不经正当程序,不得剥夺任何人的生命、自由和财产"的内容被称为"正当程序条款"。正当程序的目的是禁止政府未经正当的手续就剥夺公民的生命、自由和财产。此原则要求,一是任何人不得为自己案件的法官,二是应当听取双方当事人的意见。正当程序在美国宪法中的地位举足轻重,已经成为美国宪政制度的基础,对于维护人权、制约政府权力、实现社会民主起了至关重要的作用。目前大多数国家借鉴了美国诉讼程序的价值取向,把正当程序原则作为诉讼的核心理念。

(九) 判例教学法

美国法学院普遍采用"判例教学法"。该方法一般在课堂上不进行像概念、定义等这类理论性的教学,而是通过实际的判例分析讨论来理解法律理论和原则。课堂上,教师始终扮演的是经验丰富的"引导者"角色。通过"判例教学法",学生们不仅仅得出一个在法律社会中被普遍接受的某一项法律理念或法律原则,更重要的是能感受到获得这些法律知识的过程,体验到法律职业的思维方法和解决实际问题能力的具体运用,更多地培养了自己的主动探索和主动发现的精神。受美国"判例教学法"的影响,民法法系国家也开始重视判例的作用,并且许多国家已经把判例教学法作为一种教学模式和法律教学方法进行推广。

(十) 法律学说

源于美国的经济分析法学和批判法学对当今社会都产生了重大影响。经济分析法学以新制度经济学为重要理论基础,以最大限度地追求功利的利己主义分子为基本分析单元,以效率原则为中轴,以斯密定理、科斯定理、波斯纳定理为分析基石,考察、研究西方法律制度的形成、结构、过程、效果、效率、创新以及未来发展,成为法学研究中最重要的跨学科领域之一,也是20世纪后半叶西方法学发展最快的领域之一。批判法学并不是一个学派,而是一群具有各种不同观点却都以批判正统法律思想为特征的法学家,他们在政治上倾向于"左派",对正统的法律思想提出挑战,并且批判的范围不仅直接有关法律思想、制度,而且更扩展到其他思想领域,特别是社会理论、政治学的问题。批判法学运动的思潮出现并兴起于美国法学,至今仍盛行不衰,并且已影响到了其他国家的法学。

第六节 欧盟法律与两大法系的关系

瑞士法学教授威甘德认为,第二次世界大战后法律的国际化是西方法律的一个具有重大意义的现象,它主要体现在两个方面:一个是欧洲共同体内部法律的规范化,另一个是欧洲对美国法律的接受。[①] 前一节已论述了威甘德所讲的第二个现象,这一节就论述他所讲的第一个现象,即欧洲联盟法律,但主要是这种法律与西方两大法系的关系。

自1951年至1957年,法国、德国、比利时、意大利、卢森堡和荷兰六国先后签订三个共同体的条约。在这三个共同体中,煤钢共同体和原子能共同体范围仅限于特定经济部门,另一个欧洲经济共同体的范围较广泛,因而三个共同体往往被称为"欧洲经济共同体"、"欧洲共同体"或"欧共体"(EC)。欧共体的成员国不断扩大,1973年英国加入,迄今为止共有27个成员国。

1992年在荷兰马斯特里赫特正式签订了《欧洲联盟条约》(简称《马约》),因而"欧洲共同体"的名称就为"欧洲联盟"(简称"欧盟",European Union)所替代。本节仅论述欧盟法律与西方两大法系的关系。

一、欧盟法律与成员国法律的关系

欧盟本身是一个区域性的国际组织。它的法律是独立的,也很特别。这种法律与国际法和成员国法律密切联系,但它当然不是国内法,也不是一般的国际法。因为它的法律不适用于所有国家,而适用于该组织的成员国;更重要的是,它的法律不仅适用于各成员国之间的关系,而且高于成员国法律,也可以直接适用于各成员国公民和法人。有的西方法学家认为它的法律类似联邦制国家的联邦法。欧洲一些政治家(包括创建欧盟的一些人)的确企图使欧盟最终成为一个联邦,但至少目前或可预见的将来,它还不是一个联邦,它的各成员国有很大独立性。

在不少西方法学作品中,将欧盟称为超国家实体(supranational entity)以表

---

① W. Wiegand, "The Reception of American Law in Europe", *American Journal of Comparative Law*, Vol. 39,1991,p. 229.

示它既不是一般国家或一般国际组织，也不是联邦。这说明它的法律很复杂。其复杂性之一就是这种法律要由十几种或更多种语言来表达。

欧盟法律与它的各成员国的法律的关系可以从以下三个方面来分析。

第一，"直接适用"也可称"直接效力"的原则，其含义是在相应案件中，欧盟的法律在成员国国内法中可直接适用，从而创立了必须由国内法院保护的有利于个人的权利。

在欧盟条约中并未明确规定这一原则。仅在《欧洲经济共同体条约》第189条中提到共同体机构规章时曾规定这种规章"完全和直接适用于所有成员国"。因而一般认为直接适用的原则主要是欧洲法院在共同体成立初期通过一个具体案件的判例所创立的。这一案件指1963年一个称为Van Gend en Loos的荷兰拖运公司因交纳关税问题而发生的案件。荷兰税务上诉法庭要求欧洲法院回答：共同体条约能否直接适用于成员国公民？当时德、荷、比三国政府以及欧洲法院的总律师都认为，仅成员国与共同体机构才适用。共同体条约为成员国设定权利和义务，公民仍服从本国国内法。但欧洲法院提出了不同主张："欧洲经济共同体条约建立一个共同市场，其功能直接关系共同体中有利益的当事人。这一条约的目标就意味该条约不仅是一个仅设定缔约国相互义务的协议。条约序言就证明这一观点，它不仅适用于政府而且也适用于人民。"[①]

第二，欧盟法律的优先地位。在荷兰拖运公司案件不久，欧洲法院又提出了另一个重要原则。1964年一个意大利法官申请欧洲法院就欧共体法律与成员国法律的冲突问题作出解释。案件内容大体上是：原告拒绝支付因意大利的一个国有化法律而应付的费用，理由是该国有化法律违反《罗马条约》（即1957年《欧洲经济共同体条约》）。意大利宪法法院认为《罗马条约》在意大利是由一个普通法律批准的，因而以后的这一国有化法律应优先适用。

但欧洲法院却认为："由于建立了一个无限期的共同体，它有自己的机构，自己的人格，在国际上代表自己的法律能力，更特别的是，它有来自成员国主权限制或转让的真正权力，因而成员国已限制了它们的主权，虽然是在有限领域中的限制，从而已创立了约束成员国国民以及成员国本身的一种法律。"[②]意思就是：在欧盟法律与其成员国法律发生冲突时，成员国法院应优先适用欧盟法律。

第三，缺乏强制执行的能力，以上讲的直接适用的原则和对成员国法律的优先地位说明了欧盟法律与成员国法律的关系中两个重要原则，也说明欧盟法律不同于一般国际法的两个特点。但欧盟法律与一般国际法一样，缺乏它自己的强制执行的能力。正如美国比较法学家格伦登（M. Glendon）在评论欧洲法院

---

① Curz, *A Modern Approach to Comparative Law*, Kluwer, 1993, p.146.
② Ibid., pp.142—143.

对英国司法的影响时所指出的,"欧洲法院加到英国司法制度中的东西是许多世纪的英国普通法的最重要变化之一。但缺乏一个强制执行程序可能指它的判决的影响将比英国国内法院的判决为少。现在欧洲经济共同体各国证明了这一点,这些国家对欧洲法院的违反其利益的一些判决都置之不理"[①]。

二、民法法系法律对欧盟法律的影响

欧盟法律的另一个明显特点是:它是在西方国家两大法系的强烈影响下建立和发展的,一个是以法、德两国为代表的、在罗马法传统的基础上形成的民法法系,另一个是以英国为代表的、在英国普通法传统的基础上形成的普通法法系。

在欧盟的27个成员国中,英国和爱尔兰两国属于普通法法系,其他国家都属于或基本上倾向于民法法系;欧共体最初六个创始国都是民法法系国家,加上民法法系富有理性、逻辑性、抽象化、学者型等特色,所有这些因素使民法法系在欧盟法律发展过程中具有主导地位,其影响远远大于普通法法系。

在历史上,民法法系主要以法、德两国为代表。早期欧共体法律中,法国的影响最为突出。它主要体现在法国行政法和行政法院制度上。法国法律以1804年《拿破仑法典》而闻名。1799年拿破仑第一次建立了行政法院,并通过这一法院的判例逐渐形成了行政法。民法是私法,行政法是公法,欧共体的功能主要在于通过国际性的公共权力调节各成员国之间的经贸关系,所以欧共体的法律和法院也就首先依照法国的行政法和行政法院。例如,《欧洲经济共同体条约》第173条关于废除执行委员会决定的规定,其中授权欧洲法院审查部长理事会和执行委员会文件的合法性以及当事人控告共同体行为的四项根据:缺乏管辖权,违反必要的程序,违反条约或其适用的任何规则,滥用权力。从以上可以看出,它们借鉴了法国行政法及行政法院的经验。

德国法律也对欧共体法律的发展具有重要影响。例如欧共体法律借鉴了德国行政法中的相称性(proportionality)原则,其含义是行政行为应与它所谋求实现的目的相称。这一原则后来成为欧共体法律的一个重要组成部分。1981年欧洲法院关于意大利醋案的判决就是以上述原则为指导的。这一案件的大意是:根据意大利法律,醋应以酒作为原料,以其他原料(如苹果等)制成的产品禁止称为醋。意大利政府辩称这一措施的目的在于保护消费者。欧洲法院认为,消费者保护的确可作为限制商品自由流通的理由,但这种限制只在保护是必不可少的条件下才成立。因而意大利的这种立法意图所实现的保护并不是必要的。

---

① M. Glendon, P. G. Carozza and C. B. Picker, *Comparative Legal Traditions*, West Publishing Co., Vol. 1,1985,p.367.

德国是一个联邦制国家,它的宪法法院对联邦权力及其成员(州)权力的分配也已形成了一些观念,它们对欧盟及其成员国之间的关系也有影响。例如,德国法律中所讲的对联邦的"忠诚"或"尊重"在德国宪法法院的实践中就被解释为"相互协作的义务"。这种观念对处理欧盟及其成员国,或成员国之间的关系是非常合适的。

三、普通法法系法律对欧盟法律的影响和矛盾

英国于 1973 年加入欧共体,这对欧盟法律以及英国法律都带来了重大影响。与法、德两国法律不同,英国是普通法法系的起源国,这一法系是指以英国中世纪的普通法为基础的与以罗马法为基础的民法法系相对比的一种法系。西方这两大法系的区别在第二次世界大战后已逐渐减少,但由于体现不同传统,仍有很多差别,因此,英国对欧盟法律的发展既有促进作用,也与其产生了某些矛盾。

英国法律对欧盟法律的促进作用,也即推动后者接受前者的某些因素,主要体现在判例法和对抗制诉讼这种传统上。

首先是判例法方面的影响。西方两大法系的一个主要区别是,在民法法系中,制定法占主导地位,法院判决有参考作用,但并不具有法律上的约束力,不是法律的正式渊源之一。而在普通法法系中,判例是一种与制定法有同样意义,甚至是更重要的法律渊源。

在英国加入前,在欧盟法律或欧洲法院实践中,判例的作用就像它在法国行政法院中的作用一样。但在英国加入后,特别是在 20 世纪 80 年代,判例法作用逐渐明显。一个明显的例证是,在欧洲法院的判决中,有时也引用以前的判例。格伦登教授曾讲到,这是一个演变的过程。欧洲法院在早期很少参考以前判例。但现在的实践可能反映了 1972 年以后普通法法官的参加和英国、爱尔兰加入共同体的事实。[1] 她还分析了欧洲法院这一变化的其他原因:一个是,可能是欧洲法院的许多法官相信,判例可以有某种地位,至少可作为次要的法律渊源;另一个是,欧洲法院所考虑的是《罗马条约》而不是《拿破仑法典》,主要是公法而不是私法,因而将判例作为法律渊源就比较容易。尽管欧洲法院使用了判例,但这种判例并没有取得像普通法法系国家那样的前例(precedent)的法律地位。所以,"最好是将欧洲法院看做是特殊的、自成一类的,在将判例作为前例而论,似乎处在我们认为典型的普通法法院和民法法院之间,以及在接受或拒绝将前例看做法律渊源之间的中间地点"。[2]

---

[1] M. Glendon, P. G. Carozza and C. B. Picker, *Comparative Legal Traditions*, West Publishing Co., Vol. 2, 1985, p. 597.

[2] Ibid., p. 598.

其次,英国法律对欧盟法律的影响还体现在普通法法系的对抗制诉讼方式上。这种诉讼方式与民法法系的职权制方式是有很大差别的。在20世纪80年代,欧洲法院的活动中也逐渐出现对抗制诉讼方式的因素,例如在诉讼中强调原被告双方的证词和辩论、鼓励法官与律师之间的对话以及重视诉讼程序等;不仅在法院审判中而且在欧共体的行政机关的工作中,也重视听取当事人的证言。

除了对欧盟法律的某些促进作用外,英国法律与欧盟法律之间还必然存在很多矛盾,实质上就是英国法律与法、德等国法律的矛盾。明显的例证有以下三个:(1)欧盟"法律的优先地位"与英国传统的"议会主权"原则之间的矛盾;(2)英国法院是否接受"司法审查制"的矛盾;(3)法律解释问题上的矛盾。这里应注意,在以上三个矛盾中,严格地说,仅第三个矛盾明显地体现了西方两大法系之间的差别。前两个矛盾中所讲的"议会主权"与"司法审查制"并不是两大法系之间的差别,而是英国法律独特的、与法系划分无关的特点,它们并不是普通法法系国家共有的特点。例如,以普通法法系的另一代表美国而论,它实行"人民主权"和"司法审查制"。

第一个矛盾是欧盟"法律的优先地位"与英国传统"议会主权"原则之间的矛盾。英国的"议会主权"是指"议会立法的至上性",许多法学家,特别是英国法学家戴西(A. V. Dicey)将这一原理称为"议会主权"。他对主权的经典解释是:"议会有权制定或不制定任何法律……英国法律否认任何人或任何团体有权推翻或无视议会立法。"[①]

1973年英国正式成为欧共体成员国,英国议会也在1972年通过《欧洲共同体法》。在法律上就出现了欧共体法与英国的"议会主权"原理的矛盾。正如前面已指出的,欧盟法律奉行在成员国"直接适用"于各国公民,并比成员国法律"优先适用"的原则。

在一般条约和国内法的关系问题上,通常有两种学说:一种通称为一元论,认为条约经正式签订和批准、认可后,在缔约国中即取得与国内法同样的甚至更高的地位(例如法国1958年《宪法》第55条)。另一种是二元论,认为条约必须经过缔约国议会的专门立法才能取得国内法的地位(但也可能加以修改)。

英国在传统上采取二元论立场,但在欧盟条约与英国国内法的关系上,英国国内有各种不同观点。根据有的法学家的分析,英国对欧盟法律采取了"中间路线,选择了灵活性而不是硬性"。这也就是说英国采取了妥协态度。

第二个矛盾是关于法院是否行使"司法审查"权的问题。根据"议会主权"的原则,议会立法权限是没有法律上的限制的,此外,英国实行"不成文宪法制",因此在英国不存在像法、德等国那样的"司法审查制",主要指由法院或其他机关审

---

① A. Dicey, *Introduction to the Study of the Law of Constitution*, Macmillan, 1959, pp. 39—40.

查法律是否违反宪法的问题。但是,欧盟法律要比成员国国内法优先适用,而欧盟法律在成员国的适用又要由成员国法院来强制执行,这就意味着英国法院必须审查本国某个法律是否符合欧盟法律,也就成了行使某种"司法审查"权。

第三个重要矛盾是关于法律解释的问题。这直接关系到西方两大法系之间的一个差别。一般地说,英国法院对制定法的解释强调法律规则条文的"明显含义",体现一种形式推理风格,而民法法系法官,包括欧洲法院中法、德等国法官,却倾向于"目的论"的解释方法,体现一种实质推理风格。英国加入欧共体后,有的英国法官支持民法法系法官的解释方法,但有的法官却持相反意见。[①]

欧盟法律取决于很多因素,决定性因素是欧盟本身的政治前景。欧盟在一开始时是一个以经贸为中心的少数西欧国家组成的地区性国际组织,以后则日益演变为以经贸、政治以至军事目标兼有的庞大的国际组织。法律是离不开政治的,但法律又是有相对独立性的。欧盟法律的发展前景,除大国的利益考虑这一决定因素外,还有法律本身的各种影响因素。前面已指出,欧盟法律是一种极为独特和复杂的法律,其中一个特点是,联盟的一些大国都是带有不同特色的法治国家。这种特色或者是因法系不同而产生的(例如英国强调判例法和对抗制诉讼,法、德等国强调制定法和职权制诉讼等),或者是因与法系无关而独具的特点而产生的(例如英国的议会主权,法国的宪法委员会等)。因此,欧盟法律的发展,与一般国内法的发展有很大区别,它是在多个法治国家特点互相汇合、比较、协调和逐步融合中形成的,因此,欧盟法律的发展必然受其成员国法治特点的制约。

思考题

1. 西方商品经济法的产生有哪些特征?
2. 怎样理解西方国家法制在自由主义时期和垄断时期的变化?
3. 西方国家两大法系有哪些重要差别?

参 考 书 目

1. 《法理学》,高等教育出版社1994年版,第六章。
2. 付子堂主编:《法理学初阶》,法律出版社2005年版,第十五章。
3. 张文显主编:《法理学》(第三版),高等教育出版社、北京大学出版社2007年版,第十四章。

---

① J. E. Levitsky, "The Europeanization of the British Legal Style," *American Journal of Comparative Law*, Vol. 44, 1996, pp. 369—370.

第二编 依法治国，建设社会主义法治国家

第八章 依法治国总论

本章主要学习依法治国的总论,包括法治、德治(人治)与法制的概念,中外历史上对法治与德治的不同理解,依法治国理论的要点,建设社会主义法治国家的基本条件与基本原则,依法治国的优越性和局限性以及依法治国的前景,从而对依法治国有一个总的认识。

第一节 法治、德治(人治)和法制的概念

一、历史上对法治、人治(德治)的不同理解

在学习依法治国问题时,人们可能首先会问什么叫"法治"?"法治"是与"德治"或"人治"相对称的。从字面上看,法治与德治是指两种治理国家的方略和原则,前者强调法律的作用,后者强调道德的作用,而人治则强调人的智慧或理性的作用。大体说来,中国古代儒法两家主要就德治和法治的话题展开争论,西方法律思想史上的一些思想家主要就人治和法治的话题展开争论。德治论与人治论既有相通之处,也有不同之处。例如,德治论者也主张道德榜样的示范作用,人治论者也要求统治者对人民加强教育,但是二者的侧重点有所不同。德治论者强调道德规范和道德教化,人治论者强调人(主要是统治者)的理性和智慧。法治、德治和人治都是非常复杂的概念,在不同历史条件,不同人或不同国家会有不同解释。

在我国和西方国家历史上关于法治和人治(德治)的争论,主要有以下三次。第一次是我国春秋战国时期儒法两家对这一问题的不同观点。儒家主张德治(或礼治),法家主张法治。第二次指古希腊思想家柏拉图和亚里士多德在这一问题上的不同观点。前者主张人治,后者主张法治。第三次指17—18世纪资产阶级先进思想家反封建专制而提出的有关法治的观点。

在这三次争论中,他们对法治、德治、人治的词义是怎样理解的?为了说明这一问题,我们就需要了解他们的分歧究竟是什么。

第一个主要分歧是:国家治理主要依靠什么?是法律,还是道德或统治者的理性和智慧?

在中国古代法律思想史上,德治论者认为国家主要应运用礼的规范和通过道德教化来进行治理。法治论者则认为主要应由掌握国家权力的人通过强制性

的法律(实际上指刑法)来治理。例如儒家认为,"道(导)之以政,齐之以刑,民免而无耻。道之以德,齐之以礼,有耻且格"①。"礼云礼云,贵绝恶于未萌,而起敬于微渺,使民日徙善远罪,而不自知也。"②反过来,法家则认为,"圣人之治国,不恃人之为吾善也,而用其不得为非也",因而,应"不务德而务法"③。

在古希腊思想家关于人治和法治的争论中也体现了上述分歧。柏拉图在其代表作《理想国》中力主"贤人政治",认为除非哲学家成为国王,人类将永无宁日。④ 他极为蔑视法律的作用,认为不应将许多法律条文强加于"优秀的人",如果需要什么规则,他们自己会发现的。⑤ 只是在他的"贤人政治"的理想国方案失败之后,他才在自己的晚期著作中将法律称为"第二位最好的"(second best),即退而求其次的选择。

与柏拉图相反,亚里士多德主张"法治应当优于一人之治"⑥。在西方历史上,这是法治论的第一个经典性论述。这里还应注意,亚里士多德对这一问题的提法是:"由最好的一人或最好的法律统治,哪一方面较为有利?"⑦他主张法治优于人治的一个主要论据是,法治等于神和理智的统治,而人治则使政治中混入了兽性的因素。因为一般人总不能消除兽欲,虽最好的贤人也难免有热忱,这就往往在执政时引起偏见。"法律恰恰正是免除一切情欲影响的神和理智的体现。"⑧同时他还主张,即使是在一个由才德最高的人作为统治者的国家中,"一切政务还得以整部法律为依归,只在法律所不能包括而失其权威的问题上才可让个人运用其理智"⑨。

第二个主要分歧是:对人的行为的指引,主要依靠一般性的法律规范,还是依靠道德教化和示范或者针对具体情况的具体指引?德治论强调道德教化和示范,人治论强调具体指引,法治论强调一般性规范。

在中国古代法律思想史上,儒家强调具有高尚道德的圣君、贤人的道德教化和行为示范作用。"为政以德,譬如北辰,居其所而众星共之。"⑩"政者,正也。子帅以正,孰敢不正?"⑪而一些法家则经常把法律比喻成某种客观的、不以人的

---

① 《论语·为政》。
② 《大戴礼记·礼察》。
③ 《韩非子·显学》。
④ 〔古希腊〕柏拉图:《理想国》,郭炳和、张竹明译,商务印书馆1986年版,第214—215页。
⑤ 同上书,第141页。
⑥ 〔古希腊〕亚里士多德:《政治学》,吴寿彭译,商务印书馆1965年版,第167—168页。
⑦ 同上书,第162页。
⑧ 同上书,第169页。
⑨ 同上书,第163页。
⑩ 《论语·为政第二》。
⑪ 《论语·颜渊》。

意志为转移的标准:"尺寸也、绳墨也、规矩也、衡石也、斗斛也、角量也,谓之法。"①"法律政令者,吏民规矩绳墨也。"②"法者,国之权衡也。"③法家强调法律的特点在于它是一种能对人的行为进行一般性指导的准则。

在西方法律思想史上,古希腊思想家柏拉图主张具体指引,亚里士多德则强调一般性规范。柏拉图反对法治的一个重要论据是:法律就像一个愚蠢的医生,不顾病人的病情而机械地开药方。人类个性不同,人的行为纷繁复杂。人事变化无常,法律无法规定出适合每一特殊情况的规则。所以"对一切人最好的事情不是法律的全权而是了解君主之术和有智慧的人的全权"④。亚里士多德在反驳上述观点时指出,"法律确实不能完备无遗,不能写定一切细节,这些原可留待人们去审议。主张法治的人并不想抹杀人们的智虑。他们就认为这种审议与其寄托一人,毋宁交给众人"⑤。他也探讨了一般性规则和具体情况之间的关系,法律总是一般规定,但实际情况中又有一般规定中不可能包括的事。在这种情况下,就需要采取纠正法律因一般性而造成缺陷的衡平手段,例如修改法律,执法者根据法律精神来解释法律,容许法官有条件超越法律条文作出判决等。

第三个主要分歧是:在政治制度上应实行民主还是专制?法治论者主张民主、共和(包括君主立宪),人治论者主张君主制、君主专制或寡头政治。

柏拉图主张贤人政治和哲学家国王,在政治制度上讲就是维护君主制和寡头政治。亚里士多德在主张法治优于一人之治时,提出了拥护民主和共和制的观点。他认为,"群众比任何一人有可能作较好的裁断","多数群众也比少数人为不易腐败"⑥。在平民政体已经兴起的情况下,以一人为治的君主政体也不适宜了;在君主政体下,如果继任的后嗣是一个庸才,就必然会危害全邦,而在实行法治的情况下,就不会发生这一问题⑦;同时,平民政体意味着实行轮番制度,即同等的人互做统治者和被统治者,这也就是"以法律为治"⑧。在这里,亚里士多德已将法治和民主共和政治制度直接联系起来。

法治论和人治论在政治制度上的分歧,主要出现在17—18世纪资产阶级革命时期一些先进思想家在反封建专制时所提出的政治思想和政治纲领中。在我国古代儒法两家关于法治和德治的争论中,从未涉及民主与专制的分歧。

---

① 《管子·七法》。
② 《管子·七臣七主》。
③ 《商君书·修权》。
④ 〔古希腊〕柏拉图:《政治家篇》,中国政法大学出版社2003年版,第294a。
⑤ 〔古希腊〕亚里士多德:《政治学》,吴寿彭译,商务印书馆1965年版,第171页。
⑥ 同上书,第163—164页。
⑦ 同上书,第165页。
⑧ 同上书,第167页。

因为儒法两家在政治制度上都是维护君主制或君主专制的(法家更主张严刑峻法)。因此,我们不能把我国古代法家的法治论同17—18世纪西方国家反封建专制的法治论相提并论或者把前者错误地解释为反对君主专制的君主立宪论。

还应指出,古希腊柏拉图和亚里士多德在人治和法治之争中都直接、明确地提出"人治"和"法治"二词。与此不同,西方国家17—18世纪关于人治和法治的争论主要体现为,当时一些先进思想家在抨击封建专制、等级特权并鼓吹建立君主立宪、三权分立或民主共和国等体制的同时要求法治和反对人治,而当时维护君主专制、等级特权的代表人物一般没有直接、明确地提出"要人治不要法治"之类的口号。

17—18世纪先进思想家提倡法治也都是同他们所主张的政治制度或政治纲领密切联系的。例如,主张建立君主立宪制的英国的洛克认为,立法权是最高的、不可转让的国家权力,但它也不能危害人民生命和财产等自由权利。立法机关"应该以正式公布的既定的法律来进行统治,这些法律不论贫富、不论权贵和庄稼人都一视同仁,并不因特殊情况而有出入"①。鼓吹民主共和国的法国的卢梭认为,"凡是实行法治的国家——无论它的行政形式如何——我就称之为共和国;因为唯有在这里才是公共利益在统治着,公共事物才是作数的"②。美国独立前夕猛烈抨击英国君主专制的潘恩提出,"在专制政府中国王便是法律,同样地,在自由国家中法律便应该成为国王"③。

在西方国家历史上,继亚里士多德提出"法治优于人治"之后,第一个直接明确提出类似观点的是英国17世纪思想家哈林顿。他也倾向共和制,他在自己的代表作《大洋国》一书中一开始就指出,通过法律这一艺术,人类的世俗社会才能在共同权利和共同利益的基础上组织起来。根据亚里士多德和李维④的说法,"这就是法律的王国,而不是人的王国"⑤。

美国政治家、第二届总统约翰·亚当斯将哈林顿关于法治的思想写进1780年马萨诸塞的宪法中,它规定该州实行三权分立,"旨在实现法治政府而非人治政府"⑥。

综上所述,从中国和西方国家历史上关于法治和人治(德治)的三次争论中

---

① 〔英〕洛克:《政府论》下篇,叶启芳、瞿菊农译,商务印书馆1981年版,第88页。
② 〔法〕卢梭:《社会契约论》,何兆武译,商务印书馆1982年版,第51页。
③ 〔美〕潘恩:《常识》,马清槐译,商务印书馆1961年版,第54页。
④ 李维(Livy,公元前59年—公元17年),古罗马著名史学家。
⑤ 〔英〕哈林顿:《大洋国》,何新译,商务印书馆1983年版,第6页。
⑥ See J. Frank, *Courts on Trial*, Princeton, 1949, p. 405; E. Patterson, *Jurisprudence*, The Foundation Press, 1953, p. 101.

的三个主要分歧可以看出,那时法治、德治、人治都被赋予多种含义。在中国古代儒法两家的争论中,德治指的是主要依靠道德高尚的圣贤通过道德教化来治理国家,法治则是指主要依靠掌握国家权力的人通过强制性的法律来治理国家。在古希腊柏拉图和亚里士多德之争中,人治和法治的含义比较复杂。人治不仅指主要依靠掌握统治知识和智慧的人以具体指引的形式来治理国家,而且指君主或少数寡头的统治。法治则不仅指主要依靠不受人的感情支配的法律来治理国家,也指对人们行为的指引主要通过一般性规则的方式,还指民主、共和政制。在17—18世纪反封建斗争中所讲的法治主要指民主、共和制,人治则代表君主专制、等级特权等。

在西方国家,自17—18世纪起,民主、共和制意义上的法治论取得了巨大的胜利。自此以后,也有人对"法治政府而非人治政府"之说提出质疑。例如美国法学家派特逊(E. Patterson)就认为这一说法是"自我矛盾的","法律没有公职人员就等于开了药方而没有人去配药"①。但一般地说,"要法治不要人治""法治政府而非人治政府""法律至上"等已成了西方流行的观点。

尽管如此,西方法学家对法治的具体内容或原则却始终众说不一。19世纪末英国宪法学家戴西曾以英国政制和法律传统为基础,提出了法治的三个著名的原则:任何人都不因从事法律不禁止的行为而受罚;任何人的法律权利和责任问题都应由普通法院审理;每个人的个人权利不是宪法的产物而是宪法所赖以建立的基础。但这些原则之后也不断遭到反对,被认为已不符合20世纪的现实。② 20世纪50—60年代,西方法学家也曾围绕法治这一主题召开过几次国际会议,但也并未就法治的具体内容和原则取得一致的意见。随着"福利国家"方案的兴起,国家权力日益扩大,西方法学家中也一度展开了"福利国家"与"法治"是否矛盾的争论。但这已不是"法治"和"人治"之争,因为现在争论双方都主张法治,分歧主要在于一方认为福利国家意味着国家权力加强,从而危害个人自由和法治;另一方则认为福利国家、个人自由和法治三者可以相互结合。③

二、"法制"词义的演变

"法制"一词的词义在我国历史上,特别是在1949年新中国成立后不断

---

① E. Patterson, *Jurisprudence*, The Foundation Press, 1953, p. 101.
② E. C. S. Wade and G. G. Philips, *Constitutional and Administrative Law*, Longman,1977, pp. 86—89.
③ W. Friedmann, *Legal Theory*, Columbia University Press,1953, pp. 422—429.

演变。①

"法制"一词在我国古代就已出现。"命有司,修法制,缮囹圄(音 yǔ,指监狱)。"②但在 1949 年新中国成立前,"法制"一词较少使用,主要用作以"法制史"命名的著作或机关组织的名称。就"中国法制史"研究对象而论,法制史学家历来有广义和狭义两种解释。广义说以丁元普等人为代表,认为法制指法律和制度,因而中国法制史研究范围包括法律和法律以外的制度。狭义说以程树德等人为代表,认为法制仅指有关法律规定,因而法制史研究范围以律和刑为限。③

1949 年后,"法制"一词被广为使用。"文化大革命"前,我国法制一般称为"革命法制"或"人民民主法制"。在 1978 年中共第十一届三中全会后,才通称"社会主义法制"。直到 1997 年中国共产党第十五次全国代表大会前,"法制"一词,大体上有以下三种含义:

第一,静态意义上的法律和制度,或简称法律制度。在现代社会中,与中世纪不同,重要的制度通常都有相应法律规定或都在相应法律范围内发挥作用,从这一意义上讲,"法律和制度"和"法律制度"这两个词组可以说基本上是同义的。但另一方面,"制度化、法律化"二词有时是有区别的,法律化固然是一种制度化,但反过来,并不是所有制度化都是法律化。例如,体现党内民主或社会组织、企事业民主管理的制度,并不属于或不一定属于法律范畴。再有,这里讲的法律和制度主要指有关法律和制度的条文规定,少数是惯例。

第二,动态意义上的法律,即立法、执法、司法、守法、对法律实施的监督等各个环节构成的一个系统,类似西方社会学法学家所讲的法律概念。例如,美国社会学法学家庞德就将法律称为"社会工程"④,并对法律的概念作了很广泛的解释。我国有些法学工作者曾将系统论引入法学,往往将法制称为"法制系统"或"法制系统工程"等。

第三,指"依法办事"的原则,也即中共十一届三中全会公报中所讲的"有法可依,有法必依,执法必严,违法必究"。就词义而言,法制相当于"依法办事"的原则,董必武在 1956 年中国共产党第八次全国代表大会上发言中曾讲到,"依法

---

① 除本章内容外,笔者曾就法治、人治和法制词义发表过下列论文:《既不宜作为口号提倡,也不宜简单地否定》,载《法治与人治问题讨论集》,群众出版社 1981 年版,第 332—339 页;《法制、法治、人治的词义分析》,载《法学研究》1989 年第 4 期,第 4—9 页;《再谈"法制"与"法治"二词的词义》,载中国法学会编:《法学研究动态》1996 年 5 期,第 2 页;《依法治国,建设社会主义法制国家》,载《北京大学学报》(哲学社会科学版)1996 年第 6 期,第 4—11 页;《建设社会主义法治国家》,载《人民日报》1997 年 10 月 10 日。从以上内容以及本章所述内容,大体上可以看出"法制"一词词义的演变对笔者写作的影响。

② 《礼记·月令》。

③ 林咏荣:《中国法制史》,台湾大中国图书公司 1976 年版,第 1 页。

④ Roscoe Pound, *Interpretation of Legal History*, Harvard University Press,1946, p.157.

办事是进一步加强法制的中心环节"①。

这里还应注意,以上第三种含义,即"依法办事"原则这一意义上的"法制",在不同民族语言中有不同表达法。1959年在新德里召开的国际法学家委员会关于法治问题的讨论会上,该会前秘书长、英国法学家马什(Norman Marsh)所作的报告中就谈到法治的不同表达法:对大多数法学家来说,"法治"被认为是一批原则、制度和程序。它们可同引起不少争论的政治和社会问题分开,而对任何名副其实的法制来说,却是基本的和不言而喻的。因而,在这一意义上,受过英国法律传统教育的法学家会说"法治"(rule of law),美国法学家会指"法治政府"(government under law),法国法学家为同样目的可能说"法制原则"(le principe de légalité)或"法律规则至上"(la suprématie de la regle du droit),而在类似情况下,德国最常用的概念是"法治国"(Rechtsstaat)。②

也应顺便指出,在马克思、恩格斯的著作中,在不同场合下分别使用过"法治""法治国""法制"三词。在列宁的著作中,无论是对苏维埃政权还是对资产阶级国家,都用法制(俄文законность)一词。原苏联的法学著作一般也是这样用法。新中国成立初期,"法制"和"法治"二词在报刊上都曾使用过。但以后直到"文化大革命"结束这一长时期内,一般仅用"法制"而不用"法治"。这一现象或者是受苏联法学影响,或者是受一种"左"的错误思想的影响,误认为"法治"是西方国家专用的概念。

1997年中国共产党第十五次全国代表大会报告对我国治国方略问题作出了精辟论述,其中一个重要贡献是:将过去通常讲的"法制国家"改为"法治国家"。"法制"与"法治"仅一字之差,但内涵与外延是有区别的,法治强调的是通过法制对国家和社会事务的管理,它与"德治(或人治)"是直接对立的。而法制保留了前两种含义,其第三种含义被法治概念所吸收。这种区别逐渐为人们所接受,成为流行的认识。

第二节 "依法治国"的理论

一、依法治国的基本方略

依法治国是党领导人民治理国家的基本方略。基本方略指基本的方针和战略。之所以是治国的基本方略,主要是指治国要法治而不要人治,这一点从中共

---

① 董必武:《论社会主义民主与法制》,人民出版社1979年版,第136页。
② International Commission of Jurists, *The Rule of Law in a Free Society*, New Delhi, India, 1959, pp. 54—55.

十五大报告中引用了邓小平的两段话就可以证明:一段是"领导制度、组织制度问题更带有根本性、全局性、稳定性和长期性"①。另一段是"使这种制度和法律不因领导人的改变而改变,不因领导人的看法和注意力的改变而改变"②。这两段话是邓小平总结"文化大革命"的沉痛教训所得出的结论。当然,强调"法治"与充分发挥领导人在依法治理国家事务中的个人作用,发挥他们的聪明才智,是一致的,将法治与个人的能动作用对立起来是一种误解。

除了上述基本方略外,中共十五大报告指出了依法治国的另外三个必要性,即"发展市场经济的客观需要"、"社会文明进步的重要标志"以及"国家长治久安的重要保障"。治国的基本方略和这三个必要性是我国多年来历史经验的总结,没有健全的法治,就谈不到市场经济的发展、社会的文明与进步以及国家的长治久安。

1999年第九届全国人民代表大会第二次会议通过宪法修正案,规定"中华人民共和国实行依法治国,建设社会主义法治国家"。全国人民代表大会常务委员会在《关于中华人民共和国宪法修正案(草案)的说明》中,指出:"将'依法治国,建设社会主义法治国家'写进宪法,对于坚持依法治国的基本方略,不断健全社会主义法制,发展社会主义民主政治,促进经济体制改革和经济建设,具有重要的意义。"这一基本方略具有了宪法效力。

十五大之后的中国共产党历次全国代表大会报告都会重申、强调依法治国的方略,并对法治建设进行总体部署。中国共产党在推进依法治国的过程中,形成了社会主义法治理念。社会主义法治理念的核心和精髓是坚持党的领导、人民当家作主和依法治国有机统一。其基本内容是依法治国、执法为民、公平正义、服务大局、党的领导。社会主义法治理念集中概括了作为执政党的中国共产党对依法治国的认识,是中国社会主义民主与法治实践经验的总结,也是当代中国法治建设的总体方针。

二、依法治国的基本条件

就具有不同世界观和价值观的人来说,他们对人类社会的理想模式当然会有不同的理解。但对一个长期生活在缺乏民主与法制传统中的人来说,实行法治或依法治国原则的社会的确是一个值得追求的理想。

一般地说,实行法治的社会必须具备某些前提条件,例如,经济比较发达,居民生活比较安定,社会秩序相对稳定,有一定程度的民主,社会成员拥有基本的道德水平和法律意识,有较完备的法律和较健全的立法、执法、司法和法律监督

---

① 《邓小平文选》第2卷,人民出版社1994年版,第333页。
② 同上书,第146页。

的机制以及较成熟的法律职业群体(包括法官、检察官、律师和法律教育工作者等)。相反的,在一个动乱不已、人民饥寒交迫、统治者专制暴虐、官吏专横跋扈的社会中,是不可能有法治的。

从历史上看,法治国家是在近现代社会才出现的,在古代和中世纪,除了个别时期外(如罗马法的鼎盛时期,中国历史上"贞观之治"等盛世),一般是不存在法治的。当然在近现代社会,即资本主义社会和社会主义社会,也并不一定是实行法治的,或者说,仅在少数国家实行。

资本主义社会大体上在17世纪后期开始出现(以英国1688年"光荣革命"为界),到现在已经历了三个多世纪。但在资本主义国家中,法治或依法治国原则的形成都经历了相当长的时期,长的几百年(如英、法、美三国),短的也要几十年(如第二次世界大战后的德、意、日三国)。在苏联,自1918年十月革命胜利开始,至20世纪90年代初苏联解体止,约七十年中,也难说曾形成过法治。

在这里,我们从历史事实来说明走向法治的国家必须具备的前提条件。一方面,英、美、法三国经历了几百年才建立了法治,这是由于这三个国家在经济上比较发达,政治上比较民主,人民生活比较稳定,相对而言,法治在英美两国较显著。另一方面,德、意、日三国只是在第二次世界大战后才走向法治,这是因为它们在20世纪20—30年代走向法西斯统治,也即毁灭资本主义法治(虽然只是很脆弱的法治)。正如列宁在第一次世界大战前夕分析德国的政治形势时指出的,"德国的统治阶级曾经在19世纪下半叶最强大的国家,造成了最迅速发展资本主义的条件和宪制长久存在的条件,而现在,十分明显,他们要走到事情的反面,就要为了保存资产阶级的统治而不得不毁掉他们的这种法制了,历史真会捉弄德国资产阶级"[①]。第二次世界大战后,德、意、日三国在以美国为首的资本主义国家支持下开始建立了法治。所以,一个国家的法治与本国的社会、经济、政治和文化条件是密切联系的,法治的兴衰与本国社会、经济、政治和文化条件的兴衰是并行的。

三、依法治国的基本原则

构成法治国家的基本原则有哪些?古今中外学者或者略而不谈,或者众说纷纭。笔者认为,大体上说,法治国家的基本原则可分为两种。一种是实体原则或价值原则,即法治国家所要实现的主要目标;另一种是形式原则,指实现法治目标时所必须确立的形式或程序。

古希腊思想家亚里士多德曾把法治界说为:"法治应包含两重意义:已成立

[①] 《列宁全集》第20卷,人民出版社1958年版,第16页。

的法律获得普遍的服从,而大家所服从的法律又应该本身是制定得良好的法律。"[①]但问题是,这里讲的"良好"是一个比较模糊的词。亚里士多德本人言之未详。

在西方历史上,法治与人治概念,起自古希腊,但对后世(包括我国在内)有较大影响的是17—18世纪西方思想家的有关解释。

从17—18世纪以来直到当代西方思想家关于人治和法治的解释来看,我们可以了解到:第一,他们没有统一的确切的解释。第二,他们的解释都是从属于各自的政治纲领的。例如,有人用以论述"君主立宪",有人论证"民主共和国",有人论证"自由竞争",有人论证"福利国家"等。第三,至少从形式上看,大多数人比较一致的地方是:法治反对专制、专横和特权,而人治则意味专制、专横和特权。

国际法学家委员会曾在1955年于希腊雅典,1959年于印度新德里先后召开规模较大的国际会议,专门讨论"法治"问题,并分别发表各自的宣言。

雅典会议的宣言是:

(1) 国家遵守法律。

(2) 政府应尊重个人在法治下的权利并为其实现提供有效的手段。

(3) 法官应受法治指引,无所畏惧地并无所偏袒地保护和执行法治,并抗拒政府或政党对法官独立的任何侵犯。

(4) 全球律师应保持他们专业的独立性,肯定个人在法治下的权利并坚持每一个被控告者应受公正的审理。

新德里会议的宣言是:

> 重申国际法学家大会于1955年6月所通过的雅典宣言中所表达的原则,特别是独立的司法和法律专业对维护法治与适当执法的重要性;
>
> 承认法治是一个主要由法律家负责发展和实施的动态概念,它不仅要由自由社会中个人民事和政治权利的维护和促进来实行,而且要建立个人的合法期望和尊严得以实现的社会、经济、教育和文化条件。
>
> 号召各国法律家在各自社会中实现大会结论中所表达的各种原则。

在这一会议的"结论"中分列了立法、行政、刑事诉讼程序以及司法和法律专业四个方面与法治有关的一些一般原则。[②]

从以上两个宣言中,我们大体上可看出,它们所讲的法治的含义主要是:

[①] 〔古希腊〕亚里士多德:《政治学》,吴寿彭译,商务印书馆1965年版,第199页。

[②] International Commission of Jurists, *The Rule of Law in a Free Society*, New Delhi, India, 1959, pp. 2—3.

(1) 法治来自个人的权利和自由,包括言论、出版、宗教、集会、结社的自由,以及自由参加选举从而使法律由当选人民代表所制定并对所有人平等保护;(2) 国家与政府要守法,保护个人在法治下的权利;(3) 维护法治主要应依靠法官独立,法律专业的独立。

国际法律家委员会秘书长让弗拉维尔·拉蒂夫(Jean-Flavien Lative)在《自由社会的法治》一书的导言中一开始就指出,法治"是许多不同法律制度的法律家所熟悉的但却常被认为是一个意义难定的用语"①。

(一) 实体(价值)基本原则

由于我们对现代国家法治的实体基本原则缺乏更多的了解,我们暂且将中外法学作品中论述法治国家常讲的一些概念列为实体基本原则。

这里应特别指出,我们现在讲的是现代国家的法治原则,即资本主义国家和社会主义国家两类国家的法治原则。作为法治原则,两者之间当然有不少共同点,例如都要依法行事,都承认法律面前人人平等、人权的普遍性。但由于社会制度和意识形态的不同,在同一问题和同一原则上,人们往往有不同的甚至相反的理解。

当代中国要建设的是社会主义法治国家,所以,社会主义法治理念对依法治国(即社会主义法治)的定义是很鲜明的,它指的是党的领导、发扬人民民主和严格依法办事三者统一起来,从制度上和法律上保证党的基本路线和基本纲领的贯彻实施。总之,我国社会主义法治的实体基本原则都必须以中国特色社会主义理论体系为指引,所以,我们在下面论述现代国家实体基本原则的价值时,必须注意社会主义法治原则与资本主义法治原则的区别。

(1) 生存。这是首要的人权,《世界人权宣言》第3条明确规定:"人人有权享有生命、自由和人身安全。"在旧中国,由于帝国主义的侵略,封建主义和官僚资本主义的压迫,争取生存权利历史地成为中国人民必须首先要解决的人权问题。新中国的建立实现了人民梦寐以求的国家的独立和统一,并为解决人民的温饱问题奠定了前提。经过努力,人民的温饱问题基本解决,但中国现在还是一个发展中国家。发展中国家人口的1/3仍生活在贫困线以下,对他们来说,最紧迫的人权是生存和发展权。

(2) 安全。任何国家的法治的一个最起码的任务是保障人民的生命、人身和财产安全。17世纪英国思想家霍布斯曾称:"人民的安全是最高的法律。"② 任何国家的宪法和刑法、程序法都载有保护人民生命、人身、财产等安全的规定。

(3) 民主。民主的意思是人民最终掌握国家的主权、治权,决定法律和政策

---

① International Commission of Jurists, *The Rule of Law in a Free Society*, New Delhi, India, 1959, p. V.
② 转引自 Edgar Bodenheimer, *Jurisprudence*, Harvard Unversity Press, 1974, p. 237。

的方向和基本内容。民主作为法治的实体原则,旨在尊重和保障人民的主体性地位。对民主的模式,各国因国情和条件不同存在差别。当代中国是一个社会主义的、发展中的国家。它在推进经济体制改革的同时进行政治体制改革,扩大社会主义民主,落实人民的民主权利,探索符合中国国情的民主模式。

(4) 自由。自由是人类追求的基本价值,每个国家的宪法和其他法律都规定了人民的基本权利和自由。法律绝不可能授予人们以绝对的、无限的自由,人们的行动要受法律、道德等各种规范的约束。法治在维护人民的合法的自由和权利的同时必须约束、禁止那些侵犯他人的合法自由和权利或社会的利益的行为。法治也反对国家机关及其工作人员滥用权力侵犯人民权利和自由的行为。

(5) 平等。这是与自由一样为人类所追求的一个基本价值,现代国家的宪法和法律都规定"法律面前人人平等"的原则。以后才逐渐增加了"机会的平等"和"社会福利的平等",但像自由一样,平等始终是一个相对的概念,绝对平等是不存在的。

(6) 人道主义。在不同社会制度和意识形态下,对人道主义会存在不同的理解,但现代国家的法律制度,在人道主义方面存在着很多共同点。众多国际公约的内容也体现了人道主义精神。

(7) 共同福利。现代国家在承认自由、平等和安全等作为法治的实体(价值)基本原则时,往往也提出"共同福利"的原则。在资本主义社会,尽管一些思想家赋予"共同福利"以崇高的含义,但实际上仅限于通过一些"社会保险"立法。社会主义国家以实现繁荣富强和人民共同富裕为目标。

(8) 正义。本书第三章已研究了正义的概念。应重申的是,正义是一个相对的概念,它是一个有条件的、受制约的可变的概念,但衡量任何一种法律制度、事业是否合乎正义的最终标准是看它们是否促进社会进步,是否合乎最大多数人的最大利益。

(9) 和平。和平与发展是当今时代的两大主题。人们普遍认为,对于危及世界和平与安全的行动,诸如由殖民主义、种族主义和外国侵略、占领造成的粗暴侵犯人权的行动,以及种族隔离、种族歧视、种族灭绝、贩卖奴隶、国际恐怖组织侵犯人权的严重事件,国际社会都应进行干预和制止,实行人权的国际保护,这正是现代国家法治的一项艰巨任务。当然,也不容许任何国家借口"人权"干涉别国内政,侵犯别国主权。事实上,人权需要主权保护,没有主权就不能有效保障人权。

(10) 发展。发展权既是一项个人权利,同时又是一项集体权利。现在许多发展中国家社会经济发展缓慢,因此发展权更应受到重视。促进我国经济和社会的可持续发展,必须在保持经济增长的同时,保护自然资源,保持良好的生态环境。国际社会应致力于消除世界经济秩序中不公正和不合理的现象,建立新的国际经济秩序。

(二) 形式(程序)基本原则

以上已讨论了现代国家法治的实体(价值)基本原则。这里再研究现代国家法治的形式(程序)基本原则。这两种基本原则有时是较难区分的。但总起来看,还是应该分开的,我们不仅要探讨法治的实体目标,而且还应探讨为实现这种目标所应具备的形式或程序方面的原则。

在第二次世界大战后的西方法学中,法治原则是一个热门问题,美国法学家富勒首先提出了八项法治原则:(1) 法律应具有一般性,即人们有规则可循,法律是对一般人都适用的,同样情况应同样对待;(2) 法律应公布;(3) 法律适用于后来的行为而不溯及既往;(4) 法律是明确的;(5) 法律中不应有矛盾;(6) 法律不应要求不可能实现的事;(7) 法律应是稳定的;(8) 官方行为和法律应是一致的。[①]

在富勒以后,有些法学家对以上八个基本原则加以补充,如司法独立;司法审查;一般人有接近法院的可能性;律师咨询;防止警察机构滥用权力或歪曲法律;法律应有可预测性;法律应通过规则和机构体系调整它自己的创造,即规则确定机构,机构创立和执行规则;等等。

以上这些基本原则,有的是西方国家实行法治的经验总结,有的也仅是法学家的主观设想。这里需要注意的是,在他们所讲的原则中,有些是任何现代法律共同适用的原则,如法律应是一般的规则,公布的,不溯及既往的,明确的,不应有矛盾的,是可以实现的,稳定的。还有一类原则与特定的社会制度或意识形态有较密切的联系,例如,上面讲的司法审查是一般西方国家实行的制度,与西方代议民主制、三权分立原则是密切联系的。司法审查是指由法院来承担对立法和行政执法行为的审查工作,是作为一种制度来设置的。不过如果我们把它作为一项原则来看,它是指应当有一定的机构来对立法行为和行政执法行为进行审查,以保证它们不违反宪法和上位法。这对于实行法治来说是必要的。

法治在形式方面的基本原则是本国法律发展经验的总结。我们在确定这些原则时,应从本国国情,即本国社会制度和其他各种现实条件出发,当然在这一过程中,需要参考本国历史上和外国的经验。这些原则如果符合本国法治发展情况,将指引和促进依法治国原则的实现,同时也可以作为检验这一原则的标准。因此,认真总结本国法治发展的经验教训,确定这些原则是我国有关立法、执法、司法部门以及法学工作者的一个重大任务。

还应注意,法治形式基本原则的目的是为了有效地实现法治,它对广大公民、企事业组织、社会团体和国家机关、政党、武装力量是普遍适用的。一方面它

[①] Lon L. Fuller, *The Morality of Law*, Yale University Press, 1969, pp. 46—91.

保护公民合法权利和利益,也防止权利的滥用;另一方面,也维护国家机关及其公职人员依法行使职权,并防止它们滥用权力。对这两个方面,应保持适当平衡。

在当代中国,党的十一届三中全会公报曾经提出:"有法可依、有法必依、执法必严、违法必究。"在有的法理学教材中,又作了具体的阐述,"一般认为,有法可依是前提,有法必依是关键,执法必严是要求,违法必究是保障"①。党的十一届三中全会公报中提出的这些原则对加强法制起了重要作用,它以通俗易懂的语言概述了依法办事的逻辑含义。这一表述是我国实行法治的重要的、具有高度概括性的形式原则,但并不代表整个法治的实体和形式基本原则。

在我国,拥有立法权的国家机关承担着有法可依的任务。《立法法》第4条规定,立法应当依照法定的权限和程序,从国家整体利益出发,维护社会主义法制的统一和尊严。除此之外,法律还应当具有一般性、公开性、明确性、稳定性、可行性,并且在一般情况下不应赋予法律溯及既往的效力。

对于行政机关而言,依法行政,遵循程序,合理行使自由裁量,行政公开,行政行为受到监督和制约,为行政相对人提供救济途径,都是行政执法的原则。

对于司法机关而言,我们不妨以中国三部诉讼法(《刑事诉讼法》《民事诉讼法》和《行政诉讼法》)来说明司法机关在实行法治时所依据的形式(程序)基本原则。

这三部诉讼法所规定的基本原则很多是相同的,其中包括:

(1) 法院和检察院依法独立行使审判权和检察权,不受行政机关、社会团体和个人的干涉。检察院作为国家的法律监督机关,依法对这三种诉讼实行法律监督。

(2) 以事实为根据,以法律为准绳。

(3) 适用法律一律平等。

(4) 审判公开进行,但根据法律可以规定例外的情形。

(5) 实行回避制。

(6) 实行两审终审制。

(7) 各民族公民都有用本民族语言、文字进行诉讼的权利;在少数民族聚居或多民族共同居住地区,应用当地通用语言、文字进行审理或公布法律文件,对不通晓当地通用的语言、文字的诉讼参与人提供翻译。

(8) 被告人、当事人有权进行辩护,法院有义务保证被告人获得辩护;律师承担法定的司法援助义务。

以上主要是三个诉讼法中共同规定的一些实行法治的形式(程序)基本原

---

① 沈宗灵主编:《法理学》,高等教育出版社1994年版,第184页。

则。还有仅适用于个别诉讼法和三个诉讼法以外法律所规定的一些基本原则。

(1) 在刑事诉讼法中,规定刑事案件的侦查、拘留、逮捕、预审由公安机关负责;检察机关负责检察,批准逮捕,对直接受理案件进行侦查,提起公诉;法院负责审理(国家安全机关负责危害国家安全的刑事案件,行使与公安机关相同职权)。法院、检察院和公安机关进行刑事诉讼实行分工负责,互相配合,互相制约的制度。

(2) 刑事诉讼法规定,未经人民法院依法判决,对任何人都不得确定有罪,即实行世界公认的"无罪推定原则"。

(3)《国家赔偿法》中规定,国家机关及其工作人员违法行使职权侵犯公民、法人和其他组织的合法权益造成损害的,受害人有取得国家赔偿的权利。近年来,中国正在逐步推行冤案、错案责任追究制度。

(4) 法院审理民事案件,根据自愿与合法原则进行调解。人民调解委员会是在政府和法院指导下,调解民间纠纷的群众性组织。

(5) 对法律专业人员专门规定了《法官法》《检察官法》和《律师法》,保障他们依法履行职责,受法律保护。

应该指出,以上所列举的当代中国法治的形式(程序)基本原则主要根据现行制定法部分规定。随着中国法治的不断发展,这些原则将逐步完善。

第三节 依法治国的优越性、局限性和前景

一、法治的优越性

在研究"依法治国,建设社会主义法治国家"问题时,人们会进一步问:为什么一定要实行"法治"?"法治"有什么优越性?一般地说,"法治"的优越性是指它优于"德治"或"人治"。但这里所讲的法治优越性,不仅指与"德治"或"人治"相比,而且还指法治的其他优点。

依法治国,是党领导人民治理国家的基本方略,是发展社会主义市场经济的客观需要,是社会文明进步的重要标志,是国家长治久安的重要保障。这些必要性是我国多年来历史经验的总结,正说明法治本身的优越性和价值,即法治代表理性、效率、文明、民主和秩序。具体而言,法治的优越性主要体现在以下三个方面。

第一,法治代表一种理性的社会治理方式。法治并不是人们感情冲动的产物,它可以说是人们"沟通理性的体现,人们在自由开放的,不受权力关系压制的情况下,诚意地进行讨论协商,互相交换意见,尊重并全心全意地尝试了解对方的观点,大家都遵守以理服人原则,摆事实,讲道理,唯'理'是从,不固执己

见,从善如流,以达成共同的认识(共识),并根据此共识来治理社会,或以此共识作为有关社会政策或安排的基础"①。

第二,法治代表一种对人们行为的高度规范性的指引方式而不是一种个别性指引方式。由于法治是以国家名义制定和实施的,因而这种指引方式又有极大的权威性。这种具有高度规范性和极大权威性的指导方式,对社会成员来说,也就是法治的体现和要求,它是建立社会秩序的一个必不可少的条件,具有连续性、稳定性、高效性的优点,所以,法治的价值之一就在于它意味着高效率。

第三,法治对人类文明、民主与秩序作出了重要贡献。人类对中国历史上的《唐律》、古罗马的《查士丁尼民法大全》、19世纪初的《法国民法典》等法律文献都有崇敬的心情,就因为它们标志着历史上较高的、优秀的文明。我们也认为健全的法治是社会文明进步的重要标志,是国家长治久安的重要保障。前面已讲过,法律或法治绝不可能直接规定某人成为一个杰出的科学家或学者,但法律或法治可以为人们成为杰出的人才提供某种条件或环境,这也就是说,法律或法治,作为一种制度,它规定人们的权利、义务、权力和责任等,在这种制度下,人们通过自己的努力与智慧有可能成长为杰出的人才。民主是现代国家法治的一个重要价值,同时也是法治的一个实体基本原则,这在前面已经讨论过。现代国家总是与某种民主模式相联系,法律是由民选代表制定并由行政、司法机关执行的。现代国家的法治也总是与社会秩序不可分的,是与专制、独裁或无政府主义对立的。

二、法治的局限性

法治的局限性问题可以通过法的作用的局限性来加以说明。本书第五章第五节论述了法的作用的局限性。法的作用的局限性主要体现在以下四个方面:(1)法不是调整社会关系的唯一手段;(2)"徒善不足以为政,徒法不能以自行";(3)法律的抽象性、稳定性与现实生活的矛盾;(4)法律所要适用的事实无法确定。

由于法不是调整社会关系的唯一手段以及有些社会关系领域不适宜于法律的调整,所以法治不能实行于所有的社会关系领域,也不能取代或排斥其他社会规范和调整手段的作用。"徒法不能以自行"也可以引申说明,实行法治不能仅仅依靠确立依法治国的方略或提出这样的口号,更重要的是要营造相应的社会、政治、经济、文化等方面的条件。由于法律的抽象性与千差万别、纷繁复杂的现实生活之间的矛盾,所以实行法治可能就不利于实现个案中的正义。法律的稳定性与现实生活的变动不居之间也存在着矛盾,这就有可能使得法律成为社会

---

① 陈弘毅:《西方人文思想与现代法的精神》,载《中国法学》1995年第6期。

变革和发展的障碍,所以法治更适宜实行于和平和稳定的时代。

三、中国法治的前景

1997年9月,中国共产党第十五次全国代表大会提出了"依法治国,建设社会主义法治国家"的号召。在中国社会主义民主与法制发展史上,这是一个有巨大历史意义的号召。1999年宪法修正案将这一治国方略载入宪法。经过多年的努力,目前涵盖社会关系各个方面的法律部门已经齐全,各法律部门中基本的、主要的法律已经制定,相应的行政法规和地方性法规比较完备,法律体系内部总体做到科学、和谐、统一。一个立足中国国情和实际、适应改革开放和社会主义现代化建设需要、集中体现党和人民意志的,以宪法为统帅,以宪法相关法、民法商法等多个法律部门的法律为主干,由法律、行政法规、地方性法规等多个层次的法律规范构成的中国特色社会主义法律体系已经形成。[①] 这是法治建设的重要成就。但是只能说初步形成了中国特色社会主义法律体系,还不够完善。法律实施的任务还很艰巨,司法、执法体制还有待进一步改革。

有关中国法治建设的未来,我们需要从两个方面来分析。

首先应看到我国实现法治的一些有利条件和已经取得的成绩。第一,绝大多数中国人从自己的亲身经历逐步体会到必须实行依法治国。在20世纪70年代末,中国主要是从"文化大革命"的历史教训来认识加强民主与法制的必要性的。早在开始实行改革开放时,中国领导人就提出了"发展社会主义民主,加强社会主义法制"的方针。随着改革开放的逐步开展和市场经济体制的逐步确立,中国也进一步认识到加强民主与法制的迫切性。改革使人们较清楚地看到旧体制(包括自新中国成立以来长期无法可依的状态)的弊端,开放使人们认识到如果法制不完善,国外与境外的技术或资金就难于进入中国内地。后来又进一步提出了"依法治国,建设社会主义法治国家"的治国方略。这是全国人民对民主与法制认识与实践不断提高与成熟的产物。第二,改革开放以来法治建设取得了很大的成绩。人民代表大会制度、民族区域自治制度、基层民主自治制度不断完善,人权事业得到了发展,中国特色社会主义法律体系基本形成,行政管理体制、司法体制改革不断深化,法学教育也获得了蓬勃的发展。

其次,我们也应看到中国要真正成为"法治国家"仍有各种阻力。在中国历史上,缺乏民主法制传统,但却有长期封建专制、特权的传统。中国的民族文化传统中既有有利于社会主义现代化事业的极为宝贵的因素,又有不利于民主法制发展的消极因素。中国的经济政治体制中还有许多不利于民主、法制发展的弊端,还有待改革的逐步深入。改革开放以来,特别是市场经济的发展,也带来

[①] 吴邦国:《在形成中国特色社会主义法律体系座谈会上的讲话》(2011年1月24日)。

了利己主义、金钱至上、贪婪之风的盛行。中国经济还很落后,人口众多,幅员广阔,情况极为复杂,中国仍缺乏足够的、素质较高的行政官员、法官、检察官以及律师。自实行改革开放以来,中国在立法方面取得了很大成就,但也存在着立法质量不高等问题。法律实施方面存在着有法不依、执法不严、违法不究或不重视、不遵守法律等现象。

从现实情况来看,要从根本上改变不依法办事、不重视法制的现象,需要经过长期的、艰苦的努力,并采取各种有效的措施。其中有两个重要措施:一个是加强对法律实施的各种形式的切实有效监督;另一个是在全社会开展多种形式和切实有效的法制教育。

在研究中国"建设社会主义法治国家"的前景时,我们当然应注意这一进程中的困难与阻力以及这一任务的艰巨性,但我们更应看到,中国社会主义法治是在坚持党的领导、发扬人民民主和严格依法办事的基础上建立起来的。所以,我们深信,在党的领导下,在广大人民积极支持和参与下,我国必将在实现社会主义现代化的过程中建设成一个法治国家。

思考题

1. 在我国和西方国家历史上,关于法治与德治(或人治)之争,有哪些重大分歧?
2. 如何理解社会主义法治理念?
3. 为什么必须实行依法治国,建设社会主义法治国家?
4. 试论我国建设法治国家的前景,为此应作哪些努力?

参 考 书 目

1. 〔古希腊〕亚里士多德:《政治学》,吴寿彭译,商务印书馆1965年版,第三卷第十五、十六章。
2. 〔英〕洛克:《政府论》下篇,叶启芳、瞿菊农译,商务印书馆1964年版,第九章、第十一章。
3. 夏勇:《法治是什么?渊源、规诫与价值》,载《中国社会科学》1999年第4期。
4. 郑永流:《法治四章:英德渊源、国际标准与中国问题》,中国政法大学出版社2002年版。

第九章 法律与经济

本章主要学习法律与经济的一般原理,经济体制与法律,市场经济法律制度和宏观调控与法律等。

第一节 法律与经济概述

一、"经济"的语义分析

经济这一词来源于希腊语,其意思为"管理一个家庭的人"。古希腊的色诺芬的《经济论》,在希腊语中的含义是"家庭"和"管理"两词的结合。亚里士多德的《政治学》中也把经济分为"作为家务管理的科学"和"有关攫取的艺术的供应科学"。到了西欧中世纪,"经济"一词的含义发生了变化,"家政管理"、治理国家等都是经济的内涵,而且具有了伦理道德等的意味。

古代汉语中的"经济"一词,在公元4世纪初东晋时代已开始使用。在中华传统文化中,经济一词的本来意思都是"经世济民"、"经国济物",都含有治国平天下之意。

现代汉语中的经济一词,是从西方引进的一个术语。西方经济学19世纪晚期传入中国,economics 最初直接译为"富国策"、"生计学"、"理财学"等词。首先把 economics 翻译为"经济学"的是日本人。日文中,"经济"为多义词,其中有"经邦治国"之"经济"之义。但"经济学"则是日本直接从西文中翻译过来的。在中国,将经济学作为一门学问的用语,始于20世纪初叶。1903年,日本学者杉荣三郎受聘于京师大学堂,曾编写《经济学讲义》。1905年,梁启超在《驳某报之土地国用论》中曾说:"言经济学必当以国民经济为鹄,固已。显然,国民之富,亦私人之富之集积也,不根本于国民经济的观念以言私人经济,其褊狭谬误自不待言。"这是中国人最早使用西方意义上的经济学这个词的记载。

就经济的词义而言,《牛津高阶英汉双解词典》认为,经济(economy)的第一种意思是节省、节约(金钱、力气、时间、资源等);第二种意思是理财;第三种意思是(国家的)经济管理、经济制度。传统的政治经济学著作中对"经济"一词的解释,认为经济是指社会生产关系的总和,指人们在物质资料生产过程中结成的,与一定的社会生产力相适应的生产关系的总和或社会经济制度,是政治、法律、哲学、宗教、文学、艺术等上层建筑赖以建立起来的基础;经济是指社会物质资料的生产和再生产过程,包括物质资料的直接生产过程以及由它决定的交换、分配和消费过程。其内容包括生产力和生产关系两个方面,但主要是指生产力。经济是指一个国家国民经济的总称,包括一国全部物质资料生产部门及其活动和部分非物质资料生产部门及其活动。我们通常讲不同国家的经济状况,就是从国民经济的角度上讲的。

在西方经济学中,经济学家给经济学下了各种各样的定义,但对经济的定义却比较模糊。他们认为经济学的研究对象自然是经济,经济这个最基本的概念是一个清晰自明的实体,对经济无须下定义,故至今为止在西方经济学中经济一词还没有一个明确的定义。由此导致他们对经济学的定义也处于混乱状态。我们只能从其对经济学的定义中推测出经济的"定义"。在他们看来,经济是指财富、稀缺资源、人类生活事务等。1992年诺贝尔经济学奖获得者加里·贝克尔(Gary S. Becker)认为,"经济"的概念就是如何以最小的代价,取得最大的效果,就是如何在各种可能的选择中,即在各种主观与客观、自然与人际条件的制约下,选取代价最小而受益最大的那一种选择。① 在制度经济学的理论中,假设个人具有稳定的偏好,"它们由生活的基本方面,如健康、声望、官能快乐、仁慈或嫉妒来决定",这些基本方面可表示为商品。② 个人用买来的货物,以及他们自己的实践来生产商品以求自己偏好的最大化。个人并不只关心物质收益和货币收入。对健康、声望、快乐以及其他非物质商品的追求,可能诱致个人摒弃他可得到的最大物质收益。个人又是理性的,所谓理性,经济学家指的是当个人在交换中面对现实的选择时,他将挑选"较多"而不是"较少"。③ 只有在他的利他主义的报酬超过他作为利他主义者的费用时他才利他。

本书主要是从生产力与生产关系的意义上使用经济的概念。经济是指整个社会的物质资料的生产和再生产,经济活动是指物质财富的生产、分配、交换和消费活动的总称。

二、法与经济的一般关系

(一)经济决定法律

经济活动是人类社会存在和发展的决定性力量,它决定了法律的产生和发展。在人类社会发展的进程中,正是经济的发展产生了法律的需求。人类的经济活动,无论采取何种形式,无论是市场经济还是计划经济,都内在地需要规则

---

① 〔美〕加里·S. 贝克尔:《人类行为的经济分析》,王业宇、陈琪译,上海三联书店1995年版,第5页。
② Gary S. Becker, *The Economic Approach to Human Behavior*, University of Chicago Press, 1976, p.5.
③ P. T. Bauer and Basil S. Yamey, *The Economics of Under-developed Countries*, University of Chicago Press, 1957.

的指引,摆脱任意性和偶然性的束缚,而服从生产和交换的一般条件。这些规则既是经济活动本身的要求,也是从事经济活动的人利益博弈的产物。恩格斯曾说:"在社会发展某个很早的阶段,产生了这样一种需要:把每天重复着的生产、分配和交换产品用一个共同的规则约束起来,借以使个人服从生产和交换的共同条件。这个规则首先表现为习惯,不久便成了法律。"①韦伯在《经济与社会》中也说:"现代流通的速度要求有一种迅速而可靠地发挥其功能的法","一种由最强大的强制权力所保障的法","一方面,市场社会化的普遍统治地位,要求法应具有一种根据合理的规则可预计的功能。另一方面,我们将看做是市场社会化的典型倾向的市场的传播,由于其固有的内在的一贯性,通过一种普遍主义的强制机关,摧毁一切分立的、往往是建立在经济垄断之上的等级的和其他的强制机构,有利于一切'合法的'强制权力的垄断化和统辖"。② 在这个意义上,我们说经济决定了法律的产生。不仅如此,"法律应该以社会为基础。法律应该是社会共同的、由一定物质生活方式所产生的利益和需要的表现"③,对经济的调整是法律的使命。

不仅如此,人类的经济活动还决定了法律由低级向高级发展。在《政治经济学批判》1859 年的序言中,马克思写道:"社会的物质生产力发展到一定阶段,便同它们一直在其中活动的现存生产关系或财产关系(这只是生产关系的法律用语)发生矛盾。于是这些关系便由生产力的发展形势变成生产力的桎梏。那时社会革命的时代就到来了。随着经济基础的变更,全部庞大的上层建筑也或慢或快地发生变革。"④换句话说,生产力的发展推动了生产、交换、分配和消费方式的变化,这种变化也决定了法律的演变和发展。

在制度经济学中,经济学家用"制度"这个术语时,一般情况下是指制度安排。制度变迁理论也揭示了经济与法律变化的一般样式。安全和经济是制度安排,因而也是制度结构存在的两个基本原因。出于安全目的而存在的制度安排,如家庭、合作社、保险和社会安全项目等。实现经济功能的制度安排,如公司、灌溉系统、高速公路、学校和功能试验站等。⑤ 在制度经济学中,制度可以定义为社会中个人所遵循的行为规则。制度安排的定义是管束特定行为模型和关系的一套规则。制度可以被设计成人类对付不确定性和增加个人效用的手段。制度,无论是市场的还是非市场的制度都可以提供有用的服务。从现有的制度安

---

① 《马克思恩格斯选集》第 3 卷,人民出版社 1995 年版,第 211 页。
② 〔德〕马克斯·韦伯:《经济与社会》(上),林荣远译,商务印书馆 1998 年版,第 374 页。
③ 《马克思恩格斯全集》第 6 卷,人民出版社 1961 年版,第 292 页。
④ 《马克思恩格斯选集》第 2 卷,人民出版社 1972 年版,第 82—83 页。
⑤ 〔美〕R. 科斯、A. 阿尔钦和 D. 诺斯等:《财产权利与制度变迁》,刘守英等译,生活·读书·新知三联书店上海分店、上海人民出版社 1994 年版,第 278 页。

排转变到另一种制度安排是一个费用昂贵的过程,除非转变到新制度安排的个人净收益超过制度变迁的费用,否则就不会发生自发的制度变迁,制度变迁需要集体行动。经济增长将由于制度性服务供求变动而废弃某些现行的制度安排,新的制度安排将因此而创始以捕捉随经济增长而至的获利机会。也就是说,经济增长也会带来作为规则的法律的变迁。

总之,经济与法律的关系联系密切,经济的变化总能在法律上得以体现。人类历史上经济关系的每一次大的变革,无不伴有相应的法律变革,也只有完备的、健全的法律制度,才能对新的经济关系起到更好的保障和促进作用。

(二) 法律服务于经济

法律服务于经济基础,也就是说法律对经济基础具有反作用。法服务于经济的方式,主要体现为两个方面:

第一,法律对其赖以存在的经济基础提供引导、促进和保障。指引是指法律规范提供制度和行为模式,引导经济关系和经济行为朝着法律预设的模式迈进,从而增加经济行为的可预测性。促进是指法律固化经济基础,是一个社会的基本经济制度明确化,给市场行为的参加者以足够的信心,从而促成经济的发展。比如,《法国民法典》对资本主义经济基础的形成和巩固起到的促进作用,就是这个意义上的促进。法律对经济的保障,更是一目了然。任何国家或地区的法律,对于破坏其赖以存在和发展的经济基础的行为,都规定其违法,乃至犯罪,进而予以处罚。

第二,法律对于与之冲突的旧的经济基础,加以改造或摧毁。这种方式,特别体现在一种新的社会形态取代另一种社会形态之后。新中国成立后,我国就颁布了《土地改革法》,由此摧毁了在我国历史上延续了几千年的封建土地所有制。一般说来,从人类法律发展的历史看,一种新的剥削制度取代另一种剥削制度后,新法对旧的经济基础通常采取改造的方法,使之符合新的统治的需要。

第二节 法律与经济体制

一、经济体制的概念

经济体制是指在国家或地区制定并执行经济决策的各种机制的总和。它通常是一国国民经济的管理制度及运行方式,是一定经济制度下组织生产、流通和分配的具体形式或者说就是一个国家经济制度的具体形式。

经济体制不同于经济关系。经济体制,就它的直接含义来说,是一定的经济(包括生产、分配、流通)的组织形式、权限划分、管理方式、机构设置的整个体系。而经济关系是指参与经济活动的个人或组织的地位和他们之间的利益关系。经济体制主要包括所有制形式、管理权限、管理方法、经营方式等,它主要包括三个基本要素:所有制关系、经济决策结构和资源配置方式。

二、计划经济与法律

计划经济,或计划经济体制,又称指令型经济,是对生产、资源分配以及产品消费事先进行计划的经济体制,是指以国家指令性计划来配置资源的经济形式,通过社会化大生产把国民经济各部门连结成为一个有机的整体。"计划经济"体制这个概念出自弗拉基米尔·伊里奇。伊里奇先生在1906年写的《土地问题和争取自由的斗争》中说道:"只要存在着市场经济,只要还保持着货币权力和资本力量,世界上任何法律也无力消灭不平等和剥削。只有实行巨大的社会化的计划经济制度,同时把所有的土地、工厂、工具的所有权转交给工人阶级,才能消灭一切剥削。"

19世纪40年代,马克思和恩格斯研究了资本主义的生产方式,在18世纪三大空想社会主义者的思想成果上,创立了科学社会主义学说。科学社会主义的诞生以1848年《共产党宣言》的发表为标志。马克思所阐述的社会主义经济制度具有以下特征:在经济结构方面实行纯粹单一的全社会所有制(即100%公有制);商品经济将消亡,一切劳动产品将成为社会统一分配的对象;经济运行形式方面由一个社会中心用统一的国民经济计划来配置社会资源,组织整个社会的生产、分配和消费(即100%计划经济)。

科学社会主义首先在俄罗斯得到了运用。列宁领导十月革命取得胜利,接着建立了第一个社会主义政权苏联。苏联经济体制采用了高度的全民所有制和高度集中的计划经济,长期优先发展重工业特别是国防工业,依靠高能耗、高原材料消耗、高人力投入、粗放型发展,在苏联建国初期取得了一定的成效,并在第二次世界大战中取得了胜利。

毛泽东领导的中国共产党同样在马列主义的指导下夺取了政权。新中国成立后,我国对如何建设社会主义国家的理解是完完全全的空白,基本上是全盘照搬苏联模式。在抗美援朝和国民经济初步恢复后,毛泽东提出了"一化三改"的过渡时期总路线,即"社会主义工业化"、"改造农业"、"改造手工业"、"改造资本主义工商业"。到1957年第一个国民经济五年计划完成的时候,社会主义改造基本完成,基本建立起了公有制占绝对统治地位的100%计划经济体制。

计划经济被当作社会主义制度的本质特征,是传统社会主义经济理论的一个基本原理。这种观点的逻辑推理是,社会化大生产把国民经济各部门连结成为一个有机的整体,因而客观上要求它们之间保持一定的比例关系。

计划经济的特点是决策和抉择集中于中央一级,计划管理结构金字塔似的,以指令性计划形式自上而下地传达指令,用物量指标进行经济预算和编制计划,货币和价格处于被动地位。在计划经济体制下,经济关系是垂直的,经济活动以纵向为主,经济秩序是靠权力等级和不同层次领导人的意志来维护的。这也就是说,这种经济关系和经济秩序仿佛是一个宝塔形的构造,顶端是国家,第二层次是各种经济管理机关,第三层次是各种企业(在农村则是各种生产队以至公社),底层是广大群众。

计划经济体制下的具有权威性、强制性的命令,通称为行政命令或甚至是个别领导人的指令,这些指令在法学上往往被称为"法律"或"法规",但事实上,由于缺乏法律和法规的必不可少的特征,例如规范性、统一性、可预测性等,所以,根本不是正式意义上的法律和法规。正如法国比较法学家达维(R. David)在评论苏联的法律时所讲的:"社会主义政府部门必须通过其规章和命令履行其他国家私人企业主动采取的大部分经济作用。所以,它有无数来自不同部门的、不同名义的措施。一位西方作者曾估计,在苏维埃政权前50年中,有至少39万个部级命令,直到1967年还有1.5万个仍然有效。"[1]

总之,在计划经济条件下,国家会制定宪法和一些必要的法律、法规,如刑法、婚姻法等,但不一定需要制定正式意义上的有关经济领域的法律、法规。在这些领域中,真正起作用的是行政指令,甚至是个别领导人的指令。所以,在那种经济体制下,不可能存在真正意义上的法治,占优势的是人治和专制。

三、市场经济与法律

"市场经济"一词是在19世纪新古典经济学兴起以后流行起来的。所谓市场经济是指以市场机制调节经济运行和资源配置为主要方式的经济形式和经济体制。市场经济是从商品经济发展而来的。商品经济是为交换而生产的一种经济形式,与自然经济相对称。市场经济的发展经历了近代市场经济和现代市场经济两个阶段。

(一) 商品经济与法律

法律产生于人类的经济生活,商品交换规则最早表现为习惯。随着商品交换的发展,特别是从简单交换发展到复杂的交换关系后,没有法律,商品交换很难进行,这是因为商品交换需要法律规则确认主体之间的平等地位,由此确立自由交换的环境,商品交换还需要法律确认物之所有权的归属,由法律确认交换的规则,并提供因交换而引起的纠纷的解决方法。

商品经济不仅决定了法律的产生,而且也推动了法律的发展。从人类历史上看,凡商品经济发展的地方,其法律也是发达的,凡商品经济不发达的地方,其法律就得不到发展。商品经济的发达与法律的发展保持同步。古罗马时期地中

---

[1] David and Brierley, *Major Legal Systems in the World Today*, Stevens, 1985, p.234.

海沿岸商品经济的繁荣,决定了古罗马法的发达。对此,恩格斯曾说:"罗马法是简单商品生产即资本主义前的商品生产的完善的法,但是它也包含着资本主义时期的大多数法权关系。"①

(二) 近代市场经济与法律

历史表明,法律的产生同商品经济是不可分的。17 世纪到 18 世纪欧洲资产阶级革命的成功,特别是 19 世纪西方资产阶级政权的普遍建立,为商品经济的发展开辟了道路,并使之发展到商品经济的高级形式——市场经济。在市场成为配置资源的主要方式的社会,社会如何把有限的人力、物力、财力等资源进行分配,以获得最大效益,最大限度地满足社会需要,于是举世闻名的一些法律相继诞生。比如 1804 年的《法国民法典》以罗马法为基础,将资产阶级商品经济的规则通过法律的形式表达出来,从而建立了近代市场经济法律体系的基础。

在近代市场经济条件下,奉行"自由放任"政策,法律的作用还是有限的,社会仅需要有使私有财产和商品经济得以存在和发展的安全和秩序,需要有进行交换以及解决纠纷的法律准则,需要有保证这些准则得以实施的执法和司法人员、组织和制度。在那时流行的学说是英国古典经济学家亚当·斯密所提出的"看不见的手"的原理:人们"所盘算的是他自己的利益,在这种场合,像在其他许多场合一样,他受着一只看不见的手的指导,去尽力达到一个并非他本意想要达到的目的。也并不因为事非出于本意,就对社会有害。他追求自己的利益,往往使他能比在真正出于本意的情况下更有效地促进社会的利益"②。在西方经济学中,与"看不见的手"含义相当的话是"最好的政府是管理最少的政府",都是指政府应实行"自由放任"的政策,不应干预资本主义经济的运行。

(三) 现代市场经济与法律

19 世纪末至 20 世纪初,近代市场经济逐渐被现代市场经济所取代。其标志是自 19 世纪末起,随着社会经济矛盾的不断增长,为了克服市场的盲目性的弊端,各国相继采取了国家调控的经济体制,国家对经济的干预日益加强。以美国为例,美国经济学家萨缪尔森(P. Samuelson)指出,"现代的人看来已经不再相信:'最好的政府是管理最少的政府'"。"政府在宪法上的权力被广泛地加以解释,被用来'维护公共的利益'和'督察'整个的经济制度……"③这里讲的政府在宪法上的权力被广泛地加以解释的例证之一是指根据美国联邦最高法院的解释,联邦既拥有宪法明白授予的权力,又拥有从以上权力引申出来的默示权力,

---

① 《马克思恩格斯全集》第 36 卷,人民出版社 1975 年版,第 169 页。
② 转引自〔美〕斯蒂格利茨:《经济学》上册,高鸿业等译校,中国人民大学出版社 1997 年版,第 142—143 页。
③ 〔美〕萨缪尔森:《经济学》上册,高鸿业译,商务印书馆 1979 年版,第 209 页。

它是扩大联邦政府在干预经济领域方面权力在法律上和理论上的一个重要论据。美国宪法中规定的联邦管理州际商业的权力也是扩大联邦政府干预经济的另一个重要依据。1887年的《州际商业法》和1890年的《谢尔曼反托拉斯法》是19世纪末美国政府加强对经济干预方面的重要法律。

第二次世界大战以后,现代市场经济向全世界扩展,与此同时,法律对社会的控制面也越来越广泛,成为人类社会最主要的控制手段,成为现代文明的标志。随着现代市场经济的不断发展和完善,出现了多种市场经济模式,如美国模式、德国模式、日本模式、瑞典模式等现代市场经济模式。但总体来说,现代市场经济的基本特征表现为:资源配置方式以市场调节为基础,经济主体平等独立、交换自由,法律权利关系明晰,法律体系完备。

世界经济的实践证明,比较成熟的市场经济必然要求并具备比较完备的法制。市场经营活动的运行,市场秩序的维系,国家对经济活动的宏观调控和管理,以及生产、交换、分配、消费等各个环节,都需要法律的引导和规范。在国际经济交往中,也需要按国际惯例和国际协定办事。这些都是市场的内在要求。

四、中国的市场经济与法律

(一) 从计划经济向市场经济的转换

1978年12月中共十一届三中全会开始全面地纠正以前的"左倾"错误,纠正"以阶级斗争为纲"的错误路线,作出了把工作重点转移到社会主义现代化建设上来的决策。决议中也指出,实现现代化必然要"多方面地改变同生产力发展不适应的生产关系和上层建筑,改变一切不适应的管理方式、活动方式和思想方式","采取一系列新的重大的经济措施,对经济管理体制和经营管理方法着手认真的改革"。虽然这一决议中并未明确提到市场经济或计划经济等词,但要求彻底改革经济体制之意是非常明显的。

中国的经济体制改革开始主要在农村进行并取得巨大成就,全面推行家庭联产承包责任制,使农村经济向专业化、商品化和现代化转变。20世纪80年代中期,经济体制改革的重点转移到城市,特别是全民所有制的大中型企业的改革。1982年9月,中共十二大报告中提出:"正确贯彻计划经济为主、市场调节为辅的原则,是经济体制改革中的一个根本性问题。"1982年12月通过的《宪法》又明确规定:"国家在社会主义公有制基础上实行计划经济。国家通过经济计划的综合平衡和市场调节的辅助作用,保证国民经济按比例地协调发展。"

1984年10月召开的中共第十二届中央委员会第三次全体会议《关于经济改革的决定》比以前前进了一大步,放弃了"主辅之分"的方针,而改为"在公有制基础上的有计划的商品经济"。

1987年10月中共十三大报告中提出的公式是"社会主义有计划商品经济

的体制,应该是计划与市场内在统一的体制";"新的经济运行机制,总体上来说应当是'国家调节市场,市场引导企业'的机制"。1989年6月中共十三届四中全会后又提出"必须建立适应社会主义有计划商品经济发展的、计划经济与市场调节相结合的经济体制和运行机制"。

20世纪80年代后期,社会上对经济体制改革问题的认识上分歧加剧。正是在这一关键时刻,邓小平在1992年初的视察南方讲话中,对当时中国的许多重大问题,包括关于社会主义社会是否可以搞市场经济的问题,作出了明确的回答。他认为,"计划经济不等于社会主义,资本主义也有计划;市场经济不等于资本主义,社会主义也有市场。计划和市场都是经济手段。"①

1992年10月中共十四大报告指出:"我国经济体制改革的目标是建立社会主义市场经济体制,以利于进一步解放和发展生产力。"1993年第八届全国人民代表大会第一次会议通过了宪法修正案第3条至第11条,其中绝大多数条文都围绕市场经济的建立和发展。1993年11月又发布《中共中央关于建立社会主义市场经济体制若干问题的决定》,进一步勾画了建立社会主义市场经济体制的蓝图和基本框架。1997年中共十五大报告又对确立这一目标后我国基本经济制度和分配制度的经验作了新的发展,1999年宪法修正案中对此加以肯定。

(二) 中国的市场经济与法治

20世纪90年代初,中国确定经济体制改革目标是社会主义市场经济。中国法学界以及部分社会舆论就提出了市场经济是"法制经济"这一命题。为了与"法治国家"这一提法相适应,"法制经济"也应称为"法治经济"。它的主要含义是指市场经济必须由法治加以促进和保障。

在中国,市场经济与法治的发展进程,存在着一些重大的历史事件,提出了一些重要的理论命题,并创造了基本的法律制度。1992年中共十四大提出,我国经济体制改革的目标是建立社会主义市场经济体制。与其相适应,国家重视法治建设,提出建立和完善社会主义市场经济法律体系,特别是提出了抓紧制定与完善保障改革开放、加强宏观经济管理、规范微观经济行为的法律和法规的迫切要求。1993年的宪法修正案,确立了社会主义市场经济在宪法中的地位,把以市场为取向的改革纳入了以宪法为核心的法治体系中。1997年中共十五大把依法治国确立为治理国家的基本方略。1999年宪法修正案把依法治国的基本方略写进宪法,以宪法的形式确立了依法治国的基本方略,实现了从人治到法治这一历史性的跨越。2004年宪法修正案把人权保护写入宪法,标志着我国法治建设进入了新的阶段。

改革开放三十年来,随着我国市场经济体制的确立,我国法治建设取得了历

---

① 《邓小平文选》第3卷,人民出版社1993年版,第373页。

史性的成就,实现了历史性的跨越,基本建立了完备的社会主义市场经济法律体系。

第三节 市场经济法律制度

社会主义基本经济制度包括所有制结构和分配方式两个方面。现代企业制度是市场经济体制的基础,股份制是现代企业的一种资本组织形式,股份合作制是我国改革中的新事物。现代企业制度、股份制与股份合作制这三种制度并不是社会主义基本经济制度,但是是后者的实现形式。这里要探讨的是基本经济制度以及几种企业制度的内容,特别是它们与有关法律的关系。

一、所有制结构与法律

这里应注意公有制经济的含义,它不仅包括国有经济(占主导作用)和集体经济(重要组成部分),还包括混合所有制经济中的国有成分和集体成分,所以,公有制的主体地位主要体现在:就全国而言,公有资产在社会总资产中占优势;国有经济控制国民经济命脉,对经济发展起主导作用。"国家所有制经济主要存在于银行货币体系、基础设施产业、高科技新兴产业、战略资源性产业、宜于国有经济投资和经营的垄断性产业、国防产业等领域。"[①]国有经济起主导作用,主要体现在控制力上。

非公有制经济(个体、私营等)是我国社会主义市场经济的重要组成部分,国家对它们要继续鼓励、引导。改革开放以来,我国所有制结构发生了变化,非公有制经济逐渐增多,但从全社会企业资产看,公有资产仍占优势。

1987年中共十三大首次把我国的所有制结构描述为公有制为主体、多种所有制形式并存。但从十三大到十五大,非公有制经济一直被看做是社会主义公有制经济的一种补充。这种认识到中共十五大召开,有了本质的变化。中共十五大报告把非公有制经济确定为社会主义市场经济的重要组成部分,从而把非公有制经济纳入了社会主义基本经济制度的规定之中。

2002年中共十六大又取得了重大突破,提出两个毫不动摇:既要毫不动摇地巩固和发展公有制经济,又要毫不动摇地鼓励、支持和引导非公有制经济的发展。中共十六大报告还提出,既要保护合法的劳动收入,也要保护合法的非劳动收入,并进而强调要完善保护私人财产的法律制度。中共十六届三中全会在强调要大力发展和积极引导非公有制经济的同时,进一步明确"允许非公有资本进入法律法规未禁入的基础设施、公用事业及其他行业和领域",并规定"非公

---

① 周天勇:《初级阶段的所有制结构及公有制实现形式》,载《光明日报》1997年9月29日。

有制企业在投融资、税收、土地使用和对外贸易等方面,与其他企业享受同等待遇"。还指出:"建立归属清晰、权责明确、保护严格、流转顺畅的现代产权制度",这不仅"有利于维护公有财产权,巩固公有制经济的主体地位",而且"有利于保护私有财产权,促进非公有制经济发展","是完善基本经济制度的内在要求,是构建现代企业制度的重要基础"。所以,"要依法保护各类产权,健全产权交易规则和监管制度,推动产权有序流转"。

2004年的宪法修正案,把"国家保护个体经济、私营经济的合法的权利和利益。国家对个体经济、私营经济实行引导、监督和管理",修改为:"国家保护个体经济、私营经济等非公有制经济的合法的权利和利益。国家鼓励、支持和引导非公有制经济的发展,并对非公有制经济依法实行监督和管理",标志着以公有制为主体、多种所有制共同发展的基本经济制度在宪法中得到最终确认。

2007年通过的《物权法》第3条规定:"国家在社会主义初级阶段,坚持公有制为主体、多种所有制经济共同发展的基本经济制度。国家巩固和发展公有制经济,鼓励、支持和引导非公有制经济的发展。国家实行社会主义市场经济,保障一切市场主体的平等法律地位和发展权利。"

二、企业制度与法律

建立现代企业制度,是市场经济的必然要求,是我国国有企业改革的方向。其基本特征是:"产权清晰、权责明确、政企分开、管理科学。"

企业制度改革的首要任务是用法律的形式界定市场主体,建立市场主体法律制度。这方面的主要法律是1993年制定的《公司法》,将传统的国有企业主要改组为股份有限公司,进一步明确出资人、企业法人、法人代表、管理层的权利、义务和责任。其中规定了三种公司:国有独资公司、有限责任公司和股份责任公司,上市公司仅指少数符合条件的经批准的股份有限公司。经过十余年的发展,《公司法》制定时的社会经济、政治、文化情境已经发生了很大的变化,1999年12月第九届全国人大常委会第十三次会议通过了《公司法》的第一次修正案,2004年8月第十届全国人大常委会第十一次会议通过了第二次修正案,2005年10月第十届全国人大常委会第十八次会议通过了《公司法》的第三次修正案,并于2006年1月1日起实行。在第三次修改中,增加了一人公司的公司形式。

除了公司之外,合伙企业也是现代市场经济的主要参加者。1997年我国制定的《合伙企业法》,规定了合伙企业的成立、合伙人的权利和义务、合伙事务的管理、合伙企业解散等,为合伙企业功能的发挥奠定了法律基础。

市场主体法律制度还包括破产制度。1986年试行的《企业破产法(试行)》,作为市场主体的退出机制。早在1986年,全国人大常委会就制定了《企业破产法(试行)》,对国有企业(即全民所有制企业)的破产作了规定。1991年全国人大修订《民事诉讼法》,在第十九章专章规定了"企业法人破产还债程序"。这两部法律及其他法律、行政法规的相关规定,对规范我国企业破产行为,审理企业破产案件发挥了重要作用。但是,随着社会主义市场经济体制的逐步确立和国有企业改革的深化,我国企业破产出现了一些新情况。一方面,《公司法》《合伙企业法》《个人独资企业法》的颁布实施,使《企业破产法(试行)》已不适应目前企业组织破产的实际情况;另一方面,《企业破产法(试行)》对破产程序的规定比较原则,难于操作,并缺少重整等企业挽救程序,以及切实保护债务人财产,维护职工合法权益,保证程序正常进行的其他相关制度。2006年8月27日第十届全国人大常委会第二十三次会议通过了《企业破产法》,自2007年6月1日起施行。

1998年12月通过了《证券法》,它是规范我国证券市场各主体行为的一个基本法律。除此之外,为了确保市场主体法律制度的运行,还制定了与此相关的行政法规和部门规章,如1993年国务院批准,由证券管理委员会发布的《禁止证券欺诈行为暂行办法》,1993年发布的《证券交易所管理暂行办法》,1994年国务院制定的《公司登记管理条例》,还有1995年全国人大常委会通过的《关于惩治违反公司法的犯罪的决定》,1997年修改后的《刑法》已将上述决定的基本内容纳入《刑法》。

三、分配制度与法律

我国现在的所有制结构是以公有制为主体,多种所有制经济共同发展,所有制结构决定分配方式的多样化。因此我国的分配制度是以按劳分配为主体,多种分配方式并存的制度。按劳分配和按生产要素分配相结合。生产要素是指资本和技术等生产要素,也可以参与收益分配。坚持公有制为主体,必须坚持按劳分配为主;发展市场经济,必须承认按生产要素分配。否认其中任何一个方面,都不可能有社会主义市场经济。

我国的分配制度坚持效率优先、兼顾公平的原则;允许一部分人先富起来,带动和帮助后富,逐步走向共同富裕。如何妥善处理效率优先与兼顾公平的关系,是一个重要而又复杂的问题。在初次分配中应坚持效率优先,同时兼顾公平,要求把"蛋糕做大",从而增加可分配的产品和服务;在再分配时,应坚持兼顾公平,但也要兼顾效率,要求把"蛋糕切好"。

有关分配制度的法律,除了宪法中的原则规定外,主要是劳动法、税法和社会保障法。

第四节 宏观调控与法律

一、宏观调控的必要性

经济和经济管理(调节与控制)可以有宏观与微观之分。宏观经济一般是指本国整个国民经济的活动,对这种活动的管理或调控就是对经济的宏观调控。微观经济一般指个别经济单位(特别是企业)的经济活动,在这种单位中的管理就称微观管理,通常又称企业管理。微观经济学"集中于研究构成整个经济制度的各个单位的行为——厂商、家庭和个人的行为";宏观经济学"集中于研究经济作为一个整体的行为,尤其是那些总体数字的变化,如总的失业率、通货膨胀率、经济增长率和贸易差额"。"要记住的是这两种经济观察角度只是看同一事物的两种方法。微观经济学代表由下而上的视角,而宏观经济学则为由上而下的视角。"①

实行市场经济,必须要有国家对经济的宏观调控。这首先是因为市场本身的局限性和消极作用。例如,市场一般体现短期的需求,市场调节是不确定的,往往与社会利益发生矛盾,它也不能解决收入分配不公等问题。这也就是说,市场不仅不是万能的,而且还会发生偏差和失效,所以必须由国家的宏观调控对市场作用的不足和偏差加以弥补和制约。但宏观调控并不贬低或排斥市场的作用。健全的市场体系和有效的宏观调控是相辅相成的。

在这里应强调宏观调控的任务及其使用的手段。宏观调控的主要任务是保持经济总量平衡,抑制通货膨胀,促进重大经济结构优化,实现经济稳定增长。宏观调控主要运用经济手段和法律手段。要深化金融、财政、计划体制改革,完善宏观调控手段和协调机制。

宏观经济调控的方式,一般有以直接控制为主和以间接控制为主两种方式。在以直接控制为主的方式下,主要依靠指令性计划和行政手段,企业的活动都由国家(通过主管国家机关甚至个别领导者)直接决定。在以间接控制为主的方式下,主要运用经济手段和法律手段,并辅之以必要的行政手段,来控制和调节经济的运行。

中共中央第十四届三中全会决定中就强调了间接宏观调控问题:"建立社会主义市场经济体制,就是要使市场在国家宏观调控下对资源配置起基础性作用";要"建立以间接手段为主的完善的宏观调控体系";"政府运用经济手段、法律手段和必要的行政手段管理国民经济,不直接干预企业的生产经营活动"。

---

① [美]斯蒂格利茨:《经济学》上册,高鸿业等译校,中国人民大学出版社1997年版,第17页。

二、宏观调控与法律

前面已指出,市场经济条件下的宏观调控应以经济、法律手段为主,并辅之以必要的行政手段。这里讲的经济手段主要是指利率、汇率、信贷、税收、价格等手段;法律手段则指制定和实施有关经济领域的法律、法规等。为此,有的国家根据本国法的规定,建立了宏观调控的协调机制,如德国的《经济稳定与增长促进法》(1967年)第18条规定了"国家经济平衡发展委员会"制度,建立专门的机构协调宏观经济政策。该法规定,联邦政府设立国家经济平衡发展委员会,委员会由联邦经济部长、财政部长、每州代表一人、乡镇与县的代表四人组成;联邦经济部长为国家经济平衡发展委员会主席。国家经济平衡发展委员会根据议事规则,定期开会,讨论为实现该法所确定的经济增长、高度就业、物价稳定和外资平衡目标所必需的一切经济平衡发展措施。联邦银行有权参加国家经济平衡发展委员会的会议。[1] 该制度是一种典型的宏观调控综合协调制度。由联邦经济部长、财政部长、联邦银行共同开会,商讨宏观经济政策意义重大,这将有助于国家计划、产业政策、财政政策和货币政策的统一和协调。再如,美国的《充分就业和平衡增长法》(1978年)虽未明确在联邦政府内建立一个跨部门的宏观调控协调机构,但其中的许多零散规定也建立了美国独具特色的综合协调制度。例如,该法要求美国联邦储备委员会理事会主席,每年必须向国会做两次报告;在报告中,理事会主席必须就其货币、信贷计划与总统确立的短期目标之间的关系进行评论。[2] 这一举措的主要目的是为了加强政府的财政政策和中央银行的货币政策之间的协调。美国非常重视权力的分立和制衡,因此中央银行货币政策的制定和实施是独立于政府的;尽管如此,美国也未忽视中央银行和联邦政府二者之间的配合和协调。该法其他制度也体现了各部门之间既分立又合作的理念。例如,该法指出仅仅依靠货币政策和财政政策是不能实现预期的宏观经济目标的,必须同时采取其他相应的措施,比如要确定明确的短期和中期经济目标;同时要加强总统、国会、联邦储备委员会之间的协调。[3] 当然,从德国和美国的宏观调控法运行机制看,它们都建立在法治的基础上。

自1993年以来,我国相继实行了财税、金融、外汇外贸、价格、投资、社会保障等重大宏观改革,为此广泛地使用了各种经济手段和法律手段,从而创造了稳定的宏观经济环境,保障市场经济的运行。自提出建立市场经济的目标后,我国的立法

---

[1] 原联邦德国《经济稳定与增长促进法》第1、18条。
[2] http://www.drfurfero.com/books/231book/ch03h.html#top,2008年8月22日访问。
[3] 2008年以来,由美国次贷危机而引发金融危机,美国政府提出的"救市计划"就是典型的国家宏观调控措施。

速度是进入改革开放时期以来最快的几年,而且立法的重点就是制定适应社会主义市场经济的法律。例如《公司法》《票据法》《海商法》《预算法》《农业法》《中央银行法》《商业银行法》《外资法》《税收征收管理法》《劳动法》《合同法》等。

我们不妨以1995年制定、2003年修正的《中国人民银行法》为例说明金融宏观调控与法律的密切关系。该法明确规定其立法目的是为了确立中国人民银行的地位,明确其职责,保证国家货币政策的正确制定和执行,建立和完善中央银行宏观调控体系,维护金融稳定。中国人民银行是中华人民共和国的中央银行。中国人民银行在国务院领导下,制定和执行货币政策,防范和化解金融风险,维护金融稳定。货币政策目标是保持货币币值的稳定,并以此促进经济增长。为此,中国人民银行履行下列职责:发布与履行其职责有关的命令和规章;依法制定和执行货币政策;发行人民币,管理人民币流通;监督管理银行间同业拆借市场和银行间债券市场;实施外汇管理,监督管理银行间外汇市场;监督管理黄金市场;持有、管理、经营国家外汇储备、黄金储备;经理国库;维护支付、清算系统的正常运行等。

中央银行根据国家一定时期的宏观经济目标,通过运用货币政策工具,实现经济运行的最终目标。宏观经济政策和货币政策的最终目标,一般是指物价稳定、经济增长、充分就业、国际收支平衡。因为各个经济目标之间并不完全协调一致,甚至可能存在矛盾,因此一定时期内的政策目标可能侧重某一方面。中央银行通过影响众多的金融机构行为和金融市场的运行实施货币政策。中央银行通过间接的经济杠杆实现宏观调控。一般通过调节各金融机构的经济利益来影响其行为,但在特殊情况下并不排除行政干预的做法。中国人民银行宏观调控机制在社会主义市场经济模式下有着行政性和经济性双重结构特征。

《中国人民银行法》说明了金融体制改革是通过货币、财政政策与法律、法规、规章来间接引导企业的生产和经营决策,以及群众的经济行为。宏观调控的责任,主要落在中央银行和财政部身上。近几年来,特别是在经济全球化背景下,中央银行和财政部在经济生活中的影响越来越大。

思考题

1. 为什么说市场经济是"法治经济"?
2. 试以实例说明法律在维护和促进我国以公有制为主体,多种所有制经济共同发展的基本经济制度方面的作用。
3. 试以实例说明法律对经济的宏观调控作用。
4. 为什么对经济的宏观调控应以经济、法律手段为主,辅之以必要的行政手段?

参 考 书 目

1. 沈宗灵:《法理学》,高等教育出版社 1994 年版,第七章。
2. 简新华:《社会主义经济理论的十大发展》,载《光明日报》1999 年 3 月 26 日。
3. 〔美〕斯蒂格利茨:《中国的第二步改革战略》,载《人民日报》(海外版)1998 年 11 月 13 日。
4. 付子堂主编:《法理学初阶》,法律出版社 2006 年版,第十八章。
5. 张文显主编:《法理学》,高等教育出版社、北京大学出版社 2007 年版,第二十六章。

第十章　依法治国与社会主义政治

本章主要学习依法治国和政治之间相互关系的理论,包括政治、政党(执政党)、国家和民主的概念;法治与政治、政治体制改革、中国共产党的领导、党和国家的政策、国家、国体、政体以及民主、人权等政治制度和理念之间的关系。

第一节　法治与政治

一、政治的概念

"政治"一词含义是很广的,它不仅指政治关系、组织、制度,而且指政治方向、立场、观点、纪律等。政治不仅表现在阶级之间的关系上,而且也表现在民族之间、国家之间和其他社会集团之间的关系上。中外思想家、政治家对政治的概念有各种各样的解释。马克思主义主要从两个相互联系的方面来解释政治。一个是从阶级观点出发,认为政治是一种阶级关系、阶级斗争。由于各阶级之间或政治派别之间斗争一般都集中在国家政权方面,所以政治的核心问题是国家政权问题,即各阶级、政党之间为取得政权,维护已掌握的政权或如何治理、利用政权等问题。另一个方面是从经济观点出发,认为政治是一定社会经济基础的主要上层建筑,政治是经济的集中体现,它归根结底是由经济决定并对经济有反作用。

当代中国的政治是中国特色社会主义政治,就是坚持党的领导、人民当家作主、依法治国的有机统一,坚持和完善人民代表大会制度、中国共产党领导的多党合作和政治协商制度、民族区域自治制度以及基层群众自治制度,不断推进社会主义政治制度自我完善和发展。中国特色社会主义政治是建立在以社会主义公有制为主体、多种经济形式为补充的经济基础之上的。

二、法治与政治的关系

法是国家意志的体现,也即掌握国家政权的阶级意志的体现。法治是一种治国方略,政治是统治的活动、制度。两者相互作用,密切联系。具体地说,政治对法治的作用主要体现在法律的制定、实施、发展、内容和形式等都离不开政治;反过来,法治又作用于政治,政治有赖于法律规定和调节各个阶级权利、义务和权力的关系。

在这种情况下,法治与政治的关系还有两点需要说明:第一,一般地说,掌握政权阶级的要求和利益首先反映在政治上,也即通过执政党的路线、政策来指引法律的制定和实施,所以法治反映和服务于政治。但反过来,法治对政治也有制约作用,即政治必须在法律范围内运行。第二,这种法治与政治尽管一致,但仍有区别,认为法治是"超政治"的,当然是一种错误,但将法治与政治等同起来,也是一种错误,因为政治不仅体现在法治上,而且也体现在其他很多方面;同样地,法治要反映政治,但还要反映不具有政治意义的事务和关系(如社会公共事务)。另外一个更明显的区别是:法治主要是指一种规范,以国家强制力保证其实施,政治主要体现为一种路线、政策,一般不具有强制作用。

就当代中国社会主义法律来说,它体现全国人民的意志,受到社会上绝大多数社会成员的拥护和支持。依法治国是一种政治理想和政治选择。因此,社会主义法治与掌握政权的阶级,即中国共产党领导下的广大人民的政治意识、主张,在本质上是一致的,都是社会主义上层建筑,都服务于中国特色社会主义建设事业。

第二节 法治与政党

一、政党的概念

(一) 政党的含义

政党一般是指代表某一阶级、阶层或社会集团利益而进行活动的政治组织。按照在本国政治领域中的不同地位,政党通常可分为执政党、在野党、反对党。执政党,即掌握国家政权的政党;在野党,即不掌握政权的政党;反对党,即直接与执政党对立的政党。但在资本主义社会中,往往有这样一种情况:政府(行政)权力由这一政党掌握,但在议会中,反对党却占有优势。

按照政党制度的类型而论,有两党制、多党制与一党制之分。两党制主要指两个占绝对优势的大党垄断政权,通过竞选轮流上台执政;多党制主要指有更多政党相互角逐,竞选结果往往要由两个或更多政党组成联合政府。英美两国是推行两党制的典型。多数西方国家推行多党制。

(二) 当代中国的政党制

一个国家实行什么样的政党制度,由该国国情、国家性质和社会发展状况所决定。中国实行的政党制度是中国共产党领导的多党合作和政治协商制度,它既不同于西方国家的两党或多党竞争制,也有别于有的国家实行的一党制。这一制度在中国长期的革命、建设、改革实践中形成和发展起来,是适合中国国情的一项基本政治制度,是具有中国特色的社会主义政党制度,是中国社会主义民主政治的重要组成部分。

《宪法》序言规定:中国共产党领导的多党合作和政治协商制度将长期存在和发展。在中国,中国共产党和各民主党派都必须以宪法为根本活动准则,维护宪法尊严,保证宪法实施。

中国政党包括中国共产党和八个民主党派。在当代中国,现行《宪法》在序言中确认了中国共产党的领导地位,可以解释为执政地位。按照章程,中国共产党是中国工人阶级的先锋队,同时是中国人民和中华民族的先锋队,是中国特色社会主义事业的领导核心。共产党是执政党,就是领导和支持人民掌握管理国家的权力,实行民主选举、民主决策、民主管理和民主监督,保证人民依法享有广泛的权利和自由,尊重和保障人权。

八个民主党派是中国国民党革命委员会、中国民主同盟、中国民主建国会、中国民主促进会、中国农工民主党、中国致公党、九三学社、台湾民主自治同盟。这些民主党派既不是在野党,也不是反对党,它们是参政党。它们不是普通的社会团体,而享有特殊的公法地位。中国人民政治协商会议是中国共产党领导的多党合作和政治协商的重要机构。中国共产党与各民主党派长期共存、互相监督、肝胆相照、荣辱与共,共同致力于建设中国特色社会主义,形成了"共产党领导、多党派合作,共产党执政、多党派参政"的基本特征。

二、政策的概念

政策通常指政党、国家或其他社会组织所采取的行动准则。在我国,权威性的政策有执政党的政策和国家(政府)的政策。这两种政策的来源或主体不同,党的政策来自共产党,国家政策来自中央国家权力机关和政府,但很多政策往往既是党的政策又是国家的政策,例如宪法和一些重要法律中都规定一些基本原则,它们既是国家政策又是党的政策,或者说它们是由党的政策通过法律程序而成为国家政策。无论党的政策和国家政策都有中央政策和地方政策之分。前者适用于全国,后者仅适用于特定地区,但地方政策必须符合中央的政策。

党的政策又有总政策和具体政策之分,例如,改革开放是总政策,民族政策、经济特区政策、自由贸易区政策等都是具体政策。党的总政策有些也称为基本纲领、路线等;国家的总政策又称为基本国策。

国家政策,如果在法律上明文规定的,本身就是法律的组成部分,如果在法律中无明文规定的,也是法律的一种渊源。例如《民法通则》第6条规定:"民事活动必须遵守法律,法律没有规定的,应当遵守国家政策。"

三、党的政策与法律的异同

在我国,党的政策和法律,从根本上说,是一致的,即都是社会主义上层建筑组成部分,都服务于社会主义建设事业,都以马列主义、毛泽东思想和中国特色社会主义理论体系为指导思想。例如《立法法》第3条就规定,立法应当遵循宪法的基本原则,以经济建设为中心,坚持社会主义道路、坚持人民民主专政、坚持中国共产党的领导、坚持马克思列宁主义毛泽东思想邓小平理论,坚持改革开放。

两者尽管从根本上说是一致的,但在很多方面又有区别。

首先,制定的组织和程序不同。狭义的法律仅能由有权制定的国家机关(即全国人大及其常委会)制定,行政法规和地方性法规也仅能由国务院和地方权力机关制定。党的全国性政策只能由党中央决定。法具有国家意志,党的政策代表党的意志。

其次,实施方式不同。法具有国家强制力;党的政策依靠宣传教育,对党员还可以纪律制裁作保证。

再次,调整范围不同。两者调整范围有的是共同的,交错的,但有的却有区别,例如具体犯罪问题仅由法律规定。

最后,确定性程度不同。法律比较规范化、定型化;政策一般比较原则,有较大伸缩性。

四、法治与党的政策

(一)党的政策对法治的指导作用

中国共产党是我国的领导核心,坚持党的领导是四项基本原则之一。《宪法》序言明确规定党在国家中的领导地位。我国《宪法》、法律都是在党的领导下制定和实施的。

党的领导主要是政治、思想和组织的领导。党在领导国家的各项工作时,必须实行民主、科学的决策,制定和执行正确的路线、方针、政策,做好党的组织工作和宣传教育工作,以发挥党员的先锋模范作用。

党在领导人民管理国家事务、经济文化事业、管理社会事务时,要使党的主张,即政策经过法定程序变为国家意志,即成为法律;党还要领导人民,通过国家机关、国家机关工作人员以及各种社会组织实行法律,并监督其实施。党对法律实施工作的领导是政治领导、思想领导和组织领导,不是指示更不是代替国家机关处理具体的法律实施事务。

广大人民,特别是国家机关及其工作人员,只有真正掌握党的政策的精神实质,才能有效地执行和实行法律或监督法律的实行。

当然,掌握党的政策实质,制定、执行法律等活动,都离不开对当时当地具体情况的认真研究。只有使法律的政策实质、法律本身规定和具体情况有机地结合起来,才能有效地制定和实施法律。

(二) 法治对党的政策的制约作用

党的政策与法治的关系不仅体现在政策对法治有指导作用,也体现在法治对党的政策也有制约作用。这就是党章中明确规定的:"党必须在宪法和法律范围内活动。"《宪法》也明确规定:"一切国家机关和武装力量、各政党和各社会团体、各企业事业组织,都必须遵守宪法和法律,一切违反宪法和法律的行为,必须予以追究。"

当然,法治对党的政策的作用不仅体现在对党的政策的制约,而且主要体现在通过法治有力地促进和保证党的政策的施行。

(三) 法律与党的政策关系的演变

根据我国历史经验,在革命战争年代,党对人民的领导,主要通过党的路线、方针和政策,而不是法律。因此,党员、革命根据地政权和群众所执行和注意的主要是党的政策,按政策办事。尽管革命根据地有时也制定一些法律,但形式很简单,适用范围也有限。1949年新中国成立后,从理论上讲,应该从依靠政策办事逐步转变为既要依靠政策也要依靠法律,而且应主要依靠法律,但由于各种历史原因,特别是从20世纪50年代后期起,我国对法制建设长期不予重视,使它实际上处于停滞和无权威状况。在"文化大革命"时期,法制更遭到极大破坏。直到20世纪70年代末中共十一届三中全会后,才开始改变这种局面。从此,社会主义法制走上了健全发展的道路。

实践经验也证明,凡是重大的问题,总要有一个探索的过程。在这种情况下,可以采取两种形式:一种是先制定一个指引性的、原则性的法律,将这种法律在某个或某些地区试行,吸取经验,待成熟后再制定较具体的法律;另一种办法是将某种政策在现行法律所许可的范围内在个别地区试行,待经验成熟后再制定较具体的法律。

第三节 法治与国家

一、国家的概念

"国家"一词可以有两种含义。一种是地理上的含义,例如,中国、美国、印度尼西亚。这种意义上的国家又可称为国度。再有一种是政治上的含义。这是一个非常复杂的概念,不同意识形态或不同学派思想家,有不同解释。一般地说,国家是由一定的人口、地理环境和政府组织所构成的独立的政治实体,其中政府组织是由专门从事管理的机关、官员以及武装力量构成的。

与其他组织相比,国家有四个要素:(1)有定居的居民;(2)有确定的领土;(3)有一定的政治组织;(4)拥有主权,即一国有处理其对内对外事务而不受干预的最高权力。国际法中讲国家作为国际法主体就必须具备这四个要素。

二、国体、政体与国家结构形式

(一) 国家的本质——国体

国家的本质主要指它的阶级本质,即国家政权的阶级归属。国家的阶级本质就是通常所说的国体。迄今为止,有四种不同社会制度的国体,或称国家的历史类型:奴隶制国家、封建制国家、资本主义国家和社会主义国家。奴隶制国家与封建制国家存在于古代和中世纪,现代国家主要指资本主义国家和社会主义国家。

(二) 国家的管理形式——政体

与国体相对称的是政体,是指最高国家权力机关的一种管理形式,一般可分为君主制和共和制。君主制又可分为君主专制和君主立宪制两种。共和制又可分为民主共和和贵族共和。资本主义国家管理形式主要是民主共和制(如法、美、德等国)和君主立宪制(如英、荷、日等国)。现代资本主义国家实行的民主制通称为代议民主。根据立法和行政关系的不同,代议民主制又可分为总统制(如美国)和内阁制或议会制(如英国)。

(三) 国家结构形式

国家的组织形式除了管理形式外,还有一种结构形式,即指国家整体和部分、中央和地方国家机关之间关系的组织形式,一般可分为单一制和复合制。单一制是由若干行政区域组成的单一主权国家(如中国和日本),复合制是由两个或两个以上联邦组成部分(称邦、州或省)组成联盟形式,又可分为联邦和邦联。美国、加拿大、俄罗斯等国均为联邦制国家。邦联(如美国在1781年邦联条例生效后至1789年联邦宪法生效前即实行邦联制)是一种松散的同盟,现在已罕见。

三、中国的国体、政体与国家结构形式

社会主义民主的本质是人民当家作主。国家的一切权力属于人民。我国实行的人民民主专政的国体和人民代表大会制度的政体是人民奋斗的成果和历史的选择,必须坚持和完善这两个根本制度。

(一) 国体——人民民主专政

我国《宪法》第1条规定,中华人民共和国是工人阶级领导的、以工农联盟为基础的人民民主专政的社会主义国家。社会主义制度是中华人民共和国的根本制度,人民民主专政是中国的根本政治制度,即国体。人民民主专政的基本内容是:(1) 以工人阶级(通过共产党)为领导;(2) 以工农联盟为基础;(3) 实行广泛的爱国统一战线(包括全体社会主义劳动者,拥护社会主义的爱国者和拥护祖国统一的爱国者);(4) 对人民实行民主和对严重犯罪分子实行专政(对严

重犯罪分子依法剥夺其政治权利）。民主与专政是对立统一的,只有对人民实行民主才能对严重犯罪分子有效地专政;反过来,只有对严重犯罪分子实行专政,人民民主才有保障。

（二）政体——人民代表大会制

人民代表大会制是我国的政体,即国家的管理形式,它也是国家的根本政治制度。国家的一切权力属于人民,人民行使国家权力的机关就是全国人民代表大会和地方各级人民代表大会。人民依法通过各种途径和形式,管理国家事务,管理经济和文化事业,管理社会事务。国家机构实行民主集中制原则。全国人大和地方各级人大都由民主选举产生,对人民负责,受人民监督。国家行政机关、审判机关、检察机关都由人大产生,对它负责,受它监督。

前面已讲过的共产党领导的多党合作和政治协商制度以及民族区域自治制度也都是我国的重要政治制度。

（三）国家结构形式——单一制

我国整体上实行单一制的国家结构形式,坚持在中央统一领导下,充分发挥地方的主动性和积极性的原则,在少数民族聚居地区实行民族区域自治,在香港和澳门实行特别行政区制度。全国划分行政区划的框架由宪法规定。国家在必要时得设立特别行政区,在特别行政区内实行的制度按具体情况由全国人民代表大会规定。1997年香港回归祖国,根据《香港特别行政区基本法》,实行"一国两制"、"港人治港"、高度自治的方针,保持了繁荣稳定的局面。澳门于1999年回归祖国后,根据《澳门特别行政区基本法》,实行"一国两制"、"澳人治澳"、高度自治的方针。"一国两制"构想既体现了实现祖国统一、维护国家主权的原则性,又充分考虑台湾、香港、澳门的历史和现实,体现了高度的灵活性,是推进祖国和平统一大业的基本方针,有利于祖国统一和民族振兴,有利于世界的和平与发展。

四、法治与国家的关系

法治与国家的共同性主要是指两者是同一经济基础之上的上层建筑,要为同一目标服务,有共同意识形态和指导思想;法律体现国家意志,要依靠国家强制力保证其实施,反过来国家的国体、政体、结构形式、组织和活动都要由法律规定。两者密切联系,相辅相成。特别是依法治国、法治国家的说法,更体现出其关系之密切。

法治与国家尽管密切联系,但对两者各自的地位,人们往往有不同理解,有人认为国家高于法律或法治,有人认为法律或法治高于国家。在君主专制、法西斯国家的条件下,国家往往被奉为"最高的强权",法律被贬低或践踏。但在实行不同程度民主的法治国家中,一般地说,国家与法治是并行存在的,都是不可缺少的。一个是政治实体,一个是治国方略。它们相互依存、相互作用,不宜有高低、大小或主次之分。

第四节 法治与民主

一、民主的概念

民主一词在历史上最初出现于古代希腊文 demokratia(即英语的 democracy)。它由人民(demos)和统治(kratos)二词构成,意思是多数人治理的政体,与专制或寡头政治相对照。自17—18世纪以来,一些西方国家通过"权利宣言"或宪法的形式,规定了人和公民的基本权利,也即规定了自由、平等和法治。

马克思列宁主义认为,民主是历史的、具体的、相对的,必然要受一定社会经济、政治、文化等条件的制约,必然具有历史性和阶级性。作为政治制度,它不仅指国家的组织形式,而且也指国家的本质,即什么阶级在国家中占有支配地位。列宁指出,"民主是一种国家形式,一种国家形态。因此,它同任何国家一样,也是有组织有系统地对人们使用暴力,这是一方面。但另一方面,民主意味着在形式上承认公民一律平等,承认大家都有决定国家制度和管理国家的平等权利"[①]。

民主作为一种政治制度有几种分类法。

首先是直接民主与间接民主之分。前者指国家事务或集体事务由全体公民或成员按少数服从多数原则直接作出决定;后者指由公民或成员选举产生的代表作出决定。直接民主制一般仅适用于人数较少的范围(如希腊的城邦或某个集体)。人数较多的场合必须采用间接民主制。但在现代国家中,国家一些重大决策或法律也可以采用"全民公决"的形式。

其次是不同社会领域的民主。民主一般仅适用于政治领域,即国家机关或国家事务的管理和决策。但在20世纪,随着资本主义国家加强对经济领域的干预以及社会主义国家的实践,民主的含义也扩大到非国家的组织和一般社会、经济和文化领域,特别是工人参加企业管理已逐渐增多。例如我国《宪法》第16条和《全民所有制工业企业法》第10条;意大利共和国《宪法》第46条。我国《宪法》第2条第3款还规定,"人民依照法律规定,通过各种途径和形式,管理国家事务,管理经济和文化事业,管理社会事务"。

最后是不同社会形态的民主:奴隶制民主、近现代资本主义民主以及社会主义民主。这些民主形态之间既有区别,又有历史联系。

[①] 《列宁选集》第3卷,人民出版社1995年版,第257页。

二、民主的历史发展

（一）民主在西方的历史发展

古代希腊的雅典城邦是民主政制在世界上的发源地。但这是奴隶制的民主，只有自由民，而且只有男性、成年的自由民才有公民权。欧洲中世纪，实行封建割据、等级特权，封建领主和教会占支配地位。中世纪后期，王权加强，形成君主专制。那时谈不到民主制，仅在一些较早摆脱封建领主支配的自由城市或城市共和国才有某些接近民主因素的政制。

17—18世纪，一些启蒙思想家所传播的资产阶级民主的思想，成为反封建斗争的旗帜。1776年美国《弗吉尼亚宣言》《独立宣言》和法国1787年《人权和公民权利宣言》中都列举了资产阶级民主的一系列原则。自19世纪起，资产阶级民主在资产阶级阵营内部受到各种反民主思潮的攻击。20世纪30年代，在德、意、日等国建立了法西斯政权，资产阶级民主遭到践踏。

但总的来说，资产阶级民主自建立以来的二三百年中，由于广大人民的斗争，一些重要的民主权利，例如选举权、工人组织工会和罢工的权利、妇女与男子的平等权、民族平等权等都有重大发展。第二次世界大战后，由于新科技革命，国家调节经济的职能大大加强，资本主义经济有了较大发展，资产阶级政府在国内更多地采用改良主义、福利主义政策。正是在这种条件下，资产阶级统治相对稳定，资本主义民主也有了不同程度的发展。

（二）民主在中国的历史发展

自秦始皇统一六国以来，中国一直是一个君主专制国家。结果之一是，旧中国留给我们的封建专制传统比较多，民主法制传统很少。近代意义上的民主思想是在19世纪末20世纪初从西方传入中国的。从1840年鸦片战争到1919年五四运动的前夜，"中国人被迫从帝国主义的老家即西方资产阶级革命时代的武器库中学来了进化论，天赋人权论和资产阶级共和国等项思想武器和政治方案……"[1]中国革命的先行者孙中山在中国历史上第一次全面地提出了建立资产阶级民主共和国的理论和政治纲领，他对中国民主思想的另一个重大贡献是在1924年将旧民主主义的三民主义发展为新民主主义的三民主义。

但从19世纪中叶以来的一百多年间，经过旧民主主义革命的多次失败和新民主主义革命的最终胜利，证明资本主义和资产阶级民主共和国道路在中国走不通，唯一的出路是在共产党领导下走社会主义道路。1949年中华人民共和国成立，它是以工人阶级为领导的人民民主专政国家。这种民主是人民民主、社会主义类型的民主。

---

[1] 《毛泽东选集》第4卷，人民出版社1967年版，第1451页。

三、中国建设社会主义民主政治的必要性与重要性

研究我国的社会主义民主,首先应了解建设社会主义民主政治的必要性和重要性。我们可以从社会主义的本质来阐明这种必要性和重要性。民主是社会主义的本质要求和内在属性。没有民主和法制就没有社会主义,就没有社会主义的现代化。完全的、科学的社会主义既要求有社会生产力的高度发展和完善的社会主义经济制度,也要求社会主义民主政治和精神文明的高度发展。社会主义民主是社会主义的基本特征之一。

"文化大革命"的历史教训也从另一个角度说明建设社会主义民主政治的必要性和重要性。"逐步建设高度民主的社会主义政治制度,是社会主义革命的根本任务之一,建国以来没有重视这一任务成了'文化大革命'得以发生的一个重要条件,这是一个沉痛教训。"①

社会主义民主建设的必要性和重要性还在于:没有亿万人民群众行使当家作主的民主权利,充分发挥他们的积极性和创造性,改革和建设事业就不可能取得成功。改革开放以来,由于民主和法制建设取得了重大进展,民族团结,社会安定,从而保障了建设和改革的顺利进行。

四、中国社会主义民主政治的基本特征

我国的社会主义民主政治有以下一些基本特征:

首先,民主与专政的结合,即坚持人民民主专政的国家制度。这一点在前面已经论述过。

其次,民主与集中的结合。即坚持民主集中制,在民主基础上的集中和集中指导下的民主,党章中规定:"它既是党的根本组织原则,也是群众路线在党的生活中的运用。"1982年《宪法》中也规定:"中华人民共和国的国家机构实行民主集中制的原则。"民主集中制的一个重要环节是决策的科学化与民主化。民主意味着少数服从多数的政治制度,但多数决定并不意味着始终正确。因此,不仅要有民主的决策而且要有科学的决策。再有,少数服从多数的决定可能是"非此即彼"的选择,更可能是几种可行性方案之间的选择。因此,就更需要决策的科学化与民主化。民主的决策是指集思广益,集中多数人的智慧;科学的决策就是要有可靠的科学依据和论证。

再次,民主的制度化、法律化。这也就是说,民主与法制不可分,民主与法制必须结合。

最后,逐步完善的民主。任何社会形态的民主都要经历一个渐进的过程,都

---

① 中共中央《关于建国以来党的若干历史问题的决议》。

是逐步完善的。资本主义民主的形成和完善过程长达一二百年之久。在当代中国,强调民主要逐步完善更有其特殊而重要的意义,我国社会主义民主政治建设或政治体制改革,在这些年来,已取得了重大成就,但仍是一个长期而艰巨的任务。

社会主义民主政治的建设,要受很多条件的制约,其中包括经济、政治、文化发展水平,社会成员和公职人员的政治、思想、道德和教育素质,历史、文化传统以及国内外的环境等。因此,我国社会主义初级阶段的民主还是不完善的,但它也不是静止不变的,而是在不断发展。在正确的路线或指引下,它将经历一个从不完善到逐步完善的过程,这是我国社会主义民主的一个基本特征,也是它的一个发展规律。

五、民主和法治的关系

我们在论述建设有中国特色社会主义的政治时,一个突出之点是将民主与法治以及党的领导密切联系在一起。在论述依法治国是党领导人民治理国家的基本方略以及在讲依法治国是把坚持党的领导、发扬人民民主和严格依法办事统一起来时,也说明了这一点。

前面已讲过,法制是一个多义词,在我国也经历了一定的演变。在 1997 年党的十五大报告后,一般地说,它主要是指静态意义上的法律制度或动态意义上的立法、执法、司法、守法和监督法律的实施等制度;法治是指与人治相对立的一种治国基本方略,所以法制与法治密切联系但又有区别。

民主与法制不可分,民主是法制的内容和基础,法制是民主的体现和保障。民主必须制度化、法律化,民主必须与法制结合。为了保障人民民主,必须加强法制和实行法治。所谓法治,就是必须使民主制度化、法律化,使这种制度和法律不因领导人的改变而改变,不因领导人的看法和注意力的改变而改变。这里应注意,制度化与法律化不仅指通过一定程序建立和制定一定的制度和法律、法规,更重要的是有效的监督,保证它们的实行。

脱离民主的法治是通过法制对人民的专制,而不受约束的民主或导致无政府状态,或导致专制和集权,两种方向都是险途。法治对于民主的作用即在于保障和制约它的运作,避开这两条险途。法治通过一系列的制度设置使国家的各种权力依法运作并最终控制在人民手中。它规定民主权利,保障权利的行使不受干扰和侵犯。它对立法设定严格的条件和程序以减少不良法律产生的可能性。它也要求对执法和司法设定严格的条件和程序以求最大限度地减少专横权力的危险。

第五节 法治与人权

一、人权的概念

（一）人权是什么意义上的权利

在研究人权的概念时，首先会碰到这样一个问题，人权是什么意义上的权利？我们在日常生活中会接触到几种不同意义上的权利或义务。例如法律上的权利和义务，习惯上的权利和义务以及许多非国家组织规章中所规定的本组织成员的权利和义务（如党章中规定的党员的权利和义务，工会规章规定的工会会员的权利和义务）。人权等同于法律权利吗？如果不是，人权和法律权利之间又有什么关系呢？

人权的原意是指某种价值观念或道德观念，它是一种道德意义上的权利。道德是人们关于善恶、是非、正义与否等等的观念、原则、规范。人权就是人们从这些价值、道德观念出发而认为作为个人或群体的人在社会关系中应当有的权利。换句话说，人们论证某项权利是人权，主要是以道德上的理由来论证的。

人权与法律权利（包括国内法上的权利和公认的国际法上的权利）既具有密切联系又具有一定的区别。人权需要法律来保障其实施；绝大部分人权需要同时具有法律权利的性质，但人权与法律权利并不是同一个概念。两者的区别主要在于：第一，法律权利这一概念出现的时间较早，人权的概念出现较晚。在古罗马的法律制度中就已经出现法律权利概念的萌芽，而人权的概念在近代才出现在西方一些思想家的论著中。第二，人权是应然的权利，也就是应当得到实现和保障的权利；法律权利是法律已经规定或承认的权利，是实然的权利。第三，绝大部分人权需要法律的保障，需要转化为法律权利，但并不是所有的人权都要由法律加以规定，反过来，更不能说所有法律权利都属于人权范畴。

人权是价值观念、道德观念的体现，因而不同的人就有不同的人权观。特别是在阶级社会中人权不仅有社会性而且有阶级性，不同的社会历史传统、阶级就有不同的人权观。正如恩格斯所讲的，在当时欧洲的一些先进国家中，过去、现在和将来存在了三类道德，即封建贵族道德、资产阶级道德和无产阶级道德。封建社会谈不到人权，所以仅存在资产阶级和无产阶级两种人权观，或者说西方人权观和马克思主义人权观。同样地，人权的基础或根据归根结底在于社会经济关系，不同阶级总是从他们阶级地位所依据的实际关系中，从他们进行生产和交换的经济关系中，吸取自己的道德观念。再次，不同阶级道德代表同一历史发展的不同阶级，由于有共同的历史背景，就必然具有许多共同之处。这些话也说明为什么人权问题会成为当前国际上意识形态斗争中的一个尖锐问题；同时也说明为什么资本主义社会中的人权和社会主义社会中的人权尽管在本质上是对立的,但会有某些共同之处。还有,道德是一个历史观念,是发展变化的。这里暂且不讲西方人权观和马克思主义人权观、第三世界人权观之间的原则区别或重大区别,仅以1789年的法国《人权宣言》和1948年的《世界人权宣言》以及1966年的两个国际人权公约来比,也可以看出人权观念的历史发展。

国内有些学者又提出了一些不同的观点。例如有学者提出:应从三个层次去揭示人权的内涵:首先,人权是一种道德意义上的权利,属于应有权利的范围,是指作为人应该享有的权利。其次,人权就实质而言,是国内法管辖的问题,又是一种法律权利。最后,人权还必须是一种实有权利,一种实实在在的现实权利。①

(二)人权的结构

美国伦理学家A.格维尔茨认为,人权是指一种狭义的权利,即主张权。这种权利的结构可以理解为:A由于Y而对B有X的权利。这里包括五个因素:(1)权利的主体(A),即有权利的人;(2)权利的性质;(3)权利的客体(X),即权利指向什么;(4)权利的回答人(B),即具有义务的人;(5)权利的论证基础和根据(Y)。他认为,在这五个因素问题上,每一个都有争论。②

瑞士法学家、汉学家胜雅律对人权一词中的"人"提出了一个值得注意的观点:在1948年《世界人权宣言》以前,西方国家所讲的人权中的"人"绝不是指普遍的人,不是指"每一个人",无论在理论上或实践上,"人"的概念都把妇女、奴隶和有色人种排除在外。1948年以后,从理论上讲,人权才是"普遍"的,但理论和实际之间仍有矛盾,"人"这个词仍然模糊。③ 在1948年《世界人权宣言》起草时,通过联合国起草委员会主席罗斯福夫人的建议,将"Rights of Man"改为"Human Rights"。

二、人权理论的历史发展

(一)当代世界的不同人权理论

从意识形态角度看,当代世界有几种人权思想或理论,其中有两种是基本的,即资本主义的,或称西方人权理论,另一种是马克思主义的。这两者的关系是,马克思主义人权理论批判地继承了资本主义人权理论,又同它有原则区别。

---

① 参见沈宗灵主编:《法理学》,高等教育出版社1994年版,第190—191页。该书第十章"法与人权"的撰稿人是李龙教授。

② Gewirth, "The Epistemology of Human Rights", in *Introduction to Jurisprudence*, ed. by Lloyd of Hampstead, London, Stevens & Sons, 1985, p. 230.

③ 〔瑞士〕胜耶律:《从有限的人权概念到普遍的人权概念——人权的两个阶段》,载沈宗灵、王晨光编:《比较法学的新动向》,北京大学出版社1993年版,第134—158页。

再有两种是第三世界的人权理论和国际法人权理论,前者主要指第二次世界大战后亚非拉各洲许多取得独立国家的人权理论;后者主要指国际法,即国际条约和公认的国际惯例中所体现的人权思想。与前两种人权理论相比,后两种人权理论都是派生的、复杂的和未定型的。第三世界的人权理论中往往既有西方理论又有马克思主义,两种思想并存,加上他们本国的特色。国际法人权理论更可能是西方和马克思主义以及第三世界三种理论的相互合作、斗争以至妥协的产物。

(二) 人权理论的萌芽

首先应注意有两种意义上的人权理论的萌芽:一种是资产阶级人权理论的萌芽;另一种是古代各种文化传统中有关人权思想的萌芽。联合国教科文组织一次讨论会上强调了一个观点:"人权作为一种伟大的道德价值的信念,并不专门是西方或犹太—基督教对世界的贡献。在人类所有重要的道德文献中,以及自原始时代以来,所有人类的愿望中,都可以见到这种贡献。"很多西方人权理论家往往认为,仅在西方文化传统中才存在人权理论的萌芽。人权是17—18世纪西方启蒙思想家首先提出的,因此,在讲西方人权理论萌芽时,当然要讲古希腊罗马和西欧中世纪的有关思想。但认为人权理论的萌芽仅在西方文化传统中存在,却是一种违反历史常识的偏见。除西方以外的世界各国文化传统中都普遍存在人权理论的萌芽,包括人的价值、仁慈、正义等思想。

在我国,近代资产阶级人权思想,即所谓"天赋人权"的思想是从西方输入的。但中国有丰富灿烂的文化传统,孟子的人性善、人皆可为尧舜、《礼记·礼运》中的大同思想,以至孔子反对俑葬的思想,都可以说代表了中国古代文化传统中有关人权思想的萌芽。

三、西方人权理论的历史发展

(一) 不同发展阶段的概况

第一个阶段是古代和中世纪人权思想的萌芽时期。那时占人口大多数的奴隶和农民根本没有人权,也谈不到"人权"这个词或概念。但人权思想的萌芽是存在的。17—18世纪资产阶级启蒙思想家人权思想或学说不是突然出现的,从思想渊源上讲,是从古代中世纪有关人权思想的萌芽中演变而来的。当然,古代和中世纪并没有近代意义上的人权思想。所以,我们这里讲的人权思想的萌芽就是以后对人权这个词的出现,对人权这种思想或学说的形成有很大影响的思想。例如,人权思想中有一个核心问题,即平等观念,恩格斯在《反杜林论》中论述了这一观念的历史发展,从原始社会起,直到无产阶级平等观念的出现,必然要经过而且确实已经经过了几千年。又如,17—18世纪思想家所讲的"人权"是指"自然权利"(现在很多西方人权理论家也还是这样讲的);而"自然权利"的概念又来自"自然法","自然法"的概念又来自"自然"。这一过程(即从自然到自然法,再到自然权利和人权)在西方思想中体现为从古希腊到17—18世纪的历史进程。这些论证都说明了研究人权思想萌芽的重要性。

第二个阶段即17—18世纪资产阶级人权思想和学说的形成和鼎盛时期,正是在这一时期,人权一词正式出现,人权思想发展成为系统的学说,在反神权和封建专制、特权的斗争中所向披靡。这种思想和学说直接体现在洛克、卢梭等人的历史名著和《独立宣言》《人权宣言》这些历史文献中。

第三个阶段是19世纪直至第二次世界大战以前的资产阶级人权思想相对低沉的时期。与17—18世纪人权思想的辉煌、鼎盛不同,19世纪资产阶级人权思想开始进入低潮时期。到20世纪初,更出现了践踏人权的法西斯主义思想和法西斯政权。

第四个阶段是第二次世界大战后资产阶级人权思想的新的发展时期。第二次世界大战后,资产阶级人权思想面临着社会主义国家和第三世界国家人权思想的严重挑战,迫使资产阶级人权思想不断演变。

西方人权学说在第二次世界大战后的重大发展体现在以下这些现象上:人权成为法学、政治学、哲学、伦理学、社会学、文学等学科中的重要主题;有关人权问题的著作、文章大量出版;有关研讨会频繁举行;有关人权的组织(官方的或民间的,国内的或国际的)纷纷建立并广泛地开展政治和学术活动。

(二) 第二次世界大战后重大发展的原因

为什么战后西方人权学说会有重大发展呢?首先应归功于反法西斯战争的胜利。大战结束后,全世界人民对法西斯暴行的愤恨以及对民主与世界和平的强烈要求,有力地推动了各派人权思想的兴起,包括西方人权学说继17—18世纪之后的再次兴起。纽伦堡战争罪犯的审判,战后初期很多国家(包括德、意、日三国)的新宪法对人权和公民权的较为详尽的记载,《联合国宪章》第1条中关于增进人权是联合国宗旨之一的规定,以及1948年《世界人权宣言》的通过,都体现了战后全世界人民对民主与和平的要求的高涨。

其次,20世纪60—70年代在西方国家尤其是美国兴起的强大的争取权利的运动,如黑人运动、妇女运动、学生运动等,也推动了西方人权学说的发展。

西方人权学说在战后重大发展的另一个重要原因是,以美国为首的西方国家对社会主义国家和发展中国家进行意识形态斗争,推行所谓的"人权外交",在国际政治舞台上俨然以"人权卫士"自居。当然,西方国家在人权问题上进行意识形态斗争,同时也意味着西方人权学说受到了社会主义国家和发展中国家人权思想或学说的严重挑战,从而不得不作出一系列的改变。

四、马克思主义人权理论的发展

(一) 马克思主义创始人关于人权的理论

马克思、恩格斯在早期作品《神圣家族》一书中曾引用黑格尔关于人权的一个著名观点:"人权不是天赋的,而是历史地产生的。而'批判'关于人权是不可能说出什么比黑格尔更有批判性的言论的。"①

恩格斯在《反杜林论》中解释"平等"观念的历史发展时讲到了人权的起源,"社会的经济进步一旦把摆脱封建桎梏和通过消除封建不平等来确立权利平等的要求提上日程,这种要求就必定迅速地扩大其范围"。人们"生活在那些相互平等地交往并且处在差不多相同的资产阶级发展阶段的独立国家所组成的体系中,所以这种要求就很自然地获得了普遍的、超出个别国家范围的性质,而自由和平等也很自然地被宣布为人权"②。

(二) 当代中国的人权理论和实践

1991年11月,中国政府公开发表了《中国的人权状况》的白皮书,这是中国政府发表的第一份综合性人权状况白皮书。主要内容是"将中国有关人权的基本立场和实践扼要地作一介绍,以有助于国际社会正确地了解中国的人权状况"。③ 在基本立场方面,这一白皮书表示,"享有充分的人权,是长期以来人类追求的理想";认为《世界人权宣言》作为第一个人权问题的国际文件,为国际人权领域的实践奠定了基础。同时又表示,人权状况的发展受到各国历史、社会、经济、文化等条件的制约,是一个历史的发展过程;人权问题虽然有其国际性的一面,但主要是一个国家主权范围内的问题,因此观察一个国家的人权状况,不能割断该国的历史,不能脱离该国的国情;衡量一个国家的人权状况,不能按一个模式或某个国家和区域的情况来套。这一白皮书也承认,中国是发展中国家,在维护和发展人权的实践中,也曾发生过种种挫折;并表示,继续促进人权的发展,努力达到中国社会主义所要求的实现充分人权的崇高目标,是中国人民和政府的一项长期的历史任务。此后,中国政府又发表了数份综合性人权状况白皮书,向外界报道中国人权状况,宣传中国政府在人权保障事业方面的成绩。

除了这些综合性人权状况白皮书之外,中国政府还发表了多个白皮书,分别涉及专门领域或事项的人权状况,例如有关罪犯改造、西藏的主权归属与人权状况、儿童状况、性别平等与妇女发展状况等白皮书。

2004年,中国通过宪法修正案的形式确定:"国家尊重和保障人权。"2009

---

① 《马克思恩格斯全集》第2卷,人民出版社1957年版,第146页。
② 《马克思恩格斯选集》第3卷,人民出版社2012年版,第483页。
③ 国务院新闻办公室:《中国的人权状况》,中央文献出版社1991年版,第3页。

年4月13日,国务院新闻办公室发布《国家人权行动计划(2009—2010年)》。这是中国政府第一次制订的以人权为主题的国家规划,行动计划规定2009—2010年中国政府在促进和保护人权方面的工作目标和具体措施。两年后该办公室主持召开的评估总结会议认为,该行动计划规定的各项措施得到了有效实施,预定的各项目标如期实现,各项指标均已完成。2012年6月11日,又发布了《国家人权行动计划(2012—2015年)》,对2012—2015年中国人权发展的目标、任务和具体措施作出了规划。

(三) 当代中国政府与西方国家在人权理论上的主要区别

首先,中国政府主张人权的普遍性原则必须与各国的具体情况相结合。全世界人民都享有人权,这是人权普遍性原则的基本含义。因此,中国政府承认和尊重《联合国宪章》保护和促进人权的宗旨与原则,并积极参与联合国人权领域的活动。自1980年起先后加入了包括《经济、社会和文化权利国际公约》在内的21个国际人权公约,签署了《公民权利和政治权利国际公约》,尚未批准这一公约。但世界各国由于历史背景、文化传统、社会制度和发展水平不同,在实行人权普遍性原则时,从内容到形式,都会有所不同,所以必须和各国的具体情况相结合。

其次,中国政府主张,人权应不仅指个人权利,而且指集体、社会的权利;不仅指公民、政治权利,而且指经济、社会与文化权利。但有的西方国家,特别是有些学者却仅强调个人权利而忽视集体、社会权利;仅强调个人权利而忽视义务;仅强调公民、政治权利而忽视经济、社会、文化权利。中国政府不仅强调权利的保障,而且强调义务的履行,强调权利与义务相一致。

最后,中国政府认为,人权首先是生存权和发展权,但有的西方国家和学者,却否认或轻视生存权和发展权。

五、法治与人权的相互作用

法治与人权的相互作用主要体现在法治保障人权的实现,使人权成为国内实在法上的权利。同时,人权又提高和加强了法治的地位和作用。

(一) 法治对人权的保障

为保证人权的实现,各国宪法和法律应明确规定本国公民所享有的法律权利以及应承担的义务,例如1982年通过的中国《宪法》第二章中就有公民的基本权利和义务的规定。其他法律也都规定了相应的权利和义务。《世界人权宣言》序言中也规定"有必要使人权受法治的保护"。受法治保护当然需要实体法和程序法上的明确规定,还需要或者说更需要有专门的执法、司法机构和人员有效地保障这些法律规定的实现。如果仅有规定而不能真正实现,这些规定也就成了一张废纸。

所以,在考察一个国家的法治与人权时,不能仅满足于该国宪法和法律上的规定,更重要的是研究这些规定的实现情况。在现实生活中,往往是纸面上的法律与实际上的法律有不同程度的距离。这里的根本问题是社会制度,或者说在这种社会制度下的法律能否获得绝大多数社会成员的支持。

(二) 人权对法治的促进

法治可以保障人权的实现,反过来,人权也能促进法治,不仅提高法治的地位,而且推动法治的实现。公民权利为国家权力所尊重、保护和救助,理想的法治社会才能得以实现。人权是公民权的本原和界限,在公权不受限制和人权无保障的地方,便没有法治。实践表明,如果不认真对待权利,就不能够认真对待法律,至少那些规定公民权利的法律不能得到严格的实施。

思考题

1. 政治与法治有什么关系?
2. 怎样理解党的政策和法治的关系?
3. 怎样理解国家和法治的关系?
4. 怎样理解党的领导、人民民主与法治的关系?
5. 怎样理解中国政府与西方国家在人权问题上的原则区别?

参 考 书 目

1. 〔奥〕凯尔森:《法与国家的一般理论》,沈宗灵译,中国大百科全书出版社 1996 年版,第二编。

2. 夏勇:《人权概念起源》,中国政法大学出版社 1992 年版。

3. 〔英〕A.J.M.米尔恩:《人的权利与人的多样性——人权哲学》,夏勇、张志铭译,中国大百科全书出版社 1995 年版。

第十一章　法律与文化

这一章主要学习法律与文化的关系问题,包括文明、道德、法律意识、法律文化等概念;法律与文明关系的学说;法律与道德关系的学说;依法治国与以德治国的结合;法律意识、法律文化以及法律与宗教的相互关系。通过这一章的学习,对当代中国法治与文化领域中这些现象的关系有一个概括的了解。

第一节　法律与文化

一、文化的概念

"文化"一词起源于拉丁文的动词"Colere",意为耕作土地,后引申为培养一个人的兴趣、精神和智能。文化概念是英国人类学家爱德华·泰勒在1871年提出的。他将文化定义为"包括知识、信仰、艺术、法律、道德、风俗以及作为一个社会成员所获得的能力与习惯的复杂整体"。[①] 此后,文化的定义层出不穷,20世纪50年代末期,克莱德·克拉克共搜集了一百六十多个文化的定义。

在汉语中,文化是"人文教化"的简称。其前提是有"人",有"人"才有文化。文化是讨论人类社会的专门用语;"文"是基础和工具,包括语言和文字;"教化"是该词的重心所在。"教化"的名词含义是人的精神活动和物质活动的共同规范(同时这一规范在精神活动和物质活动的对象化成果中得到体现),"教化"的动词含义是共同规范产生、传承、传播及得到认同的过程和手段。

据考证,"文化"是中国语言系统中古已有之的词汇。"文"的本义,是指各色交错的纹理。《易·系辞下》载:"物相杂,故曰文。"《礼记·乐记》称:"五色成文而不乱。"《说文解字》称:"文,错画也,象交叉。""文"一词又有若干引申的含义,包括:(1)"文"包括语言文字内的各种象征符号,进而具体化为文物典籍、礼乐制度。《尚书·序》所载伏羲画八卦,造书契,"由是文籍生焉",《论语·子罕》所载孔子说"文王既没,文不在兹乎",是其实例。(2)"文"指基于伦理而导出的彩画、装饰、人为修养之义。《尚书·舜典》疏曰"经纬天地曰文",《论语·雍也》称"质胜文则野,文胜质则史,文质彬彬,然后君子"。(3)在前两层意义之上,"文"可以进一步引申出美、善、德行之义。《礼记·乐记》中的"礼

[①] 〔英〕爱德华·泰勒:《原始文化》,连树声译,上海文艺出版社1982年版。

减两进,以进为文",《尚书·大禹谟》中的"文命敷于四海,祗承于帝",即为此义。

"化"原指改易、生成、造化。《庄子·逍遥游》:"化而为鸟,其名曰鹏。"《易·系辞下》:"男女构精,万物化生。"《黄帝内经·素问》:"化不可代,时不可违。"《礼记·中庸》:"可以赞天地之化育"等等。可见,"化"指事物形态或性质的改变,"化"又引申为教行迁善之义。

"文"与"化"合并使用,较早见于战国末年,"(刚柔交错),天文也。文明以止,人文也。观乎天文,以察时变;观乎人文,以化成天下"①。西汉以后,"文"与"化"方合成一个整词,如"文化不改,然后加诛"②,"文化内辑,武功外悠"③。这里的"文化",或与天造地设的自然相对,或与无教化的"质朴""野蛮"相对。由此可见,在汉语系统中,"文化"的本义就是"以文教化",它表示对人的性情的陶冶,品德的教养,本属精神领域之范畴。

文化作为人类社会的现实存在,具有与人类本身同样古老的历史。人们在使用"文化"这一概念时,其内涵、外延差异很大,故有广义与狭义的文化概念之分。广义的"文化"理念建立在人之所以为人的基础之上,认为正是文化的出现才"将动物的人变为创造的人、组织的人、思想的人、说话的人以及计划的人",因而将人类社会—历史生活的全部内容统统摄入"文化"的定义之中。狭义的"文化"专注于精神创造活动及其结果,排除人类社会—历史生活中关于物质创造活动及其结果的部分。泰勒在《原始文化》一书中提出的文化概念,即是狭义"文化"早期的经典界说。在汉语中,"文化"的本义是"以文教化",亦属于狭义文化范畴。20世纪40年代初,毛泽东在《论新民主主义文化》时说:"一定的文化是一定社会的政治和经济在观念形态上的反映。"《现代汉语词典》在解释"文化"时认为,文化是"人类在社会历史发展过程中所创造的物质财富和精神财富的总和,特指精神财富"。④ 这些解释都属于狭义文化范畴。

二、法律文化的概念

法律文化概念源于西方,最早使用它的是美国学者劳伦斯·弗里德曼。他在《法律文化与社会发展》中最早使用了法律文化这一概念。他认为,法律文化是指"与法律体系密切关联的价值与态度,这种价值与态度决定法律体系在整个社会文化中的地位"⑤。这里所讲的"价值和态度"涉及"律师和法官的训练

---

① 《易·贲卦·象传》。
② 《说苑·指武》。
③ 《文选·补之诗》。
④ 《现代汉语词典》,商务印书馆2005年版,第1427页。
⑤ L. Friedman, "Legal Culture and Social Development," *Law and Society Review*, Vol. 6, 1969, p. 34.

方式如何？民众对法律有何想法？团体或个人是否愿意求助法院？人们为何求助于法律职业者、其他官员或仲裁者？人们是否尊重法律、政府以及传统？阶级结构与法律制度的运用与否之间存在着怎样的关系？正规社会管理手段之外还有哪些非正规方式？哪些人喜欢哪些管理方式？为什么？"[1]

在我国，法律文化概念的使用，始见于20世纪80年代。1985年潘汉典教授翻译了李·S.温伯格、朱迪思·W.温伯格所写的《论美国的法律文化》，刊登在《法学译丛》1985年第1期上。梁治平在《读书》上发表了有关中西法文化观念比较的系列文章。孙国华教授在1985年主编的《法学基础理论》讲义中，将"法律文化"作为一个新的法学概念和法学理论问题进行专题阐述。之后，对法律文化的讨论，成为法学中的一个热门话题。

纵观国内外对法律文化概念的讨论，目前还没有一个普遍为人接受的法律文化的概念。对这一概念的解释，至少有以下不同的理解。第一种是把法律作为文化的组成部分，法律文化包括所有的法律现象。根据这一认识，一切法律现象都是文化，法律现象等于法律文化。英国的贝尔就认为法律文化包括全部法律现象。[2] 第二种理解认为法律文化就是法律传统。广义的法律传统是指不同文明、民族或国家在历史中形成的独具特色的法律体系，这种法律体系包括法律制度和法律观念两大要素。在人类法制文明的发展中，不同文明、民族或国家形成了不同的法律传统。法律文化是法律传统的产物，因而把法律文化与法律传统等同。第三种理解是把法律文化视为法律意识。狭义的"文化"专注于精神创造活动及其结果，因而狭义的法律文化概念在含义上与法律意识的概念非常相近。比如，法律文化是指"特定社会中根植于历史和文化的法律价值和观念"。[3] 第四种理解是把法律文化视为一种解释方法。这种理解倾向于从文化的角度研究和分析法律。第五种理解是关于法律文化概念的一种综合观，认为一个国家的法律文化由一系列相互关联的因素构成，如人们对法及法律现象的看法，法在社会生活中的地位，法的表现形式，法的结构，解决争端的主要方式，国家机构之间的关系，法律技术水平，法律意识的特点等。在不同国家和不同历史发展阶段，法律文化会有很大差异。[4]

本书认为，法律文化是特定社会的人们对待法律和法律制度的态度和行为方式。法律文化涉及对待法律的精神方面，它的一个重要因素是法律意识，但法律文化的范围不限于法律意识。法律意识泛指人们对于法律，特别是本国现行

---

[1] L. Friedman, "Legal Culture and Social Development," *Law and Society Review*, Vol. 6, 1969, p.34.
[2] J. Bell, *French Legal Cultures*, Butterworth, 2001, p.12.
[3] 高鸿钧：《法律文化的词义、语境及其中国问题》，载《中国法学》2007年第4期。
[4] 沈宗灵主编：《法理学》，高等教育出版社1994年版，见第十二章"法律意识与法律文化"（朱景文教授撰写），第248页。

法律的思想、观点、心理或态度等,有时也称"法制观念""法治观念"或"法制心理状态"。法律意识与政治意识、道德意识、宗教意识等都是意识形式,但它们反映的对象不同。一般来说,法律意识与政治意识、道德意识的关系较为密切。法律意识从主体来看,可以分为个人法律意识、群体法律意识和社会法律意识三种。其中群体法律意识最为复杂,它可以按不同群体来划分,例如不同阶级、阶层、职业、地区、年龄、性别等方面的区别就有不同类别的法律意识。社会法律意识通常指不同社会制度的法律意识。例如资本主义法律意识和社会主义法律意识。就个人法律意识来说,每个人的法律意识与他(或她)本人的法律知识有关系,所以,一个"法盲"(即完全没有法律知识的人)很容易作出违法行为。但这并不是说一个"精通"法律的人就必然是一个法律意识很强的人,或必然是个守法的公民。事实上,在立法、执法、司法官员、律师以及法律院校师生中也有违法犯罪者。所以,掌握基本法律知识是对成年社会成员的要求,特别是国家工作人员应具有较多法律知识,但这并不意味着他们一定具有很强的法律意识或一定会遵纪守法。

在我国社会中,存在三种对法律的心理状态:第一种是广大人民信任、拥护法律的积极心理状态;第二种是极少数人反对法律的破坏性心理状态;第三种是处于以上两者之间的消极心理状态。它表现为对法律的某种淡漠情绪和态度。① 此处所讲的对法律的心理状态即指法律意识。这样的分析是比较合适的。可以补充的是:在实际生活中,情况很复杂。例如每个人对不同法律或在不同时间就可能有不同心理状态。

每个社会中的占主导地位的法律文化与这一社会的法律制度当然是密切联系的,后者是前者的载体,但正如前面在解释精神文明的含义时所讲的,对法律或法律制度,可以从两个方面来理解,一个方面是指反映国家意志,具有法律效力的现象,另一个方面是指作为一种精神文明或文化知识现象。一个国家实行依法治国的一个重要条件是本国绝大多数社会成员以及国家公职人员,尤其是立法、执法和司法部门公职人员具有适当的、较强的法律意识,没有这一条件,依法治国只是一句空话;反过来,一个国家在建立法治国家的过程中,必然会不断提高社会成员和国家公职人员的法律意识。法治与法律意识同样是相互并存和促进的。

我国法律体现人民意志,通过在全国开展有效的普法教育,人民的法律意识必将不断增强。他们会"懂得公民的权利和义务,懂得与自己工作和生活有关的法律,依法办事,依法律己,依法维护自身的合法权益,善于运用法律武器同违

---

① 沈宗灵主编:《法学基础理论》,北京大学出版社 1987 年版,第 264 页。这一问题在该书第十三章中论述(卢云教授撰写)。

法犯罪行为作斗争"①。

实现依法治国,更需要国家公职人员,尤其是法官、检察官以及律师具有较高的法律意识,即比一般社会成员或一般国家公职人员更高、更专门的法律意识,但这已不仅是法律意识方面的要求,而且是他们任职的条件和资格。《法官法》《检察官法》以及《律师法》对此都有专条规定。总之,应深入开展普法教育,增强全民的法律意识,着重提高领导干部的法制观念和依法办事能力。依法治国,建设社会主义法治国家的前景,在很大程度上有赖于全民法律意识的增强,特别是领导干部的法律意识和依法办事能力的提高。

三、法律文化的多样性

当代中国存在着多样化的法律文化,大体上说有以下四种。第一种是占主体地位的权威性法律文化,我国的宪法、法律以及正确的法学理论就是这种文化的产物。第二种是我国自古以来的传统法律文化。这种传统法律文化是传统文化的一部分。在研究传统文化时,忽视传统法律文化,或者在研究传统法律文化时,忽视传统文化,都是片面的。我国的传统文化或传统法律文化以儒家思想为主体,但不限于儒家思想。第三种是来自西方国家的法律文化。第四种是来自原苏联的法律文化。

这四种法律文化的社会地位,特别是第一种权威性法律文化与另外三种法律文化的地位是有很大区别的。顾名思义,第一种法律文化影响最大,属于通常讲的"社会主义文化"的范畴。后三种法律文化,从它们与第一种法律文化的关系,即是否有利于社会主义现代化事业来看,都分别包含积极因素与消极因素,即积极因素可以由主体法律文化借鉴吸收,消极因素则由主体法律文化加以排斥、拒绝。总之,我国文化的发展,不能离开人类文明的共同成果,要坚持以我为主,为我所用的原则,开展多种形式的对外文化交流,博采各国文化之长,向世界展示中国文化建设的成就,同时坚决抵制各种腐朽思想文化的侵蚀。"要继承和发扬民族的优秀文化传统和党的优良传统,吸收和借鉴人类社会创造的一切文明成果,反对封建主义残余影响,抵制资本主义腐朽思想的侵蚀。"②

四、中国传统法律文化中的积极因素与消极因素

法律文化是中国历史上的民族文化的一个组成部分。中国传统法律思想以及历代法律典章、制度或流传下来的体现这些思想、制度的文物,是无比丰富的,他们是我们伟大祖国的宝贵的历史文化遗产。

---

① 中共中央《关于加强社会主义精神文明建设若干重要问题的决议》。
② 同上。

这种传统法律文化,从整体来说,同当代中国社会主义法律文化无疑是有原则区别的。但就其具体组成部分来说,我们既不应全盘否定,也不应全盘肯定,而应谨慎地区别对待。其中既有积极因素也有消极因素。积极因素是应加以改造、借鉴和吸收的,因为他们有利于当前法制建设,有利于丰富和发展当代中国社会主义法律文化。积极因素主要有:

(1) 重视道德教化的作用。早在春秋战国时期,儒法两家之争主要是围绕道德教化和法律强制二者的作用而展开的。儒家重道德教化而轻法律强制,主张"礼治""德治""人治",相反的,法家则重法律强制而轻道德教化,因而主张"法治",主张"君臣上下贵贱皆从法,此谓为大治"①,并进而主张严刑峻法。

这里应注意,儒家虽然强调道德教化作用,但不否认法律强制作用。儒家法律思想的核心就像《唐律疏议》中所称的:"德礼为政教之本,刑罚为政教之用,犹昏晓阳秋相须而成者也。"②事实上,自汉武帝独尊儒术以来,儒家法律思想是在"德主刑辅""明刑弼教"和"出礼入刑"等原则下实行儒法合流的。

在当代中国社会生活中,法律和道德,作为调节和控制人的行为的两种手段,应该是相辅相成的,不能仅重一个方面而轻另一方面。因此,当代中国法律文化不能无原则地接受儒家关于道德教化和法律强制关系的观点,但就儒家重视道德教化这一点而论,它是中国传统法律文化中的一个有价值的遗产。我们现在强调社会主义精神文明建设,重视法律的教育作用,在改造罪犯时实行教育、感化、挽救的方针等,都或多或少地批判继承了中国传统法律文化中强调道德教化这一点。

(2) 徒法不能以自行。这是儒家代表人物孟子在强调道德教化作用时所提出的一个重要观点,其中也包含了极有启发意义的思想:即使是制定得很好的法律也需要有人遵守,特别是需要有合适的人去执行和适用。正如前面已讲过的,法律的实施绝不像使用电子计算机那样的机械,手指一按结果就会在屏幕上显示出来。执法、司法工作者如果不具备相应专业和思想道德水平,就很难正确地执行和适用法律。没有绝大多数社会成员的支持,没有他们自觉遵守法律的思想道德风尚和习惯,没有他们对实施法律的监督和对违法犯罪的抵制和斗争,任何法律也不可能有效地实施。

(3) 重视调解在解决纠纷中的作用。在解决民间纠纷的方式方面,中国传统法律思想的确重调解而轻诉讼,甚至在社会风尚上也畏惧和鄙视诉讼。这一点正是西方法学家在论述当代中国法律或法律思想时经常涉及的一个问题。

当代中国的法律文化当然要否定轻诉讼以至畏惧或鄙视诉讼的传统法律思

---

① 《管子·任法》。
② 《唐律疏议》,中华书局1983年版,第3页。

想。当代法律为公民提供了广泛的权利,包括在自己合法权益受到他人侵犯时提出诉讼的权利。但是,承认诉讼和提出诉讼权利的重要性,并不意味着否认依法调解在解决纠纷中的重大作用。诉讼和调解都是解决纠纷的有效手段。总之,重视调解是中国传统法律文化中一个可以批判继承的积极因素。

(4) 执法、司法官员应具有公正廉明、刚正不阿的品质。在中国长期封建社会中,既有无数为人民所憎恨的贪官污吏,也出现过少数以公正廉明、刚正不阿、不畏权势而著称的清官。例如宋朝的包拯和明朝的海瑞等人。在中国传统法律文化中,这些清官以及他们所具有的高尚品质一直是被推崇的。从本质上说,这些清官的作为可以归结为维护和巩固当时整个封建统治的需要,同时,在当代中国,人民享有广泛的民主权利,并不像在封建社会那样,仅能寄希望于"为民做主"的"清官"。但他们的这种品质对当代中国社会的执法、司法工作者来说,是值得学习的。

(5) 制定法传统。如上所述,在法律渊源方面,当代中国采取了以制定法为主的形式,之所以采取这种形式,一方面是由于20世纪50年代苏联法律思想的影响(原苏联的制定法形式同样来自十月革命前俄国法律的罗马法传统),更重要的是来自中国历代封建王朝的制定法(以律为主并以令、格、式等为辅)传统以及清末变法时所接受的民法法系传统。因此,在1949年新中国成立后,认为法律就是制定法的看法也就被认为是不言而喻的。事实上,这种看法主要是继承了中国传统法律文化的产物。

对当代中国法治建设来说,中国传统文化中既有促进其健全发展的积极因素,也有阻碍其健全发展的消极因素。这些消极因素的重要例证是:

(1) 以"三纲"为核心的封建主义教义。"三纲"是西汉儒家董仲舒在孔、孟学说的基础上首先明确提出的一种封建主义社会、政治、伦理思想的教义。三纲是指"君为臣纲,父为子纲,夫为妻纲"[①],这种封建教义概括了中国历代封建社会的主要社会、政治制度,包括君主专制、等级特权、宗法制等。它也贯穿在中国传统法律文化中,至今仍对社会主义法制建设具有极大的阻碍和破坏作用。当代中国社会日常所讲的法律中的重大弊端,例如"权大于法""依言不依法""依人不依法"(即指不依法办事而依据个别领导人意志)等,仅就其历史、思想渊源而论,都在不同程度上受封建教义的影响。

(2) 轻视法律的作用。如上所述,儒家关于"德主刑辅"之类的法律思想,从一方面讲,具有重视道德教化作用的积极因素。但从另一方面讲,也具有轻视法律作用的消极因素。当然一些西方法学家对中国传统法律有歪曲和误解,但传统法律文化包含轻视法律作用这一点却是明显的事实。

---

① 董仲舒:《春秋繁露·基义》。

自1949年以来,中国社会长期轻视法律作用,我们绝不能说,任何有法不依或执法不严的现象都能归因于轻视法律的作用,但轻视法律往往会导致有法不依或执法不严,甚至导致违法犯罪的后果。产生轻视法律作用的原因是相当复杂的,但儒家的德主刑辅,即相对于德和礼来说,法律占次要地位的思想,也是一个重要的方面。

(3) 轻视诉讼和权利观念淡薄。与轻视法律作用相一致,儒家法律思想也轻诉讼。孔丘讲过:"听讼我犹人也;必也使无讼乎。"[1]据《汉书·贾谊传》对这段话的解释是:"使我听讼,与众人同。然能先以德义化之,使其无讼也。"[2]其大意是:重要的是通过道德教化,消灭诉讼。在中国历史上,轻视诉讼以至畏惧或鄙视诉讼这种思想的形成原因是多方面的。例如法即是刑,司法机关主要受理刑事案件,因而诉讼等同于对罪犯的审判;商品经济不发达,自然经济占支配地位,民事纠纷缺乏一定的物质基础;在封建统治下,执法和司法机关中的官僚专横、残暴,必然使广大人民对诉讼产生畏惧、鄙视和憎恨感等。

在当代中国,当然不提倡有些西方国家中"好讼"的风尚,更不容许有旧社会中勾结官府、包揽讼事从中渔利的"讼棍"式人物,但诉讼制是法制建设中的一项重要内容;通过诉讼维护国家利益,维护公民和组织的合法权益是维护社会秩序的一个重要手段。公民依法参加诉讼是自己享有权利和履行义务的正常活动。因而轻视以至畏惧或鄙视诉讼的思想是不利于社会主义法制建设的。

同轻视法律作用或轻视诉讼作用相紧密联系的一个思想是权利观念淡薄。在中国历史上权利观念淡薄的原因也很复杂,但儒家的重仁义、轻权利与利益的思想显然是其中一个重大原因。

(4) 法即是刑。在中国传统法律思想中,法即是刑的思想可说是源远流长。从词源学上讲,在古代汉语中,"法"和"刑"二字是通用的,如《说文解字》的解释:"灋,刑也,平之如水,从水……",就是说法即刑也。[3] 自商鞅改法为律以来,我国封建社会各代刑法典,一般都称为"律",而且是法的主要代表。有些民事、行政法律规范也夹杂在刑律中。法即是刑的思想在当代中国社会生活中,还有很大影响。因而讲违法,往往仅指犯罪;讲法律制裁,仅指刑事制裁;讲法律作用仅指打击刑事犯罪等。显然,这种思想对正确认识法律作用,健全和发展法制建设来说是极为不利的。

(5) 轻视法学。在中国历代封建社会中,由于儒家的"德主刑辅"之类的主导思想,法学长期不受重视。东汉时开始兴起的"律学",更使法学演变为主要

---

[1] 《论语·颜渊》。
[2] 《汉书·贾谊传》。
[3] 许慎:《说文解字》,中华书局1963年影印本,第202页。

依据儒家学说对以律为主的成文法进行注释的法学。自元朝以后,法学进一步衰落。沈家本在总结中国历史上法学的发展时曾指出明清时法学日趋衰落的一个例证:清纪昀在编纂《四库全书总目提要》时,政书类法令之属仅收二部,存目仅收五部,按语则谓:"刑为盛世所不能废,而亦盛世所不尚,所录略存梗概,不求备也。"①

第二节　法律与文明

一、文明的概念

文明一词源于拉丁文"Civis",意思是城市的居民,其本质含义为人民和睦地生活于城市和社会集团中的能力,引申后意为一种先进的社会和文化发展状态,以及到达这一状态的过程。文明涉及的领域广泛,包括民族意识、技术水准、礼仪规范、宗教思想、风俗习惯以及科学知识的发展等。

文明的出现的前提条件是城市的出现,可以说城市是文明的发源地。文化变迁对于文明的产生有很大的作用。农耕方法的改变,劳动的分化,统治阶级的出现以及社会阶层的出现都是文明产生的重要特征。

"文明"二字在中国古代文献中最早见于《易·乾·文言》和《尚书·舜典》中,具有文采光明和文德辉耀的意思。17世纪中后期,清代戏曲理论家李渔在《闲情偶寄》中说过:"辟草昧而致文明。"这里的"文明"与"野蛮"相对立,表明社会的进步程度。西方一些国家和地区进入资本主义社会后,比较多地使用"文明"这个概念,其时间不早于18世纪。

文明一词虽然是人们常使用的,但含义却极不一致。如果从人类改造世界的实践来解释,就可以认为,文明是随着人类社会的开始而产生的。当然,在原始社会,人类改造世界的能力极为低下,所以,从社会发展阶段来说,人类当时还处于蒙昧和野蛮阶段,只是从奴隶社会开始,人类才进入文明社会阶段。

人类改造的世界包括客观世界和主观世界,客观世界可分为自然界和社会两个方面。改造自然界的物质成果就是物质文明,它表现为人们物质生产的进步和物质生活的改善。在改造客观世界的同时,人们的主观世界也得到改造。社会的精神生产和精神生活得到发展。这方面的成果就是精神文明,它表现为教育、科学、文化知识的发达和人们思想道德水平的提高。

物质文明和精神文明互为条件、互为目的。物质文明为精神文明提供了基础,而精神文明反过来又推动物质文明的发展。精神文明的发展具有相对的独

---

① 沈家本:《法学兴衰记》,《寄文存二编》卷上四十九。

立性,它还受到物质文明以外的许多因素的影响。

　　社会的改造,新的经济、政治、法律制度的建立和发展,一方面由物质文明和精神文明的发展所推进和促成,另一方面又促进物质文明和精神文明的发展,决定它们的性质和方向。这里应注意的是,当我们说文明的性质由一定的社会制度、生产方式决定,从而有不同社会的文明时,丝毫不否认不同社会的文明之间的历史联系。任何社会的文明都是在这一社会的生产方式的基础上,继承和吸收了与这一社会制度相适应的一切以前的文明成果。

　　法律一经产生后,就与文明并行发展,每一社会形态中的文明和法律的性质都取决于一定的社会制度。奴隶制、封建制、资本主义和社会主义四种文明和四种法律是相互适应的。

　　法律本身不是人类改造自然界的物质成果或改造人们主观世界的成果。法律是人类改造社会的成果,它体现国家意志的行为规则或原则,属于制度范畴。因此,它既不属于物质文明的范畴,也不属于精神文明的范畴。如上所述,物质文明是指物质生产的进步和物质生活的改善;精神文明则指教育科学文化和思想道德两大方面。

　　这里应注意的是,当我们说法律不属于精神文明范畴时所说的法律,是指在一定社会中代表国家意志的、具有法律效力的法律。至于单纯地作为法律知识的、不具法律效力的"法律",例如在我们说我国历史上的唐律或外国的某一法典时,这种"法律"只是作为一种法律文化遗产或法律知识,它显然属于精神文明范畴中的知识文化方面。

二、法律与文明关系的学说

　　我国近代著名思想家梁启超在解释他对自由这一概念的认识时,曾涉及文明、自由和法律三者的关系。其大意是:真正的自由并不是个人的自由,而是团体的自由;个人的自由是野蛮时代的自由,团体的自由则是文明时代的自由。文明自由是指自由于法律之下,服从法律的自由。"自由云者,团体之自由,非个人之自由也。野蛮时代,个人之自由胜,而团体之自由亡。文明时代,团体之自由强,而个人之自由灭";"文明自由者,自由于法律之下……故真自由者必能服从。服从者何?服法律也。法律者,我所制定之,以保护我自由,而亦以钳制我自由者也"[①]。

　　在西方思想界,自17、18世纪启蒙思想家以来,对文明的论述日益增多,其中也有不少涉及文明和法律的关系。例如19世纪英国社会学家斯宾塞(Spencer)就曾从生物社会学观点出发解释了文明、自由和法律之间的关系。他认为,

---

[①] 梁启超:《新民说》,载《饮冰室合集》,中华书局1989年版。

文明和法律都是生物学上的有机体的进化,即生存竞争、强存弱汰的产物。文明是社会生活从简单到复杂的形式,从原始的均质向最后异质的渐变过程。文明的这种发展过程可分为两大阶段。第一个是原始的或军事的社会,其特征是战争、强力和身份;第二个是高级的工业社会,以和平、自由和契约作为特征。在高级工业社会中,为了促进个人自由,也即进行自由竞争的自由,政府职能日益受到限制,仅限于保证人们的安全和契约的执行。一切社会立法和集体规章都是对生存竞争、强存弱汰的自然法则的干扰。①

以上梁启超的观点体现了中国近代资产阶级改良派的政治思想,他在抽象的文明、自由和法律的词句下,既主张资产阶级民权,又反对资产阶级革命。斯宾塞的观点反映了19世纪英国新兴工业资产阶级对自由竞争的推崇。因此在他看来,在资本主义社会中,国家的职能和法律的作用是极为有限的,它们的活动主要限于保障资产阶级的安全和契约自由。

20世纪西方资产阶级法学家对文明和法律的关系的观点,同斯宾塞的学说有所不同。他们一般主张法律对文明的作用不是有限的,而是巨大的。其中最典型的是德国法学家柯勒(Joseph Kohler)和美国法学家庞德二人的学说。

在西方法学著作中,柯勒一般被认为是新黑格尔主义法学的创始人。他声称:"20世纪的哲学必须以黑格尔作为出发点,黑格尔的基本思想,进化(发展),是一切精神科学、我们全部历史以及人类文明中所存在和活动的一切事物的科学原则。"但他反对黑格尔的辩证法。② 黑格尔讲的进化是"理念"的发展,柯勒指的是文明的发展。③ 此外,柯勒的学说虽然是从黑格尔关于法律是文明现象这一观点出发的,但他并不像黑格尔那样将法律解释为"自由意志"④。科勒在其《法律哲学》英译本(1914年)中,将法律称为"文化"(culture),但在庞德所著书中将上述"文化"称为"文明"(civilization)。

柯勒认为,"人类的活动是文明的活动,人类的任务在于创造和发展文明,获得持久的文明价值"⑤;文明是不断地发展的,但它的进步不是简单的前进。新文明在现有文明中萌芽,两种文明兴衰相替,从而使新的文明价值不断推陈出新地前进。

他曾对"文明"这一概念做过这样的解释:"文明的实质,就法律哲学意义而言,是人类知识的最大可能的发展以及人类对自然的最大可能的控制。""我们所力求实现的目的:一方面是知识的文明,另一方面是新的生产和新的活动的文

---

① Bodenheimer, *Jurisprudence*, Harvard University Press,1974, pp.77—78.
② Kohler, *Philosophy of Law*, MacMillan Company, 1921, pp.20,22.
③ Ibid., pp.22,341—342.
④ Pound, *Jurisprudence*, Vol.1. West Publishing Co., 1959, pp.161—163.
⑤ Pound, *Jurisprudence*, Vol.1. West Publishing Co., 1959, p.4,

明。文明又可再分为美学的文明和控制自然的文明。了解一切,能从事一切,因而能征服自然,这就是文明发展的最终目标。"①

他还认为,文明有物质文明和精神文明之分;两者密切联系,当物质文明脱离精神文明而前进时,将触犯道德生活的原则。②

他主张,法律的要求是文明的要求,法律应最大限度地符合而不是阻碍文明。在文明的进化中,法律具有巨大作用。人类文明只能在这种条件下才有可能设想:有一种制度,它规定每个人的地位和任务,负责维护已有的价值并不断地创造新价值。这也就是说,法律应支持文明的萌芽和压制反文明的因素。法律的一个重要任务是维护个人的权利,但这并不是它的唯一任务,法律还必须维护全人类的,至少是全民族的文明价值。③

因此,法律绝不是像17、18世纪自然法学说所设想的那样,是固定不变的,相反的,法律必须使自己适应前进中的文明;每种文明都有自己的法律原则,社会的任务在于根据这些原则的要求塑造法律。"没有永恒的法律。适用于这一时期的法律绝不适用于另一时期,我们只能力求为每种文明提供相应的法律制度。"④

他又指出,法律虽然应该符合文明,但却并不一定符合,因为掌握权力的人可能并不理解文明的要求,为此,就应改变法律或将法律解释得适合文明的要求。同时,文明的前进是迂回曲折的,人类往往要经历长期不文明时期,那时也会有适应不文明状态的法律,但如果人们能更好地理解法律,就会通过法律尽可能缩短不文明的时期,削弱相互敌对的倾向,更快地重建正常的进步状态。

他还认为,个人主义和集体主义的交错是文明生活的主要杠杆。在人类活动中,个人主义是最大的推动因素之一,但个人主义必须与集体主义相互配合。法律原则应符合个人主义和集体主义这两种趋向的运动。

庞德是美国社会学法学的创始人。他的法学的重要组成部分——法律的社会控制论,就是在柯勒关于文明和法律的关系的学说这一基础上提出的。他也主张,法律是和一定时间、空间的文明相联系的。就过去来说,法律是文明的产物;就目前来说,法律是维护文明的手段;就将来来说,法律是促进文明的手段。文明有两个方面,对外在的自然界的控制以及对内在的人类本性的控制。这两个方面的控制是相互依赖的。只有通过科学发达而实现对外在自然界的控制,才能使大量增长的人口得以平安和相对富裕地生活。另一方面,只有对内在的

---

① Kohler, *Philosophy of Law*, MacMillan Company, pp. XXV—XXVI,22.
② Ibid. ,p. 59.
③ Ibid. ,p. 458.
④ Ibid. ,pp. XXV—XXVI,5.

人类本性的控制,才可能实现科学的考察、试验和研究。保证和平、自由而不受干扰的条件对科学事业来说是必不可少的。

庞德又认为,"对内在本性的控制是通过社会控制来实现和保持的。这种控制是对每个人的一种压力,旨在对他进行约束,以便使他尽力从事支持文明社会的行为而不从事反社会秩序的行为"①。社会控制的手段有三种:道德、宗教和法律。但从16世纪以来,由于国家垄断了武力的使用,所以法律已成为社会控制的主要工具。法律的任务在于以最小限度的阻碍和浪费来尽可能满足各种相互冲突的利益。

从以上柯勒和庞德二人的学说中可以看出,他们都极为重视法律在促进文明中的作用,但他们却将资本主义的文明和法律解释为抽象的、超阶级的文明和法律,掩盖了文明和法律的社会性质或阶级本质。

柯勒强调了法律应促进个人主义和集体主义的配合;庞德则强调法律是社会控制的工具,即用以尽可能地满足相互冲突的利益。这些观点表明了资产阶级法律在进入现代资本主义时期后的一个重大特征,即所谓"法律的社会化"。正如本书第七章中已指出,这一现象意味着资产阶级法律在进入新的阶段后的一个重要变化。由于资本主义从自由竞争发展为垄断,国内外矛盾的加剧,尤其是因为经济危机和对外战争、科学和技术的巨大发展以及对人类环境和自然资源等社会公共事务的剧增等原因,资产阶级要求充分利用国家权力和法律手段,以加强国家对社会经济生活的大规模的干预、缓和社会矛盾,促进科学、技术的发展和加强对社会公共事务的管理。

第三节 法律与道德

一、道德的概念

在西文中,"道德"源于拉丁语 mos,moris,其含义是习俗、习惯。在这一词根的基础上,演变为 moralis(道德的),后来才有了现在所使用的 morality 一词。

"道德"一词,在汉语中可追溯到先秦思想家老子所著的《道德经》一书。老子说:"道生之,德畜之,物形之,器成之。是以万物莫不尊道而贵德。道之尊,德之贵,夫莫之命而常自然。"其中"道"指自然运行与人世共通的真理,而"德"是指人世的美德、品行、王道。在当时"道"与"德"是两个概念,并无"道德"一词。"道德"合并连用始于荀子《劝学》篇:"故学至乎礼而止矣,夫是之谓道德之极。"

---

① Pound, *Jurisprudence*, Vol. 3, West Publishing Co., p. 6.

道德是人们关于善和恶、荣誉和耻辱、正义和非正义等问题上的观念、原则以及根据这些观念、原则而形成的人们相互行为的某种准则、规范。"任何人类共同体都会形成特定规范和价值观,以调整人们对他人或对自己的行为,它们可能建立在文化经验、宗教信念、哲学命题的基础上……人们习惯上把这种调整体系成为'道德'。"①道德和伦理两词经常是通用的。"在现代研究中,人们将风俗规范及其价值评价系统成为'道德',而在哲学中,对道德的研究则称为'伦理'。"②与法律一样,道德也不是超历史、超时代、超阶级的永恒不变的现象。它是随着一定社会物质生活条件、社会关系的发展而发展的;道德的内容归根到底来自于社会的物质生活条件,主要来自于一定的生产关系以及以此为基础的社会关系。由此可见,一定的道德是一定的经济基础之上的上层建筑的组成部分,它通过调整人们的内心意愿和外部行为,调整相应的利益关系,维护赖以存在的社会基础,主要是一定的经济基础。

奥克肖特把道德生活形式分为两类:习俗的和理想的。对习俗的道德生活,他认为:"道德生活形式首先是一种情感和行为;它不是一种反省思考的习惯,而是一种情感和行为的习惯。正常生活状况的满足不是通过我们自己去有意识地适应一种行为规则,也不是通过行为来表达我们对于道德理想的接受,而是通过某种行为习惯而达成的。这种形式的道德生活不是源于对行为方式进行选择的意识,也不是源于选择时起决定作用的观念、规则或理想;道德行为非常接近于无意识。因此大部分生活现实并不表现为要求判断或者要求解答的问题。"③对理想的道德生活,他认为:"在第二种道德形式中,活动不是由行为习惯决定的,而是由对道德标准的思想诉求所决定的。它表现在两个普遍的变化上:作为对道德理想的自觉追求和作为对道德规范的思考性遵守。这种道德生活形式把特定的价值归因于个人或者社会的自我意识;不仅规则和理想是反省思考的结果,而且对这种规则或理想的运用也是一种思考性活动。通常这种规则或理想是先在地、抽象地被决定的;也就是说,这种道德生活形式建构行为艺术的首要任务就是,以一种生活规律的话语或以一种抽象理想体系的话语,来表达自己的道德志向。"④

二、道德与法律的一般关系

在人类社会发展的进程中,随着调整社会关系的主要工具的变化,习俗、习

---

① 〔德〕魏德士:《法理学》,丁晓春、吴越译,法律出版社2005年版,第179页。
② 同上。
③ 〔英〕M.奥克肖特:《巴别塔——论人类道德生活的形式》,张铭译,载《世界哲学》2003年第4期。
④ 同上书。

惯、道德和宗教等调整全部社会关系已不能企及,社会关系的调整也由宗教、道德主导,转向法律主导。在法律作为调整社会关系主要机制的社会,道德与法律仍然保持着密切的关联。在人类共同生活的基本价值观中,法律和道德拥有共同的基础,"法律秩序发挥作用的前提是,它必须达到被认为具有约束力的道德规范的最低限度。任何法律秩序都是以道德的价值秩序为基础的"①。对法律来说,具有社会约束力的道德即使不是充分条件,也是必要的基础和条件。不仅如此,道德还是法的目标,法为占统治地位的道德服务,法应当以国家强制来实现作为道德基础的核心价值,或者保护它不受侵害,但是,在现代法治国家,只有社会道德的核心部分才受到法律的保护,这些常常被称为"道德的最低限度",它由法律强制实施。

应当注意的是,法律与道德是有区别的,但这种区别并不意味着它们是分割的,甚至是对立的。客观的事实是:的确有大量社会生活领域,法律并不加以调整,而仅由道德所调整,因而人们的某些行为虽然是不道德的,但却并不构成违法行为,仅会导致社会舆论的谴责而并不带来法律上的制裁。但这并不意味着法律上赞成或支持这种行为。法律之所以"不加过问",只是因为这种行为虽不利于社会,但相对地说,情节轻微,危害不大;或者是因为较多的人有这种行为,所以国家首先需要进行更多的教育工作;也或者是因为有些问题是难于由法律确定或处理的,等等。因此,对这些领域,法律不加调整,而仅由道德加以调整。当然,由于立法质量不高或立法缺陷而导致无法可依,则是另一问题。在现实生活中,还应处理好违法行为与不道德的行为的关系。它们之间的界限并不是绝对的、不变的。随着社会的不断发展,现在的不道德的行为可能会转化为违法行为,反之亦然。

一般说来,道德上所禁止的或许可的行为,也是法律上禁止或许可的行为。比如,杀人、盗窃、违约、欺诈等行为是违反道德的,也是法律所禁止的;而见义勇为、诚实信用、尊老爱幼等是道德上许可的,法律上也是鼓励的。另有一些行为,道德上不许可,法律上却是许可的。比如,超过了诉讼时效的权利就不再受法律保护了。因为一旦超过诉讼时效,权利人的胜诉权也就丧失了,这是法律上认可的制度安排。但在道德上,这种权利并没有失效。还有一些行为,道德上是许可的,但法律上则是不许可的。如复仇,道德上是许可的,法律上则是禁止的。

---

① B. Ruthers, Rechsordnung und Wertordnung, 转引自〔德〕魏德士:《法理学》,丁晓春、吴越译,法律出版社 2005 年版,第 180 页。

三、法律与道德关系的学说

(一) 西方关于法律与道德关系的理论

法律与道德的关系,在古今中外的社会、伦理、政治和法律思想史中,一直是一个热门话题。

在我国古代思想史中,关于法律和道德关系的问题,主要就是先秦时期儒法两家关于德治与法治之争的问题,这在本书第八章中已作论述。

在西方法律思想史中,关于法律和道德的关系的看法,一般可归纳为三派:第一派认为法律是达到一定道德目的的一种手段,因而,法律必须服从道德,不道德的法律可能就不配称为法律。自古希腊、罗马开始直至当代的各种自然法学说都在不同程度上持有这种观点。第二派认为法律与道德是无关的,至少没有必然的联系。19世纪以来的分析实证主义法学家大多倾向这种观点。第三派认为,法律和道德是实现"社会控制"的两种平行手段。现代资产阶级法学中的社会学法学派通常就持这种观点。

第二次世界大战后,西方法学界关于法律与道德关系问题的争论,主要体现在新自然法学派主要代表人物富勒(Lon L. Fuller)和新分析法学派首创人哈特(H. L. A. Hart)之间的论战上。

富勒认为,法律与道德是不可分的。道德可分为两种,一种是"义务的道德",它是一个有秩序的社会必不可少的一些基本原则,它与法律最相类似。另一种是"愿望的道德",是关于幸福生活、优良和人的力量的充分实现的道德,它与美学最相类似。他又认为,法律有"内在道德"与"外在道德"之分,前者指法律的解释与执行方式问题,也即扩大意义上的程序问题;后者指法律的实体目标。在西方法律哲学传统中,道德和自然法二词几乎是同义的。因此,富勒将他讲的"法律的内在道德"称为"程序自然法","法律的外在道德"则称为"实体自然法"。

在研究法律与道德关系时,一个重要任务是正确理解法律与道德两者的同异。富勒的论点显然夸大了两者之间的共同点,而对它们的差别则很少触及。即使说在一定意义上,道德可分为"义务的道德"和"愿望的道德"两种,那么它们与法律的关系主要是指,义务的道德所调整的对象同时也是由法律(甚至是刑法)所调整的对象;与此相反,愿望的道德所调整的对象,一般是指仅违反道德但却并不构成违法、犯罪的行为。

哈特的论点已不同于传统的分析法学,但他在法律与道德的关系上,仍坚持分析法学的基本立场。他的基本观点是:任何法律都会受到一定社会集团的传统道德的深刻影响,也会受到个人的、超过流行道德水平的、更开明的道德观点的影响,但不能由此得出结论说:一个法律制度必须符合某种道德或正义;或一个法律制度必须依靠服从法律的道德义务;或一定法律制度的效力根据必须包括某种道德或正义原则。总之,法律和道德是有联系的,但并无必然的联系。

(二) 马克思主义关于法律与道德关系的理论

作为一个总体来说,法律代表着国家意志,而这种意志的内容归根结底是由这一阶级的物质生活条件决定的。这也就是说,法律是建立在一定经济基础即经济制度之上的上层建筑,它是由这一基础决定的。但除了经济基础这一决定因素外,其他还有各种因素都影响着法律本身的发展,其中就包括了一定社会的精神文明,特别是思想道德。

在阶级对立社会中,这种精神文明中的部分内容,即主导的思想道德部分,与法律一样,都是这一社会的上层建筑的组成部分。这种思想道德对法律的重大影响是人们所熟知的。例如,我们不了解儒家的"德主刑辅""明刑弼教""出礼入刑"之类的思想,就很难理解中国历史上许多封建王朝的法律。同样地,不了解18世纪法国启蒙思想家和革命者的理性主义思想,也很难理解《拿破仑法典》。正如马克思指出的,这一法典起源于伏尔泰、卢梭、孔多塞、米拉波、孟德斯鸠的思想,起源于法国革命。

一个民族的知识文化对法律同样具有重大影响。我国自两千多年前的《法经》到今天社会主义的法律,不仅体现了不同的社会、经济、政治制度,不同的阶级关系,不同的思想道德体系,而且也体现了不同发展水平的知识文化。历史学家、考古学家之所以重视《汉穆拉比法典》或《秦律》之类古代法律的发现,就因为这些"法律"为我们提供了古代社会中包括物质文明或精神文明在内的各种宝贵资料,这种"法律"本身也就构成了我们所接受的宝贵的文化遗产。古代法律中常见到的债务奴役、同态复仇或神明裁判等制度,不仅表明了当时存在的奴隶制的社会制度,而且也表明了那些时代物质文明与精神文明的较低的发展水平。环境保护法、能源法、计划生育法、空间法、城市规划法、信息技术法是只能在现代社会的物质文明和精神文明的条件下产生的。

反过来,法律也积极地影响着道德的发展。法律对自己的经济基础是有服务作用的。法律也是促进道德发展的重要工具。

法律影响道德发展的具体作用,在不同社会制度下,不同历史发展阶段或其他不同的条件下,往往是不同的。例如,法律对体现统治阶级利益的思想道德当然起着维护和促进作用,而对敌对阶级的思想道德则起着排斥和压制作用。

我国历史上封建制法律中关于"十恶""八议"等规定对维护和促进宗法制、等级制等思想方面的作用,资本主义法律中关于"三权分立""契约自由"等规定对维护和促进资产阶级代议民主制和私有制观念方面的作用,都是不言而喻的。

（三）有关法律与道德差别的理论和实践

我国古代儒家著作中曾认为"礼者,禁于将然之前,法者,禁于已然之后"。①这种观点同 17—18 世纪德国法学家托马西斯(C. Thomasius)提出的一个观点相类似。他认为,道德与法律的主要区别在于:前者调整人们的内心活动,旨在求得个人的内心和平,而法律则调整人们的外在活动,即人与人之间的关系,旨在谋求外部世界的和平。因而道德与法律之间的差别又可以说是:人们履行道德义务是超越任何外界强制的,而履行法律义务则出于外部强制力。②

托马西斯的这一观点以后曾由康德所重述,并对后世西方法学家具有重大影响,迄今虽然多数西方法学家反对这一观点,但还有不少人支持它。

托马西斯之所以强调法律与道德之间的界限,主要是为了反对当时封建统治者,尤其是天主教会对人们因所谓"异端"思想而施加刑罚,也就是要求宗教信仰自由,因而在历史上具有一定的进步作用。但他对道德与法律之间界限的这种划分并不是很科学。他当然也是从唯心的观点出发看待法律与道德的,所以根本不能科学地说明两者之间的界限。同时,即使仅就法律与统治阶级的道德之间的区别而论,也不能认为道德仅调整人们的内心活动,而法律则仅调整人们的外部行为或相互关系。事实上,无论道德和法律都既调整人们的内心活动,也调整人们的外部行为。例如,按照近代法律,一般违法行为的构成条件,除了这种行为的社会危害性以外,还必须有行为人的故意或过失。

而将是否具有外在强制性作为区分道德和法律界限的标准也是不能成立的。如上所述,法律和道德都具有外界强制性,区别仅在于强制的形式,道德的强制性一般体现为社会舆论的谴责,法律则由国家强制力所保证。特别是对社会主义法律来说,托马西斯的那种划分法并没有说服力。因为社会主义法律,按其本性来说,代表广大人民自己的意志和利益,因此,它是建立在对广大人民进行说服教育并由绝大多数人自觉遵守的基础上的。从这一意义上说,强制只是一种辅助的手段。在社会主义制度下,绝大多数人履行法律义务,就如履行道德义务一样,是自觉的,并非出于对国家强制力的畏惧。

但从托马西斯的观点中,我们不妨对社会主义社会中法律和道德之间的差别提出两点补充:就调整社会关系的范围而论,社会主义道德所调整的范围要比法律为广;就对社会成员的要求而论,社会主义道德对人们的要求要比法律更高。例如,社会主义道德要求人们忠诚坦白,但只有在人们有诈骗、诬告、伪造货币或作伪证等行为时才构成违法以至犯罪。同样的,社会主义道德要求人们鞠躬尽瘁为人民,但就国家工作人员而论,只有在作出某种失职或渎职行为时才构

---

① 《礼记·礼察》。
② 转引自 Bodenheimer, *Jurisprudence*, Harvard University Press, 1974, p.291。

成违法以至犯罪。从上述意义上讲,我们可以说法律体现了社会主义道德的较低层次要求。

这里说道德所调整的社会关系领域要比法律为广,是就一般意义上讲的。因为在法律中,也有相当多的规定,特别是在一些有关组织、程序上的规定,其本身并不直接涉及人们的行为是否合乎道德的问题。例如有关婚姻、家庭关系的法律规定婚姻自由、一夫一妻、男女平等、保护妇女、老人和儿童的权益等原则,它们都明显地体现了要求人们以高尚道德态度处理婚姻、家庭关系。但应向哪一国家机关进行婚姻登记之类的程序、组织上的规定,就是与道德问题无关的。

四、"依法治国"与"以德治国"

对一个国家的治理来说,法治与德治,从来都是相辅相成,相互促进的。二者缺一不可,也不可偏废。法治属于政治建设,属于政治文明,德治属于思想建设,属于精神文明。二者范畴不同,但其地位和功能都是非常重要的。我们应始终注意把法制建设与道德建设紧密结合起来,把依法治国与以德治国紧密结合起来。

作为治国的两个基本方略,当然首先由国家各级领导掌握,但立法、执法和司法工作者也应注意这一问题。在立法上,社会主义法律的很多原则和内容,就直接体现了不同层次的道德要求。例如,国家机关组织法中对国家工作人员的要求反映了鞠躬尽瘁为人民的社会主义道德要求。《民法通则》和《合同法》中规定的诚实信用与公平原则体现了举世公认的道德原则。《监狱法》中所规定的对罪犯实行惩罚和改造相结合、教育和劳动相结合,《治安管理处罚法》和《行政处罚法》中所规定的处罚和教育相结合等政策和原则都体现了社会主义人道主义精神。

司法工作者应充分认识法律在促进人们道德水平中的重大作用。人民法院举行的公开审理或它所宣布的判决,往往可以成为对广大公民进行法制教育和道德教育的一个素材。此外,正如曾子所说:"如得其情,则哀矜而勿喜"[1],意思是说,作为官员,在裁判中即使判断正确,给罪犯以应得的惩罚,也不应该为自己的判断正确而沾沾自喜,而应该为这个世界多了一个罪犯而感到悲哀。这就是说,从法律的角度而言实现了公正,而从道德的角度来讲仍然是有缺憾的。这就要求我们的立法、司法工作者必须具有较高的道德水平,一个道德平庸的人是无法胜任这些任务的。

当然,我们说立法和司法工作者也应注意法治与德治的结合,绝不是说要将法律制定得像道德戒律,或将法院判决写得像道德说教。

---

[1] 《论语·子张》。

法律也将促进社会成员道德水平的提高。它将清楚地指引人们：国家保护什么、反对什么，什么行为是合法的、正确的，什么行为是非法的、错误的，也可以说是教育违法犯罪者，为什么他们的行为要受到法律制裁，希望他们能改恶从善。

总之，依法治国与以德治国相辅相成、相互结合、相互促进。社会主义法治的实现必然提高一般公民和国家工作人员的道德水平，反过来，社会道德水平的提高又必然会促进法治的实现。

这里还应注意，法治与德治相辅相成，相互结合，绝不意味着法律与道德是等同的、没有差别的。一个简单的事实是，在我国，违反法律的行为，一般来说也是违反最低层次道德的行为，特别是犯罪行为，更是严重违反道德的行为。但反过来却不能由此认为，一切违反道德的行为也就是违反法律的行为，特别是构成犯罪的行为。无论现在或将来，国家绝不可能也不应将社会主义道德的一切要求都规定在法律中。道德与法律之间、不道德的行为与违法行为（一般也是不道德的行为）之间，道义上的义务与法律义务之间，毕竟是有严格界限的。混淆它们的界限一般表现为两种形式：一种是将违法甚至犯罪行为，错误地当做仅仅违反道德的行为，因而放弃应有的法律制裁；另一种是将仅违反道德的行为，错误地扩大为违法甚至犯罪行为，因而加以法律上的制裁。这两种混淆在实践上都将导致对社会主义法制的破坏。

五、德治与法治——古代与当代的比较

当代中国强调"法治"与"德治"作为治国的两个基本方略。远在两千多年前的古代就有"德治"与"法治"两派之争。前者以孔孟为首的儒家为代表，强调国家应由圣君、贤臣通过道德教化进行治理，即实行德治、礼治或人治。后者以商鞅、韩非等人为代表，强调国家应通过严刑峻法来治理。西汉董仲舒将儒家的德治思想概括为"德主刑辅"，即"刑者德之辅、阴者阳之助也"。以后历代封建王朝都继承这一公式，如《唐律疏议·名例》中所讲的："德礼为政教之本、刑罚为政教之用，犹昏晓阳秋相须而成者也。"

当代中国的法治和德治与古代儒法两家各自主张的德治与法治，在用词上有相同之处，但在实质上或形式上都有原则区别。大体上可概括为以下几个方面。

（1）当代中国所主张的法治与德治是为建设有中国特色的社会主义事业服务的；古代的德治与法治两派都服务于古代专制君主的统治。

（2）当代中国主张法治与德治相辅相成，紧密结合；古代儒法两派所主张的德治与法治各有偏颇，两者是对立的。

（3）当代中国主张的法治是建立在社会主义民主基础上的，德治是社会主

义道德;古代的德是指封建制道德,所讲的法是指刑,甚至是严刑峻法。在将当代与古代法治对比时,应特别注意法与刑的差别。

(4) 当代中国所讲的法治是与人治对立的;古代儒家的德治与人治是同义的。

当然,古代儒法两派所讲的"德治"与"法治"都是中国古代传统文化的宝贵遗产,其中都有积极与消极的因素,有的是应当抛弃的,有的是可以批判继承的。

第四节 法律与宗教

一、宗教的含义

中文里,"宗"字是在屋檐下举行祭祀仪式,本义指供奉祖先、举行祭祀活动的祠堂与宗庙,蕴含着对于祖先、宗族、宗祠的崇拜;"教"有教化、训育等含义。在公元600年以前,"宗教"这个词指的是一种官职;佛教进入中国后,佛教有一术语"自证为宗、化他名教",泛化开后指宗教信仰。

英文中的"宗教"(religion)一词是从拉丁词"re"和"legere"演变来的,意思是"再"和"聚集",就是一群人为了一个目的聚集在一起,发展到有同一信仰、同一信念,为了这一信仰,而到了不畏生死的地步。

宗教在原始社会发展到一定时期就已经产生了,那时的人们在与自然作斗争的过程中,对于严酷的自然现象感到无能为力,对于它的千变万化的奥秘不能理解,对人类自身的生老病死及梦幻、孕育等现象不可理解和心存恐惧。于是,人们就认为世间的万事万物都有神灵支配,它可以给人以幸福,也可以给人以灾祸。人们就企图用符咒、巫术、祷告去影响它,这样就形成了原始的宗教——多神教。后来随着社会发展,在大多数地方,宗教也由多神教发展成为一神教,认为有一个全能的"神灵"在创造一切、支配一切、决定一切。

在近代宗教学中,对于宗教的研究有三种方法和倾向最有影响,一是宗教人类学和宗教历史学,二是宗教心理学,三是宗教社会学。它们对宗教的本质和基本特性问题的看法各有侧重,在此基础上对宗教提出了不同的界说。恩格斯在《反杜林论》中对宗教的本质进行了论述,"一切宗教都不过是支配着人们日常生活的外部力量在人们头脑中的幻想的反映,在这种反映中,人间的力量采取了超人间的力量的形式"[1]。作为一种社会意识形态的表现形式,宗教是由社会存在决定的,并对社会存在产生影响。基督教、伊斯兰教和佛教是世界三大宗教。

---

[1] 《马克思恩格斯选集》第3卷,人民出版社2012年版,第703页。

二、法律与宗教的关系

宗教是一种社会规范体系,在社会生活中起着重要的作用。从宗教与法律发展的进程看,两者的关系非常紧密。英国法史学家梅因曾说:法典"不管它们的主要性质是如何的不同,它中间都混杂着宗教的、民事的以及仅仅是道德的各种命令;而这是和我们从其他来源所知道德古代思想完全一致的,至于把法律与宗教从道德中分离出来,则非常明显是属于智力发展的较后阶段的事"[①]。在古代社会,法律与宗教、道德密切联系,很难区分何为宗教规范、何为法律规范。有些著名的法典,例如伊斯兰教的《古兰经》、印度教的《摩奴法典》是兼有法律、道德与宗教三种性质的规范。古巴比伦的《汉穆拉比法典》具有强烈的宗教神学色彩。中世纪欧洲,基督教——天主教教会势力强大,法律与宗教在观念上融为一体,宗教成为至高无上的力量,教权高于皇权,教会法与世俗法律并存,教会法具有绝对的权威。随着西方资本主义的兴起,"政教分离"的推行,宗教的绝对权威退出了历史舞台。但在一些领域,特别在家庭婚姻等方面,教会仍拥有管辖权。在有的西方国家,教会甚至在政治上也有较大影响,在一些伊斯兰教占主导地位的国家,伊斯兰教的法律拥有更大的影响。

在现代社会中,法律和宗教之间的关系,可以用魏德士的话来概括:"在拥有统一宗教信念的社会中,法存在于宗教之中","在对宗教和世界观保持中立的政治国家中,宗教信念可能为信仰宗教的那部分国民奠定了法律适用与遵守的基础。在信仰不统一的情况下,还可以认为法的成因就是人类的理性本质"[②]。在制度安排上,法律和宗教之间的关系表现为,在政教分离的共同体中,国家不确立或禁止某个宗教,国家行为与宗教行为分离,宗教不干预国家活动,不干预国家制度的设计,公民享有宗教信仰自由,宗教组织管理宗教事务,宗教活动在社会公共领域遵守国家法律。

三、当代中国的法律与宗教

我国是一个多民族、多宗教的国家,宗教的存在具有长期性、复杂性和群众性的特点,宗教问题与民族问题关系密切。在当代中国,宗教在社会生活中仍发挥着重要的社会功能。

当代中国实行宗教信仰自由政策,这是中国政府的一项长期的根本性政策,也是一项重要的法律制度。在1949年的《共同纲领》和1954年《宪法》中,都规

---

① 〔英〕梅因:《古代法》,沈景一译,商务印书馆1959年版,第9—10页。
② 〔德〕魏德士:《法理学》,丁晓春、吴越译,法律出版社2005年版,第185页。

定了公民的宗教信仰自由。1982年《宪法》第36条对宗教信仰自由作了明确规定:"中华人民共和国公民有宗教信仰自由。任何国家机关、社会团体和个人不得强制公民信仰宗教或者不信仰宗教,不得歧视信仰宗教的公民和不信仰宗教的公民。国家保护正常的宗教活动。任何人不得利用宗教进行破坏社会秩序、损害公民身体健康、妨害国家教育制度的活动。宗教团体和宗教事务不受外国势力的支配。"这一宪法内容,以根本法的形式确定了我国的宗教政策和国家对宗教信仰自由的保护制度。其内容包括以下几个方面:第一,宗教信仰是公民的自由选择权。公民既有信仰宗教的自由,也有不信仰宗教的自由;有信仰这种宗教的自由,也有信仰那种宗教的自由;在同一个宗教中,有信仰这个教派的自由,也有信仰那个教派的自由;有过去不信仰宗教现在信仰宗教的自由,也有过去信仰宗教现在不信仰宗教的自由。任何国家机关、社会团体和个人,不得干预公民信仰宗教、不信仰宗教的自由,不得歧视信仰宗教的公民和不信仰宗教的公民。第二,国家保护正常的宗教活动。国务院《宗教活动场所管理条例》规定,宗教活动场所由该场所的管理组织自主管理,其合法权益和场所内的正常宗教活动受法律保护,任何组织和个人不得侵犯和干预。第三,实行政教分离。在当代中国,实行宗教同国家政治生活和教育相分离的制度,不允许宗教干预国家政治活动和国家事务,也不允许宗教活动妨碍或干涉学校的教育事业。第四,坚持宗教独立自主、自办教会的制度。宗教具有广泛的国际性,国家允许开展宗教事务的国际往来,但坚持我国宗教团体和事务不受外国势力支配,宗教独立自主,自办教会,不允许任何外国教会和宗教界人士干预我国的宗教事务。

我国实行宗教信仰自由政策的理由主要是:首先,对待思想问题,不能采用强制办法,正像人们常说的,我们不能用行政命令去消灭宗教,不能强制人们放弃唯心主义,也不能强迫人们相信马克思主义。其次,在我国,宗教问题与民族和文化问题密切联系,如藏族信仰佛教中的一派(喇嘛教),维吾尔族、回族信仰伊斯兰教。实行宗教信仰自由有利于民族团结、文化交流以及社会安定。最后,在全世界约60亿人口中,很多人都信仰某种宗教,中国现有信仰各种宗教的公民1亿多人。实行宗教信仰自由,有利于国内团结,发展同各国的外交关系和经济、文化交流,加强同世界各国人民的团结。

思考题

1. 法律与道德有哪些重要差别?
2. 个人法律意识与本人了解法律知识情况有什么样的关系?
3. 当代中国社会中存在哪些种类的法律文化?它们有什么样的作用?

4. 当代中国法律与宗教有什么样的关系?

参 考 书 目

1. 沈宗灵主编:《法理学》,高等教育出版社1994年版,第十一、十二章。
2. 付子堂主编:《法理学初阶》,法律出版社2006年版。
3. 张文显主编:《法理学》(第三版),高等教育出版社、北京大学出版社2007年版,第二十八章。

第十二章 依法治国与科学技术

这一章主要阐明依法治国与科技进步的基本理论问题,明确当代中国的科技进步需要法律的保障与促进,了解国内外科技法制建设的基本情况,对加强我国科技法制建设提出建设性意见。

第一节 科技进步与法制建设

一、科学技术的含义

人们通常将科学一词解释为人类关于自然、社会、思维等客观事物和现象的知识体系,它以概念和逻辑的形式反映事物的本质与规律。最早把科学视为一种知识的,当推12世纪初期的宇宙论者威廉。他试图把科学从当时处于万流归宗地位的神学中分离出来,提出了科学是以物质为基础的知识的思想。这一思想为后世许多人所认同、继承和发展,但也遭到一些人的反对。撇开神学家们不说,就科学家的见解而论,有人认为知识本身只是科学的产物,科学乃指生产知识的活动。也有人认为,科学不仅指静态意义上的知识体系,而且指动态意义上的科学知识的生产过程,是这两者的统一体。英国著名的物理学家、伦敦大学教授、科学学的创始人贝尔纳(J.D. Bernal)在其1954年出版的《历史上的科学》一书中写道:"科学史的研究表明,科学的本质是不能用定义一劳永逸地固定下来的。科学是一种描述的过程,是一种人类活动,这一活动又和人类的其他种种活动相联系,并且不断地和它们相互作用。"[①]贝尔纳认为,只能广泛地解释科学一词,它应当包括组织人们去完成一定社会任务的体制,发现自然界和社会的新规律的全部方法,积累起来的科学传统,发展生产的主要因素,新思想、新原理、新世界观的来源等。由于科学研究的对象不同,人们一般将科学划分为自然科学、社会科学、思维科学等门类。时下,人们谈论科技进步时,一般将科学限于自然科学范畴。

同"科学"一词一样,对"技术"一词的解释也是众说纷纭。但在一般意义上,人们将技术一词解释为基于自然科学的研究成果所提供的理论与方法,以及人类在控制自然力、转化自然界的物质和能量、改善生态环境过程中积累起来的

---

① 〔英〕J.D.贝尔纳:《历史上的科学》,伍况甫等译,科学出版社1959年版,第3页。

实践经验而发展出的各种工艺方法、操作技能、生产的物质和信息手段、作为劳动对象的产品的效能的总和,它具有知识性与实用性、构思的无形性与载体的多样性、一次性开发与可多方占有性、内涵可深化性与外延可扩展性等特性。

科学、技术与生产是紧密联系在一起的。科学的发现与进步为技术研究开发奠定了基础,技术开发成果又为生产发展提供了前提;反过来,生产对科学技术的需求、生产经验和财富的积累,以及技术开发提供了动力和精神与物质的条件,技术的蓬勃发展又为新的科学思想、原理、新的科学发现奠定了知识基础。科学、技术、生产三者交互作用、相互促进,从而导致生产力的不断发展和社会经济的不断进步。

按照马克思主义观点,真正的自然科学只是从15世纪下半叶才开始的,从这时起它就获得了日益迅速的进展。在此之后,人类已发生了三次科技革命。每一次科技革命都大大缩短了科学发现到技术发明的时间。当代高新技术的出现,还在有些领域内模糊了科学与技术的分野。在人类词汇中,"科学技术"越来越成为一个复合词,现代汉语中简称的"科技"一词出现的频率越来越高。与此同时,科学研究与技术开发也往往连用为"科技研究开发",通常以"R&D"(Research and Development)来表示。

二、科技与法律的一般关系

(一)法律对科技进步的作用

在当代,科技与法律相互影响,相互促进,关系密切。就法律对科技进步的影响而言,可概括为以下几点:

首先,法律对科技进步起着指引、协调与管理的作用。法律对科技进步的指引作用是无处不在的,最重要的莫过于国家以法律形式确认科技事业在各项事业中优先发展的战略地位、确认国家科技发展的战略部署和重点顺序。法律对科技进步的战略地位的选择、根据具体国情和"有所为有所不为"的原则对科技战略部署的确定及其优先顺序的确定,对于人们的投资、择业、兴办产业等行为的指引具有决定性意义。国家通过法律确定科技研发主体(科技机构、科技企业、科技人员等)的法律地位、职能、活动方式和行为准则,确立科技信息的搜集、贮存、交流以及标准化等各项制度,确定国家对科技的宏观管理制度以及国内外科技交流与合作制度,都起着重要的协调与管理作用,形成有利于科技进步的有效运行机制。

其次,法律对科技进步起着重要的激励作用。自古以来,法律便是赏罚两用的利器。但在阶级斗争激烈的时期,法律更显其惩罚之功能。社会进展到科学昌明、社会安定时期,法律之激励功能便显现出来。当今世界,法律在促进科技进步方面的激励作用尤为显著和重要,法律对科技成果权益的保护、对科学发现和技术发明的奖励、对技术转化的各种优惠待遇制度、对研究开发投入和再投入的应税额度抵免制度、对科技企业和科技研究开发项目的财政扶持制度、对技术设备的加速折旧制度、对高附加值的新技术产品进出口的关税减免制度等,都是法律激励科技进步的重要制度,这些制度起着极为重要的作用。在立法中,许多科技法律规范都具有肯定式的法律后果,正是法律激励科技进步的体现。

再次,法律对科技进步具有重要的保障作用。这主要表现为:第一,法律为科技进步创造一个良好的社会环境。从科技发展史中我们可以得知,科技进步尤以政治环境、经济环境和法治环境最为重要。文明的政治环境是科技进步的必要前提,优越的经济环境是科技进步的基础条件。国家以法律特别是以符合科技发展规律的科技法律来调整社会关系,形成良好的秩序、安定的环境、文明的施政,即构成了科技进步所需的法治环境。第二,法律通过构建适当的财政制度、金融信贷制度、基金制度、土地取得和使用制度、重点试验室建设和使用制度、科技园区制度、人才制度、特种物资供应制度等,为科技进步提供资金、设备、场地、人才等各种保障,为科技进步开辟道路。第三,法律通过各种形式提高国民的科技意识和科技素养,为科技研究开发和技术转移营造良好氛围和广泛的群众基础。第四,法律制止各种阻碍破坏科技进步的违法行为,保障科技机构和科技人员的合法权益,保障科技事业的顺利发展。

最后,法律在控制由于科技发展所引起的各种社会问题,调整科学技术同其他社会现象的关系以及防治对技术的不当使用所引起的社会危害方面,都具有十分广泛而重要的作用。这主要表现在:第一,法律通过调整社会关系进而协调人与环境、生态的关系,人与科技发展的关系。由于科技进步所带来的工业的发展,造成了环境污染、生态失衡、资源耗竭等问题,生物圈中的物理、化学、生物学参数开始变得不利于生命与健康。法律通过设立各种制度,以保护环境、资源与生态,保障可持续发展、代际平衡和生命的质量。在当代,巨额的研发经费支出与人们直接提高当前生活水平的矛盾、科技的迅猛发展与人们的适应能力和社会生活习性的矛盾、科技成果的巨大能量与人类控制能力的矛盾等,都需要法律加以调控。第二,法律可以协调科技的宗旨与社会现实之间的关系。从本质上来说,科学技术是为全人类造福、为所有生命服务的,它应当为大众所掌握和利用,以充分实现其价值。从科技本身的宗旨出发,"保密""独占""专利"这些概念都是不适当的。但是,在社会未进入大同时代的阶段,在利益尚不能普遍化或均沾的时代,在精神和物质财富未能充分涌流的今天,科技的本质属性和宗旨也不能完全实现。如果不审时度势,在现阶段便使科技成果一律进入公有领域,势必压抑科技人员进行研究开发的积极性,巨额的研发支出也得不到补偿,不利于科技进步。法律通过设置"专利制度""版权制度""技术秘密保护制度""反不正当竞争制度"等,便能妥善地解决科技进步的宗旨与现实社会的矛盾。第三,法律可以协调科技进步与社会伦理道德之间的关系。自15世纪末现代科技产生以来,科技进步便与社会伦理道德之间有许多纠缠不清的矛盾。法律一方面可以排除腐朽道德对科技进步的阻碍,对科技进步予以强有力的支持;另一方面,法律也可以制止科技的畸形发展和对科技成果的非道德使用。例如,禁止人类的生殖性克隆、防止基因漂移的规定,都表明人类对于滥用科技成果的严正法律立场。另外,人体器官移植的法定条件、人工授精技术和人造子宫技术应用的法律限制、基因工程技术应用的法律限制、信息安全工程技术应用的法定范围等,也都显示了法律在解决科技发展与道德要求之间矛盾的特殊作用。

(二) 科技对法律的影响

科学技术对法律的影响是十分深刻而广泛的。这种影响大致可概括为如下几个方面:

首先,科学技术的发展促进了许多法律、法规的产生以及法律体系的发展。现代科技产生以来,新科技成果不断涌现。科技成果进入市场并应用于生产,带来了一系列新的社会关系和新的法律问题,需要新的法律、法规加以规范、调整和解决。知识产权法、环境与资源法、研究开发法、科技成果法、技术贸易法、高新技术法、国际科技交流与合作法等方面的法律、法规,便是科技发展不同阶段上涌现的。随着专门性的科技立法的不断涌现,在当代,科技法已经成为一个新的独立的法律部门。在我国,有关科技的专门性法律、法规已有数百件。这就意味着法律体系的相应扩充。

现代科技的发展,对传统的法律部门也提出了一系列问题。例如,人工授精、胚胎移植、基因工程等新技术的发明,无疑是现代科技的突破性进展,标志着人们从此可以干预人类的繁衍方式乃至人种的改造。但是,这些技术的应用,不仅使传统的伦理道德受到极大的冲击,而且也使抚养关系、继承关系多元化,带来很多法律上的新问题,这使许多国家的司法当局陷入窘境。至于胚胎的基因改造和移植,更对人种的自然进化提出了严峻的挑战,也给法律提出了严肃的任务。转基因动物的出现、转基因植物的大面积种植、转基因食品大量进入市场,对人们的知情权和选择权产生了严重冲击,需要法律作出回应。静电复印技术、计算机技术、网络技术、现代通讯技术的广泛应用,高新技术犯罪的出现,大量卫星在高空的巡游、航天技术和深海技术的问世,等等,都向传统的民法、刑法、行政法、程序法、国际法等部门法提出了挑战,要求各传统法律部门的制度和理念作相应的改革和更新。

其次,科技的发展对立法产生了深刻的影响。(1) 许多科技成果成为确立法律规范的依据。例如,关于禁止直系血亲和三代以内旁系血亲结婚的规定,关于禁止患有医学上认为不应当结婚的疾病的人结婚的规定,就是以医学、遗传学、生命科学的原理为依据的。(2) 大量科技领域的专业术语、概念被吸纳到法律之中,大量的技术规范被赋予了法律效力。(3)当立法涉及专门的科技知识时,必须依靠立法者与专门科技部门和科技专家的通力合作,征询科技专家的意见,或者以委任立法的形式进行。在科学技术日新月异并渗透到社会生活各个领域的当代,法律能否反映客观规律,往往取决于立法者的科技知识水平和国家的科技发展水平。随着时代的发展,当今的立法者,如果没有广泛的科技知识、丰富、精确的统计资料和跨部门、跨学科的通力合作,要想制定完善的法律几乎是不可能的。(4)科技的发展,不仅影响到立法的内容、立法的方式、立法程序与技术,也影响到立法的工作方式。例如,对法律草案的网上讨论、远程调研、按电钮表决、计算机统计表决结果,通过数据库对立法或法律条文进行查看,通过计算机对同一命题的不同的立法案进行筛选,都是对传统立法工作方式的改革。

再次,科技成果为执法、司法和法律监督工作提供新的装备、手段和技能。简便快捷的计算机指纹检验技术、声音识别技术、基因检测技术、各种计算机技术和网络技术,以及物理学、化学、材料学、机械学、生物学、医学、电子学等科技知识,各种精密的仪器设备的运用,都大大提高了执法、司法和法律监督工作的效率和精准度,为及时、正确地适用法律提供了条件。

最后,科技的发展促进了人们法律观念的更新和法律方法的扩展。现代科技的发展,已使世界变成了小小的地球村,经济全球化和全球信息化的发展使受时空限制而造成人们相互之间的隔离状态正逐渐消失。由此带来的结果是:一方面,科技不单促使新的法律、法规的诞生而且促使新的法律观念(如法律信息论、法律系统论、法律控制论、脑死亡论、对犯罪的精神病理因素宽容论等)的产生和法律方法(主要是科技方法在法律中的运用,如法律草案的局部试行效果鉴定、改造罪犯的新措施的试点对比,便是生物学中分组对照控制实验方法的法学翻版)的扩充。另一方面,一国在立法时不能不考虑国际法、国际惯例以及其他国家法律的相应规定,即考虑立法的国际接轨问题,以求得法律的普适性和有效性。有关执行社会公共事务职能的法律,特别是有关科技领域的立法,尤其应当考虑与国际规范的接轨问题。

第二节 科技法的产生与发展

一、科技法的概念

科技进步呼唤着法制建设。适应科技进步的要求,法律体系中迎来了一个新的成员——科技法律部门。作为新兴的部门法,科技法具有如下特点:

第一,科技法有特定的调整范围。

任何部门法都是调整一定社会活动领域内的社会关系的,科技法也不例外,它所调整的是科技活动领域内的社会关系。因此,简单来说,所谓科技法,乃指调整科技活动领域社会关系的法律规范的总称。

值得注意的是,科技法不仅担负着调整科技领域社会关系的任务,而且担负着协调人与自然、人与环境、人与生态、人与科技发展的关系。众所周知,现代科技发展带来自然环境的改变和人们对科技发展的适应性问题,诸如温室效应和城市的热岛效应问题、转基因动植物的广泛种养带来物种变异和基因漂移问题、高效自动化装置使劳动者的神经更加紧张并引起人类生活更为刻板和节奏快速、以几何级数不断增长的信息和不断更新的知识,使人的落伍感增强……通过调整社会关系,进而协调人与自然环境和生态的关系,协调人与科技发展的关系,增进人类的幸福与快乐,正是科技法的特殊功用。

第二,在调整社会关系的方式上有独特之处。

科技法属于横断性的法律部门,因而对违法行为的制裁是综合采用民事的、行政的、刑事的手段进行的。

值得注意的是,在调整社会关系时,科技法更多地采取肯定、鼓励、奖励合法行为的方式。这主要是因为科技法的宗旨在于促进科技进步和科技成果的合理使用。为此,它必须调动各种有利于科技进步的积极因素,通过法律形式强化人们的积极行动,鼓励人们投身于科技进步事业。尤其是科学研究应是自由度最大的领域,法律应更多地保护科研自由而不滥加限制。正因为如此,科技法律规范大多具有肯定式的法律后果也就不足为怪了。

第三,科技法集中反映了科技发展的客观规律,具有专门知识性强的特点。

在任何社会、任何国家中,科技发展的战略部署、规划、重点,无疑受到社会制度、国家发展的总体规划、资源状况、经济实力、生产力发展水平、现实社会需求、社会道德等多种因素的制约。科技法作为联结科技与社会、科技与经济的桥梁,对此不能不作出反应。科技法对有关方针、政策、体制、基本原则的规定,都是对此所作的回应。这也就是说,科技法作为国家法律制度的一部分,是不能不反映国家意志的。但这只是问题的一方面。另一方面,科技法更应充分反映科技发展的客观规律。科技法的许多内容,如关于数据安全和网络安全的规定,对重组 DNA 的控制性规定、关于技术规范的法制化等,实际上是人们对科技发展规律现有认识的反映。

也正因为如此,许多科技立法的内容涉及科技领域的专门知识。科技法的这种专门性、知识性特点也决定了相应的执法、司法和法律监督工作的特点,要求有关人员应同时兼具法律知识和专门的科技知识。

"科技法"的概念是在 20 世纪 80 年代由我国学者首先提出来的。近几年来,美国先后成立了一百多个各类科技法研究机构,出版了近千种专著和七十多种杂志。加拿大、法国、德国、澳大利亚等国也在加强科技法制建设和相应研究。

我国台湾也在世纪之交先后成立了多个科技法研究所并专门招收科技法研究生。科技立法、科技法研究和专门人才培养已成为全球性热潮。

二、科技法的产生及其在国外的发展

科技法的发展程度是同科技本身的发展程度、科技成果在生产中的应用程度以及科技进步对法律的需求程度相适应的。近代以来,人类历史上发生了三次科技革命,每一次科技革命都大大推进了科技进步,促成经济和社会的跃进,同时也推动了科技法的发展。

科技法的发展程度也同国家的治理方略、科技体制及其赖以生存的经济形式密切有关。在实行法治和市场经济的国度里,科技法的发展较快。

科技法的发展程度还同人们对科技作用的认识程度、对以法律保障和促进科技进步作用的认识程度以及专门人才的培养速度有关。

在古代中国,法律与科技的联姻已经出现。度量衡的统一,夏历的推广,都是法令施行的结果。① 至于冶炼、营造、水利兴修、田亩赋税计征(如《田律》《九章算术》)等都有严格的技术法式。这对于古代中国的发明创造和经济发展无疑是有益的。这也正是中国在 14 世纪(明朝中叶)以前能够成为世界科技中心的重要原因。但是腐朽的封建专制制度阻碍了中国现代科技的产生,也阻碍了现代意义的科技法的出现。

在西方的希腊、罗马时代,有关农耕、军事建筑、造船等方面的技术规范大量涌现,推动了希腊、罗马文明的发展。但在中世纪的欧洲,到处都在起法律作用的宗教教条,则是迫害科学家、压制科技进步的桎梏。著名科学家布鲁诺(Giordano Bruno)、维萨里(Anderas Vesalivs)、伽利略(Galileo)等都曾受到宗教的严酷迫害。但自从哥白尼发表《天体运行》这一科学摆脱神学束缚的宣言书后,现代科技在西方诞生。现代科技意识的觉醒、文艺复兴运动造成的氛围、罗马法复兴运动的全面展开,促进了西方的科技进步以及科技与法律的结合。1474 年,在商品经济和世俗法律较发达的威尔斯城市国家诞生了世界第一部专利法。随后,英、美、法、德、俄、日等国先后确立了专利制度,由此开创了以法律保护科技成果,促进科技进步之先河,现代意义的科技法由此开始出现。

直至第二次世界大战以前,各国的科技立法大都限于宪法的原则宣示、科技

---

① 度量衡的统一始于秦,完成于唐。历代度量衡制度包括两个内容:一是成文的法律法令,二是度量衡器的研究、制作和校验标准。如汉《律历制》、隋《权度量衡之制》、宋《权衡滚动法》等。中国历代皇帝都把颁布历法作为行使皇权的象征之一,历法的研究、制定、改进都成为法律的一个重要内容。在中国历史上,有史可查的由国家颁布的历法就达一百多种。这里所说的夏历,泛指华夏历法,包括夏皇历、秦颛顼历、汉太初历、南北朝时期的大明历法、唐代的戊寅历法、明代的大统历法等。历法的施行对中国农业文明的发展起到了重要的作用。

成果权的保护、技术进出口管制等方面。第二次世界大战是科技和科技法发展的一个转折点。在第二次世界大战中,美国的曼哈顿工程、德国的 V-2 飞弹研制,都几乎动员了全国的企业、科研机构、科技人员、经费、电力等,都是在政府的统一协调下进行的。这就意味着大科技时代的到来。科技成果对战争胜败结果的作用,昭示着科技事业不仅仅与个人或企业的兴趣、偏好、利益有关,而且与国家的安危存亡、民族的盛衰荣辱密切相关。战后,人们的科技意识大大提高,国家以法律形式引导、协调、保障和促进科技进步并防治对科技成果不当使用所可能引起的危害的自觉性大大提高。在发达国家和新兴工业化国家,除了在宪法、民商法、行政法、刑法等传统法律部门的立法中规定有关科技进步方面的内容外,还进行了许多专门性立法,形成了庞大的科技法律规范体系。例如,据统计,在原联邦德国战后的立法中,有七百多件都与科技进步有关;1981 年日本科技厅编纂的《科技立法》中便收入了 282 件专门的法律、法规。

第二次世界大战以后,国际科技法发展的情况大致如下:

(1) 20 世纪 50 年代至 60 年代中期,是科研政策及相关立法兴起的时代。1950 年,美国著名战略家范·布什向国会提出了《科学:永无止境的前沿》的报告,阐述了基础研究对科学技术发展的先导和源泉作用,主张国家有责任向有抱负的科学家和工程师提供研究基金,有责任支持大学基础研究,以及在科研项目的组织上遵循科学自治的原则。美国政府采纳了这一建议,由国会通过立法建立了自然科学基金制度,确定政府资助基础科学研究的职责和以获得学科优势为目标的发展战略,这为美国在基础科学领域取得领先地位奠定了基础,并对欧洲和其他拉美国家产生了深刻的影响。其他主要发达国家也纷纷通过国家大型科研计划来促进基础科学研究的发展。国家科技立法和政策由第二次世界大战期间的军事技术研发为主开始转向科学研究。英国 20 世纪 60 年代出台的《科学技术法》一时成为各国效仿的楷模。

(2) 20 世纪 60 年代中期至 70 年代末,是产业技术政策及相关立法兴盛时期。在这一时期,科学技术对推动经济增长的巨大作用,诱发各国将科技政策聚焦于发展关键技术,以增强产业竞争力。美国、日本和欧洲国家相继出台了技术政策和产业政策,发挥市场在资源配置中的基础作用,引导企业成为研究开发的投资主体,推动以提升产业技术为目标的应用研究,加快产业结构的调整,并以法律形式建立相应的激励与约束机制。这一时期,企业研发投入迅速增长,政府研发投入占研发总投入的比重下降。

(3) 20 世纪 80 年代至 90 年代,是技术创新政策及相关立法群起的时代。正如《工业创新》一书所阐述的那样:20 世纪后期,创新已经成为全球工业信仰,成为社会财富创造中最具神秘色彩的部分。① 在发达国家和新兴工业化国家中,技术创新政策成为其科技政策的重中之重。鼓励发展新兴产业的技术创新政策成为发达国家、新兴工业化国家和许多发展中国家科技政策的核心,各国把这些重要政策通过立法条文化、规范化、制度化,并且以提高就业率和生活质量、实现可持续发展为目标,促进科技、经济与社会的协调发展。例如,美国1980年出台的Stevenson-Wydler技术创新法、Bayh-Dole技术转移法和日本随后出台的《产业活力再生特别措施法》等,都通过将主要技术创新政策法律化,营造了良好的创新环境。② 各国的科技立法纷纷出台,法律竞争与科技、经济竞争相辅相成,风险投资十分活跃,推动了信息技术、生物技术等高新技术及其产业的发展,全世界涌现了约二十个创新型国家。

(4) 20世纪末至21世纪初,是国家创新体系政策及相关立法兴起的时期。科技、经济与社会一体化、全球化进程加快,全方位利用全球科技资源以提高本国的技术创新能力和竞争力,成为制定本国科技政策和新时期科技立法的共同课题。一些发达国家在推行科技创新政策与法律调控之时,不仅着眼于企业、科研机构等微观层面,而且着眼于国家宏观层面,强调通过建设国家创新体系,综合协调各创新力量的相互关系,形成最大合力,以提高国家整体创新能力和持续创新能力。科技立法强调科技、经济、教育以及社会发展的系统集成。在此期间,世界经济合作与发展组织(Organization for Economic Co-operation and Development,OECD)出台了指导其成员国创新体系建设的政策指南,美国、英国及欧盟国家提出了各自创新体系的框架,其理论和实践颇具挑战性和探索性。日本分别制定了《科学技术基本法》(1995年)和《知识产权基本法》(2002年),提出科技振兴、知识产权立国的推进计划。瑞典、芬兰、爱尔兰等国推出了国家创新体系行动计划。

世界各国科技经济发展水平不同,法律传统和法律文化也有较大差异,其科技法律制度和政策工具表现出多样性的特点。但科技法律和政策又共同聚焦在以下几个重点和热点问题上:

第一,科技发展政策上升为国家大政方针,重大科技决策提升到国家最高

---

① 〔英〕N.瓦莱里:《工业创新》,战洪起等译,清华大学出版社1999年版。
② 20世纪80年代以前,美国对政府资助项目所产生的专利,按照"谁投资谁所有"原则,全部归政府所有。这抑制了科研人员申请专利和进行技术转移的积极性,迄1980年,大学年均专利仅为250件。有鉴于此,1980年美国出台《拜杜法》(Bayh-Dole Act)和《史蒂文森法》(Stevenson-Wydler Act)。前者将公共财政资助完成的科技成果权授予了研究机构,科研人员可以分享利益,政府仅保留有限介入权;后者内容相当广泛,核心是促进技术转移。通过制度创新,这两项立法及其后的十几个相关法案,极大地促进了技术创新,调动了企业、中介机构、研究机构、国家实验室、大学及科人员等创新主体的积极性和主动性,形成了良性互动关系,为国家创新体系建设奠定了法律基础。

层。美国、日本、德国、英国、韩国、巴西等国家都成立了由国家元首或政府首脑挂帅,工业、财政、金融、教育、国防等多部门首长组成的科技委员会或专门机构,研究确立国家科技发展战略、关键技术选择和国家重大计划与工程,使决策具有高度的权威和效能。与此相适应,不少国家提升科技部门在政府内阁中的地位,依法明确界定其权限和职责,强化国家科技部门对科技活动的宏观协调与管理。显然,世界主要国家大大提高了科学技术在经济社会发展中的战略地位。

第二,建设创新体系和优化创新环境,成为科技法律与政策的重要目标。在国家创新体系中,政府扮演的角色主要是制定政策和提供服务。就具体目标指向而言,一是营造自由宽松的科研环境、有序的竞争环境和知识产权的创造、利用、管理、保护环境;二是促进基础设施和创业平台建设,实现科技资源全社会共享与集成;三是引导大公司、大企业集团的技术创新和管理创新,推进原始创新、集成创新和战略高技术研发,鼓励其兼并科技型中小企业,营造新时期的"经济航空母舰"——拥有自主知识产权的跨国公司,以促进本国产业技术在全球范围内的领先地位;四是推动中介机构向专业化、社会化和网络化方向发展,加强产学研的联合与协作,鼓励产学研结成技术创新战略联盟。

第三,在全球范围内争夺科技人才,成为科技创新政策的第一要务。2001年美国商务部技术政策局对世界40个主要国家和地区的调查报告肯定:所有调查对象都把人力资源看成是最重要的创新要素。进入21世纪,在美国、欧盟、日本以及新加坡等新兴工业化国家和地区中,信息技术、生物技术、新能源及新材料技术等高新技术领域存在巨大的人才缺口,加强人力资源建设,培养和争夺优秀人才,成为诸多国家科技创新政策的重中之重。2011年,美国众议院以压倒性多数票通过了鼓励高科技人才移民到美国的法案。与此同时,一些科技人才紧缺或人才外流严重的国家,如俄罗斯、加拿大、瑞士、印度、古巴等,甚至采取了若干遏止人才外流和鼓励人才回流的政策措施。

第四,保障人类安全和实现可持续发展成为科技立法和政策调控的重要主题。自从大规模杀伤性武器面世以来,保障人类安全就成为人们普遍关注的话题。现代技术在生产和生活中的广泛应用,有关食品、药品、电器产品、涂料、衣料、交通工具、通讯手段等的技术可能对人类健康和安全造成的影响,也日益为人们所关注。现代人类活动已经改变了所有生态系统所依赖的地球基本循环。生态系统极为脆弱,环境污染、资料耗竭的现象有增无减。有鉴于此,这一主题的提出和确立是必然的。进入21世纪以来,反对恐怖主义成为世界性的话题。美国国家研究理事会2002年6月在《科技在反恐中的作用》报告中,把恐怖主义对人类安全的严重威胁和反恐高科技研发的紧迫性提上重要议程,呼唤从政策上建立快速反应机制和有效应对措施,并通过科技立法予以规范和调整。2000年9月9日俄罗斯总统普京批准发布《俄罗斯联邦信息安全构想》,确立一种新型的国家安全观,即加入了国家信息安全的内容。

第五,保护知识产权和应对权利滥用成为科技法制关注的焦点问题。世界贸易组织(WTO)《与贸易有关的知识产权协议》(TRIPS)的出台使得国际贸易规则体系形成货物贸易、服务贸易和知识产权贸易三大贸易制度鼎立之势,且后者渗透于前两者之中。在世界贸易组织大幅度降低关税和提升知识产权保护标准的情况下,知识产权在国际贸易中占有十分重要的地位。由此,有关加强知识产权的创造、保护及利用制度的出台,成为各国将科学技术优势转变为产品优势、产业优势与市场优势的重要举措。一些发达国家为了保持其优势地位而推行的主要政策手段包括:一是对专利审查采取实际上的双重审查标准,使本国企业的申请明显处于有利地位;二是利用技术优势,把知识产权与技术标准、产品标准和产业标准结合起来,将技术优势转化为产品优势和产业优势;三是在知识产权纠纷的处理上,动辄以贸易报复相威胁,迫使贸易伙伴接受其苛刻的条件;四是在国际规则的制定和适用上,大肆推行强权政治,不仅将本国立法直接进行域外适用,而且力图将对本国有利的主张写进国际条约。与此同时,中国、印度、巴西等发展中国家也针对这种知识产权滥用的单边主义政策进行了有理有节的斗争,并根据各自的国情确立了本国的知识产权发展战略。

第六,适应经济全球化和科技国际化的国际条约、区域协定和政策工具应运而生。一是有关环境与可持续发展、知识产权和国际科技合作的多边国际条约和双边国际协定与日俱增,例如,《联合国气候变化框架公约》《与贸易有关的知识产权协议》《生物多样性公约》《不扩散核武器条约》和各国政府间科技合作协定等,成为维护国际科技经济新秩序的有力武器。应当注意的是,在东西方矛盾仍存、南北方冲突不断、发达国家间摩擦加深的情景下,在全球化趋势中把握国际合作与竞争的态势,参与科技资源的全球配置、区域整合以及网络互动,已成为科技法制建设的重要使命。二是欧盟国家为增强创新能力,以研究开发总体计划为框架构建区域协调合作机制,推出了欧洲创新白皮书、欧洲创新行动计划、欧洲创新趋势图等,这都成为重要的科技政策杠杆。三是随着高新技术的飞跃发展,就科技运行机制和政策工具而言,创新网络和群集的"卓越中心"、科学与产业直接联系的跨学科的集成创新、国际虚拟性研究组织的日益兴起,要求未来的科技政策和法律进行相应的制度安排。四是提高公共研发投入产出效率,加强公共科技资源分配机制和公共研发投入绩效评价机制,以及世界主要军事强国推进高新技术的两用化和军民工业基础一体化,建立军民结合、寓军于民的创新机制,也都对完善科技法律和政策体系提出了一系列新问题。

三、我国科技法制建设的主要成就

最近三十年来,我国逐步建立起符合科学技术发展规律和市场经济运行规律、有利于科技与经济结合的新体制,提出了明确的科技发展战略思想和指导方针,制定了相应的配套政策与措施,进行了具有中国特色的科技立法,在营造有利于科技进步与创新的政策法律环境方面取得了重大进展,实现了历史性的跨越。

(一) 重大科技方针政策和科技立法取得良好绩效

近三十年来,我国制定和贯彻实施科技方针政策和推进科技法制建设所取得的主要成绩,大致体现为:

(1) 确立了切合时代要求的科技发展战略思想和指导方针。1985 年,我国确立了"经济建设依靠科学技术,科技工作面向经济建设"的基本方针,全面推进了科学技术体制的改革。1995 年,我国作出"科教兴国"和"可持续发展"两大战略决策。在世纪之交,进一步作出《加强技术创新,发展高科技,实现产业化的决定》,把建设国家创新体系列为重要工程。2004 年,推出了具有重大意义的人才强国战略,提出和落实全面、协调、可持续的科学发展观,把新时期科学技术工作提高到一个新的水平。2012 年,党的十八大报告更明确提出实施创新驱动发展战略,将科技创新摆在国家发展全局的核心位置。我国在不同时期确定的这些战略思想和指导方针,具有鲜明的时代特色和深刻的科学内涵,引领我国科学技术事业胜利前进。

(2) 推进了科学技术法制建设的进程。"依法治国,建设社会主义法治国家"是我国宪法确定的治国方略。科技立法作为社会主义法制建设的重要组成部分,从 20 世纪 80 年代起步,《技术合同法》(后纳入统一的《合同法》)的成功制定开辟了运用法律手段巩固和发展科技体制改革重大成果的先河;《科学技术进步法》揭开了通过基础性科技立法指导科技工作的序幕。此外,《农业技术推广法》《促进科技成果转化法》《科学技术普及法》等科技法律和有关科技行政法规相继出台;《专利法》《著作权法》《计算机软件保护条例》《植物新品种保护条例》《集成电路布图设计保护条例》等知识产权立法与国际基本接轨;《公司法》《中小企业促进法》《政府采购法》等法律也包含了促进科技发展的相关条款。除中央立法外,尚有大量国务院及其部委局发布实施的行政法规和行政规章,还有两百多件地方性立法,有效地保障了科技发展。① 这些法律法规调整领域广,为建立我国科技法律体系进行了有益的探索与尝试,为新时期科技立法工作积累了宝贵经验。

(3) 加强了科技法律和重大政策的配套措施。为了保障重大科技方针、政策和法律的贯彻落实,近年来我国抓紧制定有关法律和政策的实施办法和配套措施,通过颁布技术政策、实施科技计划、财政直接投入或补贴、税收优惠扶持、

---

① 国家科学技术部政策法规与体制改革司:《全国科技法制与知识产权工作会议资料汇编》(2003 年)。

金融杠杆调节、政府采购、实行科技奖励、技术管理要素参与分配、保护知识产权等多项配套措施,在建立促进科技进步与创新的激励和约束机制方面迈出了重要步伐。这些具体政策与措施,涵盖了科技重点发展领域、科技体制改革、科研条件布设、基础平台建设管理和使用、科技产业化、科技中介服务体系设置、科技人才流动与激励、国际科技合作等方面,通过营造良好环境、提供公共服务,引导和激励科技创新活动,具有较强的针对性、操作性,有力地保障了国家科技战略方针和法律法规的贯彻实施。据不完全统计,改革开放以来,截至 2002 年,仅国务院和相关部门出台的涉及科技进步与创新的具体政策就有五百多件。[1] 根据文献计量归纳分析,各类科技政策措施的着力点从创新活动的局部环节延展到创新全过程。总的来说,科技立法在深化科技体制改革、促进科技与经济有机结合、加强科技创新能力方面取得了良好绩效。

(二) 推进科技法制和政策环境建设获得重要经验

最近一些年来,围绕科技改革和发展两大主题,我国制定并实施了适合时代需求的方针政策,开创了科技法制建设的新局面,在以制度创新推进科技进步与创新方面,积累了十分重要的经验。

一是制定科技法律、法规和政策,要遵循科学技术发展规律和市场经济运行规律,切合世情、国情和科情。这样,才能顺应经济全球化和新科技革命的时代潮流,贴近我国现代化建设的实际,真正发挥科技法律和政策作为促进、指导、规范和保证科技进步与创新重要杠杆的作用。例如,我国建立和发展高新技术产业开发区、自主创新示范区的一系列政策,在培育高新技术企业,推进高新技术成果商品化、产业化和国际化方面便发挥了重要作用。

二是贯彻党和国家科技工作的方针,要按照依法治国、建设社会主义法治国家的要求,努力建设有中国特色的科学技术法制。既要善于把我国科技事业发展的成功经验,特别是在改革开放中形成的、实践证明行之有效的新体制、新机制,以法律形式确定下来,赋予其巨大权威和效力,又要把握科学技术发展趋势,充分估量未来科技发展对经济、社会和人民生活的巨大影响,增强科技前沿重要立法的预见性和系统性。

三是加强科学技术法制建设,既要运用法律手段确定重大方针政策,又要有具体、规范的实施细则和配套政策,使立法的纲领性与操作性相结合,从而使科技法律法规真正为推进科技进步与创新提供坚实的保障。总体上,我国现行法律离这个要求还有一定距离,但也有较好的示例。例如,通过制定《国家科学技术奖励条例》及若干配套规定,保障《科学技术进步法》有关"科技奖励"的原则性规定的落实;通过制定一系列促进科技成果转化的具体政策和规章,把《促进

---

[1] 国家科学技术部政策法规与体制改革司:《技术创新政策法规调查》(2003 年)。

科技成果转化法》有关原则性规定落到实处;通过一整套专项扶持政策,促进国立科研院所向企业化方向转制,也取得积极成效。

四、科技法制和政策环境建设尚存在的突出问题

改革开放以来,我国科技法制建设取得了显著成绩,但同现代化建设的要求相比,还有不小差距,还需要作出很大的努力。从深化改革和制度创新的角度来看,目前存在的突出问题是:

(1) 科技法制建设和政策环境建设缺乏总体部署,国家科技宏观管理体制需要进一步理顺。推进新时期科技进步与创新,提升国家整体创新能力和持续创新能力,需要树立和落实科学发展观,按照全面、协调和可持续发展的要求,对健全科技法制和优化政策环境作出部署。然而,我国科技法制作为社会主义法制建设的重要组成部分,尚缺乏总体规划和实施方案,多项重大科技立法不能及时启动,以致在运用法律手段促进和调整科技进步与创新方面还存在若干盲点,有些已经成为提升科技创新能力的"瓶颈"。在中央政府层面上,我国科技行政管理体制至今没有理顺。科技工作条块分割、多头管理、科技资源缺乏有效整合、力量分散与抵消的现象较为严重。科技决策的科学化、民主化方面也缺乏法律和制度的保障,重大科技政策、法律和重要科技项目的实施,也缺乏有效的评估、监测和监督。

(2) 基础性科技法律有待修订和提升规范层次,重大科技政策和改革成果有待上升为国家法律制度。目前我国已有大量适用于科技工作的政策性文件,这些文件对规范和指导科技改革与发展发挥了积极作用,但规范层次和效力等级较低。除个别由国务院颁布的行政法规外,主要是国务院部门发布的行政规章,在司法实践上,往往只具有参照价值而不能作为正式的法律渊源。这些部门规章与法律法规之间、与不同部门的规章之间,甚至与同一部门不同司局承办的文件之间缺乏内在协调性,存在相互交叉重复、相互冲突矛盾的现象。其中,不少反映改革重要成果、事关国家科技进步与创新的重大政策和成熟经验,需要以法律的形式确立下来,赋予其巨大权威,保障其切实贯彻执行。如果仍然停留在某个部门或单位的红头文件上,这与依法治国、建立法治政府和加强科技法制建设的要求是不相符合的。

(3) 科技活动主体的立法严重滞后,建立国家创新体系缺乏有力的法律支撑。在我国科技法制建设中,对于研究开发与创新主体的科研院所,作为科技创新媒介和桥梁的科技中介机构,相关立法迟迟没有迈出实质性步伐。没有完备的创新活动主体的立法,没有对多元主体作法律定位和相互权利义务作法律安排,国家创新体系将失去法律制度的保障和支撑。加强国家创新体系中相关主体的立法,促我国国有重点大型企业推进原始创新和集成创新,按照建立现代科研院所的要求,完善研究开发机构法律制度,建立具有中国特色的科技中介机构法律制度,这是我国健全科技法制和建立国家创新体系面临的重大问题,应当尽快填补这一制度空白。

(4) 公共科技资源的配置方式与管理方面亟须完善制度、规范运作、切实加强监督。我国公共科技投入在全社会科技投入总量中占有相当比重,其投入方向、投入模式、投入成效、对投入的使用,应有严格管理制度和有效监督机制。公共科技投入所形成的固定资产、知识产权和其他收益的归属、管理与使用,也应有明确的规定。目前,这方面制度薄弱、甚至处于缺失状态。一是重大科技计划的制订与实施缺少法律规范,决策和执行的随意性大,缺乏监督机制和法律责任条款。二是公共科技资源缺乏共享机制,国家公共科技投入形成的大型科研设施、实验基地、观测台站、数据库等科技基础平台,往往不能为社会有效共享,导致设备闲置、重复建设、不合理的有偿服务等问题严重存在,同时也影响了科技创新活动主体之间的联合与合作。三是公共科技投入和投向缺乏法律的保障与指引。

(5) 区域性、专门化科技事业缺乏制度性的分类指导。我国幅员辽阔,不同区域、不同行业和领域差异较大,这就要求科技政策和立法应切实加强对区域性、行业性和专业性科技事业的分类指导,目前这方面的政策和立法都比较薄弱。一是要从政策上鼓励东部沿海地区及科技、经济实力较强地区,率先建立完善的区域创新体系,辐射和带动邻近区域的科技发展。同时,配合实施西部大开发战略、中部崛起战略和振兴东北老工业区计划的实施,出台具有针对性、操作性的区域科技政策和相应立法,如支持其采取特殊政策吸引人才、鼓励高校和科研院所到这些区域设立研究开发中心、通过科技项目适度倾斜或设置专项科技计划,提升区域创新能力。二是加快国家高新技术产业开发区立法进程,把设立国家高新技术产业开发区,发展高科技、实现产业化这项重大政策和我国国家级高新技术园区多年的成功实践上升为国家法律,更好地促进、规范、引导和保障园区的健康发展,使之成为具有中国特色的高新技术产业化基地,通过高新技术产业集聚效应、高新技术企业的孵化功能、高新技术成果辐射与扩散作用,带动我国高新技术产业的成长。三是加强专门化的科技事业的针对性指导。尤其是尽快出台农业科技创新政策,努力解决时下农业科技人员流失严重、农村科技投入相当匮乏、农民科技素质总体较低等严重问题,加速"三农"的科技进步与创新。

(6) 以科技解决社会进步重大问题与突发事件尚缺乏制度构筑。随着社会转型、经济发展与国际环境变化,我国将面临一系列新的重大问题,如城市化问题、老龄化问题、生产安全问题、公共卫生问题、信息安全问题、生物安全问题及恐怖主义问题等。这些问题的有效解决方案,应建立在自然科学、工程技术、社会科学和人文科学综合、交叉与创新的基础上。这不仅要求我们打破部门与学科的界限,建立合作与协调机制,而且要求建立稳定的科技支撑体系。同时,针对一些非常规性的突发事件,需要在科技支持方面建立快速反应与应急机制。而这方面,我们的体制性构筑还很薄弱。

第三节 新时期健全科技法制建设的目标和举措

新世纪的头二十年,世界多极化进程将在曲折中发展,经济全球化和科技革命将朝着深度和广度两个方向前进。我国发展将迎来十分重要的战略机遇期。

在此新时期,我国科技法制肩负着通过制度创新为科技进步与创新创造良好的环境,为国家创新体系提供强大支撑,为经济、社会和人的全面发展提供动力与制度平台的历史使命。

(一)新时期科技法制和政策环境建设的总体目标

从现在起至2020年,我国健全科技法制和优化政策环境的总体目标是:在科学发展观的指导下,按照依法治国方略、科教兴国战略、可持续发展战略、人才强国战略和"两型社会"建设的要求,建立健全以科学技术基本法为龙头的、相对完备和完善的科技法律体系,促进、引导、规范和保障我国科技事业在法治的轨道上蓬勃、稳定、健康地运行,保障科技与经济、社会、环境的全面、协调、可持续发展,保障在新科技时代实现人的全面发展和小康社会的全面建成。

这里所指的科学技术基本法,是指由全国人大常委会通过的《科学技术进步法》。

科技法律体系的相对完备,是指科技法律体系完整、严密而无重大缺失,内部和谐一致、相互衔接。唯其完整、严密,方可保障各项工作有章可循、有法可依;唯其和谐、衔接,方可使各项工作不因制度错乱或制度断链而失范。

科技法律体系的相对完善的具体要求是:第一,各项科技立法应当具备法治所要求的规范和效能。第二,科技法的制定应符合客观规律,符合国情,并与国际潮流接轨,具有普适性、可操作性。第三,所有立法应符合国家目标,体现人民意志和时代精神,保持法律的稳定性与及时废、改、立相结合。第四,所有政策的制定均应在法定权限内进行,符合法定程序,并及时公布。第五,在这一体系之下,国家促进科技进步与创新的大政方针不因领导人的更替或者注意力的转移而改变;各种有利于科技发展的社会关系受到法律的确认和保护,各种阻碍或破坏科技进步的行为受到制止和追究;有利于科技发展的社会秩序得到依法维护,国家安全得到加强,公民的生命财产与人权得到有效保护,科技活动主体的合法权益得到充分体现和尊重。

科技法律体系框架由七个部分构成:一是基本法律和综合性的法律、法规、规章,即涉及面较为宽广、带有龙头性和基础性的法律与政策;二是研究开发法,即有关研究开发的组织、人员、活动、事项等方面的法律、法规、规章;三是科技成果法,即有关科技成果的管理、保护、保密、转化与推广使用以及标准化、计量等方面的法律、法规、规章;四是技术市场与技术贸易法,即有关技术市场管理、技术贸易中介服务、技术贸易仲裁与反垄断、技术监督与检测、技术合同制度等方面的法律、法规、规章;五是条件保障法,即为科技活动提供条件保障以及相应激励与约束措施的法律、法规、规章,如科技投入法、自然科学基金法、科技资源共享法、国家重点实验基地条例、动植物新品种保护法、实验动物保护条例、科技奖励条例、自然资源及环境保护法等;六是高技术法,指高技术研发及其产业发展相关的法律、法规、规章,如原子能法、信息法、高技术产业开发区法等;七是国际科技合作法,包括我国签订、加入的国际条约、协定,国际普遍遵守的惯例以及我国有关技术、种质资源进出口,进行国际合作研发、对外技术援助等方面的法律、法规、规章。

除了专门性的科技法律、法规、规章以外,其他法律、法规、规章中有关科技方面的制度,也属于科技法律体系的有机组成部分。

可见,到 2020 年建立相对完备和完善的科技法律体系,是一项系统工程,仅从立法工作来看,科技法制和政策法律环境建设的任务是极为艰巨的。

(二) 实现科技法制和政策环境建设目标的战略行动

把握国际科技发展趋势,分析我国当前国情实际,为实现新时期我国科技法制建设和政策环境建设的总体目标,应从现在开始推进以下行动计划:

(1) 促进企业技术创新战略行动。世界经济竞争、综合国力竞争深刻表现为科技和人才的较量。而站在最前线的是企业。我国企业作为技术创新的主体,其在世界市场经济竞争中的成败,事关国力竞争的高下。因此,为企业科技进步与创新创造良好环境是我国科技法制和政策研究的永恒主题和战略之举。

促进企业技术创新战略行动,包括系统研究制定对大公司大企业集团的支持政策、对科技型中小企业技术创新的扶持政策、促进科研院所转制为企业的成长政策、推进产学研联合和通过兼并重组做强做大的政策以及鼓励具有核心竞争力的企业走向世界并成为国际一流企业的政策,使这些政策在相关经济和科技立法中确定下来,大力度地促进、引导、保障和扶持企业真正成为技术创新的主体,使得越来越多的中国"经济航母"——现代跨国公司进入世界 500 强行列,推动高新技术企业群体成长崛起,在高科技前沿领域占据制高点,同时加速科技型中小企业成为社会主义市场经济中富有生机和活力的组成部分,使我国企业的整体科技水平和创新能力提前跃升到世界中等发达国家的水平。

(2) 国家知识产权战略行动。知识产权,本质上是关于科技成果和知识财富归谁所有、如何使用和转让,以及由此产生的巨大利益怎样分配的制度安排。

随着知识经济时代的到来,从某种意义上说,国际竞争是人才的竞争,是知识产权的竞争,知识产权已越来越成为国际经济竞争的焦点。我国要把知识产权从企业经营策略提升到国家战略高度,政府通过制定政策和提供服务,促进我国企业增加知识产权总量,提高知识产权质量,扶持和发展具有自主知识产权的企业群体,推动技术优势上升为市场优势、产业优势,彻底扭转我国企业和科研机构核心技术知识产权受制于人和高技术前沿处于外国专利包围之中的被动局面,运用知识产权的强大武器自立于世界先进民族之林。

(3) 公共科技资源整合与共享战略行动。随着国家科技投入的稳定增长机制的形成,研发经费占 GDP 的比重 2020 年将达到 2.5% 左右。其中,国家财政投入占有重要位置。对这种国家投入,除了关注其投向和绩效外,应当重视投入所形成的公共科技资源的整合与共享问题。一要正确处理保护知识产权与科技资源共享的关系,在依法遏止侵权行为的同时,制止权利的滥用,维护公平的竞争秩序和良好的科研环境。二要加强公共科技资源的整合、利用和平等共享制度的建设,使之为社会文明进步作出贡献。三要加强科技资源和条件平台制度建设,公共科技投入所建立的科研基础设施、重点实验室、数据库、资料库、图书馆等,属于为我国科技界共同享有的科技资源平台,不得为任何单位或个人据为私有。在出台相关政策和总结实践经验的基础上,我国应在适当时候,制定和实施《科技资源与信息共享法》。这是与知识产权法同样重要的科技立法,尤其是在当前的中国,具有特别重要的意义。

(三) 新时期科技法制和政策环境建设的重点任务

结合我国国情和世界形势,我国未来推进科技法制和政策环境建设,需要切实抓好以下重要任务:

(1) 加强国家创新体系执行主体的立法,是健全科技法制建设的紧迫任务。由企业、科研机构、高等学校、中介机构和政府组成的多元国家创新体系执行主体制度,决定着国家创新系统的运行和效能。科技法制为国家创新体系提供法律和政策的支持,首先在于按照科学发展观完善其执行主体的立法。这是建设国家创新体系的关键步骤,也是目前十分薄弱的环节。其任务包括,通过政策和法律手段,确立企业技术创新主体地位,促进企业提升核心创新能力;促进科技机构创造和提供科技成果;促进大学传播知识、培养人才与研究成果;促进中介机构履行创新系统桥梁和媒介功能;促进政府职能准确定位,履行营造环境和提供服务的职责等。

其中,有两项立法尤为重要。一是制定科研院(所)法。科研机构是我国十分重要的研究开发和创新主体,建立现代科研院所和研究基地,是各国应对激烈科技竞争、进军科技前沿的战略之举。因此,对由国家支持的从事基础研究、战略高新技术和技术集成研究、重要公益性技术研究的研究机构,按照职责明确、评价科学、开放有序、管理规范的原则建立现代科研院所制度是极为重要的。适时制定《国立科研院所法》应是科技立法的重要任务。二是在总结经验的基础上,出台《国家高新技术产业开发区法》,保障国家高新技术产业开发区实现以增强技术创新能力为核心的"二次创业"发展战略,构建适应区域经济发展的创新体系,创造公平、诚信、协作、竞争的法治环境,使国家高新技术产业开发区成为新时期实施科教兴国战略、人才强国战略、可持续发展战略的示范区。这也是一项紧迫的科技法制和政策环境建设议题。

(2) 维护科技发展领域国家安全和社会安全,是我国科技法制建设和相关政策环境建设的艰巨任务。根据世界趋势和我国实际情况,我国应尽快建立以下重大科技安全机制:一是建立国家信息安全保障体系。目前《电信法》等相关法律的起草工作已经启动,应以此为契机,确立新的信息安全观,完善我国信息安全保障制度。在确认公民的信息权、隐私权的同时,针对互联网存储、传输信息的特殊性,完善有关政府信息保密规范,建立信息系统安全的法律保障机制。二是建立国家生物安全保障制度,尽快通过立法确立国际公认的伦理准则[①],促进和保障科学研究的健康发展;建立对胚胎干细胞研究、治疗性克隆技术开发的行为规范,以及加强对转基因生物和产品的法律管制等。三是建立国家技术标准法体系,修改《标准化法》和完善相应的制度,激励我国原始创新和技术集成成果转化为国际先进标准,形成我国的产品优势、产业优势和外贸优势;实施正确的技术标准策略,充分利用 WTO/TBT 协定确定的有限干预原则和对发展中国家的优惠政策,建立自己的技术壁垒制度体系,防止外国跨国公司的技术标准滥用,维护我国产业发展的安全和利益。四是建立重大科技问题预测、预警与应急机制,通过对未来科技发展趋势和技术需求的权威预测,完善遴选关键技术项目的新机制,加强对重大科技问题的监控,以应对可能出现的产业震荡、公共安全和社会危机等问题。

(3) 完善国家科技计划管理和知识产权制度,是我国科技法制建设和政策环境建设的重要任务。一是优化国家科技计划体系的结构和资助方向,针对不同科技活动的特点,进行分类管理:对高新技术研究发展计划、重大公益性研发计划应采取"集约"管理模式,按具体、可考核的目标来组织,不宜进行"大拼盘"式的"学科发展计划";对于基础研究的资助,应采用基金制,以资助面上项目为重点,兼顾各学科发展要求,要突出优先资助领域,体现"学科政策",促进研发资源的优化配置。此外,各类科技计划之间要统筹协调,不涉及保密问题的科技计划均应公布其项目设置情况,以免对同一研究方向或同一研究团队的重复资

[①] 如知情同意原则、非经济动机原则、治疗与研究分离原则、保护隐私原则、伦理委员会批准原则、保障人权原则等。

助。二是建立技术预测、监测机制,保证计划项目选择的科学性、合理性,避免科技计划立项的盲目性和随意性,提高有限科技资源的配置效率,以适应我国科技发展从跟踪模仿向自主创新的转变,提高自主创新能力。三是注意根据技术发展和市场变化的新动态,对原有计划的目标和重点加以调整;提高项目机动经费的比例,对随时出现的、有前景的项目予以支持。四是改革科技计划的绩效评估体系,针对科技计划的不同目标和任务,实施不同的评估标准,以体现科技创新活动不同阶段的不同导向;建立独立的社会化科技项目评估机构,对科技计划项目实施过程和效果进行评估,提高政府科技计划管理绩效。

加强知识产权制度建设,包括:一是适应新科技革命,加强对高新技术前沿的知识产权保护,制定补充性的行政法规,如职务发明条例等;二是立足我国资源优势,制定和完善保护遗传资源(包括人类遗传资源保护及其利益分享机制)、传统知识和生物多样性的法律规范;三是保护知识产权与限制权利滥用并重,充分利用 WTO 安全例外条款,维护我国企业和公众合法权益,建立我国的知识产权安全制度;四是建立实时完备的专利和非专利文献查询系统、实时高效的知识产权动态监测和预警制度等;五是通过制度建设不断提高知识产权的创造、管理、利用和保护能力,建立和实施国家知识产权战略。

(四) 推进科技法制和政策环境建设的重大举措

(1) 建立权威的国家科技决策机制,是我国科技法制和政策环境建设的重要战略举措,也是保障我国科技发展的全局性举措。建议加强国家科教领导小组的制度化建设,依法明确其国家最高科技决策机关的职责,形成规范化、经常化的运作机制,保障科技决策的权威与效率。同时,强化国务院科技行政主管部门的宏观管理和指导的职能,以及作为国家科教领导小组执行机构的职责。科教领导小组可下设若干咨询委员会,为有关重大事项或决策提供咨询意见或可供评选的方案。建立专家咨询、利益主体听证、公众参与的决策机制,保障重大决策的科学化和民主化。

(2) 全面清理现行科技政策法律文件,是为我国科技法制和政策环境建设提供前提条件和基础的重大举措。要对现行的中央和地方政策法律文件,逐一加以分析、甄别和归类,按照废止、修改、提高立法层次、继续生效等不同要求,进一步剔除、精简,消除现行政策中的矛盾与冲突,补充修改有关内容,使之形成内容和谐一致的、符合当前工作实际的、可操作性和可诉性强的完整体系。同时提出政府规章发布的权限、程序及其执行效力的意见和方案,以避免各自为政、政出多门、相互矛盾的问题再现。

(3) 创造有利于人才成长的制度环境,是我国新时期科技法制和政策环境建设的关键性举措。树立"人才是科技发展第一资源"的人才观,改变科技管理中"重物轻人"的倾向,把发现、培养、稳定和吸引优秀科技人才作为科技工作最重要的目标之一。改革科技评价机制,根据不同创新目标完善相应的激励机制,改变以发表论文数量和水平为主的单一评价方式,对高新技术研究成果的评价以获得发明专利为主,鼓励在市场中实现其价值和取得相应回报;对公益性科研成果的评价以取得的社会效益为主;对创新性强的小项目、非共识项目以及学科交叉项目给予特别关注和支持。完善对于科技人员个人或团队素质、能力和研究水平的评价,注重研究人员对创新实际贡献的评价,进一步提高年轻科技人才在国家科技计划中担纲的比例。

加快建立开放的科研机制和宽松的科研环境,建立公正、公平和透明的选聘机制,当前特别要加强和促进科技系统内部的开放,包括研究人员之间的开放,专业领域之间的开放,研究机构之间的开放。在全社会大力倡导尊重知识、尊重人才、尊重创造的理念,营造鼓励探索、激励创新、宽容失败的文化氛围。

(4) 加强科技政策法律制定能力建设以及政策法律文件的实施和监督,是我国科技法制和政策环境建设的必要举措。具有超前性和"双刃剑效应"的科技创新产生了空前高涨的制度需求,而当前科技法律的制度供给却往往显得不足、滞后。因此,必须加强制度供给能力的建设。其重点,一是人大机关应适当延长工作周期,使立法工作获得必要的时间保障,同时充分发挥人大专门委员会的效能;二是政府主管部门应建立经常性的立法预研机制,保障法律案的及时提出;三是司法部门要及时总结案例、判例,为立法积累现实素材与经验。

强化执法、司法水平和法律监督。加强立法机关对执法的监督,定期进行执法检查,建立行政部门和地方政府在推动科技工作中的责任制度。对综合职能部门的行政执法权及其行使进行严格的规范与监督,减少部门摩擦、权力滥用和权力虚空,大力推进依法行政。加强上级政府部门对下级政府部门的政策执行的绩效检查制度和相应的考核制度。

深化科技案件司法审判的改革,统一审判标准,加快审判流程,公开法律文书,减少诉讼成本,特别是加大对知识产权及其他科技成果权的保护力度。

(5) 加强学科建设,培养复合型人才,是我国科技法制建设和政策环境建设的必要举措。为了推进我国社会主义法制和政策环境建设,培养和造就一大批兼具科技、法律与管理知识的高素质复合型人才势在必行。要破除不合理的教育体制和学科体制的束缚,大力发展科技法学、科技政策学与现代管理科学等交叉学科,在全国范围内重点建设若干综合研究基地,使之成为国家决策智囊和社会咨询的思想库。

思考题

1. 试举实例说明科技与法律的相互影响。

2. 试析当代国际科技立法发展的趋势。
3. 当下我国科技立法的主要成就与不足何在?
4. 你对当下我国依法促进科技进步有何看法?

参 考 书 目

1. 罗玉中:《科技法基本原理》,中国科学技术出版社1993年版。
2. 罗玉中主编:《科技法学》,华中科技大学出版社2005年版。
3. 罗玉中主编:《知识经济与法律》,北京大学出版社2001年版。
4. 罗玉中:《科学技术进步法论》,高等教育出版社1996年版。

第三编 法的制定

第十三章 法的制定

本章学习关于我国法的制定的一系列基本问题，包括法的制定的概念、法的制定的指导思想和基本原则、立法体制、立法程序以及立法技术等问题，从而认识和理解作为我国社会主义法制重要环节之一的立法的基本理论和实践问题。

第一节 法的制定和立法的概念

一、法的制定的概念

法的制定是整个法制系统的一个不可缺少的重要环节和组成部分，社会主义法的制定是社会主义法制的前提条件和重要内容，是实施依法治国方略，解决有法可依问题的重要活动和根本途径。为此，我们必须研究法的制定的有关问题，重点研究关于我国社会主义法的制定的概念、特征、指导思想、基本原则、立法体制、立法程序、立法技术等问题。

（一）法的制定的含义

所谓法的制定，就是指法定的国家机关，依照法定的职权和程序，创制、认可、修改和废止法律和其他规范性法律文件的活动，是掌握国家政权的阶级把自己的意志上升为国家意志的一项活动。

在日常生活中，我们常常会遇到"立法""法的创制"和"法的制定"等概念，以及"法的制订""法的拟订"或者"法的拟定"的概念。可以说，这些概念都属于法的制定活动，但是，这些概念之间也有某些区别。"立法"一词一般是同"执法""司法""守法"这些词相对应和连用，而"制定"一词往往同"实施"一词对应和连用。"立法"一词同"法的制定"可以认为是同义的。我国宪法规定的立法权，也可以说是法的制定权。这样，立法或者法的制定可以认为包括了法的创制、认可、修改和废止；而法的"创制"是立法或者法的制定的一种主要形式。至于"制订"一词，在过去一般是在使用或者表示制定非基本法律或者非法律文件，诸如制订条例、章程、纲要、规划、计划等文件时使用；而"拟订"或者"拟定"是表示"起草"某项法律或者非法律文件草案，"拟订"或者"拟定"的文件在大多数情况下是可以变动的，诸如拟订法律草案、规章之类的文件等。

这里需要说明的是，有时"立法"一词是作为名词使用的，表示一种状态或者结果;在更多的情况下,是作为动词使用的,表示一种活动,包括过程和结果。

法的"创制",表示第一次或者初次制定,是指本来不存在某项法律,而通过立法者的行为形成新的法律。法的"认可",是指存在某社会规范,国家机关承认和许可其存在,因而具有法律效力。法的"修改",是指由于情势的变化等原因,立法者对于原来法律的改变,包括补充或者删除某项法律的条款。法的"废除",是指立法者终止某项法律效力的活动。

(二)立法的特征

在我国,立法一词有广义和狭义之分,广义的立法是指法定的或者被授权的国家机关制定规范性法律文件的活动,狭义的立法仅指最高国家权力机关(全国人民代表大会)及其常设机关(全国人民代表大会常务委员会)制定法律的活动。本书所讲立法一般指广义的立法。

立法活动具有如下特征:

第一,它是一项法定的国家机关的活动。它是同国家权力紧密相连的、国家发挥其职能的一项极为重要的活动。就是说,立法的主体是法定的国家机关,它是代表国家行使权力;不是任何国家机关都可以进行立法活动。

第二,它是国家机关的法定职权活动。它是宪法和法律规定的、作为社会的正式代表的国家发挥其职能的一项重要活动。它是专门国家机关的职权活动。就是说,并不是任何法定的国家立法机关可以立任何的法,具有立法权的国家机关必须在法律规定的立法权限内立法,被合法授权的机关也必须在授权范围内立法,不能认为有权立法就意味着可以制定任何法。

第三,它是依照法定程序进行的活动。立法必须按照宪法和法律规定的程序进行。无权立法的国家机关不能立法,有权立法的国家机关也必须严格按照法定程序或步骤立法。

第四,它是一项具有高度专业性和技术性的活动。立法既是一项法定国家机关进行的严肃的、具有权威性的活动,也是一项专业性较强和技术性较高的,从而需要专门知识、手段、方法和技巧的活动。不是任何机关和人员都能直接从事立法活动,也不是专业人员和立法机关简单、草率从事的一项活动,它是需要法定的国家机关和专业人员付出艰苦努力和辛勤劳动的一项活动。

第五,它是产生或者变更法律的活动。这是立法的内容和要达到的结果。就是说,立法是导致国家意志的形成或者变更的结果的活动,这是立法的直接目的和要求。不产生国家意志(即新法的形成)或者不改变法的内容(即修改、废除法)的活动,就不能称为立法活动。

(三)立法的形式和分类

1. 按照立法的主体即立法机关的不同,可以分为许多不同形式的立法

第一,根据国家政体的不同,可以区分为君主立法(专制立法)和议会立法

(民主立法)两类。在奴隶制社会和封建制社会中,君主专制政体之下君主独揽立法权。在资本主义社会中,根据三权分立原则设立的资产阶级议会立法;在社会主义国家中,根据民主集中制原则设立的国家机关的立法,如我国的全国人民代表大会及其常务委员会的立法,这两类立法中虽然民主的性质或者类型有着根本区别,但是都称为民主的立法。

第二,根据立法机关的组成不同,可以分为一院制立法和两院制立法。在实行议会立法的国家中,议会的组成是两院制的,立法议案要两个议院都通过才发生法律效力。一院制立法不存在这个问题。

第三,根据立法机关的性质不同,可以分为国家立法机关立法、国家行政机关立法和授权立法。国家立法机关立法是宪法规定的具有国家立法权的机关立法,如议会立法和我国的人大及其常委会的立法;国家行政机关立法是指宪法规定的由国家行政机关制定规范性法律文件的活动,如我国宪法规定国务院可以制定行政法规;授权立法,是指具有立法权的国家机关把自己制定某项或者某类法律的权力依法授予行政机关或者其他机关行使,行政机关和其他机关根据授权法所进行的立法活动就是授权立法。

第四,根据立法机关的地位不同,可以分为中央立法和地方立法。在联邦制国家,中央立法是指联邦议会的立法,地方立法是指作为联邦成员的各个共和国或者州的立法。

2. 根据立法主体行为的特征不同,可以分为创制、认可、修改和废止

创制是具有立法权的国家机关依照宪法和法律规定的权限和程序,制作和规定规范性法律文件的活动。

认可是指国家立法机关对于社会上业已存在的某项社会规范(比如习惯)承认和许可其具有法律效力的活动。认可又分为明示认可和默示认可两类。

修改,又叫修正、修订,是指国家立法机关对于原先国家机关颁布生效的法律予以部分的变更,包括删除原有内容和补充新的内容。

废止,又叫废除,是指国家立法机关终止正在生效的某些法律的活动。废止的形式有明示和默示两种。

此外,还可以根据法所调整的社会关系的性质不同,分为民事立法、刑事立法、行政立法、经济立法和立宪活动等;根据对社会关系调整的作用不同,分为实体法立法和程序法立法;根据所立之法的效力范围,可分为一般法立法和特别法立法,等等。

(四) 立法的意义

立法具有很重要的社会功能,是体现国家职能和作用的必要手段和具体形式。

第一,它是国家意志形成和表达的必要途径和方式。掌握国家政权的阶级

必须利用立法手段,把反映自己整个阶级的根本和长远利益的意志,制定为法律,形成国家意志,才能维护自己的统治,保护自己的利益。

第二,掌握国家政权的阶级必须利用立法手段,来确认那些有利于自己的社会关系和社会秩序。一定阶级的生存和发展是离不开一定社会关系的,特别是离不开决定和影响其他关系的经济关系。对于某种社会关系,特别是对基本经济关系的确认和维护,是任何掌握国家政权的阶级的重要任务,同时也是国家的一项最重要的职能。利用立法手段确认、保障有利于掌权阶级统治的社会关系和社会秩序就是国家立法的根本目的。

第三,立法者利用立法手段协调社会关系,解决社会矛盾,维护社会稳定和国家安定。任何社会和国家都是处于多种复杂的矛盾之中,有阶级之间的矛盾,有同一个阶级之内的阶层的矛盾,有民族、种族、性别、社会群体、职业、行业、地区的矛盾,等等。要使社会稳定发展和国家繁荣昌盛,必须利用立法来协调各方面之间的关系,解决影响社会安定团结、和谐进步和国家健康发展繁荣的各种矛盾。

第四,立法还有指导未来的预测功能。法律不只是对于现存社会关系的确认和维护,而且也是对未来社会情势的变动和社会关系的发展作出的预测和引导,因而需要制定出既是当前需要又能适应未来变化的法律。

第五,立法是民主制度化的前提条件,是依法治国、建设法治国家的基础性活动。有法可依,建立比较完备的法律体系是一切法治国家的前提条件。我们要做到有法可依,并且所依之法还是社会主义的"良法",就必须重视立法工作,必须认真研究立法理论和正确总结立法实践,切忌领导者心血来潮,不通过正常的立法程序,"一言立法""一言废法"。

二、立法的历史发展

(一) 各类社会形态的立法

一般来说,作为现代意义上的立法,是伴随着成文法形成的过程而出现和发展起来的。我们在这里研究的立法活动,是指人们的一种自觉的活动。广泛的立法活动,是在奴隶制社会形成、奴隶制的国家产生之后出现的。历史上各种不同社会形态的国家立法具有自己不同的性质、情况和特点。

在奴隶制社会,奴隶制国家一般实行君主制度,是利用神权维护奴隶主阶级的统治。在封建社会,封建制国家绝大多数实行君主专制制度,立法是以维护封建土地所有制和农民对封建主的人身依附关系以及封建等级特权为目的的。在资本主义社会,资产阶级在夺取国家政权之后,以维护雇佣劳动制度,保障资本主义私有制,使资本主义民主法制化为总的指导思想。随着社会文化的发展和科学技术的进步,资本主义的立法技术和水平得到了很大提高,这为社会主义国家立法提供了丰富的材料和许多值得借鉴的经验。

社会主义革命胜利之后,无产阶级的国家必须利用立法手段,来建立和维护社会主义经济基础,确认和保障自己的统治地位,使人民民主法制化,以巩固和发展社会主义制度。社会主义的立法不同于以往一切剥削制度的立法,它是人类历史上第一次反映占人口绝大多数公民的意志和为了他们的利益的立法。因而,它不仅在立法指导思想、性质和基本原则上,而且在立法主体参加的规模和深度等方面,都具有自己的显著特征。社会主义的立法,为社会主义制度的建立、巩固和发展发挥了和发挥着应有的作用。

(二) 我国社会主义立法的发展

我国在新民主主义时期,共产党领导的革命根据地的人民政权曾经制定过大量的法律和规范性的法律文件,在当时发挥了积极的和重要的作用。虽然这些法律和文件具有社会主义性质的萌芽,但它们不是严格意义上的社会主义法律,属于民主主义立法。直到新民主主义革命胜利,无产阶级领导人民取得全国性的政权之后,制定的法律才属于社会主义类型的法律。我国社会主义立法的发展,大致可以划分为以下五个阶段[①]:

第一个阶段,从1949年10月到1954年9月颁布《中华人民共和国宪法》。遵照中共中央1949年2月《关于废除国民党的"六法全书"与确定解放区的司法原则的指示》和1949年《中国人民政治协商会议共同纲领》精神的立法,这段时间是我国法制建设的起步时期。在此期间,制定了关于政权建设、土地改革、婚姻家庭、财政税收、民族外事、惩治反革命和贪污等方面的法律、法令,作为立法主体的中央人民政府委员会、中央人民政府政务院及其所属机构(委、会、院、署)先后颁布了法律、法令、通则、办法、条例达148个。

第二个阶段,从1954年10月到1957年底。以"五四宪法"颁布为起点到1957年10月全国人大常委会通过《治安管理处罚条例》和同年12月原则批准国务院关于改进工业、商业、财政管理体制的规定。这段时间是我国法制建设蓬勃发展的时期。在同一时期,通过了全国人大、地方各级人大和地方各级人民委员会、国务院、人民法院和人民检察院组织法,逮捕拘留条例,兵役法,军官服役条例等法律、法令、法规和规章共731个。

第三个阶段,从1958年初到1966年5月。这段时间,由于受国际、国内复杂因素的影响,法制建设与前段时期相比是明显削弱了。据统计,1959年至1963年期间曾经制定了420个法规,但是,一些最基本的法律,如刑法、民法、刑事诉讼法和民事诉讼法等,有的虽然经过多次起草,但是始终没有颁布,需要修改的法律、法规没有及时修改,法律很不完备。

---

① 蓝全普:《七十年法律要览》,法律出版社1997年版,第164—173页。

第四个阶段,从 1966 年 6 月到 1976 年 10 月。这段时间,即"文化大革命"时期,这是一个非常时期。原来的立法机关从 1966 年 5 月开始到 1975 年 1 月停止工作,原来制定的许多法律、法规,包括宪法在内,事实上被中共中央、国务院、中央军委以及中央文革制定的文件所代替。

第五个阶段,从 1976 年 10 月以及 1978 年底召开的中共十一届三中全会起到现在。这是我国法制建设的新时期。在此期间,响应十一届三中全会关于"为了保障人民民主,必须加强社会主义法制,使民主制度化"和"从现在起,应当把立法工作摆到全国人民代表大会及其常务委员会的重要议事日程上来"的号召,按照邓小平关于"集中力量制定刑法、民法、诉讼法和其他各种必要的法律的精神",我国从 1979 年开始了大规模的立法工作。1982 年通过了现行《宪法》,后于 1988 年、1993 年、1999 年和 2004 年先后通过四个修正案;1979 年召开的五届全国人大二次会议通过了重新修正的《地方各级人民代表大会和地方各级人民政府组织法》《全国人民代表大会和地方各级人民代表大会选举法》《人民法院组织法》《人民检察院组织法》,新制定了《刑法》《刑事诉讼法》以及《中外合资经营企业法》等七部法律。此后,随着改革开放和社会主义现代化建设的形势的需要,制定了一系列法律和法规。

据北大法律信息网 2014 年 6 月 9 日统计,现行有效的规范性法律文件中,全国人大及其常委会制定的法律 652 个,有关法律问题的决议、决定 311 个;国务院制定的行政法规 4524 个,国务院各个机构制定的部门规章 160277 个;地方国家权力机关制定的地方性法规 22544 个;地方人民政府制定的政府规章 24446 个,地方规范性文件 721880 个;军事法规 102 个,军事规章 55 个,军事规范性文件 293 个。

(三) 研究立法发展的意义

研究立法发展,尤其是研究我国社会主义时期的立法发展,可以帮助我们认识和掌握立法的历史规律,找出立法工作的规律性,避免盲目性,掌握主动权,避免重犯过去的错误;通过全面总结人类历史上同剥削阶级社会性质完全不同的社会主义立法的经验,可以使我们沿着正确和科学的立法方向,看到成绩和进步,鼓舞进一步做好立法工作的信心和决心,同时,通过正确总结教训,找出立法工作的不足和失误,看到存在的问题和努力方向,克服各种困难,使立法工作沿着正确的轨道前进。

三、我国社会主义立法的法律规定

立法的规范化就是要求立法要有法律依据或者依法进行立法,这既是社会主义法制的一项重要内容,也是社会主义法制的必然要求。我国社会主义的立法活动的现行法律规定,主要是:

（1）宪法的规定。现行《宪法》关于立法有着具体的规定。

（2）法律的规定。我国涉及立法方面的法律主要有：《立法法》《全国人民代表大会组织法》《国务院组织法》《地方各级人民代表大会和地方各级人民政府组织法》《民族区域自治法》《香港特别行政区基本法》《澳门特别行政区基本法》《全国人民代表大会议事规则》和《全国人民代表大会常务委员会议事规则》等。

（3）行政法规和规章的规定。主要有：《行政法规制定程序条例》《法规制定程序条例》《法规规章备案规定》《法规汇编编辑出版管理规定》《国务院办公厅关于地方政府和国务院各部门规章备案工作的通知》和《国务院办公厅关于改进行政法规发布工作的通知》等。

第二节 法的制定的指导思想和基本原则

任何执掌国家政权的阶级或者集团，为了忠实地反映本阶级或集团的意志，切实维护其根本利益，在制定法的过程中，都必须遵循一定的指导思想和基本原则。毫无疑问，社会主义法的制定更要严格遵循自己的指导思想，正确贯彻社会主义立法的基本原则。

一、法的制定的指导思想

法的制定的指导思想是指贯彻立法活动整个过程中的理论基础和思想准则，它关系到立法活动的方向性、根本性和全局性的问题，它既是立法经验的理论概括和思维抽象，又是立法活动的思想指导和最高准则。

在不同的社会形态的国家中，有着不同的立法指导思想，但是，同类社会形态的国家却有着共同的指导思想。在奴隶制国家的立法，为奴隶主阶级的利益服务，维护奴隶主阶级对于奴隶的人身占有关系，就是其立法的指导思想。在封建制社会，维护封建地主阶级的利益，维护封建等级特权制度是一切封建社会立法的指导思想。在资本主义社会中，维护剥削雇佣劳动制度和资本主义私有制，维护资产阶级的自由、民主和人权，就是它的立法指导思想。总之，剥削阶级社会的立法的指导思想，维护以私有制为核心的经济基础和少数剥削者对于绝大多数人的专政的政权是其本质特征。

在社会主义国家，维护生产资料公有制的社会主义的经济基础和共产党领导的无产阶级的政治统治，应该是其共同的立法指导思想。在社会主义类型的国家中，根据其经济、政治、文化和历史传统等具体国情的不同，其立法指导思想在体现共同的指导思想过程中，又显现出自己的不同特征。

我国现行《宪法》序言写道："中国新民主主义革命的胜利和社会主义事业

的成就,是中国共产党领导中国各族人民,在马克思列宁主义、毛泽东思想的指引下,坚持真理,修正错误,战胜许多艰难险阻而取得的。我国将长期处于社会主义初级阶段。国家的根本任务是,沿着中国特色社会主义道路,集中力量进行社会主义现代化建设。中国各族人民将继续在中国共产党领导下,在马克思列宁主义、毛泽东思想、邓小平理论和'三个代表'重要思想指引下,坚持人民民主专政,坚持社会主义道路,坚持改革开放,不断完善社会主义的各项制度,发展社会主义市场经济,发展社会主义民主,健全社会主义法制,自力更生,艰苦奋斗,逐步实现工业、农业、国防和科学技术的现代化,推动物质文明、政治文明和精神文明协调发展,把我国建设成为富强、民主、文明的社会主义国家。"

列宁写道:"从马克思的理论是客观真理这一为马克思主义者所同意的见解出发,所能得出的唯一结论就是:**沿着马克思的理论的道路**前进,我们将愈来愈接近客观真理(但决不会穷尽它);而**沿着任何其他的道路**前进,除了混乱和谬误之外,我们什么也得不到"。① 毛泽东在第一届全国人民代表大会第一次会议开幕词中指出:领导我们事业的核心力量是中国共产党。指导我们思想的理论基础是马克思列宁主义。

中国共产党第十八次全国代表大会报告指出:"科学发展观同马克思列宁主义、毛泽东思想、邓小平理论、'三个代表'重要思想一道,是党必须长期坚持的指导思想。"②

总之,我国社会主义立法工作只要按照宪法的规定,我们就能够从思想理论的原则高度,从社会主义现代化建设的整个大局出发,全方位考虑问题,从而自觉科学地进行立法决策,作好立法工作。

二、法的制定的基本原则

法的制定的基本原则是在法的制定的整个活动过程中贯彻始终的行为准则或准绳,它是指导思想的具体化,是指导思想体现的形式和落实的保证。

各种社会形态的立法都有自己的基本原则,比如,奴隶制社会国家立法,维护君主的至上权力和奴隶制是其基本原则;封建社会国家立法,维护封建等级特权制度是其基本原则;资本主义国家立法,维护资产阶级的自由、平等和人权以及所谓"法律面前人人平等"等是其基本原则。

我国社会主义的立法,一般来说要遵循以下基本原则:

(一) 实事求是,一切从实际出发的原则

实事求是,一切从实际出发,是维护和保障立法科学性的重要原则。实事求

---

① 《列宁选集》第2卷,人民出版社2012年版,第103—104页。
② 胡锦涛:《坚定不移沿着中国特色社会主义道路前进,为全面建成小康社会而奋斗——中国共产党第十八次全国代表大会报告》(2012年11月8日)。

是,一切从实际出发,理论联系实际,坚持实践是检验真理的唯一标准,这是中国共产党的思想路线。实事求是,是无产阶级世界观的基础,是马克思主义认识论的前提和基础。实事求是,是唯物主义者的根本立场,是一切马克思主义者和共产党人的出发点和根本点之一。实事求是,就是去研究客观存在着的事物的规律性。我们在社会主义现代化建设的一切领域和在一切工作中,都必须坚持实事求是,一切从实际出发的原则,这是我们事业取得胜利的思想保证。当然,在立法工作中,我们必须坚持实事求是,一切从实际出发的原则。按照这一原则,我们应该做到:

第一,必须从我国的国情出发。我们讲一切从实际出发,最大的实际就是中国还处于并长时期处于社会主义初级阶段,同时还必须考虑到国际环境复杂多变的形势。我国从20世纪50年代中期进入社会主义初级阶段开始到现在,虽然经过六十多年特别是最近三十多年经济的快速发展,我国生产力有了很大提高,各项事业有了很大进步,然而总的说来,人口多,底子薄,地区发展不平衡,生产力不发达的状况没有从根本上得到改变;社会主义制度还很不完善,社会主义民主法制观念在群众中,尤其在干部中,还相当薄弱,各种封建主义、资产阶级的腐朽思想、小生产的习惯势力和形形色色的迷信,在社会上还有广泛的影响。我们必须从当前我国的经济、政治、文化、历史传统以及风俗习惯等具体国情出发,制定立法纲要,作出立法规划,制定法律、法规。

第二,必须从建设和改革的需要和可能出发。社会主义的立法,一方面,必须正确揭示和反映事物发展的客观规律,反映社会主义建设和改革的需要,使思想符合客观实际,解放思想,破除思想僵化和各种教条主义、习惯势力等的束缚;另一方面,它必须考虑到实际的可能,不能把一厢情愿的所谓理想和不切实际的幻想作为现实对待。我们既要反对那种某种社会关系很有必要予以法律调整,各方面的客观条件业已成熟,而且立法的条件完全具备的情况下,不去积极主动立法的消极保守思想;又要防止某种社会关系从长远来看,虽有必要用法律予以调整,但是客观条件尚不够成熟,或者立法技术目前难以达到的情况下,急于立法的急躁情绪。总的说来,当前要在正确处理改革、发展和稳定的关系的前提之下,适应社会经济发展、社会全面进步和国际新形势的发展,加强立法工作,提高立法质量,进一步发展和完善中国社会主义法律体系。

第三,搞好调查研究是正确立法的基础。在立法工作中,要坚持实事求是,一切从实际出发的原则,必须搞好调查研究。我们所犯过的一切错误,归结起来就是主观思想脱离客观实际,就是没有发现和掌握客观事物的规律,一句话,就是没有调查研究或者调查研究工作不够。我国社会主义立法,必须认真研究现存的各种社会关系,在社会主义制度自我完善和发展的过程中,必须以马克思主义为指导,研究社会经济关系,从中找出规律性的东西来。我们的立法要正确反映和利用这些客观规律,必须深入实际,深入群众,搞好调查研究。

第四,要遵循立法决策的民主化、科学化、法制化。民主化,就是真正贯彻民主集中制原则,实行群众路线,绝不能少数人说了算。科学化,就是立法要尊重客观规律,实行群众、专家和领导干部相结合,集中大家的智慧,采取"综合集成法"。法制化,就是立法要严格依照宪法和法律规定的立法主体的权限和程序进行,既不能越权,也不得缺位。

(二) 群众路线和专门机关工作相结合,民主与集中相结合的原则

立法工作坚持群众路线和专门机关工作相结合,坚持民主与集中相结合的原则,是使立法具有广泛的群众基础和保证立法质量,保证立法民主化的一项重要原则。

我国《立法法》第 5 条明确规定:"立法应当体现人民的意志,发扬社会主义民主,保障人民通过多种途径参与立法活动。"

群众路线,就是一切为了群众,一切依靠群众,从群众中来,到群众中去。它是共产党的生命线。它是把马克思主义关于人民群众是历史的创造者的原理系统地运用在中国共产党的全部活动中,形成的党在一切工作中的根本路线。这是中国共产党在长期革命活动过程中形成的无比宝贵的历史经验的总结,也是我国社会主义立法经验的总结。

毛泽东曾谈到,我国"五四宪法"草案之所以得人心,理由就是起草宪法采取了领导机关的意见和广大群众的意见相结合的方法。这个宪法草案,结合了少数领导者的意见和八千多人的意见,公布以后,由全国人民讨论,使中央的意见和全国人民的意见相结合。这就是领导和群众相结合,领导和广大积极分子相结合的办法。他说,过去我们采用了这个方法,今后也要如此。"一切重要的立法都要采用这个方法。这次我们采用了这个方法,就得到了比较好的、比较完全的宪法草案。"[1]在 1954 年 6 月 14 日,宪法草案交付全国人民讨论了两个多月,共有 1.5 亿人参加,提出了 118 万多条修改和补充的意见和问题。[2] 这次立法很好地坚持了群众和专门机关相结合的原则,为以后我国社会主义的立法树立了好的榜样。

坚持民主与集中相结合的民主集中制的原则,是立法工作的一项重要原则。邓小平在 1962 年曾经指出:"事实确是这样,没有民主,就没有集中;而这个集中,总是要在民主的基础上,才能真正地正确地实现。没有无产阶级的民主和无产阶级的集中,也就没有社会主义,资本主义就要复辟。""总之,民主集中制是

---

[1] 《毛泽东著作选读》下册,人民出版社 1986 年版,第 707 页。
[2] 穆兆勇:《新中国第一部宪法的诞生》,http://www.chinanews.com.cn/zhonghuawenzhai/2003-11-14/24.htm,2008 年 12 月 10 日访问。

党和国家的最根本的制度,也是我们传统的制度。坚持这个传统的制度,并且使它更加完善起来,是十分重要的事情,是关系到我们党和国家命运的事情。凡是违背这个制度的,都要纠正过来。"[1]

立法工作坚持群众路线和专门机关工作相结合的原则和民主与集中相结合的原则,就要求既要坚持群众路线,又不能取代专门机关的工作,相反是为了更好地发挥专门机关的作用。专门机关在立法时只有坚持群众路线,才能真正深入群众、准确了解民情、充分反映民意、广泛集中民智,才能避免脱离群众的错误倾向的发生,才能保证立法的科学和正确。同时,也要防止"群众要怎么办就怎么办"的尾巴主义和以所谓群众"多数"要求和利益为借口而进行实际上违背广大群众利益的决策和立法。领导机关和立法机关的任务,就是要集中群众中的正确意见并积极引导群众接受和理解正确的意见。所以,在立法工作中,对于群众意见一定要认真听取,特别是那些不同于主流的、反对自己的意见,一定要听,但是要坚持运用马克思主义的原则立场予以认真和仔细地分析,从而得出科学的结论来。

(三) 合宪性和法制统一原则

立法活动要遵守宪法,要维护法制统一,这是维护和保障立法合法性的重要原则。

我国《立法法》第 3 条规定:"立法应当遵循宪法的基本原则。"宪法在一个国家的法律体系中占有主导地位,起核心作用,是一个国家法制的基础,它具有最高的法律地位和效力,是治理国家的总章程。宪法是其他一切法律、法规存在的基础和依据。可以认为,在一个国家中,没有宪制就没有法制。社会主义的立法必须遵守宪法,以宪法为立法的最高依据和标准,凡是同宪法规定相违背的立法,不但不能有法律效力,而且应该受到追究。所以,我国多年以来,除极个别的部门法以外,基本法律的第 1 条都有"根据宪法,制定本法"的规定;而非基本法律的制定,第 1 条都有"根据宪法和××法,制定本法"的规定。

法制统一原则是现代社会法治国家所共同提倡和遵守的一个重要原则。一般认为,所谓法制统一原则,就是指一个国家在以宪法为基础和核心的前提下,各个法律部门、各种法律渊源和各个法律文件形成互相协调而不抵触、彼此配合而不重复的一种状态的整个法律体系。具体要求包括:首先是合宪性原则,就是说,一切法律、法规、规范性法律文件以及非规范性法律文件的制定,必须符合宪法的规定或者不违背宪法的规定。凡是违背宪法者,不能具有法律效力。其次,在所有法律渊源中,下位法的制定必须有宪法或上位法作为依据,下位法不得同上位法抵触,凡是下位法违背上位法者均属违法立法,该下位法不具有法律效

---

[1] 《邓小平文选》第 1 卷,人民出版社 1989 年版,第 304、212 页。

力。再次,在不同类的法律渊源中(如法律和行政法规之间)、在同一类法律渊源中(如在行政法规之间)和同一个法律文件中(如在行政诉讼法中),其内容不得相互抵触。最后,各个法律部门之间的规范性法律文件不得冲突、抵触或重复,应该相互协调和补充。

法制统一的前提和基础是宪法。一个国家的立法只有建立在严格遵守和坚决维护宪法的基础上和前提下,才能形成各个法律部门和法律文件之间和谐有序、相互协调的有机联系的法律体系,才能避免和防止地方保护主义和部门保护主义对于社会主义立法的干扰和破坏。

(四) 总结自己实践经验和借鉴外国经验相结合的原则

认真总结、积极吸取国内外立法的经验教训,是借鉴人类政治文明的有益成果,立法活动少走弯路,沿着正确轨道前进的重要原则。

毛泽东在谈到《关于中华人民共和国宪法草案》的时候,指出"我们这个宪法草案,主要是总结了我国的革命经验和建设的经验,同时它也是本国经验和国际经验的结合"。"一切国家的好经验我们都要学,不管是社会主义国家的,还是资本主义国家的,这一点是肯定的。"[1]立法活动,从某个角度可以说,就是总结经验的活动,包括总结直接经验和间接经验。

对于外国的经验,要有选择地借鉴和吸取,绝不能照抄照搬。中国有自己的特点,所以只能按中国的实际办事,别国的经验可以借鉴,但不能照搬。因为,"其实有些事情,在某些国家能实行的,不一定在其他国家也能实行。我们一定要结合实际,要根据自己的特点来决定自己的制度和管理方式"[2]。

我们总结经验,首先和主要是总结自己的立法经验。社会主义立法实践有着自己的历史;这是我们首先和主要总结的经验。我们一定要继承和发扬中华民族的优良的文化传统,吸收人类文明包括政治文明发展的一切优秀成果,创造出包括法律文明在内的人类先进的精神文明。

(五) 原则性和灵活性相结合的原则

立法工作坚持原则性和灵活性相结合,是保证立法正确、有效和切实可行的重要原则。

一个国家的法制必须统一,但是在法的制定过程中,要贯彻原则性和灵活性相结合的原则。

原则性和灵活性的统一,是事物矛盾本身存在的统一性和多样性的统一,是一般性和特殊性的统一,是共性和个性的统一的客观反映,这个道理既是事物客观存在的辩证法的反映,也是事物矛盾问题的精髓,应当是我们立法工作必须遵

---

[1] 《毛泽东著作选读》下册,人民出版社 1986 年版,第 708、740、798 页。
[2] 《邓小平文选》第 3 卷,人民出版社 1993 年版,第 221 页。

循的原则。原则性和灵活性的关系,说到底,就是事物矛盾普遍性和特殊性、共性和个性的关系。它们之间实际上是不可分割地联系在一起的。如果缺少其中一个方面,另一个方面就不能存在。所以,要贯彻某项原则,必须有实现该项原则的灵活性的措施、方法和具体规定等。离开了原则性,立法就失去方向和目标,立法的性质就无法保障;立法缺乏灵活性,就不能因地、因时、因事制宜,不能选择适当的法律调整方法或者作出切合实际的法律规定,原则性也就无法实现。

立法的灵活性绝不意味着法的实施,包括执法、司法、守法的灵活性。因为社会上的人或者组织都是不同的,都有自己的特殊性。如果每个人和组织都强调自己特殊,都可以找出违反法律规定的理由,那么,法律就不能实施了。法律就是要用一个统一的标准去衡量不同人或组织的行为,如果用不同的标准去衡量不同的人和组织的行为,那么就没有法律平等原则的存在,当然就没有什么法治社会可言。所以,立法就是为各个不同的主体制定一系列统一的、普遍适用的行为标准或者行为规范。

(六) 立足全局、统筹兼顾、适当安排的系统科学原则

立法活动坚持立足全局、统筹兼顾、适当安排的系统科学原则是保证立法社会主义方向和性质的一项重要原则。

我们社会主义的立法必须以真实反映全国人民的意志和切实代表绝大多数人的利益为最高标准。这就要求我们必须从全国的大局,从我们所从事的社会主义现代化建设事业的大局出发,树立和坚持"大局意识",把全国看做"一盘棋"。没有大局,就没有大局范围内的每个个体,而没有绝大多数个体的存在,也就没有大局本身。毛泽东在20世纪50年代说过,"我们的方针是统筹兼顾、适当安排"[1];"必须兼顾国家、集体和个人三个方面"[2]。

邓小平在我国改革开放和社会主义现代化建设的新时期,一直强调要从大局出发,统筹兼顾。他早在1975年3月就指出:"现在有一个大局,全党要多讲。大局是什么?……把我国建设成为具有现代农业、现代工业、现代国防和现代科学技术的社会主义强国。全党全国都要为实现这个伟大目标而奋斗。这就是大局。"[3]他认为,社会主义同资本主义比较,它的优越性就在于能做到全国一盘棋,集中力量,保证重点;并且明确指出,考虑任何问题都要着眼于长远,着眼于大局。许多小局必须服从大局,关键是这个问题。

邓小平曾经告诫人们,要继续把经济搞活,发挥地方、企业、职工的积极性,当然要防止盲目性,特别告诫要防止只顾本位利益、个人利益而损害国家利益、

---

[1] 《毛泽东著作选读》下册,人民出版社1986年版,第783页。
[2] 同上书,第726页。
[3] 《邓小平文选》第2卷,人民出版社1983年版,第4页。

人民利益的破坏性的自发倾向。在这方面,要规定比较详细的法令,以防止对自主权的曲解和滥用。

立足全局,统筹兼顾,适当安排,就要求立法者必须从国家的、民族的整体的、根本的和长远的利益出发,做到正确对待和处理国家、集体和个人之间,中央和地方之间,地区之间和部门之间的利益关系;做到把重视和维护地方的、部门的、个人的和目前的利益,同重视和维护国家的、集体的、别人的和长远的利益有机结合起来,防止割裂两者关系,片面强调一头的错误倾向和做法。在立法问题上,既要防止缺乏统筹兼顾观念的忽视地方、部门和个人正当权益的错误倾向,更要防止缺乏大局意识的部门主义、地方主义和小团体主义的错误倾向,在目前后一种倾向是需要引起高度注意和亟须防范的。

(七) 维护法的稳定性、连续性与及时创、改、废相结合的原则

维护法的稳定性、连续性与适时创、改、废相结合的原则,是维护社会主义立法权威性的一项重要原则。

所谓法的稳定性,就是指法律在颁布生效以后,它的效力要维持一个适当的时期,不能"朝令夕改",不因领导人的改变而改变,不因领导人看法和注意力的改变而改变。如果法律改动频繁,人们就会无所适从,这对于正常社会生活秩序的建立和维护,对于人们社会生活的安排和思想心理的适应会造成极大的不便。当然,法的稳定性是相对的,不是绝对的。可以说,世界上不存在永不变化的法律。因为社会关系在变化,人们的认识在发展,所以,作为人们用来调整社会关系的法律当然也要随之变化。也就是说,当法律所调整的某项社会关系发生了比较大的甚至根本性的变化,或者在制定该项法律的当时,由于种种原因,法的规定就是不适当或者错误的,该项法律如果不加以改动,会同该项立法的原则和精神相抵触,同整个法律体系不协调,那么,对该项法律的及时修改或者废除就是不可避免的、正常的事情。但是,法律所调整的社会关系没有发生质的变化,或者法律当时制定得并没有错误或者没有不适应,那么频繁地变动法律,尤其是变动宪法,就是很不应当的了。

所谓法的连续性,是指同一个政权制定的新法和旧法之间在法的根本精神和基本原则方面应该保持一定的继承关系或者有它的一定的连贯性。新的法律的制定,一般来说,不是法律根本精神和基本原则的变化,主要是法律所调整的社会关系的变化所致,之所以制定新法或者修改旧法,就是使法律的根本精神和基本原则得以在变化了的社会关系中体现出来。如果坚持不变动法律,那么就会违背原来立法的宗旨和目的,但是,如果不保持法的连续性,不保持法的根本精神和基本原则的继承关系,那么,法律也就失去应有的权威性。

法的稳定性是指法律不要轻易变动,尤其是作为治国的总章程和国家根本大法的宪法和基本法律,不要频繁地变动;法的连续性是指法律在应当创、改、废

的时候,要保持其根本精神和基本原则的一贯性,前后法律不要在法律根本精神和基本原则上产生质的变化。

法的稳定性和法的连续性是法的权威性的保证。如果法律丧失了稳定性和连续性,那么尽管制定法律的机关是合法的和有权的,但是它制定的法律却缺乏应有的权威,那么,法律的实施就是困难的。法律不可不变,法律要及时地创、改、废,但是,法律的变动必须要保持稳定性和连续性。

第三节 立法体制、立法程序和立法技术

一、立法体制

(一)立法体制的概念

所谓立法体制,是指按照宪法和法律的规定,国家机关立法权限划分和活动的制度。换言之,指的是在一个国家中,按照宪法和法律规定,国家机关及其人员创制、认可、修改和废除法律和其他规范性法律文件的权限划分和活动的制度。一个国家立法体制的形成,主要是由这个国家的国体、政体和文化传统所决定的。一般来说,国家的政体对于立法体制形成的影响是非常直接的。比如,在单一制的政体中,立法体制是一元的,就是说从中央到地方,有着一个统一的以宪法为核心的上下层级关系清楚、服从关系明确的立法体制;而在联邦制的国家中,立法体制就是多元的,不仅有着整个联邦以联邦宪法为核心的立法体制,各个联邦成员国或者州还有着自己的一套相应的以各个成员国或州宪法为核心的立法体制。

我们研究立法体制,首先需要明确我国宪法和法律规定的立法机关的设置、权限划分和活动情况,了解法律的效力层级,更好地遵守宪法和法律,维护法制;其次,明确立法是专门国家机关的法定职权,不是任何机关、任何人员都可以制定法律;最后,在目前进行的政治体制改革中,可以吸收各国、各地区立法体制的好经验,进一步总结我国原有体制的经验,了解其弊端,为体制改革提出切实可行的意见和建议。

世界各国立法体制,按照一定的标准可以进行如下的划分:第一,按照立法机构设置和运行机制是否实行民主原则,可以划分为民主立法体制和专制立法体制。第二,按照立法权行使是否为同一类别机关,可以分为单一的立法体制和联邦制的立法体制。第三,按照中央和地方的立法权划分,可以分为一级立法体制和两级立体制。第四,按照立法机关是否受其他机关制约,可以分为独立的立法体制和制衡的立法体制。

(二)我国现行立法体制

我国现行立法体制,就是我国宪法和法律规定的立法体制,根据各级各类国

家立法机关的权限,可以作如下分类:

1. 中央一级

第一,最高国家权力机关及其常设机关:全国人民代表大会修改宪法,制定和修改刑事、民事、国家机构的和其他的基本法律。全国人民代表大会常务委员会解释宪法,制定和修改除应当由全国人民代表大会制定的法律以外的其他法律;在全国人民代表大会闭会期间,对全国人民代表大会制定的法律进行部分补充和修改,但是不得同该法律的基本原则相抵触。

第二,最高国家行政机关及其所属机关:国务院根据宪法和法律,规定行政措施,制定行政法规,发布决定和命令;向全国人民代表大会或者全国人民代表大会常务委员会提出法律案;国务院各部、委员会、中国人民银行、审计署和具有行政管理职能的直属机构,根据法律和国务院的行政法规、决定、命令,在本部门的权限范围内,发布命令、指示,制定规章。

2. 地方一级

第一,地方各级权力机关及其常设机关:地方各级人民代表大会在本行政区域内,依照法律规定的权限,通过和发布决议,省、直辖市的人民代表大会和它们的常务委员会,在不同宪法、法律、行政法规相抵触的前提下,可以制定地方性法规,报全国人民代表大会备案。较大的市(即省、自治区的人民政府所在地的市、经济特区所在地的市和经国务院批准的较大的市)的人民代表大会及其常务委员会在法定条件下也可以制定地方性法规。民族自治地方的人民代表大会有权依照当地民族的政治、经济和文化特点,制定自治条例和单行条例。自治区的自治条例和单行条例,报全国人民代表大会常务委员会批准后生效。自治州、自治县的自治条例和单行条例,报省或自治区人民代表大会常务委员会批准后生效,并报全国人民代表大会常务委员会备案。

第二,地方各级行政机关:县级以上地方各级人民政府依照法律规定的权限在本行政区内发布决定和命令。省、自治区、直辖市和较大的市的人民政府,可以依照法律和行政法规,制定政府规章。县级以上人民政府的下属部门可以发布命令和指示。这些决议、决定、命令和指示,凡是具有规范性内容者,就是规范性法律文件。

上述我国立法体制,一般认为是一元多层次的立法体制,就是在以宪法为基础的统一的一元化的基础上,有中央和地方两个大的层次,在每一个层次的权力机关、行政机关内部还有不同层次的机关制定不同效力的法律、法规或规章。

二、立法程序

(一) 立法程序的概念

所谓立法程序,就是指按照宪法和法律规定的具有立法权的国家机关创制、认可、修改和废止法律和规范性法律文件的程序或步骤。狭义的立法程序,仅指最高国家权力机关创制、认可、修改和废止法律的程序;广义的立法程序,则包括一切具有立法权的国家机关创制、认可、修改和废止任何规范性法律文件的活动程序。

立法程序则主要解决有立法权的国家机关按照宪法和法律规定的程序立法的问题,也就是说,没有权不能立法,有了权也不能乱立法。任何国家机关都必须按照宪法和法律规定的权限和程序来立法,这是社会主义法治的最基本的要求。

马克思关于审判程序和法的关系的思想,在这里也是适用的。他说:"审判程序和法二者之间的联系如此密切,就像植物的外形和植物的联系,动物的外形和血肉的联系一样。审判程序和法律应该具有同样的精神,因为审判程序只是法律的生命形式,因而也是法律的内部生命的表现。"①关于程序问题,日本学者谷口安平曾经说过:"法制度的正当性在古代是神意,在中世纪是王权,在今天是通过民主程序而表示出来的民意。"②过去我们一般比较偏重于实体法律,而在某种程度上有忽视程序法律的倾向,对于实体法和程序法的辩证关系在理解和把握上出现过偏差。当然,一般来说,实体是决定程序的,但是,程序绝不是消极和被动的东西,它有时会对实体产生巨大的反作用。比如,仅有好的法定的立法机关,可是没有法定的可以遵循的好的立法程序作保障,是不可能保证制定出好的法律来的。

同时,研究立法程序可以明确立法各个阶段的目的和要求,从而了解每个立法阶段的特点,作好每个阶段的工作;可以使立法者从整个立法活动,甚至从整个社会主义法制系统的全局出发,作好自己的局部的工作,从而保证立法的科学性和系统性。

(二) 我国现行立法程序

我国现行立法程序,这里是指最高国家权力机关和它的常设机关的立法程序,即基本法律和非基本法律的立法程序。至于国务院的行政法规和部门规章,地方性法规和地方政府规章的制定,都有自己的特别规定。

一般说来,我国法律的制定包括以下三个大的阶段:

1. 立法的准备阶段

这个阶段包括国家立法机关接受立法建议和意见,进行立法的预测,立法规划的制定,立法参与人员的选择,立法议案的形成和拟订、法律草案的拟订和论

---

① 《马克思恩格斯全集》第1卷,人民出版社1956年版,第178页。
② 〔日〕谷口安平:《程序的正义与诉讼》,王亚新、刘军荣译,中国政法大学出版社1996年版,第10页。

证等,还包括对于新的重大问题的探索、试验等。在立法工作中,它是一个打基础的阶段,直接关系到立法的质量。

2. 法的形成或者法的确立阶段

这个阶段包括法律案的提出,法律案的审议,法律案的表决和公布法律。这是立法工作的核心阶段。

(1) 法律案的提出和列入议程

法律案的提出,是指法定的国家机关对于具有立法提案权的机关或人员提出的法律案,决定是否列入会议议程。

法律案的提出者必须是有一定资格的,也就是说,不是任何人和任何机关都有权提出法律案的。法律案不同于一般的立法建议,它是由法定的机关和人员提出的,被法定机关讨论决定是否列入会议议程的法律案。非法定的人员或机关提出的立法建议或倡议,只有被有立法提案权的机关或人员采纳并被他们提出之后,才能成为法律案。

按照我国《立法法》的要求,提出法律案,应当同时提出法律草案的文本及其说明,并提供必要的资料。法律草案的说明应当包括制定该法律的必要性和主要内容。

在我国,按照《宪法》《全国人民代表大会组织法》和《立法法》规定,在全国人民代表大会的立法程序中,享有基本法律的立法提案权的包括:全国人民代表大会主席团、全国人民代表大会常务委员会、国务院、中央军事委员会、最高人民法院、最高人民检察院、全国人民代表大会各专门委员会、全国人民代表大会的一个代表团或者30名以上的全国人大代表的联名。由主席团决定是否列入会议议程或者先交有关专门委员会审议,提出是否列入会议议程的意见,再决定是否列入会议议程。在全国人民代表大会闭会期间,由常务委员会审议后决定提请全国人民代表大会审议。

在全国人民代表大会常务委员会的立法程序中,享有基本法律以外的法律的立法提案权的包括:委员长会议、国务院、中央军事委员会、最高人民法院、最高人民检察院、全国人民代表大会各专门委员会、常务委员会组成人员十人以上联名。委员长会议提出的法律案是否列入会议议程由常务委员会会议审议决定;其余的法律案由委员长会议决定是否列入常务委员会会议议程,或者先交有关的专门委员会审议、提出报告,再决定是否列入常务委员会会议议程。

(2) 法律案的审议

法律案的审议,是立法机关对于已被列入议程的法律案,按照会议的安排进行审查和讨论。

鉴于立法会议开会的历史经验,世界各国对于立法草案的讨论都予以时间上的限制。在我国,按照《全国人民代表大会议事规则》和《全国人民代表大会常务委员会议事规则》的规定,与会代表的发言时间都有明确的规定和限制。

就我国立法实践来看,一般法律草案的审议要经过两个阶段。第一,先由全国人民代表大会的各个专门委员会,按照职能分工,对于属于自己范围内的法律草案进行审议。第二,立法机关全体会议的审议。《宪法》第 75 条规定,全国人民代表大会代表在全国人民代表大会各种会议上的发言和表决,不受法律追究。根据《全国人民代表大会议事规则》第 25 条规定,全国人民代表大会会议举行前,全国人民代表大会常务委员会对准备提请会议审议的重要的基本法律案,可以将草案公布,广泛征求意见,并将意见整理印发会议;第 26 条还规定,专门委员会审议议案和有关报告,涉及专门性问题的时候,可以邀请有关方面的代表和专家列席会议,发表意见。正如九届全国人大二次会议的全国人大常委会报告所指出的:"法律草案提请审议机关和承担法律起草的部门,要抓紧法律草案的起草工作,认真搞好立法调查研究,实行立法工作者、实际工作者、理论工作者相结合,取长补短,集思广益。"[①]

按照我国《立法法》的规定,列入全国人民代表大会会议议程的法律案,先由各代表团和有关的专门委员会审议,再由法律委员会根据各个代表团和有关的专门委员会的审议意见,对法律案进行统一审议,向主席团提出审议结果报告和法律草案修改稿,对重要的不同意见应当在审议结果报告中予以说明,经主席团会议审议通过后,印发会议。

(3) 法律案的表决

法律案的表决,是指立法机关对于法律案作出是否同意的决定,这是把它是否确定为法律的步骤,也是立法的关键性阶段。

就通过法律的形式看,在多数国家,通过一般性法律草案,是以出席会议的全体成员的过半数票通过,该项法律即获得通过,也就是相对多数通过;对于宪法草案或者宪法修正草案的通过,则必须以出席会议的全体成员的 2/3 或者 3/5 以上的多数才能获得通过,也就是绝对多数通过。通过法律,还要有一定的方式,分为公开表决和秘密表决两种,前者一般是采取举手表决,后者采取投票表决。

在我国,根据《全国人民代表大会议事规则》第 52 条规定,大会全体会议表决议案,由全体代表的过半数通过。宪法的修改,由全体代表的 2/3 以上的多数通过。表决结果由会议主持人当场宣布。第 53 条规定,会议表决议案采用投票方式、举手方式或其他方式,由主席团决定。宪法的修改,采用投票方式表决。根据《全国人民代表大会常务委员会议事规则》第 32 条和《立法法》第 40 条规

[①] 姜春云:《全国人民代表大会常务委员会工作报告》,载《中华人民共和国第九届全国人民代表大会第二次会议文件汇编》,人民出版社 1999 年版,第 202 页。

定,表决议案由常务委员会全体组成人员的过半数通过。《全国人民代表大会常务委员会议事规则》第 32 条第 2 款规定,表决结果由会议主持人当场宣布;第 33 条规定,交付表决的议案,有修正案的,先表决修正案;第 35 条规定,常务委员会表决议案,采用无记名方式、举手方式或者其他方式。

在世界上,还有一种叫做"全民公决"或者"全民投票"的方式。它是一种通过法律草案或者其他重大议案的特殊方式。一般在涉及国家重大问题的时候,如国家领土的变动、政体的重大变化以及宪法的重大变动等问题时,一些国家采取这种形式。

这里需要强调指出的是,为发扬民主,贯彻群众路线,立法机关开始直接听取社会上多数人民群众的意见。最近几年,重大的立法向全社会公布法律草案,让大家充分发表各种不同的意见,甚至让大家就法律草案开展讨论和辩论,从而为避免立法的片面性,避免专家的所谓"一孔之见",为集中正确的意见,创造了新途径和提供了更为广泛的社会基础。

(4) 公布法律

公布法律是立法机关或者国家元首就已经通过的法律,为使公民知晓和遵守,而予以公布。它是法律确立的最后阶段。

"法无明文规定不为法",这是常识。任何时候,任何国家,不可能使所有的公民都知晓一个国家的所有的法律,更不可能让每一个公民都直接知晓所有的法律。但是,每一个公民起码必须知晓最重要的现行法律和同自己联系最密切的法律,这也是法治国家的最低要求。

在一些国家,法律的公布还有专门的法律规定。一般都有着专门的方式和媒介。在我国,按照《立法法》规定,法律的公布在全国人民代表大会常务委员会公报和在全国范围内发行的报纸上刊登,在常务委员会公报上刊登的法律文本为标准文本。行政法规的公布,在国务院公报和在全国范围内发行的报纸上刊登,在国务院公报上刊登的行政法规文本为标准文本。地方性法规、自治条例和单行条例的公布,在本级人民代表大会常务委员会公报和在本行政区范围内发行的报纸上刊登;在常务委员会公报上刊登的地方性法规、自治条例和单行条例文本为标准文本。部门规章在国务院公报或者部门公报和在全国范围内的报纸上刊登,地方政府规章在本级人民政府公报和在本行政区域范围内发行的报纸上刊登;在国务院公报或者部门公报和地方人民政府公报上刊登的规章文本为标准文本。

关于法律公布的期限问题,有的国家有专门的法律规定。

在法律生效方面,按照惯例,凡是未公布的法律没有效力;但是已经公布的法律,可以分为如下情形:立即生效,即法律公布之日起即生效;法律规定一个确定的日期,从该日起生效。如果法律没有规定何时生效,那么,一般推定该法律自公布之日起就生效。我国《宪法》第80条规定:"中华人民共和国主席根据全国人民代表大会的决定和全国人民代表大会常务委员会的决定,公布法律。"

3. 法律的完备阶段

这个阶段包括法的修改、废除,法的解释(见本书第十九章的相关内容),法律规范性文件的清理、法律汇编和法律编纂(见本书第十四章第三节的相关内容)等。

三、立法技术

(一) 立法技术的概念

立法技术是指在整个立法过程中产生和利用的经验、知识和操作技巧,包括立法体制确立和运行技术、立法程序形成和进行技术、立法表达技术等。这里主要是指立法表达技术,它包括:(1) 规范性法律文件的内部结构、外部形式、概念的语言表达、文体的选择技术等;(2) 法律规范的结构和分类技术;(3) 规范性法律文件规范化和系统化技术。

立法技术直接影响到立法的质量。对于立法表达技术来说,任何规范性法律文件,除了习惯法外的绝大多数的法律规范,都要求用一定的形式表达出来。为了使立法表达准确无误,符合立法的本意,必须研究和熟悉立法技术。认真研究和熟练运用立法技术,既是反映一个国家文化水平的重要标志,也是忠实地反映人民意志,保护公民权利,依法治国,建设社会主义法治国家的必要条件。

(二) 立法技术的内容

立法技术有立法预测技术、立法调查技术、立法规划技术、立法决策技术、立法协调技术、立法表达技术以及立法监督技术等方面。

这里仅就立法表达技术的重要内容予以叙述。

1. 规范性法律文件的表达

规范性法律文件的要求,也就是规范性法律文件的规范化:第一,法的名称的表达要规范和统一,也就是说,不同的制定法律的机关所制定的法律文件,因为其法律效力层级不同,必须有不同的名称来表达。第二,法的内容要完整,法的要素应该齐全、完备。第三,法的体例安排要规范和统一。例如,根据内容需要可以有序言、总则、分则、附则,可以分编、章、节、条、款、项、目。根据我国《立法法》第54条规定,编、章、节、条的序号用中文数字依次表示,款不编序号,项的序号用中文数字加括号依次表示,目的序号用阿拉伯数字依次表述。法律标题的题注应当载明制定机关、通过日期。

2. 法律规范的表达

法律规范的表达要做到完整、概括和明确。一个完整的法律规范,一般由行为模式和法律后果两个部分构成,不能缺少其中的任何一个部分;法律规范是概括的、普遍适用的,不能是特指的和针对个别情况的规定;法律规范是为人们的行为指示方向和提供标准的,所以必须明确,不能含混不清、模棱两可。

3. 立法语言的运用

立法语言的运用要做到:准确、严谨和简明。

(1) 所谓准确,就是说要用明确肯定的文字表达明晰的概念。古云:"差之毫厘,谬以千里"(《礼记(经解)》)。梁启超认为,法律文辞有三个要件,一是明,二是确,三是弹力性。"明确就法文之用语言之,弹力就法文所含意义言之。确也者,用语之正确也。弹力也者,其法文之内容甚广,有可以容受解释之余地者也。确之一义与弹力性一义,似不相容,实乃不然。弹力性以言夫其义;确以言夫其文也。"①立法语言的运用要做到既明确、肯定,又有确定的弹性或者严格的伸缩尺度。

(2) 所谓严谨,就是说要用逻辑严密的文字表达法律规范的内容。法律规范所用的概念、判断和推理,一定要遵守关于逻辑语义的规律,包括:矛盾律、排中律和同一律。矛盾律要求,在同一上下文中,同一个语词或语句不应既表述某一思想又不表述某一思想,就是说,不能陷入自相矛盾的逻辑错误中。排中律要求,任何一个语词或语句在同一个上下文中应该表达某一思想或者不表达某一思想,就是说,不能同时对一个命题及其否定持两不可的判断。同一律要求,在同一个上下文的同一个词语或语句应当表述同一思想,就是说,不能偷换概念或者转移论题。

(3) 所谓简明,就是指用尽可能简练明白的文字表达法律的内容。法律语言必须做到既简练又明白。商鞅说"圣人为法,必使之明白易知。"唐太宗李世民说:"国家法令,惟须简约。"朱元璋也认为:"法贵简当,使人易晓。"②当然,法律语言的简明同逻辑上的严谨和规范的周详是紧密联系在一起的,两者不可偏废。不能只照顾简明而缺乏严谨的逻辑,也不能仅考虑逻辑上的严谨,而忽视简明的要求。

参考题

1. 什么是立法?它有哪些特征?
2. 我国社会主义法的制定的指导思想和基本原则是什么?
3. 什么是立法体制?试述我国现行的立法体制。
4. 什么是立法程序?我国立法程序包括哪些具体的阶段?

---

① 参见谷安梁主编:《立法学》,法律出版社 1993 年版,第 191 页。
② 同上。

5. 什么是立法技术？立法表达技术的内容应有什么要求？

参 考 书 目

1. 吴大英、任允正、李林:《比较立法研究》,群众出版社1992年版。
2. 谷安梁主编:《立法学》,法律出版社1993年版。
3. 朱力宇、张曙光主编:《立法学》,中国人民大学出版社2006年版。
4. 周旺生:《立法学教程》,北京大学出版社2006年版。
5. 陶希晋:《新中国法制建设》,南开大学出版社1988年版。

第十四章　法的渊源与法的分类

本章学习作为法的重要形式之一的法的渊源与法的分类问题,包括法的渊源和分类的概念,当代中国社会主义法的渊源和法的分类,规范性法律文件的系统化问题,目的是了解和掌握我国社会主义法的渊源和法的分类的实际情况和理论知识。

第一节　法的渊源与法的分类的概念

一、法的渊源的概念

法的渊源(source of law),在法学中是一个非常重要的概念。但是,在中外法学著作中,法的渊源有着不同的含义,在我国法学界也有着不同的理解和主张。

"法的渊源"的概念来自罗马法的 fons juris(法的源泉)。《牛津法律指南》和《元照英美法词典》对于法律渊源有如下的解释:(1) 法的历史渊源,指引起法律原则和规则产生的行为和事件;(2) 法的理论或哲学渊源,指那些促成立法或者导致法律变革的理论上或哲学上的原则;(3) 法的正式或者形式渊源,指被认可的权威机关颁布的具有法律效力和强制力的原则和规范;(4) 文献渊源,指法律文件记录及法律著作文献;(5) 文化渊源,指那些没有权威性的、法官没有义务加以采纳的各种关于法律问题的文献资料。此外还有习惯。[1]

在《布莱克法律辞典》里,法的渊源指的是一些实在法的由来以及从中推导出强制力的那些源头。例如,宪法、条约、法令、惯例以及习惯法。另一种从法律制定的角度理解,诸如那些权威的或者可依赖的著作、记录、文献和公告等,罗马法的查士丁尼和盖尤斯的论述等。[2]

俄罗斯《法律大辞典》对于法的渊源是这样解释的:它是指确认的法律规范的外在表现形式。在当代法律体系中,法的渊源的主要形式有:规范的法律文件和惯例、法院判例、国际条约和国内的规范的契约。规范的法律文件一般分为法

---

[1] David M. Walker, *The Oxford Companion to Law*, Clarendon Press, 1980, pp. 1156—1159;薛波主编:《元照英美法词典》,法律出版社 2003 年版,第 1273 页。

[2] *Blacks Law Dictionary*, West Publishing Co,1990, p.1395.

律、执行机关的规范文件、宪法监督机关的规范文件、议会章程和决议、地方自治机关的文件。按其重要级别又分为:根本性的(宪法)、宪法性的、组织性的和一般性的法律。①

《南斯拉夫法律百科辞典》(Pravna enciklopedija)对于法的渊源(Izvori prava)解释有两层含义:第一,在实质意义上,指的是社会根源,也就是导致作为社会现象的法律产生的根源。基于不同的理论,有的是指阶级斗争,相应的物质生产,有的是指保护全社会利益的需要以及社会契约,等等。第二,在形式意义上,指的是含有普遍适用的、规范的一般法律文件,由其产生出适用于个别情况的法律规范的个别法律文件。作为含有普遍适用的规范的一般法律文件的法律渊源,不因其个别运用而失去效力,其效力及于未来的同样情况和所有时期,不因运用而失效,相反,其运用正是其效力的确认。在南斯拉夫,按照其效力位阶顺序,法律渊源有:法律,法律之下的国家文件,社会组织文件,契约和习惯。②

我们一般将法的渊源分为:实质意义上的渊源和形式意义上的渊源。

所谓实质意义上的渊源,即法的真正来源、根源和发源,是指法的产生的一定生产方式下的物质生活条件。形式意义上的渊源,即指法的创制方式和表现形式,也就是指法的效力渊源,通常在法学上所说的法的渊源就是指这类渊源。

形式意义上的渊源,还分为直接渊源和间接渊源。直接渊源又称为正式渊源或法定渊源,是指国家机关制定的各类规范性法律文件,依其地位和效力不同,又分为宪法、法律、各种法规和规章等。间接渊源,又称非正式意义上的渊源或者非法定渊源,是指各种习惯、判例、宗教规则、法理学说、道德原则和其他社会规范等。在不同法系的国家中,判例作为法的渊源的情况是不同的:在大陆法系国家中,判例一般不是直接渊源,或仅是非正式渊源,制定法是法的主要渊源;在普通法法系国家中,除了制定法是法的直接渊源外,判例则是法的一个重要的直接渊源或正式渊源。

我们通常所说法的渊源,就是指法定的国家机关制定的不同法律地位或效力的法的一种分类,是法的一种表现形式。例如,宪法、法律、行政法规和部门规章、地方性法规和地方政府规章、自治条例和单行条例等。

二、法的渊源的历史发展

(一) 法的渊源在中国的历史发展

法的渊源,在中国历史上,最早是从习惯法发展而来的。由习惯到习惯法,由不成文法到成文法,是法律发生和发展的一般规律。我国史籍记载"上古议

---

① Большой Юридический Словаль, Издательский Дом, Москва, 1998. стр. 261.
② Pravna Enciklopedija, Savremena Administracija, 1985, Beograbd, v. 1, str. 543—544.

事以制,不为刑辟";"神农无制令而民从"和"刑政不用而治,甲兵不起而王"。目前已知的、我国最早的成文法是在公元前536年郑国宰相子产铸的刑鼎,子产被称为中国打破法律神秘主义的第一人。之后,郑国大夫邓析把刑法写在竹简上,称为竹刑。可是,无论刑鼎,还是竹刑,目前都尚未发现其具体内容。但是,从习惯法到成文法,从秘密法到公开法,无疑是历史的真实情况。现有资料表明,战国时的思想家李悝在公元前412年制定的《法经》是目前已知的、我国第一部比较完整的法典。

在中国历史上的各个封建朝代,法的渊源种类多和变化大。但是,总的说来,是以成文法为主要形式,主要有律、令、格、式。"律"是法律的一种重要形式,秦以后法典称律,即通常所说的商鞅改法为律。"令"是强制人们实行的某种制度、规定的文告,是有关国家基本制度的法律。"格"是行政法规之一。"式"是一种关于公文程式与活动细则的行政法规。

在我国封建制社会,还存在着叫做典、敕、科、比的法的渊源。"典"是指制度法令。最早天子、官长和尊长告诫臣下、僚属和子孙的,都叫"敕",南北朝后"敕"专指皇帝的诏令。"科"指汉代的一种刑事法规,实际上是刑律的附属法,它是一种独立的法律形式。"比"是审判已经完结的案例,就是后来所说的判例。

总之,在古代中国,由于商品生产和商品交换关系未得到充分发展,封建统治者采取抑制商人和商业的政策,相对于西方社会来讲,法律尤其是民法不够发达,在人们的观念中甚至把法仅仅当作刑法,所以"刑"与"法"在古代汉语中有着相同的含义。还由于儒家思想长期占主导地位,受"为政以德"的"德治""仁治"主张和"德礼为政教之本,刑罚为政教之用"的"德主刑辅"的思想影响,法学不是特别受重视。直到清朝末年,我国法的渊源才逐渐借鉴和吸收西方法主要是民法法系的渊源,形成了包括宪法、法律、行政法规等在内的法的渊源形式。

(二) 法的渊源在西方社会的历史发展

在西方社会,开始出现的也是习惯法,后来发展到成文法。著名法学家乌尔比安就说:在无成文法可循的情况下,那些长久的习惯常常被当作法和法律来遵守。[①] 著名法学家尤里安也说:在不采用成文法的情况下,必须遵守由习俗和习惯确定的那些规范。[②] 根据"习惯是最早的和最好的法律解释者"的法律谚语,我们有充分理由推断,在西方社会,法律也是从习惯演变而来的。

[①]〔古罗马〕乌尔比安:《学说汇纂》第1编第3章第33段(D1,3,33),参见黄风译:《民法大全选译·正义和法》,中国政法大学出版社1992年版,第63页。
[②]〔古罗马〕尤里安:《学说汇纂》第1编第3章第32首段(D1,3,32Pr),参见同上书,第62页。

西方国家,罗马法是古代最为发达的法律,它的渊源也比较多,包括:有立法权的人民大会和平民大会制定的法律、元老院的决议、皇帝的敕令、裁判官的告示和法学家的解答等。在中世纪的西欧大陆,由于封建诸侯割据,国家分散林立,宗教神权同世俗政权的关系错综复杂,法律极为分散,法的渊源也比较多。曾经有过日耳曼法、罗马法、地方习惯法、教会法、庄园法、城市法、商法、国王的敕令等并存和相互冲突的局面。后来随着民族国家的形成和统一,法律和法的渊源才逐渐走向统一。总之,民法法系国家继承了罗马法的传统,判例不是正式意义上的渊源,相反,制定法才是正式的法的主要渊源。中世纪英国的法律,与欧洲大陆国家不同,它是以通行于英格兰的普通法为基础发展起来的,判例在普通法中是一种正式意义上的法的渊源。

在18、19世纪,宪法作为法的渊源取得了主导地位,随之大量的议会立法出现。在民法法系的主要国家的法国和德国中,制定法(包括宪法、法律、行政法规、条约等)成为法的主要渊源。判例、习惯、学说等不是正式意义上的渊源。而在普通法法系国家,判例和制定法都是法的主要渊源。当然,进入20世纪以来,两大法系在互相靠拢和接近,差别在缩小,普通法法系国家也逐渐注重编纂法典,但是,正如有的学者所指出的:由于传统的不同,两个法系之间的差别还将长期存在。[1]

三、法的分类

法的分类,是指从一定的角度或者按照一定的标准,对一个国家的法进行划分。根据不同的标准可以对法进行不同的分类:根据法的历史类型,可以将法分为奴隶制法、封建制法、资本主义法和社会主义法;根据法的历史传统,可以将法分为大陆法系或民法法系和普通法法系或英美法系;主要按照调整的对象,可以把法划分为不同的法律部门(这在下一章将要叙述)。下面介绍一些在所有国家共同适用的或者在某些国家适用的一般分类。

(一) 世界各国共同适用的法的分类

下述分类是在现代的每个国家都普遍适用的关于法的分类。它主要有五类,即国内法和国际法,根本法和普通法,一般法和特别法,实体法和程序法以及成文法和习惯法。

第一,国内法和国际法。根据法的制定和实施的主体划分为国内法和国际法。国内法是指一个主权国家制定的实施于本国的法律。国际法是国际法律关系主体参与制定或公认的适用于各个主体之间的法律。国际法律关系的主体主要是国家。在此应注意,要把国际法同一个国家自己制定的作为国内法的涉外

---

[1] 沈宗灵主编:《法学基础理论》,北京大学出版社1995年版,第140页。

法区分开来。

第二，根本法和普通法。根据法的内容、法律效力和制定程序划分为根本法和普通法。这种划分适用于成文宪法制的国家。在不成文宪法制的国家，具有宪法性内容的法律同普通法律在效力上是相同的。根本法，即宪法，是指在一个国家中，规定国家的最根本的经济、政治和社会制度，公民的基本权利和义务以及国家机构组织和活动的基本原则，具有最高的法律地位和效力，制定、修改需要特别的程序。普通法，是指其内容一般调整某一类或者某些社会关系，效力低于根本法，制定和修改必须符合根本法，程序较根本法简单的法律。

第三，一般法和特别法。根据法的调整范围划分为一般法和特别法。一般法是指对一般人和事在不特别限定地区和期间内有效的法律。特别法是对于特定人和事，在特定的地区、时间内有效的法律。对特定人的如《警察法》《教师法》等，对特定事的如《国籍法》等，对特定地区的如《民族区域自治法》等。特定时间的法律如《戒严法》规定的，在戒严期间，国家可以依照本法在戒严地区内，对宪法、法律规定的公民权利和自由的行使作出特别规定，那么这些特别规定只在戒严期间有效，它就属于特别法。

第四，实体法和程序法。根据法所规定的内容不同划分为实体法和程序法。实体法是指所规定的主要是法律关系主体的实体权利和义务（或者职责、职权）的法律，程序法是指所规定的主要是保证法律关系主体的权利和义务得以实施的程序或方式的法律。前者如民法、刑法等，后者如刑事诉讼法、民事诉讼法、行政诉讼法。我们之所以讲"规定的主要是"，因为这种划分是相对的，就是说，实体法也不是不涉及权利和义务行使的任何程序和方式问题，只是说它主要规定的是实体权利和义务；程序法也不是完全不涉及实体的权利和义务问题，实际上，诉讼权利本身就是一种非常重要的实体权利，程序法主要规定的是使实体的权利和义务得以实现的程序或方式。

第五，成文法和习惯法。根据法所创制和表达的形式不同划分为成文法和习惯法（又叫不成文法）。成文法，又称为制定法，是指国家机关制定和公布的，以文字符号形式表现出来的法律。习惯法是指国家虽认可其有法的效力，但未以文字符号形式表现出来的法律。这里需要注意的是，在法学著作中，一般是将普通法法系的判例法与制定法来对称的，有时又把判例法称为"习惯法"。这里的制定法是指立法机关制定的法律、法规等渊源形式的法律，而判例法或者"习惯法"是指通过法院判决所创制的法律，即通常所说的"法官造法"。这里的"习惯法"是在特定意义上使用的，是专门与制定法相对称的一个概念。

（二）在某些国家适用的分类

第一，公法和私法。这种分类来源于古罗马法，它是在民法法系适用的一种法的分类。古罗马法学家乌尔比安提出："公法是关于罗马国家的法律，私法是关于个人利益的法律。"现代西方法学著作认为,公法是主要调整国家与普通个人之间关系的法律,私法主要调整国家的公民个人之间的关系。① 一般认为,宪法、行政法和刑法属于公法,而民法、商法属于私法。诉讼法有的主张属于公法,有的主张随其主法,即主法是公法者,如行政诉讼法、刑事诉讼法属于公法;主法是私法者,如民事诉讼法属于私法。同时,应该看到这样一种趋势,随着法律调整的社会关系的复杂化,出现了介于公法和私法之间的法律,比如经济法、环境法、劳动法等,就很难区分是公法还是私法。公法和私法的划分在普通法法系国家是不适用的,但是,法学著作中还是有这样的分类存在的。须知,马克思和恩格斯写道:"在18世纪的法国、19世纪的英国,整个法都归结为私法,私法则归结为一种十分确定的力量,即归结为私有者的权力。"②在俄国,十月革命之后,列宁曾经明确指出:"我们不承认任何私法,在我们看来,经济领域中的一切都属于公法的范围,而不是属于什么私法。"③

第二,普通法(Law)和衡平法(Equity)。这种分类在普通法法系国家中适用。普通法是一个多义词,在此是专用名词,它指的是在11世纪诺曼人征服英国后通过法院判决而逐步形成的适用于全英格兰的一种法律。衡平法是在14世纪开始的,大法官法院的大法官们以公平正义原则和规则对普通法修正、补充而出现和发展起来的一种法律。今天,在我国的香港特别行政区,还存在这种法的渊源。

第三,联邦法和联邦成员法。这种分类仅在联邦制国家中适用。联邦法是指整个联邦立法机关制定和在全联邦实施的法律,包括联邦宪法、联邦刑法、联邦民法等等。联邦成员法是指由联邦成员国的立法机关制定和在该成员国内实施的法律,如成员国宪法、成员国刑法、成员国民法等等。

第二节 当代中国社会主义法的渊源及其分类

一、以宪法为核心、以制定法为主的中国社会主义法的渊源

当代中国法的渊源情况是比较复杂的。这里,主要研究作为我国领域主体

---

① David M. Walker, *The Oxford Companion to Law*, Clarendon Press, 1980, p.1013.

② 马克思、恩格斯:《德意志意识形态》,载《马克思恩格斯全集》第3卷,人民出版社1960年版,第71页。

③ "Мы ничего «частного» не признаем, для нас *все* в области хозяйства есть *публично-правовое*, а не частное."(《列宁全集》俄文第五版,第44卷,第398页。)以上这句不应翻译为"我们不承认任何私人性质的东西,在我们看来,经济领域中的一切都属于公法的范围,而不是什么私人性质的东西。"(《列宁全集》中文版第42卷,人民出版社1987年版,第427页)。

即实行社会主义制度的大陆地区的法的渊源。

我国社会主义法的渊源可以归结为以宪法为核心和以制定法为主的法的渊源。我国现行宪法是我国社会主义制度的法律基础,是我国社会主义法的渊源的法律根据和合法性标准,在整个国家所有法的渊源中处于核心地位。制定法是长期形成的中华法系的传统,也是我国近现代受大陆法系传统影响较深所形成的我国主要的法的渊源。我国社会主义法的正式意义上的渊源有:

(一) 宪法

在当代我国社会主义法的渊源中,宪法规定国家的根本制度和根本任务,具有最高的法律地位和法律效力,是制定一切法律、法规的依据。我国现行《宪法》是由全国最高的立法机关以不同于普通法律的形式和方式制定和修改的,也就是全国人民代表大会以宪法修改委员会的组织和全民讨论的形式,于1982年12月4日第五届全国人民代表大会第五次全体会议通过的。

我国现行《宪法》包括序言和四章,共有138条。在1982年通过之后,到目前为止,在1988年4月12日第七届全国人大第一次会议通过第1条和第2条修正案,1993年3月29日第八届全国人大第一次会议通过第3—11条修正案,1999年3月15日第九届全国人大第二次会议通过第12—17条修正案,2004年3月14日第十届全国人大第二次会议通过第18—31条修正案。现行《宪法》在序言中,主要总结了1840年以来,特别是我国新民主主义革命、社会主义革命和建设的历史经验,规定了马克思列宁主义、毛泽东思想、邓小平理论和"三个代表"重要思想的指导地位,中国共产党在社会主义初级阶段的基本路线,规定了国家的根本任务和基本政策。在后边的四章中,分别对国家的根本政治、经济和文化制度,公民的基本权利和义务,国家机构组织和活动原则,国旗、国徽和国歌进行了规定。

《宪法》还规定了修改宪法、监督宪法的实施等一系列问题。

(二) 法律

这里所说的法律是指狭义上的、作为一种法的渊源的法律。按照我国《宪法》规定,我国最高权力机关及其常设机关有权制定法律。《宪法》第62条第3项规定全国人民代表大会制定和修改刑事、民事、国家机构的和其他的基本法律。第67条第2项规定全国人民代表大会常务委员会制定和修改除应当由全国人民代表大会制定的法律以外的其他法律;第3项规定,在全国人民代表大会闭会期间,对全国人民代表大会制定的法律进行部分补充和修改,但是不得同该法律的基本原则相抵触。

这里关键是要区分基本法律和基本法律以外的法律或非基本法律。

(1) 基本法律,是指由全国人民代表大会制定和修改的,规定或调整国家和社会生活中,在某一方面具有根本性和全面性关系的法律,包括关于刑事、民事、国家机构的和其他的基本法律。根据《宪法》第 62 条第 3 款关于全国人民代表大会"制定和修改刑事、民事、国家机构的和其他的基本法律"的规定,此处所指"其他的基本法律",主要是指内容直接涉及全国公民的切身利益并要求普遍和直接遵守的法律。宪法所列举的关于公民的基本权利和义务的法律,应该属于基本法律。

(2) 基本法律以外的法律,又称非基本法律,是指由全国人民代表大会常务委员会制定和修改的,规定和调整除基本法律调整以外的,关于国家和社会生活某一方面具体问题的关系的法律。它是根据《宪法》第 67 条第 2 项关于全国人民代表大会常务委员会"制定和修改应当由全国人民代表大会制定的法律以外的其他法律"的规定和第 3 项"在全国人民代表大会闭会期间,对全国人民代表大会制定的法律进行部分补充和修改,但是不得同该法律的基本原则相抵触"的规定而形成的我国社会主义法的一种渊源。

(3) 全国人民代表大会及其常务委员会所作的决议和决定,如果它的内容是规范性的,应视为狭义的法律,是我国社会主义法的一种渊源。

这里还要注意到,在我国社会主义法的制定中,有一类被称为配套法律或实施细则。所谓配套法律,是指一个法律颁布之后,还需要与之相关的法律的颁布,才能够得以具体地实施,这类法律就称为配套法律。

所谓实施条例和实施细则,是指一个法律颁布之后,为了便于实施和具体操作,由国家行政机关和地方权力机关在自己的职权范围内对此作出具体详细规定的行政法规和地方性法规,国务院自己制定和发布的一般称为"实施条例",由国务院批准、其所属部门发布的一般称为"实施细则",但有时国务院发布的也称为"实施细则",国务院批准、所属部门发布的也有时称为"实施条例",还有的称为"实施办法"。

在我国法的制定中,还有一种叫做"试行"或"暂行"的法律。这主要是由于当时对该项立法尚缺乏成熟的经验,但是客观上又要求必须尽快颁布规范某种社会关系的法律,于是就以"试行"或"暂行"的方式颁布某项法律,在实施该项法律的过程中,不断积累经验,待条件成熟后再修改。这里,"试行"或者"暂行"的法律,同其他法律具有一样的效力,必须得到普遍的遵守。只是在立法上,与其他法律存在区别,但在法的实施上,应该是没有任何区别的。

还有一种叫做"授权立法"(delegated legislation)的法律。所谓授权立法,是指立法机关把自己的某项立法权授权或委托行政部门和其他组织在授权范围内立法的决定或决议。这是自 20 世纪以来,由于社会的发展,经济生活特别是科学技术的迅速发展,在立法中遇到许多专业性和技术性特别强的问题,不是原来一般的立法机关和立法者所能够熟悉和决定的,同时,由于国家对于经济生活的干预的加强,立法机关就把本应该自己行使的制定某项法律的权力授予或者委托其他机关行使。我国自改革开放以来,通过了一些授权法。例如:《关于授权广东省、福建省人民代表大会及其常务委员会制定所属经济特区的各项经济法规的决议》《关于授权国务院对职工退休退职办法进行部分修改和补充的决定》《关于授权国务院改革工商税制发布有关税收条例草案试行的决定》以及《关于授权国务院在经济体制改革和对外开放方面可以制定暂行的规定或者条例的决定》等,这都是授权法。

我国授权立法的根据即授权法的制定权,是《宪法》第62条第15项全国人民代表大会行使职权中,"应当由最高国家权力机关行使的其他职权"。而全国人大常委会的立法根据,是《宪法》第67条第21项规定:"全国人民代表大会授予的其他职权。"国务院则根据《宪法》第89条第18项规定所列的国务院行使"全国人民代表大会和全国人民代表大会常务委员会授予的其他职权",有职责实施授权法。但是,授权法不得违反宪法,不得同全国人大及其常务委员会的决定的基本原则相抵触。这里需要注意的是,要把授权法与被授权的机关根据授权法制定的法律(规范性文件)区别开来。

(三) 行政法规、部门规章、军事法规

(1) 行政法规。行政法规是最高国家行政机关即国务院根据并且为实施宪法和法律而制定的关于国家行政管理活动方面的规范性文件,它是我国重要的并且数量很大的一种法的渊源。《宪法》第89条第1项规定,国务院"根据宪法和法律,规定行政措施,制定行政法规,发布决定和命令"。行政法规的法律效力次于宪法和法律,它是国家通过行政机关行使行政权实行国家行政管理的一种重要形式。国务院所属各个部门根据宪法、法律和行政法规制定的规范性法律文件称作行政规章,又叫部门规章,它也是我国社会主义法的渊源的一种形式,而且数量特别多。仅1949年起到1984年年底,经国务院(含前政务院)发布或批准发布的行政法规和规范性文件就达3298件,其中,批准发布即由国务院批准、所属各个部门发布的是多数,它属于行政规章。

根据《行政法规制定程序条例》第4条的规定,行政法规的名称一般称"条例",也可以称"规定"、"办法"等。国务院根据全国人民代表大会及其常务委员会的授权决定制定的行政法规,称"暂行条例"或者"暂行规定"。国务院各部门和地方人民政府制定的规章不得称"条例"。

(2) 部门规章。部门规章是指国务院各部、委员会、中国人民银行、审计署和具有行政管理职能的直属机构根据法律和国务院的行政法规、决定、命令,在本部门的权限范围内制定的规范性法律文件。部门规章规定的事项应当属于执行法律或者国务院的行政法规、决定、命令的事项。在我国,这一部分的法律渊源是最多的。

(3) 军事法规。军事法规是指中央军事委员会制定的调整和规定关于国防建设和军事方面关系的规范性法律文件。我国《宪法》第四节规定,中华人民共和国中央军事委员会领导全国武装力量。中央军事委员会主席对全国人民代表大会和全国人民代表大会常务委员会负责。根据马克思主义的国家学说,军队是国家政权的重要组成部分,它在国家生活中起着极为重要的作用。我国军队是人民民主专政的坚强柱石,在国家体制中具有重要地位。军事法规的制定和实施,对于我国政权建设是非常必要的,军事法规是我国一种重要的法的渊源。中央军委发布《民事法规军事规章条例》,对于军事立法活动作了规定,从而促进了军事立法活动的规范化、制度化和科学化。

还有一种叫做联合发文形式的法的渊源,是指有时中共中央和国务院联合发布某项决定或者指示。我们反对"以党代政",反对以党的政策代替国家法律,但是这种特殊形式的法的渊源,既是党的政策,又是国家的行政法规,具有中国共产党的纪律和国家法律双层的约束,它对于党的政策的贯彻和国家法律的实施,具有特殊的作用。

同时,国务院发布的规范性的决定和命令,也是一种法的渊源,其法律地位和效力同行政法规;国务院所属各部门发布的规范性的决定和命令,也是法的渊源,其法律地位和效力与行政规章相同。行政法规的法律效力低于宪法和法律,部门规章的法律地位和效力低于宪法、法律和行政法规。

(四)地方性法规和地方政府规章、自治法规、经济特区法规

(1)地方性法规和地方政府规章。地方性法规,指地方国家权力机关及其常设机关为保证宪法、法律和行政法规的遵守和执行,结合本行政区内的具体情况和实际需要,依照法律规定的权限通过和发布的规范性法律文件。根据《宪法》和《地方各级人民代表大会和地方各级人民政府组织法》规定,省、自治区、直辖市的人民代表大会,省、自治区人民政府所在地的市和经国务院批准的较大的市的人民代表大会及其常务委员会,根据本行政区的具体情况和实际需要,在不同宪法、法律和行政法规相抵触的前提下,可以制定地方性法规。省、自治区、直辖市的地方性法规要报全国人大常委会和国务院备案,省、自治区人民政府所在地的市和经国务院批准的较大的市的地方性法规要报省、自治区的人大常委会批准后实施,并由省、自治区的人大常委会报全国人大常委会和国务院备案。

地方政府规章,指地方国家行政机关为保证法律、行政法规和本行政区的地方性法规的遵守和执行,制定的规范性法律文件,是我国社会主义法的一种重要渊源,其法律地位和效力低于宪法、法律、行政法规和地方性法规。根据《地方各级人民代表大会和地方各级人民政府组织法》的规定,省、自治区、直辖市的人民政府,省、自治区人民政府所在地的市的人民政府和经国务院批准的较大的市的人民政府,可以根据法律、行政法规和本行政区的地方性法规,制定规章。省、自治区、直辖市的规章要报国务院和本级人大常委会备案,省、自治区人民政

府所在地的市和经国务院批准的较大的市的规章要报国务院和省、自治区人大常委会、人民政府以及本级人大常委会备案,前述制定的规章,须经各级政府常务会议或者全体会议讨论决定。

(2) 自治法规。自治法规是指民族自治地方的自治机关根据宪法和法律的规定,依照当地民族的政治、经济和文化的特点,制定的自治条例和单行条例。根据《宪法》第116条规定,"民族自治地方的人民代表大会有权依照当地的政治、经济和文化的特点,制定自治条例和单行条例。自治区的自治条例和单行条例,报全国人民代表大会常务委员会批准后生效。自治州、自治县的自治条例和单行条例,报省或者自治区的人民代表大会常务委员会批准后生效,并报全国人民代表大会常委会备案"。自治法规是对于宪法和法律规定由民族自治地方的自治机关作出规定的事项,全国人大和人大常委会授权其作出规定的事项,为实施宪法、法律和行政法规需要由自治法规作出规定的事项,以及不属于国家专有立法权的范围但要根据本自治区域的实际情况,需要由自治法规作出规定的事项,予以规定。

自治条例,一般是指规定关于本自治区实行的区域自治的基本组织原则、机构设置、自治机关的职权、工作制度以及其他比较重大问题的规范性文件。

单行条例,一般是指根据宪法规定和本自治区的实际情况,对于国家法律、法规作出的变通或者补充的规定,或者规定本自治区某一具体事项的规范性文件。

(3) 经济特区法规。经济特区法规是指我国经济特区根据授权法所制定的规范性法律文件。经济特区是我国改革开放以来,为了发展对外经济,引进资金、引进先进技术和管理经验而经批准的实行某些特殊经济政策的地区。在前边谈到授权法时,我们已列举有关的法律,此处不赘述。由于经济特区法规是根据授权法的规定制定的,它的法律地位和效力应该不同于一般地方性法规或一般的地方政府的规章,它是我国社会主义法的一种重要渊源。

(五) 关于特别行政区的基本法和在特别行政区实施的全国性基本法律

(1) 关于特别行政区的基本法,是指我国根据"一国两制"的基本方针和宪法的规定,按照具体情况,规定特别行政区的基本制度的规范性法律文件。我国《宪法》第31条规定:"国家在必要时得设立特别行政区。在特别行政区内实行的制度按照具体情况由全国人民代表大会以法律规定。"从目前已经颁布的《香港特别行政区基本法》和《澳门特别行政区基本法》的情况看,由于其制定和通过的方式和程序同一般的基本法律比较,更为慎重、严肃和复杂。比如,它由全国人大作出关于成立基本法起草委员会的决定,由全国人大作出关于审议基本法(草案)程序和表决办法的决定,由全国人大专门作出关于批准基本法的决定和关于文本的决定以及适用"基本法"的名称,都与一般的基本法律有所不同。

(2) 关于在特别行政区实施的全国性法律。关于在特别行政区实施的法律,《香港特别行政区基本法》和《澳门特别行政区基本法》均在第 18 条中规定,有该特别行政区基本法所列的本地区原有法律和该行政区立法机关制定的法律。

在特别行政区实施的全国性法律,在基本法中明确列出,并且规定,全国性法律除列于基本法附件者外,不得在特别行政区实施。而凡列于基本法附件的法律,由特别行政区在当地公布或者立法实施。第 18 条还对附件中列出的法律在特定情况或经过一定程序后可予增减作出规定。

(六) 国际条约

国际条约,是指两个或者两个以上的国家(国际法律关系主体)关于政治、经济、文化、贸易、法律以及军事等方面规定其相互之间权利和义务的各种协议的总称。国际条约属于国际法而不属于国内法的范畴,但是在经过法定程序批准生效的国际条约具有同国内法同等约束力这个意义上来说,它也属于国内法的范畴,所以,它也是国内法的一个重要渊源。国际条约的名称很多,除条约之外,还有公约、协定、和约、宪章、盟约、议定书、换文、宣言、声明、公报,等等。其中,条约是双边协议中比较重要的一种形式,一般用来规定国家关系中的重大问题。

自新中国成立以来,我国同外国签订了大量的国际条约,涉及国家和社会生活的各个方面,内容广泛和丰富,它对于发展我国的对外关系,加强国际合作和交往,建立和维护世界经济和政治新秩序,对于我国社会主义现代化建设事业起到了重要作用。

根据国际惯例,为了维护国家主权和安全以及社会公共利益,遵循"求大同,存小异"的原则,在缔结和加入某项国际条约或者协定时,作为主权国家往往提出保留条款。但是保留的内容不得为该条约所禁止或违反该条约的目的及宗旨。我国同外国所缔结的条约和协定有一定数量的保留条款。双边条约的保留条款在缔约国接受后有效,多边条约的保留问题是一个比较复杂的问题。如果有一个缔约国表示反对保留,那么该条约在反对国和保留国之间不发生法律效力,但是反对国确切表示相反的意思者不在此限;假如条约在保留国和反对国之间有效,保留所涉及的内容在保留的范围内在该两国之间不适用。

1990 年 12 月 28 日第七届全国人大常委会第十七次会议通过了《缔结条约程序法》,该法规定了以中华人民共和国名义、以中华人民共和国政府名义和以中华人民共和国政府部门的名义谈判和签署条约、协定的决定程序等内容。其中规定,国务院同外国缔结条约和协定,该法所列的条约和重要协定的批准由全国人大常委会决定,中华人民共和国主席根据全国人大常委会的决定予以批准。加入该法所列的多边条约和重要协定,由国务院审核,全国人大常委会决定;加入不属于该法所列的多边条约和重要协定,由国务院决定。接受多边条约和协定由国务院决定,等等。

在我国的国内法中规定了国际条约和国际惯例的法律效力。

二、政策、判例和习惯

(一) 政策

政策是国家或者政党为实现一定历史时期的任务和执行其路线而制定的活动准则和行为规范。政策可以按照制定的主体,分为国家政策和政党政策;按照规定问题的范围大小,分为总政策、基本政策和具体政策;按照规定问题的性质,分为政治政策、经济政策、文化政策和其他政策;按照起作用的时间长短,分为长期政策和短期政策及临时政策。下面主要介绍第一种分类。

(1) 党的政策。党的政策是党为完成一定历史任务和执行一定路线而制定的活动准则和行为规范。中国共产党在不同的历史时期都制定了自己的总路线和总政策以及许多具体政策,它为我国革命、建设和改革事业起了非常重要的作用。党的领导,从一定意义上说,主要是党的政策的领导。党的政策,尤其是基本政策是我国社会主义法律制定和实施的指导,但是党的政策只有变为国家意志即国家法律,才有普遍约束力。我们既要反对以党的政策代替国家法律、以党代政和不依法办事的错误主张;也要防止和避免在法的制定和实施过程中,不考虑甚至无视党的政策的错误做法,应该把坚持党的领导、发扬人民民主和严格依法办事统一起来。从法的制定和实施考虑党的政策的角度,我们可以说党的政策是我国社会主义法的一个非正式意义上的渊源。

(2) 国家政策。国家政策是国家为完成一定历史时期的任务和执行一定的路线而制定的活动准则和行为规范。关系最重大的国家政策叫国策,如对外开放、计划生育、保护耕地和保护生态和环境等,都是我国的基本国策。

在我国的现行法律中,关于国家政策也有具体的法律规定。如《民法通则》第6条明确规定:"民事活动必须遵守法律,法律没有规定的,应当遵守国家政策。"可以这样说,国家法律的相当一部分,往往是先有党的政策,再变为国家政策,然后制定为法律。所以,国家政策应该是我国社会主义法的一个重要渊源。但是,因为政策不像法律,一般比较抽象和原则,执行起来往往弹性太大,所以如果有可能和必要的话,应该尽量制定为具体的法律,即国家政策的法律化。

(二) 判例

在普通法法系国家,判例和判例法往往是在一个意义上使用的。在普通法系国家,判例法是指法院以前对具体案件的判决中所适用的法律原则和规则,它是普通法法系国家的一个重要的法的渊源。根据传统,法院以前的判决尤其是上级法院以前的判决,下级法院在审理类似案件时应该作为一种规范和原则予以遵守。也就是说,法院遇到与以前类似的案件时,必须遵循以前判决中适用的原则和规则,即"遵循先例"的原则。在民法法系国家,判例不是正式意义上的法的渊源,仅是一个非正式意义上法的渊源。

我们应该把判例和判例法严格区分开来。我国不是实行判例法制度的国家,判例没有法律上的约束力。所以,我们没有判例法。但是,现在我国最高人民法院的公报公布的指导性案例,我们应该重视其在法制建设中的作用。比如,它作为法院审理案件的参考,具有重要价值,同时,它对于贯彻同样情况同样对待的法律平等原则,对于提高办案效率都有积极意义。鉴于有的法律规定又过于抽象和不宜具体操作的现状,同时注意到国际上法的渊源发展的趋势,即两大法系的差别越来越小的情况,我们应该加强研究如何更好地利用判例,发挥判例的作用。

本章赞同有的学者的主张,即在当代中国不应采用判例法制度。[①] 其理由是:第一,判例法制度不适合我国形成的、实践证明是适合我国国情的人民代表大会的根本政治制度和民主集中制的原则。第二,判例法制度是普通法法系国家长期形成的历史传统,我们没有这样的传统。我国封建社会中,作为类似于判例法的一种法的渊源的"例",早在秦简中就有记载,叫"廷行事",汉代叫"比",唐以后指作为判案依据的判例、事例和成案。在明清时期,例与律曾经并重,但是,在清代有例不用律,律既多成虚文,而例遂愈繁碎,这种以例代律,以例破律的现象,使得例在我国历史上不仅没有好名声,而且整体来说没有起到积极作用。第三,我国司法人员没有受过判例法方法的教育和训练,而思维方式的改变不是那么容易的。第四,同制定法相比,判例法有许多缺点,即不够民主,溯及既往,以个案为基础等,具有较大的片面性,判决往往由个人或极少数人匆忙作出等。所以,在我国不应该和不宜实行判例法制度。

(三) 习惯

习惯是指人们长时期逐渐养成的一种不易改变的思维倾向、行为模式和社会风尚。众所周知,法律是起源于习惯的。法律是由习惯到习惯法,进而从习惯法到成文法长期和逐渐演变而来的。古罗马时期的法学家赫尔莫杰尼安(Hermogenianus)就指出"认可流传久远和公民达成默契并历来遵守的习惯与成文法具有同等效力"[②]。但是,习惯和习惯法是两个不同的概念。只有得到国家认可的习惯才能成为习惯法。也就是说,我们一般所说的习惯,并不具有法律效力,不是法的一种渊源。

由于习惯所形成和起作用的范围不同,有地区习惯、职业和行业习惯、民族

[①] 参见沈宗灵主编:《法理学》,高等教育出版社1994年版,第315—316页。
[②] 〔古罗马〕赫尔莫杰尼安:《学说汇纂》第1编第3章第35段(D1,3,35),参见黄风译:《民法大全选译·正义和法》,中国政法大学出版社1992年版,第63—64页。

习惯、国家习惯以及国际习惯(又称为国际惯例)。我国《民法通则》第 142 条第 3 款规定:"中华人民共和国法律和中华人民共和国缔结或者参加的国际条约没有规定的,可以适用国际惯例。"可见,对于公认的国际习惯或国际惯例在我国是一个法的渊源是没有多大疑问的。

但是在我国的国内法中,习惯是否是一个法的渊源,值得我们注意和研究。现行的《民族区域自治法》第 10 条规定:"民族自治地方的自治机关保障本地方各民族都有使用和发展自己的语言文字的自由,都有保持或者改革自己的风俗习惯的自由。"在第 53 条中规定:民族自治地方的自治机关"教育各民族的干部和群众互相信任,互相学习,互相帮助,互相尊重语言文字、风俗习惯和宗教信仰,共同维护国家的统一和各民族的团结"。并且在第 4 条中还规定,民族自治地方的自治机关"依照宪法和本法以及其他法律规定的权限行使自治权,根据本地方的实际情况贯彻执行国家的法律、政策"。第 20 条中还明确规定:"上级国家机关的决议、决定、命令和指示,如有不适合民族自治地方实际情况的,自治机关可以报经该上级国家机关批准,变通执行或者停止执行……"可见,上述所说的习惯、风俗习惯和"实际情况",在我国被确认为法律,是没有疑义的。但是,在我国一般的立法中,除了民族习惯之外,对于其他习惯尚没有具体法律的规定。所以,在我国除了民族习惯由国家认可(包括明示和默示)其有法律效力,是一种形式的法的渊源外,其他一般习惯还不能被认为是法的渊源。

三、法律学说、道德规范和宗教教规

(一) 法律学说

在古罗马有过"引证法",确认当时的五位著名法学家的法律学说与法律有同等的效力;在我国古代,也有过"春秋决狱",董仲舒以孔子所作的鲁国的编年史《春秋》经义附会法律规定来定罪判刑。法律学说,尤其是在西方国家所起的作用是相当大的;但是,它在绝大多数情况下不是一种正式的法的渊源。就它对于立法者和法官所起的作用来说,虽然没有法律约束力,但是有着相当大的说服力。由于立法者和法官在一般情况下,没有也不可能接受同一种法律学说,就是对于同一种学说的理解也不可能像法律那样规范和统一,所以在影响法官裁判案件这个角度上来说,它仅是一种非正式的法的渊源。当然,对于法律学说的研究和发展,在某种意义上来说,是一个国家法制发展和进步所万万不可缺少的、极为重要的条件,我国法制建设的实践,尤其是中共十一届三中全会以前和以后的教训和经验可以完全证实这一点。

(二) 道德规范

道德规范假如没有变成法律规范,那么就不是一种法的渊源。但是,社会主义精神文明是社会主义社会的重要特征,是社会主义现代化建设的重要目标和

重要保证。在我国建设社会主义法治国家过程中,法制建设同精神文明建设必须紧密结合,同步推进。我们既要坚持依法治国的方略,更要坚持以马克思主义为指导,培养有理想、有道德、有文化、有纪律的社会主义的新型公民。所以,我们既不能把国家法律同社会主义、共产主义道德混淆,也不能把两者完全对立起来和割裂开来。我国《宪法》第 24 条规定了国家提倡"爱社会主义的公德",第 53 条规定了中华人民共和国公民必须"尊重社会公德"的内容,《民法通则》第 7 条也规定有"民事活动应当尊重社会公德"。但是,道德规范一般比较抽象和笼统,不宜掌握和操作。因而,在我国,道德虽然不是一种正式意义上的法的渊源,但是就法的实施来看,司法者在自己的实践中是不可能不考虑道德因素的,按照系统科学和复杂性科学的原理,对于人的任何行为,法律评价和道德评价的区分只是相对的,两种评价往往是互相联系和融合在一起的,从这一角度说,道德规范是一种非正式意义上的法的渊源。

(三) 宗教规范

宗教的历史要比法律久远。宗教开始是一种仅仅反映支配着人们的自然界的神秘力量的幻象,后来又获得了社会的属性,成为"历史力量的代表者"。"宗教更多的是作用于塑造人的精神世界。它在长期的历史过程中融合在人们的世界观、历史观、人生观和价值观等等之中。形成各个民族特有的传统文化心理。宗教来自于人对自身存在根本状况的反思,它运用形象思维创造了一个超验的存在领域,借以反映人的现实生活。这种反映中既有人们对一切现实苦难的叹息和抗议,又有他们对美好未来的设计和向往。"[①]

宗教规范在政教合一的国家中,是一种正式意义上的法的渊源。但是,在非政教合一的国家,一般不是正式意义上的法的渊源。在政教合一的国家中,宗教规范被国家所确认,就成为一种法的渊源。

我国《宪法》规定,公民有"宗教信仰"的自由,"任何国家机关、社会团体和个人不得强制公民信仰宗教或者不信仰宗教,不得歧视信仰宗教的公民和不信仰宗教的公民","国家保护正常的宗教活动"等内容。

可是,我国《宪法》第 24 条第 2 款规定国家进行"辩证唯物主义和历史唯物主义教育",这与保护公民宗教信仰自由是否矛盾呢? 这不是在保护唯心主义吗?

宗教无疑属于唯心主义。但是正如毛泽东所指出的"我们不能用行政命令去消灭宗教,不能强迫人们不信教。不能强制人们放弃唯心主义,也不能强制人们相信马克思主义。凡是思想性质的问题,凡属于人民内部的争论问题,只能用民主的方法,只能用讨论的方法、批评的方法、说服教育的方法去解决,而不能用

---

① 罗竹风主编:《宗教通史简编》,华东师范大学出版社 1990 年版,第 3 页。

强制的方法、压服的方法去解决"①。

唯物史观是以一定历史时期的物质生活条件来说明历史事实和政治、哲学、宗教等观念的。恩格斯指出:"一切宗教都不过是支配着人们日常生活的外部力量在人头脑中的幻想的反映,在这种反映中,人间的力量采取了超人间的力量的形式。"②"宗教一旦形成,总要包含某些传统的材料,因为在一切意识形态领域内传统都是一种巨大的保守力量。但是,这些材料所发生的变化是由造成这种变化的人们的阶级关系即经济关系引起的。"③

列宁写道:"宗教是人民的鸦片,——马克思的这一句名言是马克思主义在宗教问题上的全部世界观的基石。……在现代资本主义国家里,这种根源主要是**社会的**根源。劳动群众受到社会的压制,面对时时刻刻给普通劳动人民带来最可怕的灾难、最残酷的折磨的资本主义(比战争、地震等任何非常事件带来的灾难和折磨多一千倍)捉摸不定的力量,他们觉得似乎毫无办法,——这就是目前宗教最深刻的根源。"④

宗教是一种极为复杂的社会现象,它伴随着人的苦难而产生,"哪里有苦难,哪里就有宗教";也必将随着人的苦难的消失而消失。宗教信仰既是一种源远流长的历史文化传统,其根又深深扎在社会物质生活条件之中,只有其存在的物质生活条件消失后,它才不再存在。所以,我们对之必须采取积极、严肃和慎重的态度;对之既不能置若罔闻和熟视无睹,更不能盲目批判和用简单粗暴的方法伤害其感情;而是通过不断改善人们的物质生活条件,加强辩证唯物主义和历史唯物主义的教育来逐步提高人们的思想认识。

第三节 规范性法律文件的系统化

一、规范性法律文件系统化的意义

规范性法律文件在制定的时候或制定之前要求规范化,即规范性法律文件的规范化问题,这在法的制定一章的立法技术中已有叙述。这里,仅就规范性法律文件的系统化问题进行研究。

规范性法律文件的系统化的目的在于:

第一,为了便于法律的实施。制定法律不是目的,目的是制定的法律得到人

---

① 《毛泽东著作选读》下册,人民出版社1986年版,第762页。
② 《马克思恩格斯选集》第3卷,人民出版社2012年版,第703页。
③ 《马克思恩格斯选集》第4卷,人民出版社2012年版,第263—264页。
④ 《列宁选集》第2卷,人民出版社2012年版,第247、251页。

们的执行和遵守。要使制定的法律便于实施,整个国家的法律还应该是条理清晰、分类合理、安排得当和查找方便的。鉴于我国法的制定主体的多样化,从而法律地位和效力层级很不同,法的名称也比较多,所以对于制定的法律予以清理和进行系统化的工作就是必要的。

第二,为了维护和促进国家法制的统一,建立一个和谐一致的社会主义法律体系。由于新中国成立以来我们制定的法律数量较多、内容比较广泛,其中哪些有效哪些失效、哪些已经废除、哪些又有修改和补充,人们不是很容易掌握的,至于法律文件之间的冲突和重复等,也是难以避免的现象。所以,必须对整个国家的法律通盘考虑、统一清理、予以系统化,才能维护国家法制统一和建立和谐统一的社会主义法律体系。

第三,有利于国家的立法活动。规范性法律文件系统化,既是立法活动的必要准备,也是立法活动的一个重要环节。通过规范性法律文件的系统化,我们可以发现立法中的问题和缺陷,从而为法制的健全提供根据和目标;规范性法律文件系统化的过程,可以消除法律文件之间的冲突和重复,这本身就是健全法制的一个重要途径和方式。

二、规范性法律文件系统化的形式

规范性法律文件系统化的方法主要有三种,它们是:法律清理、法律汇编和法律编纂。

(一) 法律清理

法律清理是指有立法权的国家机关对一定时期和范围的规范性法律文件予以审查、整理,重新确认其法律效力的活动。清理法律的国家机关一般是制定或发布该项法律的国家机关,清理的对象是一定时期和范围内、已经生效但尚未明令废除的法律文件,它对于法的内容不进行任何的变动(修改、补充),但是清理的结果包括命令废止、责成修改、默示或明示其延长法律效力,由立法机关确认并公布后具有法律效力。

我国自20世纪80年代以来,全国人大常委会和国务院曾经对法律和行政法规的清理作出过决定。根据1980年第五届全国人大第三次会议上全国人大常委会的工作报告,提出对新中国成立以来颁布的法律进行清理的要求,法制工作委员会对1978年以前颁布的法律进行了清理。1987年11月24日第六届全国人大常委会第二十三次会议批准的法制工作委员会关于清理情况和意见的报告称,自新中国成立以来到1978年底我国中央立法机关共制定和批准134件法律,已经失效的有111件,继续有效或者继续有效正在研究修改的有23件。国务院从1984年起到1987年初,组织国务院各部门对新中国成立以来发布或批准发布的3298件行政法规和规章进行了清理,清理结果是:予以废除1604件,需要作重大修改的 297 件,继续有效的 661 件,内部掌握或者以密件发布(因涉及不宜公开的内容)继续有效的 312 件。

为了加强法制建设,法律清理活动应该制度化和法律化。

(二) 法律汇编

法律汇编(包括法规汇编),是指国家机关或者其他组织将有关规范性法律文件按照一定标准汇编成册的活动,是规范性法律文件系统化的一种形式。有的是按照本部门的工作性质和需要,按照法律规定的内容、发布时间顺序以及考虑到查阅方便等因素,把规范性法律文件装订成册。法律汇编具有系统化的特点,但是不改变法律的内容,不是一种立法活动,同时,对这一工作也没有法律规定。所以,除国家立法机关进行法律汇编之外,其他国家机关、社会团体和组织以及教学、研究部门根据需要和按照自己的目的和要求可以进行法律汇编。但是,为了保证国家法律的严肃性和避免不应有的错误,应该对这项工作予以规范。

在中共十一届三中全会之后,曾经中断了的法律汇编活动得以恢复,并有了很大的发展。比较系统的法律汇编的出版,有全国人大常委会法制工作委员会编的《中华人民共和国法律汇编》和《中华人民共和国法律和有关法规汇编》。从 1989 年起吉林人民出版社一直出版《中华人民共和国法律全书》,从 1994 年开始中国民主法制出版社还出版《中华人民共和国法律法规全书》,从 2002 年开始中国民主法制出版社出版、全国人大常委会办公厅编的《中华人民共和国现行法律文献分类汇编》。国务院法制局出版了按业务性质分类分卷编辑的《中华人民共和国现行法规汇编》,以后又按年度出版《中华人民共和国新法规汇编》。其他部门和地方出版社也出版了大量的各种类别的法律汇编。为了加强和健全法制,法律汇编活动有待改进和规范。

(三) 法律编纂

法律编纂,是指国家立法机关将属于某一法律部门的所有现行规范性法律文件进行清理和修改,创制新的规范,修改不适合的规范,废除过时的规范,从而编制成内容和谐一致、体例完整合理的系统化的新法律或者法典。

法律编纂活动,首先,是国家立法机关的专门活动。它要对现行法律进行集中清理、审查和加工,消除现行法律规定中存在的冲突和重复,补充一些新的内容,是一项制定新法的活动,其他机关不能从事法律编纂活动。其次,它要求法律编纂者有相当丰富的专业理论知识和高超的立法技术,不是任何组织或公民都能够进行法律编纂工作的。最后,法律编纂活动必须是在国家权力机关的领导和组织下,有计划、有步骤地进行的。

如果法律编纂的结果是法典,就叫法典编纂。在 19 世纪初期,以法国拿破仑为代表的法典编纂活动曾经对于资本主义法制的建立和发展起过非常重要的作用,但是,第二次世界大战后,各国立法形式大多采取单行法的形式,法典形式已经不像过去那样盛行。

总之,法律清理、法律汇编和法律编纂作为规范性法律文件系统化的三种形式,虽然是各有自己的特点和作用,但是它们之间又有着紧密的联系。法律清理是法律汇编和法律编纂的前提和基础,法律清理和法律汇编又是法律编纂的重要条件和阶段,而法律编纂又是为以后的法律清理和法律汇编提供新的对象和条件。

参考题

1. 什么是法的渊源?当代我国社会主义法的渊源有哪些?
2. 世界各国共同适用的法的分类有哪些?
3. 在我国有哪几种"法规"?
4. 试述在当代中国不宜采用判例法制度的原因。
5. 规范性法律文件系统化有哪几种形式?

参 考 书 目

1. 沈宗灵:《比较法研究》,北京大学出版社2004年版。
2. 孙国华、朱景文主编:《法理学》,中国人民大学出版社2001年版。
3. 周旺生:《法的渊源与法的形式界分》,载《法制与社会发展》2005年第4期。
4. 〔美〕博登海默:《法理学——法律哲学和方法》,张智仁译,上海人民出版社1992年版。

第十五章 法律体系

本章主要学习和研究法律体系与部门法的概念、划分部门法的原则和标准，法律体系的演变和中国社会主义法律体系的基本框架及其建设问题，从而掌握有关当代中国社会主义法律体系的基本理论和相关知识。

第一节 法律体系和部门法

一、法律体系

汉语中的"体系"一词，是指若干有关事物或者某些意识互相联系而构成的一个整体。① 但是，"法律体系"，无论是在国内，还是在国外，都是一个多义词，大体说来，有着两种解释，就是广义的法律体系和狭义的法律体系。

一种解释是指一个国家法律的整体，如《牛津法律指南》所解释的法律体系："从理论上说，这个词组是适用于主权者，或者是根据基本规范直接和间接授权，为该社会制定的所有的法律。也就是一个国家或者一个共同体的全部法律。"②

一种解释是指某些有着共同特征的不同国家的法律组成的法律家族，如比较法学家达维德在《当代主要法律体系》中，把世界主要法律体系分为罗马日耳曼法系、社会主义各国法系和普通法法系③；有的是把法律体系作为法的类型、法系和法族等等适用的。

在我国，对于法律体系这个词组的理解和适用，在社会上是不一致的。有的理解为在某一方面成为系统的一类国家法律，有的理解为独立的国家法律整体，有的理解为国家的所有法的渊源分类体系，还有的理解为法律从制定到实施的整个法制过程体系或法制系统工程……

但是，在我国的法律实务界和法学界，对于法律体系的理解和适用比较统一或一致，也就是一般认为法律体系是指一个国家法律的整体，即通常是指由一个国家的全部现行规范性法律（文件）分类组合为不同的法律部门而形成的有机

---

① 参见《现代汉语词典》（第5版），商务印书馆2005年版，第1342页。
② David M. Walker, *The Oxforrd Companion to Law*, Clarendon Press, 1980, p.755.
③ 〔法〕勒内·达维德：《当代主要法律体系》，漆竹生译，上海译文出版社1984年版，第25—28页。

联系的统一整体。本书所指的法律体系,是指一个国家按照一定的原则和标准划分的同类法律(文件)所组成的全部法律部门所构成的一个有机联系的整体,即部门法体系。

二、部门法

(一) 部门法的概念

部门法又称法律部门,是指根据一定的原则和标准划分的一个国家的同类法律的总称。它是法律体系的有机构成部分,也是法律分类的一种形式。

部门法所指同类法律,不包括国际法,仅指国内法;不包括已经失效的法,仅指现行法;不包括将要制定但尚未制定的法律,仅指已经颁布生效的法律。

部门法或者法律部门具有自己的特征:

首先,每个部门法都统一和从属于国家的宪法,任何部门法不得自恃特殊而违背宪法;各个部门法之间相互协调,相互配合,共同构成一个以国家宪法为基础和核心的和谐有序的法律体系。

其次,各个部门法又是相对独立的,内容又是相异的。如果它们之间是相同的,那就不能称为不同的法律部门了。

再次,各个法律部门的结构和内容基本上是确定的,但又是开放的、相对的和变动的。由于人们掌握划分部门法的原则和标准不会完全相同,社会关系和法律规范又都是相对稳定的,那么,部门法及其结构和内容的适当变动就是不可避免的。

最后,部门法既有客观基础,也有主观因素,是主客观结合的产物。社会关系最终是社会生产力发展所决定的产物,"根据唯物史观,历史过程中的决定性因素**归根到底**是现实生活的生产和再生产";同时,又是社会的人们"一个作为整体的、不自觉地和不自主的起着作用的产物"[①],是各种社会力量互相作用产生的一种历史合力的产物。它是人们客观生存和发展的结果,不是个别人,也不是少数人主观愿望的建构。但法律毕竟是人们尤其是立法者主观活动的产物,它又带有主观的因素。所以,对于部门法的划分,虽然有着客观的基础,但毕竟是人们主观活动的产物。

(二) 部门法与法律规范、法律制度和规范性法律文件

1. 部门法与法律规范

法律规范是构成法律的最基本细胞,法律规范的一些分类,本书前面已经叙述过,这里不再赘述。法律部门是由同一类的法律构成的,而法律又是由法律规

---

① 恩格斯致约瑟夫·布洛赫的信,见《马克思恩格斯选集》第 4 卷,人民出版社 2012 年版,第 604、605 页。

范为主体构成的,没有法律规范,也就不会有法律,当然也就没有什么法律部门。至于什么类别的法律构成什么法律部门,稍后本章将予以讲述。

2. 部门法与法律制度

部门法与法律制度是两个既有联系又有区别的概念。除最广义的法律制度同法律体系含义相似外,一般我们所指的法律制度是指由同类法律规范构成的一种法律的分类。不过,这一法律制度的概念同部门法是一种交叉关系。一种法律制度,可以分属于几个法律部门,如财产所有权制度,涉及宪法、民法、经济法、刑法和诉讼法等法律部门;知识产权制度,涉及宪法、民法、行政法、劳动法、刑法和诉讼法等法律部门。反之亦然,一个法律部门,可以包括许多个法律制度,例如,作为部门法的刑法就包括刑罚制度、死刑制度、上诉申诉制度、辩护制度等,而民法部门包括财产所有权(物权)制度、合同制度、知识产权制度等多个具体的法律制度。虽然两者都是由同类法律规范构成的,一般来说,部门法的范围比法律制度的范围要广,而一般法律制度比法律部门范围要窄得多,多数情况是一个法律部门包括许多个具体的法律制度。

3. 部门法与规范性法律文件

部门法与规范性法律文件也是两个相互联系又相互区别的概念。规范性法律文件是法的内容的表现形式,部门法就是由多个规范性法律文件构成的。但是,部门法不等于规范性法律文件。部门法往往是由许多个规范性法律文件构成的。有时候,规范性法律文件的名称与部门法的名称是一致的,如"中华人民共和国宪法",可以认为是作为一个规范性法律文件的宪法,也可以认为是作为一个法律部门的宪法部门,当然它还意味着作为一种法的渊源的宪法。如刑法和劳动法,也可以指作为规范性法律文件的刑法和劳动法,也可以被认为是刑法部门和劳动法部门。这里需要指出的是,这些部门法除了包括上述相应同名规范性法律文件之外,一般还包括其他许多规范性法律文件,如宪法部门还包括有关国家结构的组织法、选举法、国籍法、民族区域自治法、特别行政区法,等等。在许多情况下,作为部门法没有相同名称的一个规范性法律文件与之对应。例如,环境法、行政法、经济法等就没有名称相同的一个规范性法律文件与其部门法对应,而是由多个规范性法律文件构成。

(三) 法律体系与立法体系和法学体系

1. 法律体系与立法体系

这里的首要问题是对立法体系的理解。如果把立法体系理解为国家机关制定的全部规范性法律文件,那么法律体系与立法体系大致是相等的,都是指一个国家的全部规范性法律文件;如果立法体系所指是立法规划,那么两者就有所不同,法律体系的全部内容不可能都包括在立法规划中,立法规划的内容和范围总是有限的;如果立法体系是指法律规范性文件的系统化,而系统化又是采用某种综合性形式,例如《六法全书》等法典式的形式,那么可以认为两者是等同的。如果把立法体系理解为立法权限体系、立法权运行体系和立法权载体体系的综合,那立法体系与法律体系两个概念就很不同。

法律体系与立法体系密切相关。在一定意义上可以说,没有立法体系,就不会有法律体系,换言之,没有一定的系统的立法,也就不会有什么法律体系。

2. 法律体系与法学体系

法律体系与法学体系也是密切相关的。法学体系是关于法学研究的范围和分科。法律体系为法学体系提供条件和对象,没有法律体系也就很难进行法学学科的分类和研究;法学体系又为健全和发展法律体系指出方向、目标和任务,没有法学体系,就无法从理论上得知法律体系的缺陷和问题,就无法科学地丰富和完善法律体系。关于这一问题,本书第一章已有论述。

(四)研究法律体系的意义

学习和研究法律体系具有重大的理论意义和实践价值。

第一,可以帮助我们更好地认识和理解法的本质。法律体系是一种法的表现形式,在对于这种法律形式的研究中,我们可以进一步了解法的内容和形式之间的辩证统一关系,纠正那种只注意内容忽视形式的错误,也避免过于注重形式而忽略内容的倾向。只有以辩证唯物主义的哲学观把两者辩证统一地看待和处理,才能符合事物的本来面貌,才能科学地反映法律现象。还有,法律体系的概念,无论是英文的法律体系(legel system),还是俄文的法律体系(Система права)以及其他语种的法律体系,都可以翻译成法律系统,而把系统作为研究对象的系统科学是当代的一门前沿学科。用系统科学的理论和方法研究法律,将避免片面性、绝对化的错误倾向,对于树立整体观念和大局意识是至关重要的。

第二,有助于国家的立法活动。我们懂得法律体系是一个国家统一协调的各个部门法构成的有机联系的整体,而每个部门法是相对独立又是各具特征的法律构成的。这样,我们通过研究可以发现法律体系中的缺陷和不足,在法律的创制、修改和废除过程中,可以消除法律规定之间相互冲突和不一致的现象,弥补法律规定的缺陷和空白,使我国社会主义法律体系更加统一和协调,从而进一步发展和完善我国社会主义法制。

第三,有助于法学研究、法学教育和法制宣传。因为我国的法学研究和教学,是以我国的法律体系为基础和前提的,尽管我们也要和必须学习和研究法律史和外国法,但是任何一个国家的法学研究和教学,都必须把重点和主要精力放在本国的现行法上;而学习和研究法律史和外国法,其目的还是服务于现实的法制建设。没有对于法律体系的知识和基本理论,连基本的部门法分类都不懂,就很难搞好法学研究和教学,也就不能科学、全面和有效地进行法制宣传教育。

第四,有助于学习和借鉴外国的法律和法学的经验。如果不懂得有关法律体系和法律部门的知识和理论,对外国的法律和法学的认识就不可能全面、正确和科学,面对各种千差万别和形形色色的法律形式及其历史演变,就感到茫无头绪。反之,就能够立足本国国情,有分析、有条件地去学习和借鉴外国的法律和法学为我国社会主义法治服务,而不会生搬硬套。

三、划分部门法的原则和标准

根据部门法的概念,可以知道其中的关键是划分它的原则和标准。只有掌握划分的原则和标准,才能比较好地理解和掌握法律体系和部门法的概念。

(一) 划分部门法的原则

划分部门法的原则应该有以下六个:

1. 合目的性原则

划分部门法的目的是为了方便人们了解和掌握本国的现行法律。人们不可能都了解和掌握国家的全部现行法律,实际上,对于绝大多数公民来说,也没有必要。但是最重要的法律和同自己关系最密切的法律,却必须了解和掌握。同时,人们在学习和研究某个问题,尤其是人们从数以千计的法律和法规中找解决某个问题(纠纷、官司)的有关法律时,必须借助于部门法划分的理论和知识,才可能顺利达到目的。所以,划分部门法时,这是首先注意的一个原则。

2. 从法律法规的实际出发的原则

划分部门法时,还要考虑到划分对象的具体情况。就是说,要注意到法律调整的社会关系的广泛程度和现行法律、法规的数量。我们对于那些社会关系比较广泛的领域,可以划为一个、甚至几个法律部门,如经济领域,可以分为民法、经济法等部门;对于那些法律法规很少的社会关系领域,可以予以合并,如选举法是一个调整重要社会关系的法律,可是数量不多,将来也不会很多,根据其调整的社会关系的性质,可以把它合并到宪法部门中去。所以在划分部门法时,一定坚持从社会关系和法律法规的实际情况出发的原则。

3. 适当平衡原则

划分部门法时要注意各个法律部门之间保持适当平衡,也就是说,划分时包括的法律的范围不可过于宽,也不可过于窄,就是说具体的法律部门所包含的法律、法规不要太多,也不要太少,要保持适当平衡。同时,还可以在一些独立的部门法(称为母部门法)中,再划分为具有从属关系的第二、第三甚至第四层次的部门法(可以依次顺称为子部门法等)。

4. 相对稳定原则

划分部门法,要考虑法律的稳定性,部门法的内容和结构不可能总是在变化。这就要考虑到未来的立法情况,做好立法预测工作。尤其是在社会关系变动较大的时期,更应注意这一特点。例如,劳动法和社会保障法,就目前我国实际情况看,虽然没有多少法律和法规,但就未来的社会发展和外国的立法经验看,应该把它们分别列为两个法律部门。这样才避免法律体系结构的频繁变动。

5. 重点论原则

凡事都有两个方面或者两点,即两点论。但是,这两点一般不会总是处于平衡状态,总有一个方面或一点处于支配或者占主导地位,这又是重点论。具体的社会关系和法律,其情况是极为复杂的,有时用一个或者几个标准予以划分,也很难弄清属于哪个法律部门。比如,著作权法和专利法既属于行政管理领域的社会关系,也属于知识产权关系,按照前者,可以划为行政法部门;按照后者,可以划为民法部门。这样,就要按照重点论的原则,以其主导因素定其归属。考虑到其主导因素是调整公民个人与企事业单位之间的财产关系,所以应划归为民法部门。

6. 辩证发展原则

客观世界是在发展变化的,社会关系也是在发展变化的,作为调整社会关系的法律本身当然也会发展变化。由于法律和法规在变化,作为它的分类的法律体系和法律部门必然发生变化。同时,人们的主观认识也不会停留在一个水平上,实际上也在发生着变化。由于主客观都在变化,所以,部门法的划分就不可能是绝对的,只能是相对的,没有也不可能有适用于一切时代的、任何国家的、永不可变的部门法划分的模式。

部门法的具体划分,由于划分者的主观情况和意图、关注和强调的角度或者原则、标准有所差别,也不会是完全一样的。所以,在社会上有许多不同的划分法,这是正常的。但是,力求部门法的划分尽可能科学和实用,既合乎逻辑又便于具体操作,应该是我们的共同方向和目标。

(二) 划分部门法的标准

上边我们叙述了部门法划分的一些原则,但是,这些原则需要体现在划分的标准之中。具体来说,应该按照如下标准划分法律部门:

(1) 法律所调整的社会关系种类应该是划分部门法的第一位标准。众所周知,法律是调整社会关系的,每项法律的制定都是对于某一社会关系的规定,可以说,离开了社会关系,就不会有任何法律的存在。虽然社会生活具有复杂性、多样性的特点,社会关系种类众多、领域广泛和各具特征,但是总是可以归类和区别的,因而部门法的划分要以此为首要标准。也就是说,按照法律调整的社会关系的性质和种类不同来划分部门法。例如,调整财产关系和人身关系的划归民法,调整行政关系的划归行政法,调整商业关系的划归商法,调整劳动关系的划归劳动法,等等。

这里要注意的是,法律所调整的社会关系与法律所直接保护的对象要区别开。有的法律,比如环境保护法,它保护的直接对象是某种自然环境、水、大气和某一空间,这就容易给人造成一个错觉,好像这类法律不是保护某种社会关系,而仅是保护某种物的。确实,这类法律不像婚姻家庭法、刑法那么明显地看出是保护婚姻家庭关系、人身关系和财产关系的,但是,它是通过对于某种物的直接保护而间接地调整某种社会关系的。例如,环境破坏导致污染,就会给他人和社会带来和可能带来危害,那么就会影响其他人的权利,如人身权、居住权和生命权等,这同时就破坏了这类社会关系。所以,环境保护法就是调整这类社会关系的。这里是通过某种具体的物来体现社会关系的,影响了某物,同时也就影响了某种社会关系。

(2) 社会关系的法律调整的机制是划分部门法的第二位标准。仅仅利用法律调整的社会关系的种类来划分法律部门,不能全部解决法律部门划分的问题,也就是说对于一些法律很难按社会关系予以划分,例如,刑事法律,按照社会关系类别,就无法将它单独列入哪一个具体的法律部门。

法律调整机制是指包括整个法律调整系统的结构、功能、各个组成部分之间的关系以及发生作用的过程和方式。

在划分法律部门时,我们不仅要注意到法律所调整的客观的社会关系领域,而且也应该注意到人们对于社会关系的法律调整机制,包括法律调整的方法,法律关系主体权利义务确定的方式和方法,权利的确定性程度和权利主体的自主性程度,法律事实的选择,法律关系各方主体的地位和性质,保障权利的途径和手段等。[①] 仅仅利用法律所调整的社会关系领域作标准来划分法律部门显然是不够的,还要综合利用法律调整机制的多个标准。也就是说,划分法律部门仅利用一个标准是不够的,利用两个标准有时也是不够的,比如利用法律调整社会关系领域和法律调整方法,就无法区分开都是作为调整经济关系的民法和经济法部门,那就需要加入一个法律所调整的法律关系主体之间的地位和关系这一标准,就是说如果他们之间是平等的主体之间的财产关系的,就划归为民法部门;非平等关系即有某种在国民经济系统中有着管理和被管理关系的,就划归为经济法。这是由于同一个对象(社会关系)可以用不同方法予以调整,而不同的对象可以用同一个方法调整(例如刑法就是利用刑罚的方法对于多种社会关系的法律调整)。

(三) 社会关系和法律调整都是客观的

上述法律调整的对象即社会关系领域是一种客观存在,而法律调整机制也不是人们仅凭主观想象就可以任意设计和构造出来的,在一定意义上来说,除了

---

① 沈宗灵主编:《法学基础理论》,北京大学出版社 1995 年版,第 359—360 页;孙国华主编:《法学基础理论》,法律出版社 1982 年版,第 263 页。

它的主观性的一面,也有客观性的一面,即法律调整机制是在一定的客观社会关系基础之上的活动。我们可以认为,社会关系是法律调整的基础和条件,没有社会关系就没有什么法律调整;法律调整又是社会关系产生和维系的一个重要因素,任何社会关系都是人们相互作用的结果。在人们相互作用期间,在形成和维系某种社会关系的过程中,法律调整作为人们相互作用的机制之一,确实起到非常大的作用,这一点越来越被更多的人所理解和重视。

第二节 中国特色社会主义法律体系的基本框架

一、中国法律体系的历史演变

在我国法律制度史上,自从战国时期的李悝编著《法经》起,一直到清朝末年沈家本修订法律前为止的整个历史时期,基本上是采用了"诸法合体,以刑为主"的法律体系形式,民法、商法、行政法等法律部门不独立,而是包含于刑法中。这种情况,就很难说部门法和建立法律体系的问题。自沈家本修订法律以来,中国在法的渊源方面是以民法法系国家为模式,逐步建立了包括宪法、法律、行政法规等制定法为主的形式。这样,我国领域主体的大陆地区,在法律体系方面,也是按照民法法系的模式,初步形成了近代意义上的、具有民法法系特点的法律体系。

二、中华人民共和国的法律体系

中华人民共和国成立之后,受当时的各方面因素所决定,我国法制建设和法学教育,主要是在我国革命根据地法制建设的基础上学习苏联而进行的,所以法律体系的划分也是仿照原苏联的模式,仅在个别部门法的名称上有所不同。在20世纪50年代后期,鉴于苏联的经验和教训,我国法制建设为了与当时国家的政治、经济和国际形势相适应,也曾经有过自己的创造,但是,法制建设基本上没有占据重要地位。中共十一届三中全会以后,我国法制建设由于党和国家的一系列规范性文件的强调,"发扬人民民主,健全社会主义法制"成为社会共识,法律、法规的制定也越来越多。法学界对部门法的划分的观点,大体上是达成共识的,但是仍旧存在一些分歧,在1986年以前,主要是对如何划分经济法同民法、行政法的问题,长期存有争论。

自从20世纪90年代初期,中国共产党第十四次全国代表大会提出我国经济体制改革的目标是建立社会主义市场经济体制后,人们接受了在一定意义上来说市场经济就是法制经济的论断,关于经济方面的立法数量显著增加,从而充实了我国的法律体系;由于坚持对外开放的基本国策,国际交往日趋增多,立法也逐步同国际通行的规则和国际惯例相适应。此外,在大量制定经济方面的法律,完善市场经济体制的同时,也注意到制定其他方面的法律,如保障人民当家做主、规范行政和司法行为,保障公民权利,保护知识产权、发展科技和文化教育等方面的法律。可以这样说,我国目前社会主义法律体系的基本框架已经基本形成。

三、中国特色社会主义法律体系的性质和特征

（一）中国特色社会主义法律体系的性质

中国特色社会主义法律体系的性质,顾名思义,它必须是属于社会主义的法律体系。所谓社会主义性质的法律体系,根据马克思主义原理,它就是产生于社会主义的经济基础并为社会主义经济基础服务的上层建筑之一。

根据中国共产党在社会主义初级阶段的主张和现行宪法规定,在经济上,要始终坚持两条根本原则,一是以社会主义公有制经济为主体,一是共同富裕。当代有中国特色社会主义的法律体系,从根本上来说,在生产资料所有制关系上,就是要维护和巩固以生产资料公有制为主体的所有制关系,在分配制度上,就是维护和巩固以按劳分配为主的分配方式。一切其他所有制形式和分配方式的存在和发展,是由社会主义初级阶段的国情所决定的,是有利于社会主义经济的存在和发展的,所以,我国社会主义法律要确认其应有的地位和作用。在政治上,要坚持社会主义道路,坚持人民民主专政,坚持共产党的领导,坚持马列主义、毛泽东思想和中国特色社会主义理论体系。

总而言之,只要坚持中国共产党在社会主义初级阶段的基本路线,就能保持我国法律体系的社会主义性质。

（二）中国特色社会主义法律体系的特征

中国特色社会主义法律体系的特征,就必须反映法律体系的社会主义性质。社会主义性质,是一切社会主义国家法律体系的共性、普遍性,但是,在如何体现社会主义性质上,每个社会主义国家法律体系必须具有自己的个性、特殊性。不体现社会主义性质的法律体系,就不是社会主义的法律体系;没有自己个性和特殊性的社会主义法律体系,也不会是社会主义法律体系。

笔者理解,我国社会主义法律体系的最大特色,就是根源于我国社会主义初级阶段的实际国情所产生的特征。正如中共十五大报告所指出的:"我们讲一切从实际出发,最大的实际就是中国现在处于并将长期处于社会主义初级阶段。""在中国,真要建设社会主义,那就要只能一切从社会主义初级阶段的实际出发,而不能从主观愿望出发,不能从这样那样的外国模式出发,不能从对马克思主义著作中个别论断的教条式理解和附加到马克思主义名下的某些错误论点出发。"

在研究我国社会主义法律体系的特征时,以下几个方面关系是不能忽视的:

第一,必须深刻理解和正确处理传统与创新的关系。我国今天的社会主义法律体系是历史上,尤其是新中国成立以来法律体系的继续和发展,我们要建构新的法律体系,离不开历史上的法律体系。传统必须研究,好的传统不能丢,只能继承和发展。为此,必须深刻懂得我国历史上的法律体系状况及其演变过程。

第二,必须认真对待和正确处理学习借鉴外国经验与立足本国的关系。改革开放是我们时代的重要特征,任何国家的建设事业要想得到发展,都离不开学习和借鉴外国。但是,学习外国的目的是为了自己国家,必须立足本国实际,引进一切适合国情的经验,不能完全照搬,必须认真分析,有区别地学习和借鉴。

第三,必须全面分析和从整体上考虑法律体系现状和未来发展的关系。法律体系,说到底,最终还是受制于社会经济关系,而经济关系要受制于社会生产力的发展。人们只能在这个范围内,发挥自己的主观能动性。我国法律体系的建构既不能满足于现状,故步自封,也不能贪快求新,脱离实际,应该从实际出发,全面分析国情,从国家和社会的整体上,从当前现状和未来发展上来考虑法律体系的建构问题。

四、中国特色社会主义法律体系的基本框架

中国特色社会主义法律体系的基本框架或者基本结构如下:

(一) 宪法

作为法律部门的宪法,是规定国家和社会的根本制度,公民的基本权利和义务,国家机关的地位、组织和活动原则等重大社会关系的法律的总称。"宪法"可以指作为我国社会主义的根本大法的一种法律渊源,也可以指规范性法律文件的宪法,还可以指作为同类规范总称的宪法部门。宪法作为法的渊源具有最高的法律效力和地位,一切法律、法规和规范性法律文件都依据宪法而制定,不得违背宪法的规定;宪法的制定有着特殊的方式和程序。作为部门法的宪法,是我国社会主义法律体系的基础和主导性的法律部门,是其他部门法所有规范性法律文件的最高依据。作为规范性法律文件的宪法,是我国宪法法律部门的基础性的法律文件。总之,宪法作为一个法律部门,处于特殊的地位和起着重大的作用。

关于宪法,正如习近平所指出的:"我国宪法以国家根本法的形式,确立了中国特色社会主义道路、中国特色社会主义理论体系、中国特色社会主义制度的发展成果,反映了我国各族人民的共同意志和根本利益,成为历史新时期党和国家的中心工作、基本原则、重大方针、重要政策在国家法制上的最高体现。……新中国成立以来六十多年我国宪法制度的发展历程,我们可以清楚地看到,宪法与国家前途、人民命运息息相关。维护宪法权威,就是维护党和人民共同意志的

权威。捍卫宪法尊严,就是捍卫党和人民共同意志的尊严。保证宪法实施,就是保证人民根本利益的实现。只要我们切实尊重和有效实施宪法,人民当家作主就有保证,党和国家事业就能顺利发展。反之,如果宪法受到漠视、削弱甚至破坏,人民权利和自由就无法保证,党和国家事业就会遭受挫折。这些从长期实践中得出的宝贵启示,必须倍加珍惜。我们要更加自觉地恪守宪法原则、弘扬宪法精神、履行宪法使命。"[①]

作为宪法部门,除1982年12月4日第五届全国人大第五次会议通过的《宪法》(后经1988年、1993年、1999年、2004年四次修订,共有31条修正案)作为占主导地位的法律文件以外,还有处于附属层次的法律或者称为"宪法相关法",主要规范性文件有:

(1) 关于国家主权及其标志立法,有:《国籍法》《国旗法》《国徽法》《反国家分裂法》《领海及毗连区法》《专属经济区和大陆架法》。

(2) 特别行政区基本法:《香港特别行政区基本法》和《澳门特别行政区基本法》,《香港特别行政区驻军法》和《澳门特别行政区驻军法》。

(3) 民族区域自治法:《民族区域自治法》。

(4) 选举法和代表法:《全国人民代表大会和地方各级人民代表大会选举法》《全国人民代表大会和地方各级人民代表大会代表法》。

(5) 国家机构组织法:《全国人民代表大会组织法》《国务院组织法》《人民法院组织法》《人民检察院组织法》《地方各级人民代表大会和地方各级人民政府组织法》。

(6) 立法法和人大议事程序法《立法法》《全国人民代表大会议事规则》《全国人民代表大会常务委员会议事规则》。

(7) 居民、村民自治法:《城市居民委员会组织法》《村民委员会组织法》。

(8) 法官法、检察官法:《法官法》《检察官法》。

(9) 公民基本权利保障法:《集会游行示威法》《戒严法》《归侨侨眷权益保护法》《国家赔偿法》《各级人民代表大会常务委员会监督法》。

(10) 其他附属法律和涉外法律和规范性法律文件,如:《缔结条约程序法》《外交特权与赦免条例》《领事特权与豁免条例》等。

(二) 行政法

行政法是指关于规范和调整国家行政关系的法律的总称。行政法主要包括关于行政管理体制、行政管理基本原则、行政机关活动的方式、方法、程序以及有关国家机关工作人员的法律规范。

[①] 《习近平在纪念现行宪法公布施行30周年大会上的讲话》,http://www.gov.cn/ldhd/2012-12/04/content_2282522.htm, 2014年5月3日访问。

这里首先要区分开,行政法和行政法规这两个概念。行政法指的是一个法律部门,而行政法规是指一种法的渊源。行政法包括大量的行政法规,但是不限于行政法规,其他法的渊源中关于规范和调整行政关系的法律,也属于行政法部门,例如全国人大及其常委会制定的法律和地方国家机关制定的地方性法规、规章中关于行政关系的,就属于行政法。国务院制定的行政法规,绝大多数是属于行政法部门的,但是也有属于其他法律部门的,例如,行政法规中属于民法、商法、经济法和劳动法等部门法的法律,就不属于行政法。总之,两者是一种交叉关系,两个概念有着明显的区别,不可混淆。

由于行政关系复杂繁多,不可能像刑法、民法、劳动法部门那样制定一部比较全面系统的行政法典或者制定一个统一概括的规范性法律文件。作为一个部门的行政法,是由许多单行的法律、法规和规章以及其他规范性法律文件构成的。

行政法有一般行政法和特别行政法之分。

一般行政法,是指对一般的行政关系加以调整的法律规范的总称。它规范和调整国家行政机关的组织、任务、职权范围和活动方式,国家管理活动的任务、原则、方式和方法,国家行政管理人员的地位、相互关系、职权和职责,社会组织和公民个人在行政关系中的地位、权利和义务等,如行政组织法、公务员法、行政处罚法、行政程序法等。主要的规范性法律文件有:《行政许可法》《行政诉讼法》《行政处罚法》《行政监察法》《行政复议法》《公务员法》《行政监察法》《行政强制法》和《人民警察法》等法律;《行政复议法实施细则》《信访条例》《政府信息公开条例》《机关事务管理条例》等法规。这方面的法律、法规还比较缺乏,亟须制定。

特别行政法,是指对特别的行政关系加以调整的法律规范的总称。它规范和调整各个行政职能部门的行政关系,其中包括国家安全和社会公共安全行政法、体育行政法、教育行政法、民政行政法、卫生行政法、交通行政法、基建行政法、海关行政法、科技行政法和司法行政等等。这方面的规范性法律文件,在法律体系中是最多的一个法律部门,主要有:《国家安全法》《保守国家秘密法》《人口与计划生育法》《居民身份证法》《土地管理法》《城市房地产管理法》《建筑法》《铁路法》《邮政法》《测绘法》《城乡规划法》《教师法》《义务教育法》《体育法》《教育法》《高等教育法》《职业教育法》《民办教育促进法》《学位条例》《科学技术进步法》《执业医师法》《食品安全法》《药品管理法》《精神卫生法》《禁毒法》《传染病防治法》《职业病防治法》《献血法》《档案法》《消防法》《通用语言文字法》《文物保护法》《野生动物保护法》《海关法》《防震减灾法》《突发事件应对法》《治安管理处罚法》《律师法》《公证法》《人民调解委员会条例》《监狱法》《突发事件应对法》等法律;《行政机关公务员处分条例》《保安服务管理条例》

《戒毒条例》《退伍士兵安置条例》《法律援助条例》《学位条例》《教师资格条例》《出版管理条例》《音像制品管理条例》《广播电视管理条例》《营业性演出管理条例》《娱乐场所管理条例》《信息网络传播保护条例》《全民健身条例》《医疗事故处理条例》等法规。

(三) 民法和婚姻家庭法

民法是指调整平等主体的公民之间、法人之间、公民和法人之间的财产关系和人身关系的法律规范的总称。

根据概念可知,适用于民事法律规范的法律关系主体的地位是平等的;财产关系是指包括以财产所有权为主的物权、债权、继承权、知识产权关系;人身关系是指无直接财产内容,但可以成为取得财产权利的前提,与人身不可分离的一种社会关系,包括人格权和身份权。我国正在制定一部比较系统和全面的民法典。1986年制定的《民法通则》和2007年制定的《物权法》是主要的规范性法律文件,同时还有一系列单行的法律、法规。

主要规范性文件有:

(1) 民法通用基本原则和主要法律规范:《民法通则》(1986年制定,2009年修正)。

(2) 物权法:《物权法》。

(3) 合同法:《合同法》《招投标法》《电子签名法》。

(4) 民事侵权行为法:这方面的法律规定散见于《民法通则》和其他单行法中,制定的单行的法律是《侵权责任法》。

(5) 知识产权法:《商标法》《专利法》《著作权法》《实施国际著作权条约的规定》以及国务院制定的其他关于相应法律的实施细则或者条例。

婚姻家庭法是指调整婚姻和家庭关系的法律规范性文件的总称。有的将该部分法律归入民法部门,有的主张单独列为一个部门。因为民法中的一些基本原则,如等价交换等,不完全适用于婚姻和家庭关系,所以单独列为一个部门法比较合适。新中国成立后,我国制定的第一部法律,就是1950年颁布实施的《婚姻法》,现行《婚姻法》是在1980年制定的,在2001年经过了修正。

婚姻家庭法主要规范性法律文件有:《婚姻法》《婚姻登记条例》《中国公民同外国人办理婚姻登记的几项规定》《收养法》《继承法》。

(四) 商法

商法是指调整商事法律关系主体和商业活动的法律规范的总称。

商法起源于18世纪英国的商人法,在普通法法系国家,商法一般不构成一个独立的法律部门,仅是一个概括性的名称,主要指合同法和财产法中那些与企业组织和商业惯例有关的内容,无论是商业性的交易还是朋友之间的交易,适用相同的法律,在法律上没有商人和商业的分类。

在大陆法系国家,源于 1807 年制定的《法国商法典》的民商分立传统,民法与商法一般是独立的或分立的法律部门,民事关系和商事关系用不同的法律规定,适用不同的法律,商法一般是不适用于普通消费者的。但后来,也有的大陆法系国家采用民商合一的方式。

商法同民法、经济法的区别,主要在于商法调整的是商事关系或商事行为,即企业组织和商业活动。不属于商业行为的,不予调整。但是,我国没有单独的叫做商法的规范性法律文件,所以,民法规定的有关概念、原则和规范也适用于商法。从这个角度上可以说,我国实行的是"民商合一"的方式,有的学者称为"民商法"。但是,有的学者不赞成这种提法,主张应该把两者区分开,称为民法和商法,以免混淆它们之间的区别,从而影响商法本身的地位。

属于商法的主要规范性法律文件有:
(1) 公司法:《公司法》《公司登记管理条例》。
(2) 证券法:《证券法》《证券投资基金法》。
(3) 票据法:《票据法》。
(4) 担保法:《担保法》。
(5) 拍卖法:《拍卖法》。
(6) 信托法:《信托法》。
(7) 期货交易法:《期货交易管理条例》。
(8) 海商法:《海商法》。
(9) 贸易法:《对外贸易法》《进出口商品检验法》。

(五) 经济法

经济法是国家在实现管理经济的职能中调整国民经济关系的法律规范的总称。

经济法在我国是自 20 世纪 80 年代初期新兴起的一个法律部门。由于社会经济关系的多样化和复杂化,经济关系之间互相交错和融合,致使我国法学界对于经济法作为一个独立的法律部门的划分,以及与民法、行政法、环境法、商法以及劳动法之间的关系长期存在分歧和争论:主要是在调整的社会关系的范围大小和调整的对象(主体)上存在着争论。在 1986 年《民法通则》颁布之后,民法同经济法的界限大体上确定下来,即平等主体的经济关系属于民法范围,不平等主体的经济关系属于经济法。但是,经济法同其他法律部门的划分仍旧存在着分歧。

经济法与经济法制是两个不同的概念。经济法的概念前边已经叙述过,主要是经济法制的概念需要加以说明。社会上一般把经济法制理解为国家经济管理和社会经济活动的制度化、法律化,是经济立法、经济执法、经济监督、经济管理主体和经济活动当事人自觉守法以及社会上形成的有关经济法律观念的总和。而法学界一般认为,经济法制是指包括经济法、民法、劳动法、行政法、刑法等各个法律部门中有关整个社会经济管理和经济活动的法律规定和制度,以及依据这些法律制度形成的法律秩序,其核心是依法管理经济和依法开展经济活动,而经济法主要是指国家在宏观上管理经济的法律规范。

考虑到我国社会经济关系变动较大,涉及经济关系的各个部门法的划分,只能是相对的,难以求得很大的稳定性。只有随着社会经济关系的相对稳定,它们之间的划分才会比较固定下来。

我国主要的经济法方面的法律有:

(1) 关于国民经济和社会发展规划、计划和政策的法律:《中华人民共和国国民经济和社会发展第十一个五年(2006—2010年)规划纲要》《国家中长期科学和技术发展规划纲要》等。

(2) 关于经济体制改革的原则、方针和政策的法律:《全民所有制工业企业转换经营机制条例》《关于深化企业改革搞好国有大中型企业的意见》《国务院关于金融体制改革的决定》《国务院关于深化对外贸易体制改革的决定》,2013年11月12日中国共产党第十八届中央委员会第三次全体会议通过的《中共中央关于全面深化改革若干重大问题的决定》后,为便于落实,似应再有最高国家权力机关——全国人民代表大会或其常委会、国务院作出相应的决定或规定,等。

(3) 预算法:《预算法》。

(4) 审计、会计、统计和计量法:《审计法》《会计法》《注册会计师法》《统计法》《计量法》《标准化法》以及相应的实施细则或条例。

(5) 农业法:《农业法》《农村土地承包法》《农民专业合作社法》《种子法》。

(6) 企业法:《全民所有制工业企业法》《城镇集体所有制企业条例》《私营企业暂行条例》《合伙企业法》《个人独资企业法》《中小企业促进法》《中外合资经营企业法》《中外合作经营企业法》《外资企业法》《企业破产法》《企业国有资产法》。

(7) 银行法:《中国人民银行法》《商业银行法》《银行业监督管理法》《反洗钱法》以及有关外汇、信贷和储蓄管理的法律。

(8) 市场秩序法:《反不正当竞争法》《价格法》《消费者权益保护法》《计量法》《标准化法》《产品质量法》《农产品质量法》《广告法》《反垄断法》《政府采购法》等。

(9) 税法:《个人所得税法》《税收征收管理法》《企业所得税法》和其他各种单行的税法等。

(六) 社会法

社会法是指调整和规范劳动、社会保障、社会福利关系和特殊群体权益保障方面的关系的法律的总和。

社会法在我国作为一个部门法得到公认,其历史并不长。在本世纪初,立法机关才把社会法作为一个单独的法律部门。在2001年3月,李鹏委员长在九届全国人大四次会议上指出,根据立法工作的需要,初步将有中国特色的社会主义法律体系划分为七个法律部门,即宪法及宪法相关法、民法商法、行政法、经济法、社会法、刑法、诉讼与非诉讼程序法。同时将社会法界定为调整劳动关系、社会保障和社会福利关系的法律。

社会法是在国家干预社会生活过程中逐渐发展起来的一个法律门类,所调整的是政府与社会之间、社会不同部分之间的法律关系。其调整的社会关系,主要包括劳动关系、社会保障关系、社会福利关系以及社会特殊群体权益保障关系。

其中,调整劳动关系的法律是作为第二层次的社会法的劳动法,它是指调整关于劳动关系以及由劳动关系产生的其他关系的法律规范的总称。它包括劳动就业、劳动合同、劳动时间、劳动报酬、休假、劳动安全、劳动卫生、女工和未成年工保护、职业培训、劳动纪律、劳动争议处理等问题的法律调整和规定。

调整关于社会保险和社会福利关系的法律规范,主要是对于年老、患病、残疾、待业等丧失劳动能力者的物质帮助的各种措施,包括劳动保险、职工待业保险、职工生活困难补助以及农村中的"五保"等社会保险和对于社会成员福利的法律规定。

作为单独的法律部门的社会法的确立、发展和完善,对于社会的稳定和生产的发展,具有特殊的意义。1998年3月全国人大第九次会议通过的国务院机构改革方案,在劳动部的基础上组建劳动和社会保障部,说明我国政府对于社会保障的重视和强调,那么,社会法作为一个法律部门就更具有其重要和深远的意义。

社会法部门的主要规范性法律文件有:《劳动法》《安全生产法》《矿山安全法》《工会法》《女职工劳动保护特别规定》《职业病防治法》《残疾人保障法》《未成年人保护法》《预防未成年人犯罪法》《母婴保健法》《老年人权益保障法》《妇女权益保障法》,以及《社会保险法》《红十字会法》《公益事业捐赠法》等法律;《工伤保险条例》《失业保险条例》《城市居民最低生活保障条例》《军人抚恤优待条例》《社会救助暂行办法》《女职工劳动保护特别规定》等法规。

(七)军事法

军事法是指调整国防建设和军事方面关系的法律规范的总称。

国防现代化是我国社会主义四个现代化的重要组成部分之一,我国武装力量是社会主义国家政权的有机组成部分和坚强支柱。国防建设关系和军事关系是我国社会中的重要社会关系,调整和处理好这方面的关系,对于国家的安全和社会的稳定具有极为重要的意义。

我国军事立法一直得到党和国家的重视,军事立法得到很大发展,逐渐形成一个独立的重要法律部门。

军事法部门的主要规范性法律文件主要有:《国防法》《国防教育法》《兵役法》《军事设施保护法》《中国人民解放军选举全国人民代表大会代表和县级以上地方各级人民代表的办法》《预备役军官法》《现役军官法》《人民防空法》等法律。

(八) 环境法

环境法是指调整保护人类生存环境和自然资源、防治污染和其他公害方面关系的法律总称。环境法主要包括自然资源法和环境保护法,自然资源法是指对各种自然资源的规划、开发、利用、治理和保护等方面关系调整的法律,主要包括土地、水、森林、草原、矿藏等资源;环境保护法是指对保护环境、防治污染和其他公害方面关系调整的法律,主要包括对大气、水、噪声等的防治。

人类生存环境的保护和自然资源的合理开发利用和保护以及防治污染和其他公害,越来越成为摆在人类面前,特别是摆在我国人民面前的一个极为迫切的重大问题。由于某些地方和某些领域的人们,只片面追求经济的快速增长,即片面追求 GDP 的总增量,忽视自然资源的合理开发利用和环境的妥善保护,对于社会自然资源和自然生态,尤其是不可再生性资源的掠夺式开采和对于环境和生态的破坏,造成并将继续造成极为严重的恶果。全国人大在 20 世纪 90 年代初期虽然设立了环境与资源保护委员会(原为环境保护委员会),并且在立法方面也取得了很大成绩,但是,目前问题并没有得到根本解决,环境问题依然很严重。

环境法部门的规范性法律文件主要有:

(1) 自然资源法:《土地管理法》《水土保持法》《矿产资源法》《煤炭法》《水法》《森林法》《草原法》《渔业法》《畜牧法》《动物防疫法》《电力法》《节约能源法》《可再生资源法》等法律。

(2) 环境保护法:《环境保护法》《海洋环境保护法》《水污染防治法》《大气污染防治法》《环境噪声污染防治法》《固体废物污染环境防治法》《防洪法》《防沙治沙法》《野生动物保护法》《环境影响评价法》《防震减灾法》等法律。

(九) 刑法

刑法是指关于规定犯罪和刑罚的法律的总称。

刑法部门是一个最基本的法律部门,它在国家生活中起着非常重要的作用,也是人们最为关注的一个法律部门。新中国成立以来,由于各个方面的原因,我们很长时期没有制定一部统一的刑法,只有一些单行的刑事法律,直到 1979 年才颁布了我国第一部比较系统的《刑法》。此后,随着改革开放和社会主义现代化建设事业的形势发展和变化,针对社会上发生的新情况、新问题,为了更好地适应与犯罪斗争的实际需要,从而保护国家和人民的权益,到1997年3月为止,全国人大常委会陆续颁布了除《中国人民解放军违反职责罪暂行条例》这一特别刑法外,还作出了包括《关于严惩严重破坏经济的罪犯的决定》(1982年)、《关于严惩严重危害社会治安的犯罪分子的决定》(1983年),《关于严惩走私罪的补充规定》(1988年)、《关于惩治贪污贿赂罪的补充规定》(1988年)等在内的22个单行的条例、补充规定和决定。

由于1979年制定的《刑法》存在如下问题:第一,对有些犯罪规定得不够具体、不好操作及执行时随意性较大;第二,有些犯罪已经发展得很严重,需要相应加重刑罚;第三,十几年来,我国政治、经济和社会生活的发展变化,出现许多新情况、新问题,发生了一些新的犯罪行为。1997年3月第八届全国人大第五次会议通过了修订草案,即现行的《刑法》。刑法的修订主要考虑到,要制定一部统一的、比较完备的刑法典,注意保持法律的连续性和稳定性,以及对一些原来比较笼统、原则的规定尽量作出具体规定。

1997年现行《刑法》颁布以后,由于情势的变化,为惩治破坏社会主义市场经济秩序、毁林开垦乱占滥用林地、恐怖活动以及渎职等犯罪,先后于1999年12月、2001年8月、2001年12月、2002年12月、2005年2月、2006年6月、2009年2月和2011年2月对《刑法》经过八次补充修改,通过了八个修正案;与此同时,全国人大常委会多次对于《刑法》条文进一步完善和充实。

现行《刑法》进一步明确了刑法的三个基本原则,即罪刑法定原则,法律面前人人平等原则和罪刑相适应原则,对其他一系列有关问题作出了比较明确的规定,是目前我国最为完备的一部刑法典,是刑事法律部门最重要的规范性法律文件。

(十) 诉讼程序法

诉讼程序法是指调整关于诉讼活动关系的法律规范的总称,它包括行政诉讼法、民事诉讼法和刑事诉讼法。

我国诉讼法律部门主要规范性法律文件有:

(1)《行政诉讼法》,1989年4月4日第七届全国人大第二次会议通过,共有11章75条,是我国第一部所谓"民告官"的法律。《行政诉讼法》的最主要特点是国家行政机关作为被告同作为原告的公民或社会组织,以平等的身份出庭应诉,接受审判并承担相应的法律后果。该法的颁布和实施既是我国法制建设的一件大事,也是我国民主政治建设的一个重要步骤;对于贯彻《宪法》规定的关于保障公民合法权益的原则,维护和促进行政机关依法行政和加强廉政建设以及提高工作效率,有着重大意义。现行《行政诉讼法》是我国目前规范行政诉讼的最主要的法律依据和诉讼法部门的一个重要的规范性法律文件。

（2）《民事诉讼法》，1982年3月8日第五届全国人大常委会第二十二次会议通过了《中华人民共和国民事诉讼法（试行）》，共5编、23章、205条。1991年4月9日第七届全国人大第四次会议制定了《中华人民共和国民事诉讼法》，同时，废止原来试行的民事诉讼法。1991年制定的《民事诉讼法》，共4编、29章、270条。2007年10月第十届全国人大常委会第三十次会议和2012年8月第十一届全国人大常委会第二十八次会议进行第一次和第二次修正后，现行《民事诉讼法》共4编、27章、284条。现行的《民事诉讼法》是我国规范民事诉讼活动，即公民之间、法人之间、其他组织之间以及他们相互之间因财产关系和人身关系，提起民事诉讼的最主要法律依据，是正确实施我国民法的必要条件，是我国诉讼法律部门的一个重要的规范性文件。

（3）《刑事诉讼法》，1979年7月1日第五届全国人大第二次会议通过了新中国成立以来第一部比较完整和系统化的《刑事诉讼法》。1996年3月17日第八届全国人大四次会议和2012年3月14日第十一届全国人大第五次会议先后通过修改案。现行的《刑事诉讼法》共有5编、290条。修改后的《刑事诉讼法》对于刑法的正确实施，惩罚犯罪，保护人民，保障国家安全和社会公共安全，维护社会主义社会秩序，起着极为重要的作用。《刑事诉讼法》是我国诉讼法律部门的一个重要的规范性法律文件。

诉讼法律部门还有第二层次的部门法，主要规范性法律文件有：《仲裁法》《海事诉讼特别程序法》等。

第三节　中国特色社会主义法律体系的发展与完善

一、"中国特色社会主义法律体系"的概念

2002年11月8日中国共产党第十六次全国代表大会的报告提出"到2010年形成中国特色社会主义法律体系"，这是在党的文献中继1997年十五大出现"中国社会主义法律体系"之后，第一次出现"中国特色社会主义法律体系"的概念。在此之前，1993年11月14日中共中央第十四届三中全会《关于建立社会主义市场经济体制若干问题的决定》中，曾经提出20世纪末初步建立"适应社会主义市场经济的法律体系"。1998年3月全国人大常委会在第九届全国人大第一次会议上的报告中说："围绕市场经济体制的主要环节，努力构筑社会主义市场经济法律体系框架。"胡锦涛2007年10月15日在中国共产党第十七次全国代表大会上的报告中，明确指出："要坚持科学立法、民主立法，完善中国特色

社会主义法律体系。"①吴邦国委员长2008年3月8日在第十一届全国人民代表大会第一次会议的报告中指出:"到目前为止,我国现行有效的法律共229件,涵盖宪法及宪法相关法、民商法、行政法、经济法、社会法、刑法、诉讼及非诉讼程序法等七个法律部门;现行有效的行政法规近600件,地方性法规7000多件,以宪法为核心,以法律为主干,包括行政法规、地方性法规等规范性文件在内的,由七个法律部门、三个层次法律规范构成的中国特色社会主义法律体系已经基本形成,国家经济、政治、文化、社会生活的各个方面基本做到有法可依,为依法治国、建设社会主义法治国家、实现国家长治久安提供了有力的法制保障。"②

社会主义法律体系、适应社会主义市场经济的法律体系与市场经济法律体系是具有不同含义的三个概念。社会主义法律体系,是我们在法学中通常所指的法律体系,同时定性为"社会主义"性质的法律体系。适应社会主义市场经济的法律体系,也是指在法学中通常所指的法律体系。只是具有与社会主义市场经济相适应的特点。至于市场经济法律体系,同经济法制的概念相似,它不是法学中所指的一般的法律体系,而是包括经济法、民法、行政法、商法、劳动法、刑法和诉讼法各个法律部门在内的法律、法规和规章的总称。

中国特色社会主义法律体系的概念,可以说是从建设有中国特色社会主义的论断那里来的。建设有中国特色社会主义的著名论断,是邓小平在中国共产党第十二次全国代表大会的开幕词中提出来的。他指出:"我们的现代化建设,必须从中国的实际出发。无论是革命还是建设,都要注意学习和借鉴外国经验。但是,照抄照搬别国经验、别国模式,从来不能得到成功。这方面我们有过不少的教训。把马克思主义的普遍真理同我国的具体实际结合起来,走自己的道路,建设有中国特色的社会主义,这就是我们总结长期的历史经验得出的基本结论。"③在此之后,邓小平又多次强调,我国建设社会主义必须从实际出发,解放思想,实事求是,要结合中国的特点,自力更生。"因为在中国建设社会主义这样的事情,马克思的本本上找不出来,列宁的本本上也找不出来,每个国家都有自己的情况,各自的经历也不同,所以要独立思考。不但经济问题如此,政治问题也如此。""我们要建设的是具有中国自己特色的社会主义……总之,要紧紧抓住合乎自己实际情况这一条,所有别人的东西都可以参考,但也只是参考。世界上的问题不可能用一个模式解决。中国有中国自己的模式……"④

---

① 胡锦涛:《高举中国特色社会主义伟大旗帜,为夺取全面建设小康社会新胜利而奋斗——在中国共产党第十七次全国代表大会上的报告》,人民出版社2007年版,第31页。
② http://news.xinhuanet.com/video/2008-03/08/content_7745975.htm
③ 《邓小平文选》第3卷,人民出版社1993年版,第2—3页。
④ 同上书,第260、261页。

习近平最近明确指出:"我们党领导的改革历来是全面改革。问题的实质是改什么、不改什么,有些不能改的,再过多久时间也是不改,不能把这说成是不改革。我们不断推进改革,是为了推进党和人民事业更好发展,而不是为了迎合某些人的'掌声',不能把西方的理论、观点生搬硬套在自己身上。要从我国国情出发、从经济社会实际出发,有领导有步骤推进改革,不求轰动效应,不做表面文章,始终坚持改革的正确方向。""如果不顾国情照搬照抄别人的制度模式,就会画虎不成反类犬,不仅不能解决任何实际问题,而且还会因水土不服造成严重后果。"①

这些思想所体现的基本原理也同样适用于建设中国社会主义法律体系。

著名法国比较法学家勒内·达维德在《当代主要法律体系》一书为中译本所写的序言中,指出:"每个国家依照各自的传统制定自己制度与规范是适当的。但是传统并非老一套的同义语,很多改进可以在别人已有的经验中汲取源泉。"②这些话与上述论述的意思是一致的。

建立和完善中国特色社会主义法律体系,必须从中国的实际出发,解放思想,实事求是,独立思考,参考外国经验,但是绝不照抄照搬。它应该是立足我国社会主义法制建设的现实,继承中华民族优秀历史文化传统,吸取一切适合我国实际并有益的外国经验和教训,创造出既蕴涵深厚的中华民族优秀传统,又富有时代精神和改革特点的社会主义性质的法律体系。

二、努力建设中国特色社会主义法律体系

建设中国特色社会主义法律体系,归纳起来,应该注意以下几点:

第一,必须坚持以马克思列宁主义、毛泽东思想和中国特色社会主义理论体系为指导思想,这是坚持我国法律体系的社会主义性质和方向的保证。

第二,必须以中国国情和宪法为依据,这是我国法律体系科学性和合法性的保证。从实际出发,就是从我国还处于社会主义初级阶段的国情出发,离开了国情,就离开了法律体系的现实根基。以宪法为依据,因为宪法是我们治理国家的总章程,是社会主义法律体系的基础,一切立法活动和行为都必须符合和维护宪法。

第三,必须正确和全面地总结历史经验、面对社会整体的现实、放眼未来。必须认真总结历史经验,好的经验和传统不能丢,正确的东西不能丢;对于现实

---

① 中共中央文献研究室编:《习近平关于全面深化改革论述摘编》,中央文献出版社2014年版,第20页、21页。

② 〔法〕勒内·达维德:《当代主要法律体系》,漆竹生译,上海译文出版社1984年版,第2页。

要全面、正确和科学地分析，不要回避问题，不要骄傲自满，也不要消极悲观；要看到建立法律体系中的困难和问题，要增强信心和决心。

第四，要综合考虑道德、党纪、政纪、社区公约和村规民约以及传统风俗习惯。在建立我国法律体系时，一方面，要把法律体系本身看做一个相对独立的自成一体的体系，其内部要统一和谐；另一方面，法律体系又是社会上层建筑大系统中的一个子系统，又受制于其他子系统，它不是孤立的，而是开放的系统。所以，在具体构建我国法律体系时，必须考虑相关因素，其中包括：社会主义道德和共产主义道德的培养和提倡；整顿和恢复中国共产党的优良党风，严肃党的纪律；国家机关工作人员为人民服务宗旨的确立和严肃行政纪律；社区和乡村的精神文明建设的加强和公约的约束；我国优秀的传统风俗习惯的发扬，等等。

第五，正确处理公民与国家和社会、局部与整体、当前与长远以及中国同外国的关系。因为"阶级对各个人来说又是独立的，因此各个人可以看到自己的生活条件是早已确定了的：阶级决定他们的生活状况，同时也决定他们的个人命运，使他们受它支配"。"只有在集体中，个人才能获得全面发展其才能的手段，也就是说，只有在集体中才可能有个人自由。"①必须注重培养公民的社会责任、家国情怀和自我修养意识。在构建我国社会主义法律体系时，必须正确看待和处理公民个人与国家和社会的关系，既要防止忽视个人利益的错误，更要增强国家观念和集体主义思想；既要考虑局部和当前的利益，更要照顾整体和长远利益；立足本国实际，努力学习外国，学习外国的目的还是为了更好地建设适合我国情况的法律体系。

建设中国特色社会主义法律体系的目标，应该是在维护宪法的尊严和权威的基础上和前提下，各个法律部门齐全而协调，法律部门之间和谐而有序，整个体系和各个部门法的结构逻辑严谨、体例科学合理而又独具特色的社会主义法律体系。

参考题

1. 什么是法律体系？研究法律体系有什么意义？
2. 什么是部门法？划分部门法的原则和标准是什么？
3. 我国社会主义法律体系包括什么？
4. 如何进一步完善中国特色社会主义法律体系？

---

① 马克思、恩格斯：《德意志意识形态》，载《马克思恩格斯全集》第3卷，人民出版社1960年版，第61、84页。

参 考 书 目

1. 刘海年、李林主编:《依法治国与法律体系建构》,社会科学文献出版社 2008 年版。

2. 沈宗灵:《比较法研究》,北京大学出版社 1998 年版。

3. 韩延龙主编:《中华人民共和国法制通史》(下册),中共中央党校出版社 1998 年版。

4. 〔俄〕B.B.拉扎列夫主编:《法与国家的一般理论》,王哲等译,法律出版社 1999 年版。

5. 谢增毅:《社会法的概念、本质和定位:域外经验与本土资源》,载《学术与探索》2006 年第 6 期。

第四编　法的实施和监督

第十六章　法的实施

这一章主要学习有关法的实施的基本理论,包括法的遵守、法的执行和法的适用;法律效力的概念和种类;法律实效、法律效果和法律效益;法律实施的评价标准;影响法律实施的因素;当代中国法的适用原则等。

第一节　法的实施概念

一、法的实施的含义与意义

(一) 法的实施的含义

法的实施,是指法在社会生活中被人们实际施行的活动与过程。法作为一种行为规范,在被制定出来以后、实施以前,只是纸面上的法律,处在应然状态;法的实施,就是使法律从应然状态进入实然状态。法的实施的目的是将法律规范的抽象要求转化为人们的具体行为,将法律规则中的国家意志转化为现实的关系,将法律规范中的权利和义务转化为现实生活中的权利和义务。

法的实施的方式可以根据不同的标准进行分类,如按照法作用于社会关系的具体化程度可以分为通过具体法律关系的法的实施和不通过具体法律关系的法的实施;按照法律调整方式的不同可以分为权利(权力)的行使、义务的履行和责任的承担。在本章中,我们将以实施法律的主体为标准将法的实施分为三种:法的遵守、法的执行和法的适用。

(二) 法的实施的意义

法的实施是实现法的作用与目的的条件。法的实施与法的制定(立法)相对。法律本身反映了立法者通过法律调整社会关系的愿望与方法,反映了立法者的价值追求。法的实施是实现立法者的立法目的、实现法的作用的前提,是实现法的价值的必由之路。因此,有学者说:"法律的生命在于它的实行。"[①]

法的实施是建立法治国家的必要条件。在人治社会下,法律的效力来源于掌权者的个人权威,是否实施法律,如何实施法律,不是依照通过民主协商制定的规则,而是凭少数掌权者的个人意志。这种社会没有一个保证全面、严格地实施法律的有效机制。法治国家的要义在于法律的权威高于个人的权威,是依法

---

① Roscoe Pound, *Jurisprudence*, Vol. I, West Publishing Company, 1959, p.353.

而治,而不是依人而治。制定好的法律,并严格实施这种法律,被古希腊思想家亚里士多德认为是法治的两个重要条件。① 美国法学家博登海默也指出:"如果包含在法律规则部分中的'应然'内容仍停留在纸上,而并不对人的行为产生影响,那么法律只是一种神话,而非现实。另一方面,如果私人与政府官员的所作所为不受符合社会需要的行为规则、原则或准则的指导,那么社会中的统治力量就是专制而不是法律。因此,规范性制度的存在以及对该规范性制度的严格遵守,乃是在社会中推行法治所必须依凭的一个不可或缺的前提条件。"②

二、法的遵守

(一) 法的遵守的含义

"遵"有两个含义,一个是循,沿着;另一个是依从,按照。"守"是个多义词,在这里的意思是"奉行"。法的遵守可以有广义与狭义两种含义。广义的法的遵守,就是法的实施。狭义的法的遵守,也叫守法,专指公民、社会组织和国家机关以法律为自己的行为准则,依照法律行使权利(权力)、履行义务与承担责任的活动。通常人们所讲的"奉公守法"中守法的含义,大多限于不违法,不做法律所禁止的事情或做法律所要求做的事情。这是消极的、被动的。我们在本节讲法的遵守,当然包括这种消极、被动的守法,但还包括根据授权性法律规范积极主动地去行使自己的权利,实施法律。比如《消费者权益保护法》第15条第1款规定:"消费者享有对商品和服务以及保护消费者权益工作进行监督的权利",消费者行使自己的这种监督权,就是在实施法律。

守法的主体,即要求谁守法,与法律的本质、政体的性质、社会力量对比关系、历史及文化传统有着直接的关系。在中国古代,君主是制定法律者,本身不受法律约束;法律是封建统治者维护君主专制的工具,主要由服务于专制统治的封建官僚机器中的所有官吏来遵守;广大民众被法律所统治,当然也必须遵守法律。《管子·任法》中讲:"有生法,有守法,有法于法。夫生法者,君也;守法者,臣也;法于法者,民也。"这段话的大意是:君主创制法,官员执行法,老百姓遵守法。在中世纪欧洲,专制统治者在形式上也被要求遵守法律,是守法的主体,即所谓"国王在万人之上,却在上帝和法律之下"。③

我国《宪法》第5条第4款、第5款明确规定:"一切国家机关和武装力量、各政党和各社会团体、各企业事业组织都必须遵守宪法和法律。一切违反宪法

---

① 〔古希腊〕亚里士多德:《政治学》,吴寿彭译,商务印书馆1965年版,第199页。
② 〔美〕E.博登海默:《法理学:法律哲学与法律方法》,邓正来译,中国政法大学出版社2004年版,第255页。
③ 〔美〕伯尔曼:《法律与革命》,贺卫方等译,中国大百科全书出版社1993年版,第357页;龚祥瑞:《比较宪法与行政法》,法律出版社1985年版,第471页。

和法律的行为,必须予以追究。任何组织或者个人都不得有超越宪法和法律的特权。"这表明,在我国,所有人都是守法主体,所有组织都有义务守法;各政党,包括共产党,都要遵守宪法和法律,都要在宪法和法律的范围内活动。

守法的范围,即公民或社会组织应遵守哪些法律。在我国,守法的范围,包括广义的法律与非规范性的法律文件。广义的法律包括宪法和全国人民代表大会及其常委会制定的基本法律和非基本法律,以及有效的行政法规、地方性法规、行政规章和其他所有法律渊源。除了这些规范性文件之外,守法的范围还包括一定的国家机关在适用法律过程中,针对特定的人与特定的事而作出的非规范性法律文件,如判决书、调解书、裁定书。

(二) 法的遵守的意义

(1) 认真遵守法律是实现法的功能的基本途径。法的功能的实现,有赖于法的实施,而法律颁布以后得到人们自觉的遵守,体现法的权威、尊严和效力,是实施法律成本最小、效果最好的途径。如果法律颁布之后令不行、禁不止,虽然仍可以通过矫正和救济手段建立起法律所期望的秩序,但社会将为此付出一定的代价。当然,希望法律颁布以后得到人们完全彻底的遵守而不出现任何违反法律的现象也是不现实的,但不可否认,法律得到自觉遵守的状况越好,法的功能的实现程度也就越高。因此,要较好地实现法的功能,促使人们认真遵守法律是一个基本途径。

(2) 认真遵守法律是广大人民群众实现自身利益的必然要求。在我国,法律是人民共同意志和根本利益的体现。遵守法律,就是使体现在法律中的人民根本利益得到实现。同时,在现代法治社会中,法律是经过科学决策制定出的理性规则,它通过协调不同法律主体间的利益,实现对利益的合理安排和有效保护。因此,遵守法律,就是遵从科学、理性的规则来维护和实现自身利益。比如,合同法规定了订立合同的一些法定要素,遵守这些规定可以很好地防止纠纷的发生,或者即使发生纠纷也可以以完备的合同有理有据地维护自身合法权益。交通法规在这方面的作用就更为直观和明显。遵守交通法规,毋庸置疑是人们维护自身安全、保护自身利益的必然之选。

(3) 认真遵守法律是建设社会主义法治国家的必要条件。早在古希腊,亚里士多德就指出:"邦国虽有良法,要是人民不能全遵循,仍然不能实现法治。"[①]法治社会要求人们有良好的法律意识,遵守法律正是法律意识的体现;法治社会要求法律成为人们的基本行为准则,遵守法律就是对法律行为准则的践行。我们要建设社会主义法治国家,就应当使法律得到良好的遵守,否则法治就只能是空中楼阁。其中尤为关键的是,党和各级国家机关应当严格在宪法和法律范围

---

① 〔古希腊〕亚里士多德:《政治学》,吴寿彭译,商务印书馆1965年版,第199页。

内活动。无论何种社会主体,都应当平等地遵守法律,这是法治的要求。

三、法的执行

(一) 法的执行的含义

法的执行,简称执法,顾名思义,是指掌管法律,手持法律做事,实施法律。在日常生活中,人们通常在广义与狭义两种含义上使用这一概念。广义的执法或法的执行,是指所有国家行政机关、司法机关和经授权、委托的组织依照法定职权和程序实施法律的活动。如人们在讲到社会主义法制的基本要求是"有法可依、有法必依、执法必严、违法必究"时,就是讲的广义的执法。狭义的执法或法的执行,则专指国家行政机关和经授权、委托的组织依法行使管理职权、履行职责、实施法律的活动。行政机关被称为执法机关,就是在狭义上使用执法。本节所讲的法的执行,是狭义的法的执行。

国家行政机关和经授权、委托的组织执行法律是法的实施的重要方面。在现代社会,国家行政机关被称为国家权力机关或立法机关的执行机关,后者制定的法律和其他规范性法律文件,主要由前者贯彻、执行,付诸实现。

(二) 法的执行的特点

(1) 法的执行是以国家的名义对社会进行全面管理,具有国家权威性。这是因为:首先,在现代社会,为了避免混乱,大量法律的内容涉及社会生活各个方面的组织与管理,从政治到经济,从卫生到教育,从公民的出生到公民的死亡,无不需要有法可依。其次,根据法治原则,为了防止行政专横,专司社会管理的行政机关的活动必须严格依照立法机关根据民意和理性事先制定的法律来进行。因此,国家行政机关和经授权、委托的组织执行法律的过程就是代表国家进行社会管理的过程,社会大众应当服从。

(2) 法的执行的主体,是国家行政机关和经授权、委托的组织。目前在我国,执法主体分为三类:第一类是中央和地方各级政府,包括国务院和地方各级人民政府。国务院和地方各级人民政府依法从事全国或本地方行政管理,就是在全国或本地方执行法律的过程。第二类是各级政府中的行政职能部门,如公安行政部门、工商行政部门、教育行政部门等,行政职能部门依法在某方面进行管理,就是该领域执行相应法律的过程。第三类是因法律、法规授权而具有管理公共事务职能的组织和按照法律、法规规定由国家行政机关委托管理公共事务的组织,如我国《注册会计师法》第7条、第9条和第12条规定,注册会计师全国统一考试和通过考试后的注册由中国注册会计师协会组织实施,这就是由法律授权一个行业协会来管理公共事务。这些依授权或受委托而管理公共事务的组织,在授权或委托范围内执行相应法律。

(3) 法的执行具有国家强制性,行政机关和经授权、委托的组织执行法律的过程也就是行使执法权的过程。法的执行主体根据法律规定对社会进行管理，一定的行政权是进行有效管理的前提。行政权是一种国家权力，它既能够改变社会的资源分配、控制城市的人口规模，也能够在很大程度上影响公民的个人生活，如升学、就业、结婚、迁徙等。

（4）法的执行具有主动性和单方性。执行法律既是国家行政机关和经授权、委托的组织行使社会管理的权力，也是其承担对社会、对民众的义务，既是职权，也是职责。因此，法的执行主体在进行社会管理时，应当以积极的行为主动执行法律、履行职责，而不一定需要行政相对人的请求和同意，如卫生行政机关负责食品卫生检查。如果行政机关不主动执法并因此给国家或社会造成损失，就构成失职，要承担法律责任。

（三）法的执行的主要原则

（1）依法行政原则。这是指法的执行主体必须根据法定权限、法定程序和法治精神进行管理，越权无效。这是现代法治国家行政活动的一条最基本的原则。依法行政之所以是一条基本的执法原则，是因为：首先，行政机关在国家生活中占有特殊重要的地位。行政机关是国家的公共管理机关，其活动涉及国家和社会生活的方方面面，关系到人民群众的切身利益。伴随着社会文明的发展和知识经济的到来，行政机关的工作范围会越来越广泛，越来越复杂，与人民群众的关系会越来越密切。只有依法行政，使行政机关依据体现了人们对客观必然性认识的法律行事，才能避免、克服行政活动本身可能产生的任意性和偶然性，保证国家的稳定和社会的发展。其次，防止行政机关滥用权力。权力具有强制他人服从的特性，具有被滥用的可能。行政权是国家权力中的一项极为重要的权力，它掌管着社会的财产、武装力量，关系到公民的生老病死。法律一方面规定了通过法律手段对社会生活及国家事务进行管理的方式、方法，为行政机关的管理活动提供了法律依据；另一方面又对行政权的行使规定了限度、限制和程序，从而在实体上和程序上防止滥用行政权，保证行政权的行使始终服务于人民利益。因此，只有依法行政，公开、公平、公正执法，才能保证行政机关正确行使法律所赋予的职权，实现立法目的。

（2）行政合理原则。这是指法的执行主体在执行法律过程中，应当做到适当、公正、合理。行政合理原则与依法行政原则有机统一、互为补充。依法行政原则讲究行政行为应受到法律规则的羁束，但现实情况纷繁复杂，法律不可能事无巨细地对所有事项都作出规定，为了保持行政的效能，使法的执行主体在执法中能够灵活应对各种情况，就需要赋予其一定的自由裁量权。为了防止自由裁量权沦为恣意妄为的工具，就需要坚持行政合理原则，对执法主体的自由裁量权进行适当的控制和约束。这一原则要求在法律规定的条件下，执法主体根据合理的判断，决定作为或不作为，以及如何作为。具体要求包括：对行政相对人在法律上平等对待,在行使自由裁量权时遵从法律的原则和精神,对于不适当、不合理、显失公平的执法行为要通过法定程序予以及时纠正等。

(3) 讲究效能原则。这是指行政机关应当在依法行政和合理行政的前提下,讲究效率,主动有效地行使其权能,以取得最大的行政执法效益。讲究效能是由行政执法的目的决定的,是现代社会对行政执法提出的必然要求。行政执法是行政机关履行国家公共管理职能,积极、主动地在社会各个领域协调各种利益关系,裁断各种利益冲突,最大限度地确保行政相对人的权益得以实现。低效率的行政执法将难以有效实现其目的,特别是在现代社会,社会系统日益复杂化,更需要讲究效率才能够履行好其职能。

四、法的适用

(一) 法的适用的含义及需要法的适用的情况

法的适用,通常是指国家司法机关根据法定职权和法定程序,应用法律处理具体案件的专门活动。由于这种活动是以国家名义来行使司法权,因此也称"司法"。法的适用是实施法律的一种方式,对实现立法目的、发挥法律的功能具有重要的意义。

在多数情况下,只要公民和社会组织依照法律行使权利并履行义务,法律就能够在社会实际生活中得以实现,而无须法的适用。在两种情况下才切实需要法的适用:(1) 当公民、社会组织和其他国家机关在相互关系中发生了自己无法解决的争议,致使法律规定的权利义务无法实现时,需要司法机关适用法律裁决纠纷,解决争议。(2) 当公民、社会组织和其他国家机关在其活动中遇到违法、违约或侵权行为时,需要司法机关适用法律制裁违法、犯罪,恢复权利。

(二) 法的适用的特点

(1) 法的适用是由特定的国家机关及其公职人员,按照法定职权实施法律的专门活动,具有国家权威性。在我国,人民法院和人民检察院是代表国家行使司法权的专门机关,其他任何国家机关、社会组织和个人都不得从事这项工作。在中国,司法权包括审判权和检察权。审判权即适用法律处理案件,作出判决和裁定;检察权包括代表国家批准逮捕、提起公诉、不起诉、抗诉等。司法机关依照法律代表国家独立行使职权,不受行政机关、社会团体和个人的干涉。

(2) 法的适用是司法机关以国家强制力为后盾实施法律的活动,具有国家强制性。由于法的适用总是与法律争端、违法的出现相联系,总是伴随着国家的干预、争端的解决和对违法者的法律制裁,所以没有国家强制性,就无法进行上述活动。司法机关依法所作的决定,所有当事者都必须执行,不得违抗。

(3) 法的适用是司法机关依照法定程序、运用法律处理案件的活动,具有严格的程序性及合法性。司法机关处理案件必须依据相应的程序法规定。法定程序是保证司法机关正确、合法、及时地适用法律的前提,是实现司法公正的重要保证。同时,司法机关对案件的处理,应当有相应的法律依据,否则无效。枉法裁判,应当承担相应的法律责任。

(4) 法的适用必须有表明法的适用结果的法律文书,如判决书、裁定书和决定书等。这些法律文书具有法律约束力。它们也可以作为一种法律事实,引起具体法律关系的产生、变更和消灭。如果对它们的内容不服,可以依据法定程序上诉或申诉,但是任何人都不得抗拒执行已经发生法律效力的判决、裁定或决定。

第二节 法律效力

一、法律效力的概念与分类

法律效力,即法律的约束力,指人们应当按照法律的规定行为。一般而言,法律的效力来自于制定它的合法程序和国家强制力。法律有效力,意味着人们应当遵守、执行和适用法律,不得违反。

通常,法律效力可以分为规范性法律文件的效力和非规范性法律文件的效力。规范性法律文件的效力,也叫狭义的法律效力,指法律的生效范围或适用范围,即法律对什么人、什么事、在什么地方和什么时间有约束力。本章所讲的法律效力是指狭义的法律效力。非规范性法律文件的效力,指判决书、裁定书、逮捕证、许可证等的法律效力。这些文件在经过法定程序之后也具有约束力,任何人不得违反。但是,非规范性法律文件是适用法律的结果而不是法律本身,因此不具有普遍约束力。

因为法律是调整人们行为的规范,而人的行为都是具有一定事实内容,并在一定的时间和空间中从事的,所以,狭义的法律效力可以分为四种,或称四个效力范围:对人的效力、对事的效力、空间效力、时间效力。在这四个效力范围中,对人和对事的效力先于空间与时间的效力范围,"后两个范围只是一个人应遵守某种行为所在地域和所处的时间"。[①]

二、法律对人的效力

法律对人的效力,指法律对谁有效力,适用于哪些人。在世界各国的法律实践中先后采用过四种对人的效力的原则:

(1) 属人主义,即法律只适用于本国公民,不论其身在国内还是国外;非本

---

① 〔奥〕凯尔森:《法与国家的一般理论》,沈宗灵译,中国大百科全书出版社1996年版,第46页。

国公民即便身在该国领域内也不适用。

(2) 属地主义,法律适用于该国管辖地区内的所有人,不论是否是本国公民,都受法律约束和法律保护;本国公民不在本国,则不受本国法律的约束和保护。

(3) 保护主义,即以维护本国利益作为是否适用本国法律的依据;任何侵害了本国利益的人,不论其国籍和所在地域,都要受该国法律的追究。

(4) 以属地主义为主,与属人主义、保护主义相结合。这是近代以来多数国家所采用的原则。我国也是如此。采用这种原则的原因是:既要维护本国利益,坚持本国主权,又要尊重他国主权,照顾法律适用中的实际可能性。

根据我国法律,对人的效力包括两个方面:

(1) 对中国公民的效力。中国公民在中国领域内一律适用中国法律。在中国境外的中国公民,也应遵守中国法律并受中国法律保护。但是,这里存在着适用中国法律与适用所在国法律的关系问题。对此,应当根据法律,区别情况,分别对待。

(2) 对外国人和无国籍人的效力。中国法律对外国人和无国籍人的适用,包括两种情况:一种是对在中国领域内的外国人和无国籍人的法律适用问题;另一种是对在中国领域外的外国人和无国籍人的法律适用问题。外国人和无国籍人在中国领域内,除法律另有规定者外,适用中国法律。中国法律既保护他们在中国的法定权利与合法利益,又依法处理其违法问题。这是国家主权原则的必然要求。外国人在中国领域外对中国国家或者公民犯罪,而按照我国《刑法》规定的最低刑为3年以上有期徒刑的,可以适用中国刑法,但是按照犯罪地的法律不受处罚的除外。

三、法律对事的效力

法律对事的效力,指法律对什么样的行为有效力,适用于哪些事项。这种效力范围的意义在于:

(1) 告诉人们什么行为应当做,什么行为不应当做,什么行为可以做。比如我国《合同法》第12条规定了合同应具备的主要条款,告诉人们在签订合同时必须把哪些内容订立进去;第52条规定了合同无效的几种情形,意在告诉人们什么样的合同不得签订;第54条规定了允许变更或撤销合同的条件,告诉人们在什么情况下可以请求人民法院或者仲裁机构变更、撤销合同。

(2) 指明法律对什么事项有效,确定不同法律之间调整范围的界限。比如,专利法是规定专利权的享有及保护的法律,它因此区别于其他民事法律和其他知识产权法律。又比如,我国《刑法》第7条第1款规定:"中华人民共和国公民在中华人民共和国领域外犯本法规定之罪的,适用本法,但是按本法规定的最高刑为 3 年以下有期徒刑的,可以不予追究。"

四、法律的空间效力

法律的空间效力,指法律在哪些地域有效力,适用于哪些地区。一般来说,一国法律适用于该国主权范围所及的全部领域,包括领土、领水及其底土和领空,以及作为领土延伸的本国驻外使馆、在外船舶及飞机。

在我国,由于制定法律的机关不同,法律的空间效力也存在差别,通常有以下三种法的空间效力范围。

(1) 在全国范围内有效。在我国,中央国家机关制定的法律法规通常在全国范围有效。如,全国人大制定的宪法和基本法律,全国人大常委会制定的基本法之外的法律,国务院制定的行政法规等。

(2) 在一定地域内有效。有两种情况:一是有些法律文件虽是中央国家机关制定的,但它特别指定在某一地区适用。如,全国人大制定的《民族区域自治法》《香港特别行政区基本法》。二是地方国家机关制定的地方性法规、自治条例、单行条例及规章在制定机关管辖的行政区域内有效。

(3) 在域外有效。有些法律不仅在国内有效,而且在特定条件下其效力还可以越出国境,在我国领域外有效。在当今国际社会中,为了保护本国国家和公民的利益,许多国家在相互平等的基础上规定本国某些法律具有域外效力。如,我国《刑法》第 8 条规定:"外国人在中华人民共和国领域外对中华人民共和国国家或公民犯罪,而按本法规定的最低刑为 3 年以上有期徒刑的,可以适用本法,但是按照犯罪地的法律不受处罚的除外。"

五、法律的时间效力

法律的时间效力,指法律何时生效、何时终止效力以及法律对其生效以前的事件和行为有无溯及力。

(一) 法律的生效时间

法律的生效时间主要有三种:

(1) 自法律公布之日起生效;

(2) 由该法律规定具体生效时间;

(3) 规定法律公布后符合一定条件时生效。

(二) 法律终止生效的时间

法律终止生效,即法律被废止,指法律效力的消灭。它一般分为明示的废止和默示的废止两类。

明示的废止,即在新法或其他法律文件中明文规定废止旧法。

默示的废止,即在适用法律中,新法与旧法冲突时,适用新法而使旧法事实上被废止。从理论上讲,立法机关有意废止某项法律时,应当是清楚而明确的。如果出现立法机关所立新法与旧法发生矛盾的情况,应当按照"新法优于旧法""后法优于前法"的办法解决矛盾,旧法因此被新法"默示地废止"。

(三) 法律溯及力

法律溯及力,也称法律溯及既往的效力,是指法律对其生效以前的事件和行为是否适用。如果适用,就具有溯及力;如果不适用,就没有溯及力。

法律是否具有溯及力,不同法律规范的情况是不同的。就有关侵权、违约的法律和刑事法律而言,一般以法律不溯及既往为原则。我国《著作权法》第60条第2款规定:"本法施行前发生的侵权或者违约行为,依照侵权或者违约行为发生时的有关规定和政策处理。"这是因为法律应当具有普遍性和可预测性,人们根据法律从事一定的行为,并为自己的行为承担责任。如果法律溯及既往,就是以今天的规则要求昨天的行为,就等于要求某人承担自己从未知晓的义务。败诉者将不是因为他违反了已有的某个义务,而是因为他违反了一个事后才创造出来的新义务而受到惩罚,这是不公正的。然而,法律不溯及既往并不是绝对的。目前各国采用的通例是"从旧兼从轻"的原则,即新法原则上不溯及既往,但是新法不认为是犯罪或者处刑较轻的,适用新法。

而在某些有关民事权利的法律中,法律有溯及力。比如我国《著作权法》第60条第1款规定:"本法规定的著作权人和出版者、表演者、录音录像制作者、广播电台、电视台的权利,在本法施行之日尚未超过本法规定的保护期的,依照本法予以保护。"

第三节 法律实效

一、法律实效、法律效果与法律效益

(一) 法律实效

法律实效,是指人们实际上按照法律规定的行为模式去行为,法律被人们实际遵守、执行或适用。法律实效与法律实施的意思相近。它们的区别在于:法律实施侧重人们施行法律的过程和活动;法律实效侧重法律被人们施行的状态与结果。

法律实效与法律效力是两个不同的概念。法律效力表明法律自身的存在及其约束力,属于"应然"的范畴;法律实效则表明法律在实际生活中的状况,属于"实然"的范畴。法律实效与法律效力又有重要的联系。法律规范只能在属于一个整体上有实效的规范体系的条件下,才被认为是有效力的。所以,实效是效

力的一个条件。① 奥地利法学家凯尔森曾在其著作中对法律实效与法律效力做过专门分析。但是,他认为法律实效是人们实际行为的一种特性,与法律效力作为法律的一种特性相对。他认为,法律实效只是表明人们行为的特性,即人们是否按照法律的规定去行为,而不表明法律的特性,即法律是否被人们实际上遵守、执行或适用。这与我们的理解和使用不完全相同。

从法律实效的角度研究法律,可以帮助我们在更广泛的空间和时间去观察法律,进而更充分地发挥法律的社会功能。瞿同祖指出:"研究法律自离不开条文的分析,这是研究的根据。但仅仅研究条文是不够的,我们也应注意法律的实效问题。条文的规定是一回事,法律的实施又是一回事。某一法律不一定能执行,成为具文。社会现实与法律条文之间,往往存在着一定的差距。……我们应该知道法律在社会上的实施情况,是否有效,推行的程度如何,对人民的生活有什么影响等。"②

某些法律缺乏实效,只是一纸空文,是中国古代法律史的一个重要现象。日本学者浅井虎夫指出:"法典所规定者,非必现行法也。盖中国法典率以理想之法典为目的,苟认为良法虽非现制,亦必采入法典之中,……此外记载过去之事例,或虽非现行法,而留备参考;或以祖宗成宪不可易,而死法亦敬谨保存者……"王世杰也指出:"中国法典所记载律文,就在当时也不都是现行法,这更是中国历代法典的一种奇特现象。"③王亚南曾经尖锐地指出了这一现象的原因:"一切官僚社会都是讲形式的,许多法律往往不是为了实行,而是为了装饰或掩饰。"④

(二) 法律效果

效果,是由行为产生的有效的结果、成果。法律效果是指法律实施而实现自己的社会目的、价值或社会功能及其程度。⑤ 法律效果表明法律的社会目的得以实现,法律实现了立法者所追求的价值。在我国,比如,贯彻《产品质量法》的法律效果是:人们的产品质量意识不断提高,产品质量水平不断提高。又比如,实施《税收征收管理法》的效果是:确保了税收收入持续稳定增长,税务机关的执法手段得到加强,打击了偷逃税等税收违法犯罪行为,纳税人的合法权益得到有效保护等。因此,法律效果的内容是多方面的。它既可以体现为法定权利的行使,义务的履行,或者法定利益的实现,也可以体现为经济、政治、社会关系的

---

① 〔奥〕凯尔森:《法与国家的一般理论》,沈宗灵译,中国大百科全书出版社 1996 年版,第 44—45、134—136 页。
② 瞿同祖:《中国法律与中国社会》,中华书局 1981 年版,第 2 页。
③ 转引自杨鸿烈:《中国法律发达史》(上),上海书店 1930 年版,第 3、5 页。
④ 王亚南:《中国官僚政治研究》,中国社会科学出版社 1981 年版,第 126 页。
⑤ 参见沈宗灵主编:《法理学研究》,上海人民出版社 1990 年版,第 260—261 页。

改变,或者社会经济、政治、文化事业的发展,或者安全、秩序、自由、公正、公共福利等价值的实现。

法律效果与法律实效是两个既有联系又有区别的概念。从法律效果包括法定权利与义务的实现来说,法律效果包括法律实效。一般来说,法律实效是法律效果的前提。只有首先实现法律实效,才有可能实现法律效果。但是,法律效果与法律实效并不完全相同。在有些情况下,某些法律虽然有实效,即法律设定的权利义务得以实现,但并没有实现应有的法律效果,或者收效甚微,甚至事与愿违,法律实施的结果有悖该法的社会目的以及立法者初衷。比如,某大城市制定了向毕业留市工作者或调入本市工作者等征收"城市扩容费"的地方性法规。该法的目的是要促进城市的发展,但是由于这种收费不尽合理,因而限制了人才的流入,反倒会影响城市的发展。这种虽有实效但效果不佳的法律,在经过一定时间的实施后,就会被废止,即法律效力被终止;或者在形式上被废止之前,首先失去了实效,人们事实上不再实施它了。

(三) 法律效益

法律效益是近年来许多学者热心研究的一个问题,但是大家对此尚无统一的界定。从对这个词的用法上看,学者们大体上在两种含义上使用法律效益。第一种含义,也叫法律实行的社会效益,指法律通过其实行而实现自己的社会目的和社会功能以及实现的程度。[①] 这个含义与本书上面所讲的法律效果的含义基本上是相同的。第二种含义,指法律作用于现实生活的结果中合乎目的的有效部分。这个含义反映了人们运用经济分析方法对法律在社会生活中作用效果的度量。[②] 为了从更广泛的角度更充分地研究法律实施,我们将以上述第二种含义来使用法律效益。因为,任何一项立法,一件法律规定,总会消耗一定的社会资源,总有一定的成本,包括在立法、守法、执法、司法方面人员、时间、装备、金钱等的投入。在资源有限的情况下,如果将一笔资金用于甲领域,就不能用于乙领域。因此,应当将资源用于最需要的地方,并实现法律活动社会投入的最大社会产出。当然在这里,法律效益不仅仅指法律的经济效益。法律效益除了包括法律的经济效益,还包括法律的政治效益、伦理效益和社会效益,是各种效益的统一。

研究法律效益的意义主要有两点:首先,通过对法律效益的分析,发现影响法律效益的各个因素,包括常量和变量,甚至其中数量化的对应关系,以便人们通过控制和调整这些因素和变量,达到对法律实施结果与立法目的的相互校正。

[①] 〔奥〕凯尔森:《法与国家的一般理论》,沈宗灵译,中国大百科全书出版社1996年版;公丕祥:《法律效益的概念分析》,载《南京社会科学》1993年第2期。

[②] 李晓安、曾敬:《法律效益探析》,载《中国法学》1994年第6期。

一方面,根据立法目的调整法律实施过程,避免实施结果背离立法目的;另一方面,根据实施结果检验、调整或改变某一特定立法目的,实现动机与效果相统一。其次,通过对有关法律效益的成本收益分析(cost-benefit analysis),实现法律效益的最大化,避免社会资源的浪费。

法律效益与法律效果的概念内涵的侧重点是不一样的,但二者之间的区别并非泾渭分明。法律实效、法律效果和法律效益三者之间在概念上有所交叉,分别从不同角度描述法律实施的状况,为人们充分发挥法律的社会功能、实现法律的社会目的提供尽可能全面的信息。

二、法律实施的评价标准

我们研究法律实施,就要对法律实施的状况作出评价,说明法律有实效或者没有实效,实效较好或者实效较差;法律效果较好或者较差,没有效果,或者甚至负效果;效益高或者效益低,甚至无效益。法律实施的评价标准就是我们对法律进行上述评价时所使用的标准。

法律实施的评价标准由于评价对象的不同而有所不同。比如,评价法律实效的标准与评价法律效果的标准就不完全相同。同时,法律实施的评价标准还由于评价对象的范围不同而有所不同。对某一特定的法律规范进行评价是微观评价;对一个国家的法律整体的评价是宏观评价;对某一件特定的法律或法规、某一特定的法律制度的评价是中观评价(介于微观与客观之间)。法律实施的评价标准因此具有复杂性。对法律实效进行微观评价或中观评价可能是相对简单的,但是如果对法律效果、法律效益进行评价,或者对法律实效进行宏观评价,就要涉及很多因素,而且不仅需要定性分析,还需要定量分析。下面,我们综合对法律实效、法律效果和法律效益的评价标准以及微观、中观和宏观的评价标准一并进行介绍:

(1) 人们按照法律规定的行为模式行为的程度:是否能够按照授权性规范行使权利,按照义务性规范履行义务;是否能够根据法律设定的法律后果追究违法者的法律责任。人们的行为不会绝对地符合法律所设定的行为模式。正如凯尔森所说:"在规范秩序和该秩序规范所指的人们的实际行为之间的某种对立一定是可能的。没有这样一个可能性,规范秩序也就会完全没有意义。"[1]破坏权利行使或不履行义务的违法行为总是存在的,问题在于能否适用法律排除违法,恢复合法。如果社会上的多数人能够按照法律的规定行为,出现违法后能够比较及时地追究责任,救济权利。恢复了秩序,法律实效就是好的;反之,就不好。

---

[1] 〔奥〕凯尔森:《法与国家的一般理论》,沈宗灵译,中国大百科全书出版社1996年版,第136页。

(2) 刑事案件的发案率、案件种类、破案率及对犯罪分子的制裁情况。刑事犯罪行为是对法律秩序的蔑视和挑战,刑事案件的下降及犯罪分子的被制裁表明法律有实效、实效好或比较好;反之则实效不好,甚至没有实效。

(3) 各类合同的履约率与违约率,各种民事或经济纠纷的发案率及结案率,行政诉讼的立案数及其审结情况。这里的一些数量指标具有两面性。一方面,案件的增加可能表明违法或违约数量的增加,说明法律实效不好。另一方面,案件的增加又表明人们通过法律解决争端意识和能力的加强,说明法律有实效或实效较好。因此,对有关这一标准的统计数字,要具体问题具体分析,不能一概而论。

(4) 普通公民和国家公职人员对法律的了解程度,他们的法律意识及法治观念提高的程度。人们的法律知识、法律意识及法治观念的提高,既是法律实施的条件,也是法律实施和法治建设的结果。

(5) 与其他国家或地区的法律实施情况进行可比性研究。在进行这种研究时要注意:"即使统计数或可观察到的事实相当精确,也往往仅有相对意义,因为不同时期、不同地区,特别是不同国家之间,在实行法律方面的背景是不同的。"①

(6) 社会大众对社会生活中安全、秩序、自由、公正、公共福利等法的价值的切身感受。一般而言,安全、秩序、自由、公正、公共福利是人们通过法律所追求的价值。人们在社会生活中对这些价值的实际感受水平和程度,也在一定程度上表明法律的实效和效果。如果人们的安全感增强,社会更有秩序,或人们享受到更大程度的自由,感受到更大程度的社会公正,法律实效和法律效果就可能不太好。当然,上述价值之间也可能会发生矛盾,比如,安全感增强的同时,人们享受到的自由减少了,反之亦然。但是,人们仍然可以从物质和文化生活水平的提高以及生活质量的提高,感受到法律的实效和效果。

(7) 法律的社会功能和社会目的是否有效实现及其实现程度。其中包括:对国家和社会利益、公民和社会组织的合法利益的维护及维护程度;经济、政治、社会关系的改变;社会经济、政治、文化事业的发展;社会生产力的发展;等等。

(8) 有关法律活动的成本与收益的比率。这是指在立法、守法、执法、司法方面人员、时间、装备、金钱等的投入与人们从该项法律中所得到的经济、政治、文化和社会收益之比。这种比较有时是困难的、复杂的,有些因素甚至是很难进行比较的。但是这种比较仍然是有意义的。效率不仅对经济建设是重要的,对法治建设也同样有意义,它可以帮助我们将有限的资源用在最需要的地方,增加法律决策的可行性和有效性。

---

① 沈宗灵主编:《法理学研究》,上海人民出版社 1990 年版,第 264 页。

三、影响法律实施的因素分析

法律实施成为一个问题,从法律分类上看,主要存在于制定法中。习惯法几乎不存在法律实施的问题,因为它原本就是从人们的生活习惯和商业习惯中脱胎而来的,人们会比较自然地遵从这些习惯法。判例法的实施,通常也不是一个严重的问题,虽然在有些情况下依判例法制作的判决或裁定也有一个执行的问题。在中国这样一个主要以制定法为法律渊源而又缺乏民主法治传统的国家,法律的实施就成为一个突出的问题。影响法律实施的因素,概括起来,主要有个人、体制、环境、法律本身等四个方面。

(1) 个人方面的因素,即行为受法律调整和负有执法、司法职责的个人的法律意识和法治观念水平及其理想、道德、文化等综合素质水平。人们的法律意识、法治观念直接决定了他们是否懂法,是否具有积极、正确地守法、执法、司法的动机和愿望,能否积极、主动地用法、护法。一般来讲,人们的理想、道德、文化等综合素质与人们的法律意识和法治观念成正比。

(2) 体制方面的因素,是指有关法律执行、适用、监督机关的组织、结构是否健全、合理、有效。"健全"包括人员、装备齐全,经费充足,法律设定的职责有特定的组织部门去完成。"合理"包括机构设置的职责、权限分工合理,没有互相矛盾或互相掣肘,做到各司其职,分工合作。"有效"意味着有效率,执法、司法机关掌握必要的权力及执法和司法手段,可以为执行、适用法律作出必要的、有权威、有约束力的决定。

(3) 环境方面的因素,包括有关法律实施的经济环境、政治环境、文化环境和自然环境。经济环境包括基本的社会经济制度、经济体制、某一具体的经济制度的状况以及经济发展水平和经济利益关系格局等。比如,社会主义市场经济的发展和现代企业制度、社会保障制度的建立与完善,就是企业破产法、劳动法等法律实施的必要的经济环境。政治环境包括执政党的路线、方针和政策,国际关系等。其中,执政党有关社会发展和法制建设的路线、方针和政策,对于法律实施具有极为重要的意义。文化环境指有关法律实施的文化条件、社会氛围、社会舆论倾向,是否存在一种相信法律的权威,崇尚平等、公正、法治,尊重人权的社会风气。自然环境包括自然资源、人口、地理等自然条件。这些因素对法律实施具有不同程度的制约作用。

(4) 法律本身的因素,包括法律内容方面的因素和法律形式方面的因素。法律内容方面的因素包括两个方面。一方面,是指法律是否在本质上反映社会大多数人的根本利益和共同意志,符合社会文明的发展趋势,是法律得到人们自觉拥护和遵守的必要条件和重要前提。另一方面,是指法律规定的权利义务是否合理,法律内容是否符合社会实际发展水平。法律形式方面的因素主要指立法质量,它在法律实施中具有特殊重要的意义。明确、完整、和谐应当是立法质量的三个基本要求。

明确,指法律规范的语言清楚、概念明确,法律规则指示清楚、公开,而且没有歧义。在法律规定中使用日常语言的,应当符合日常用法;对借用日常语言而赋予特定含义或特定的"法言法语",应当有清楚的解释、界定,避免使人"望文生义"之后产生误解,或者使人"丈二和尚摸不着头脑"。法律规定模糊、笼统,可以有他解,都属于不明确。

完整,包括法律规范的逻辑结构完整和法律程序完整。法律规范的逻辑结构完整,指一定的行为模式必须配以相应的法律后果。不依法办事,不严格按照法律所指示的行为规范去行为,立法者就需要规定相应的否定性法律后果,通过追究法律责任,施加法律制裁,来保证法律实施,恢复法律秩序;或者通过设定肯定的法律后果,鼓励人们依法办事,积极实施法律。缺乏法律后果,或者法律后果不适当,都属于法律不完整。法律完整还包括法律程序完整。法律程序完整,指法律应当对人们的法律行为,特别是执法、司法行为的顺序、方式和步骤作出足够充分的规定,使人们在依法办事时有所依据,而不致出现"找不到依据"的情况。在法律规定中,缺少必要的程序环节,或者缺少初始环节,或者缺少中间环节,或者缺少终了环节,都给人们实施法律造成困难。法律不完整,既可以出现在一部法律文件中,也可以出现在一个法律制度或法律体系中。

和谐,要求法律部门之间、法律渊源之间、法律制度之间以及实体法与程序法之间协调一致,相互配合,形成统一、有序、和谐的整体。和谐包括两个具体要求:第一,法律、法规之间应当协调、配合。比如,在税收征管方面,我国《税收征收管理法》应当和《刑法》相互配合,1992年制定、1995年修改的《税收征收管理法》的一些条款是依据1979年《刑法》和全国人大常委会的相关补充规定制定的,而《刑法》1997年作了修订,对偷税、逃税、抗税等犯罪行为重新进行了定义,如果不修改《税收征收管理法》以与修订后的《刑法》相协调,就会造成法律实施上的困难,因此《税收征收管理法》于2001年再次进行了修改。第二,法律、法规之间没有互相矛盾、互相抵触之处,当两个以上法律条款指向同一事项时,不会出现如果执行甲条款,就会构成对乙条款或丙条款"违法"的两难局面。

于2000年7月1日生效的《立法法》是中国法治进程中的一件大事。中国的诸多法律曾经存在着不少冲突。① 《立法法》规定了中央和地方的有关国家机关制定与解释法律、法规、规章的不同权力,对其权限进行了明确而合理的划分,以避免法律间的冲突。《立法法》是保证法律的有效实施、保持法律的合宪性与统一性的重要制度性规定。

---

① 参见蔡定剑:《法律冲突及其解决的途径》,载《中国法学》1999年第3期。

总之,影响法律实施的因素是多方面的。这些因素从不同的方面、在不同的程度上影响着法律的实施,认真研究这些因素,并在实践中有的放矢地切实解决存在的问题,就会改善法律实效,提高法律效果和法律效益。

第四节 当代中国法律适用的原则

严格依法办事,有法必依,执法必严,违法必究,是依法治国,建设社会主义法治国家的必然要求。为了保证法律的正确适用,我国宪法和法律规定了司法机关适用法律必须遵循的原则。下面对这些原则给予简要的阐释。

一、司法公正原则

(一) 这项原则的基本含义

司法公正原则,是指司法活动的过程与结果,必须体现公平、平等与正义的精神。司法公正是社会正义的重要组成部分,它既包括实体公正,也包括程序公正。但在我国,长期以来对程序公正较为忽视。我国签字加入的《公民权利和政治权利国际公约》第14条第1款规定:"在判定对任何人提出的任何刑事指控或确定他在一件诉讼案中的权利和义务时,人人有资格由一个依法设立的合格的、独立的和无偏倚的法庭进行公正的和公开的审讯。"公民在法律面前一律平等的原则,以事实为根据、以法律为准绳的原则,司法机关依法独立行使职权的原则固然都与司法公正有着密切的联系,但是这里所强调的是审判组织的公正与审判程序的公正。美国法学家戈尔丁从九个方面概括了程序公正的内容,它们是:与自身有关的人不应该是法官;结果中不应该包含纠纷解决者的个人利益;纠纷解决者不应有支持和反对某一方的偏见;对各方当事人的诉讼都应给予公平的注意;纠纷解决者应听取双方的论据和证据;纠纷解决者应只在另一方在场的情况下听取一方意见;各方当事人都应得到公平机会来对另一方提出的论据和证据作出反应;解决的诸项条件应以理性推演为依据;推理应论及所提出的论据和证据。[①] 这个概括对我们确定司法公正是非常富有启发性的。

(二) 实施这项原则的意义

1. 公正司法是法的精神的内在要求

公正是法的精神和固有价值。正义的观念与制度、社会对法与公正的普遍承认与追求,与商品经济的发展有着密切的联系。正义、理性与商品交换和利益计算密切联系。在古代中国的自然经济及宗法社会,产生并需要礼俗、伦常及统

[①] 〔美〕戈尔丁:《法律哲学》,齐海滨译,生活·读书·新知三联书店1987年版,第240页。

一标准模糊的公正意识——"公道"①。在当代中国,公正作为官方话语和大众话语出现在执政党的文件和公共生活中,这既是社会进步的标志,也是社会发展的需要。

在汉语中,"司"是主持、操作、掌管的意思,"司法"就是主持、操作、掌管法律。只有公正司法,才能使内在于法的公正精神和价值得以实现并一以贯之。英国哲学家培根在《论司法》中曾经指出:"一次不公的判断比多次不平的举动为祸尤烈。因为这些不平的举动不过弄脏了水流,而不公的判断则把水源败坏了。"②公正是法的应有精神,司法不公对法的精神的破坏就如同对于水源的破坏。

2. 公正对司法的重要意义是由司法活动的性质决定的

换句话说就是,司法机关的公正(性)是由司法机关的职能决定的。在现代社会的政治生活中,行政机关负责社会管理,代议机关负责立法,司法机关的职责就是适用法律裁断纠纷。同样是适用法律,"司法程序包含的法律适用在两个主要方面不同于文职官员的法律适用,即以专门程序确定事实,以一种权威性的方式宣布法律"。③ 人们之所以委托司法机关裁决纠纷并信任其决断,一个重要原因就是相信后者能够不偏不倚地公正裁决,不代表任何一方。这并非现代人的发明,而是植根于人类社会关系的某种深层结构之中。人类学家在对苏丹的努埃尔人研究时发现,专事仲裁纠纷并提供庇护的"豹皮酋长"其实没有世俗的权力,也没有特权。他之所以能够裁断,"是因为他处于世系群系统和部落系统之外,而不是属于这些系统的核心"④。

3. 公正司法是司法机关存在的合法性基础

正是因为人们相信司法机关是公正的,才将解释法律、判断是非的权力交给它并服从它的判决。如果没有对社会公正的普遍需要,如果仅仅是为了维持一种统治秩序,社会其实可以不需要司法机关。独立的、不依附于其他机关的司法机关在古代中国不发达,就是一个明证。同样,在现代社会,如果司法机关不能保持其公正性,司法机关也就失去自身的社会基础。虽然社会生活的所有方面都应当公正,但是公正对司法有着特殊的意义,公正是司法的生命。

(三) 如何贯彻这项原则

1. 改进完善司法制度

司法公正的实现首先应通过制度来保障。制度决定着人的行为空间,对人

---

① 例如京剧《苏三起解》里的老解差说:"你说你公道,我说我公道,公道不公道,只有天知道。"
② 〔英〕弗·培根:《培根论说文集》,水天同译,商务印书馆1983年版,第193页。
③ 〔美〕M.J.C.维尔:《宪政与分权》,苏力译,生活·读书·新知三联书店1997年版,第314页。
④ 北晨编译:《当代文化人类学》,浙江人民出版社1886年版,第188页。

的行为起着约束与引导作用。完善的制度可以有效防止恣意与不轨,促使行为在制度所预期的轨道上进行。因此,要实现司法公正,司法制度的设计至关重要。如果制度存在缺陷,给司法不公留下空间,那么司法公正就将难以得到保障。如果制度完善,司法不公行为就会受到抑制。比如,在制度上充分保障法官依法独立审判,可以防止法外因素的不当干扰,公正、合理的程序可以平等保护当事人的诉讼权益,防止程序不公等。

2. 提高司法人员素质

完善的制度为实现司法公正提供了可能,但司法活动还是要由司法人员来实施,因此人的因素同样不能忽视。司法活动具有专业性,司法人员应具有专业的知识和能力来实施法律,如果不具备相应的专业素质,就可能难以正确理解法律精神和有效开展司法活动,可能造成司法不公;同时,司法往往具有一定的自由裁量空间,因此司法人员内心的自我约束对于司法公正的实现同样十分重要,在建构制度的同时,我们也不能忽视对司法人员的品德要求。

3. 努力改善司法环境

司法制度和司法人员都处在一定的社会环境中,社会环境对于司法活动具有制约和影响作用。如果社会的价值观扭曲,诚信普遍缺失,将不利于司法的公正运行。如果能够在全社会树立正确的法治理念,并大力弘扬公平正义精神,同时为司法活动的开展提供应有的条件,就会对司法公正的实现起到有力的促进作用。当然,社会环境与司法活动之间会相互影响,如果司法公正能得到较好的保障,也会有助于形成良好的社会氛围。

二、公民在法律面前一律平等

公民在法律面前一律平等,既是我国公民的一项基本权利,也是我国法的适用的一条基本原则。

(一) 这项原则的基本含义

我国《宪法》第33条第2款规定:"中华人民共和国公民在法律面前一律平等。"我国《民事诉讼法》第8条、《刑事诉讼法》第6条、《行政诉讼法》第7条、《人民法院组织法》第5条、《人民检察院组织法》第8条都对平等原则作出了明确规定。

在法的适用领域,"公民在法律面前一律平等"的基本含义是:

(1) 在我国,法律对于全体公民,不分民族、种族、性别、职业、社会出身、宗教信仰、财产状况、居住期限,都是统一适用的,所有公民依法享有同等的权利并承担同等的义务。

(2) 任何权利受到侵犯的公民一律平等地受到法律保护,不能歧视任何公民。

（3）在民事诉讼和行政诉讼中，要保证诉讼当事人享有平等的诉讼权利，不能偏袒任何一方当事人；在刑事诉讼中，要切实保障诉讼参加人依法享有的诉讼权利。

（4）对任何公民的违法犯罪行为，都必须同样地追究法律责任，依法给予相应的法律制裁，不允许有不受法律约束或凌驾于法律之上的特殊公民，任何超出法律之外的特殊待遇都是违法的。

（二）实行这项原则的重要意义

（1）实行这项原则是发展社会主义市场经济的必然要求。市场交易的前提是经济主体地位平等，意志自由。只有主体之间平等、自由的竞争才有市场经济的存在与发展。平等地适用法律是维护市场秩序、实现公平竞争的基础和保障。

（2）实行这项原则是建设社会主义民主政治的重要保证。在民主政治中，公民是社会的主体，国家的主人，所有公民平等地享有宪法及法律规定的各项权利并承担相同的义务。在法律适用中贯彻平等原则，才能使各项公民权利的行使得到司法的保障，这有助于建设、发展、完善我国的社会主义民主政治。

（3）实行这项原则是社会主义精神文明的必要条件。贯彻实施公民在法律面前一律平等的原则，有利于在全体公民中培养、树立社会主义精神文明中不可缺少的主体意识、权利意识以及平等和公正精神。

（4）实行这项原则是建设社会主义法治国家的题中应有之义。按照法治原则的要求，法律应当具有普遍性，普遍性的一个重要内容是同样的情况应受同样的对待，即法律面前人人平等。只有真正做到这一点，才有可能做到有法可依、执法必严、违法必究，真正树立起社会主义法律的权威。

（三）如何贯彻这项原则

要在法制实践中充分贯彻这项原则，应当注意以下几个问题：

（1）摒弃特权思想，弘扬平等理念。特权思想与公民在法律面前一律平等的原则是格格不入的，要贯彻公民在法律面前一律平等的原则，就必须摒弃特权思想。但我国有着长期的封建专制传统，等级观念根深蒂固，"八议"之类的法定特权和各种法外特权与封建法律制度长期共存。如今，虽然封建法律制度早已成为历史的陈迹，但特权思想、等级观念并未随之而在人们的头脑中消亡，在当下，它们会以新的形式出现，成为建设法治社会的思想障碍。对此，我们一方面要大力开展社会法治精神的宣传教育，弘扬平等的理念，另一方面，要加强制度建设，铲除特权思想和等级观念得以生存的土壤，切实消除实际存在的不符合法治平等原则的现象。

（2）完善法律技术，实现司法公正。在司法工作中，必须忠实于事实，忠实于法律，严格依法办事，绝不能看人办案，因人而异。要做到这点，在适用法律时就要正确运用法律推理，通过严密、完备的司法技术来保障法律适用的平等与统一。完善的司法技术可以对司法者的行为形成有力制约,同时也有助于司法者正确地适用法律,防止出现因人而异、判决不公等现象,从而有力促进司法公正的实现。

(3) 发展市场经济,培育公民社会①。商品是天生的平等派,坚持法治平等原则与发展社会主义市场经济相辅相成,实行法治平等是发展市场经济的必然要求,而市场经济的成熟与完善又可以促进平等精神的培育和树立。发展市场经济,有助于公民社会的形成。公民社会是一个建立在公共参与基础之上、公共空间充斥其中的社会,而公共参与和公共空间又是以私人自治和个体权利为基础的。只有每个公民的私人自由得以切实保障,他们才有条件、有能力参与到公共生活之中,公民在法律面前的平等才有坚实的社会基础。因此,公民社会的形成对于法治平等原则的贯彻实施具有重要意义。

三、以事实为根据,以法律为准绳

(一) 这项原则的基本含义

我国在几部诉讼法中都规定了以事实为根据,以法律为准绳的原则。这项原则的基本含义是:

(1) 以事实为根据,就是指司法机关审理一切案件,都只能以与案件有关的客观事实作为根据,而不能以主观臆想作依据。适用法律,就是运用法律对已发生的事情作出判断、处理。任何一个案件,都是一种客观存在,由特定的、已经发生的事实所构成。司法机关在适用法律时,应当认真查清事实真相,使法律适用能够做到"有的放矢"。

(2) 以法律为准绳,要严格依照法律规定办事,切实做到有法必依,执法必严,违法必究。司法机关在工作中,要符合法律所规定的规格或要件,遵照法律所规定的权限划分并严格按照司法程序办理案件;同时,在法律适用中坚持法制统一性的要求,根据我国的法律渊源体系适用法律。

(二) 实行这项原则的意义

这项原则是我国多年司法实践经验的总结。实行这项原则的意义在于,可以促使司法机关正确、合法、及时地处理案件,准确地惩罚犯罪,保护人民;保障无罪的人不受刑事追究;正确处理各类法律纠纷,制裁违法,切实维护国家、集体和个人的合法利益。

(三) 如何贯彻这项原则

为了贯彻这项原则,在司法工作中应当注意以下几个问题:

(1) 坚持实事求是,从实际出发的思想路线,重证据,重调查研究,不轻信口

---

① 关于"公民社会"这一概念,参见本书第二十章第三节的相关内容。

供。在工作中,要全面收集证据,正确分析、判断证据。不仅要收集对被告人不利的证据,而且要收集对被告人有利的证据。定案要做到事实清楚、证据确凿。只有被告人供述,没有其他证据的,不能认定被告人有罪和处以刑罚;没有被告人供述,证据确实充分的,可以认定被告人有罪和处以刑罚。严禁刑讯逼供,不搞"株连"。

(2) 在司法工作中,坚持维护社会主义法律的权威和尊严。不仅严格依照实体法的规定,而且严格执行程序法的各项规定。在社会主义法治的进程中,尤其要重视遵守程序法。严格执行程序法不仅是实现司法公正的保证,而且其本身就是维护法律的权威与尊严、实现司法公正的重要组成部分。例如,在刑事诉讼中,要依法保障被告人和被害人的诉讼权利。被告人除自己行使辩护权外,有权委托律师等人进行辩护。在案件侦查终结移送检察院审查起诉时,律师可以作为被告人的辩护人介入,了解案情,收集与本案有关的材料;犯罪嫌疑人在被侦查机关第一次讯问或者采取强制措施后,可以聘请律师为其提供法律帮助。未经人民法院判决,对任何人都不能确定有罪。

(3) 正确处理依法办事与坚持党的政策的指导的关系。党的政策对我国法律的实施有指导作用,那种将依法办事与坚持政策的指导对立起来的观点是不正确的。二者是统一的。坚持党的政策对司法工作的指导,不是为了以政策改变、代替甚至取消法律,而是为了更好地实施法律。在改革开放、建设社会主义市场经济的过程中,面对纷繁复杂、不断变化的社会实践,坚持党的政策的指导,可以使我们正确理解法律精神,正确适用法律;在法律规定不清或没有规定时,可以在党的政策指导下,根据社会主义的法律原则处理案件。

四、司法机关依法独立行使职权

(一) 这项原则的基本含义

我国《宪法》《人民法院组织法》《人民检察院组织法》《刑事诉讼法》《民事诉讼法》《行政诉讼法》都对司法机关依法独立行使职权作出了明确的规定。根据我国宪法和有关法律,这项原则的基本含义是:

(1) 司法权的专属性,即国家的司法权只能由国家各级审判机关和检察机关统一行使,其他任何机关、团体和个人都无权行使此项权利;

(2) 行使职权的独立性,即人民法院、人民检察院依照法律独立行使自己的职权,不受行政机关、社会团体和个人的非法干涉;

(3) 行使职权的合法性,即司法机关审理案件必须严格依照法律规定,正确适用法律,不得滥用职权,枉法裁判。

(二) 实行这项原则的意义

(1) 实行这项原则是发扬社会主义民主、维护国家法制统一的需要。司法权意味着运用法律裁决纠纷,纠正违法,制裁违法犯罪。它可以决定公民和法人和其他组织的政治权利、财产权利以及公民的人身权利。在民主社会,司法权的特殊重要性决定了它必须由专门机关统一行使。在我国,为了实现和保障公民的民主权利与人权,维护国家利益,《宪法》规定审判权由人民法院统一行使,检察权由人民检察院统一行使。

(2) 实行这项原则是保证司法机关正常行使职权的基本条件。要行使职权就必须独立,不独立就无法行使职权。如果谁都可以干涉职权的行使,就无法确定真正的行使职权的主体;在主体不确定状态下,法律所规定的行使司法权的机关也不可能正常行使自己的职权。

(3) 实行这项原则是正确适用法律的前提。法律适用是一项专业性很强的工作,只能由受过专业训练的法律职业人员从事。这些人员具有从事司法工作所必需的职业素养和职业技能。如果不能做到司法机关独立行使职权,如果司法机关的工作受到肆意干涉,不仅无法发挥司法机关及其工作人员的专业特长,而且会因为外行干预、外行办案而曲解法律,违法办案,损害法律的权威和尊严。

(4) 实行这项原则是维护社会主义司法公正的重要条件。因为,独立行使职权,只服从法律,有统一的标准;独立行使职权,办案人自己承担责任,可以提高办案质量。如果什么机关、组织和个人都可以对司法机关施加影响,不仅会导致司法活动背离社会主义法律准绳,而且会削弱办案人员的责任意识,损害办案人员严格司法的积极性。独立司法,责任自负,是司法公正的重要制度保证。

(三) 如何贯彻这项原则

目前,我国仍然处在社会主义初级阶段,社会主义市场经济体制还不成熟,社会主义民主法制还不够健全,在这种情况下,要贯彻司法机关依法独立行使职权的原则,需要解决好以下几个问题:

(1) 要正确处理司法机关与党组织的关系。司法机关独立行使职权和党对人民法院、人民检察院的领导是一致的。要求司法机关独立行使职权,并非认为司法机关可以脱离党的领导。坚持党对司法工作的领导是不能动摇的。问题在于如何实现党对司法工作的领导。党的领导主要是政治领导,即政治领导、政治方向、重大决策的领导,而不是包办具体司法业务,不是以党代政、党法不分。各级党委政法委员会,作为党对政法工作领导的职能部门,要加强执法监督工作,支持和帮助政法部门排除干扰和阻力,指导和督促政法部门完善内部监督制约机制,严肃纠正各种执法违法现象,更好地领导和推进政法工作。

(2) 在全社会进行有关树立、维护司法机关权威,尊重、服从司法机关决定的法治教育。司法机关是受人民委托、代表国家行使审判权、检察权的专门机关,应当具有国家权威性,服从司法机关的决定就是服从法律。但是,由于数千年封建制度残余的影响,由于新中国成立后曾经存在的极"左"思想的影响和林彪、江青两个反革命集团的破坏,由于长期以来"人治"思想的影响,司法机关的权威受到严重损害,司法机关依法作出的判决、裁定和决定难以执行。因此,有必要在全社会进行维护司法机关权威,尊重、服从司法机关决定的法治教育。

(3)推进司法改革,从制度上保证司法机关依法独立行使审判权和检察权。要适当强化有关司法人员的职权,使之能够在制度上避免和对抗非法干涉。比如,通过强化合议庭和独任审判员的职责,排除对审判活动的各种干预,保证审判公正。

思考题

1. 怎样理解法律执行、法律适用的含义以及两者的区别?
2. 怎样理解法律效力的概念、分类?
3. 怎样理解法律实效、法律效果与法律效益的含义以及研究它们的意义?
4. 怎样对法律实施的情况进行评价,怎样分析影响法律实施的因素?
5. 怎样理解我国法律适用各个原则的含义、意义,如何实现这些原则?

参 考 书 目

1. 沈宗灵主编:《法理学研究》,上海人民出版社 1990 年版。
2. 〔奥〕凯尔森:《法与国家的一般理论》,沈宗灵译,中国大百科全书出版社 1996 年版。
3. 朱苏力:《法治及其本土资源》,沈宗灵译,中国政法大学出版社 1996 年版。
4. 季卫东:《程序比较论》,载《比较法研究》1993 年第 1 期。
5. 〔美〕戈尔丁:《法律哲学》,齐海滨译,生活·读书·新知三联书店 1987 年版。
6. 〔美〕德沃金:《法律帝国》,李常青译,中国大百科全书出版社 1996 年版。

第十七章 法律关系

本章主要学习法律关系的概念;法律关系的主体、客体的概念和种类(法律关系的内容,即权利、义务、权力,已在本书第四章中讲述);法律关系演变(即产生、变化和消灭)的条件或原因;法律关系的分类。

第一节 法律关系的概念

我们在第四章中已经指出,我国20世纪50年代初以来的传统法学理论中,对权利和义务概念的论述,除了在解释法律的形式特征,即法律规定权利和义务外,一般集中在法律关系这一章中,将权利和义务作为法律关系的内容来论述。但自20世纪70年代末以来,由于法制和法学的迅速发展,加上市场经济和人权观念的广泛影响,权利和义务概念已越来越显示其重要性。同时,传统法学理论虽然认为法律关系适用于各个部门法(包括公法与私法),但实际上却将法律关系限于一般民事法律关系,并认为权利与权力(职权)二词是通用的。

为此,本书在课程体系上作了改革,将权利、义务、权力放在法的一般原理编作为单独一章论述,主要理由是,权利(权力)义务不仅是法律关系的核心内容,而且也是整个法律的核心内容。在法的实施和监督编中单独论述法律关系。

那么,什么是法律关系呢?法律关系就是法律所规定的以及在调整社会关系的过程中所形成的人们之间的权利和义务(权力和义务)关系。法律关系以法律规范的存在为前提,以法律上的权利、义务(权力、义务)为内容,是一种体现国家意志的特殊社会关系,也是合法的、受到法律保护的社会关系。理解法律关系这一概念,应注意以下两方面的问题。

一、法律关系是一种思想社会关系

人类社会存在各种各样的社会关系,诸如经济、政治、法律、思想、道德、宗教和文化以及家庭、婚姻、友谊等关系。法律关系是一种重要的社会关系,它不同于其他社会关系就在于它是根据法律所结成的权利(权力)—义务关系。法律为人们的行为直接、间接地提供标准、方向,指引人们可以这样或不这样行为,应该或不应该这样行为。这也就是说,法律为人们规定了各种权利、权力和义务,以便使人们的行为符合它所预期的要求,或者使违反这种要求的人受到不利的法律后果。这里所说的"人们"是泛指,在法学上就称为法律关系主体,包括个人、法人以至国家等。

历史唯物论将社会关系划分为物质社会关系与思想社会关系、经济基础与上层建筑。法律关系属于思想社会关系和上层建筑。马克思指出了法律关系与社会物质生活条件,即生产方式或与社会生产力密切联系的生产关系之间的联系。"法的关系正像国家的形式一样,既不能从它们本身来理解,也不能从所谓人类精神的一般发展来理解,相反,它们根源于物质的生活关系";"社会的物质生产力发展到一定阶段,便同它们一直在其中活动的现存生产关系或财产关系(这只是生产关系的法律用语)发生矛盾"。① 这里讲的财产关系,用法律用语表述就是法律关系,首先是所有权关系。

法律关系之所以属于思想社会关系和上层建筑,就在于它是根据法律规定而结成的权利(权力)—义务关系。这也说明法律关系不同于其他思想社会关系或其他上层建筑。上层建筑包括国家、政治、法律等制度以及社会意识形态。

法律是体现国家意志的一种规则、原则和制度。法律关系是以法律本身为前提的,法律和法律关系都属于上层建筑。

二、抽象的法律关系和具体的法律关系

这里应特别注意以下两种情况下的法律关系的区别:一种是法律本身规定的抽象的权利义务关系,另一种是实际生活中现实的权利义务关系。例如,婚姻法规定了婚姻自由、一夫一妻、男女平等的婚姻制度,同时规定了夫妻双方各自的权利和义务。这种抽象的权利和义务规定,只有在现实生活中获得实现,即人们依照法定程序结了婚才转变为具体的权利和义务关系。这也就是说,法律本身规定的抽象的权利义务关系是一种纸面上的法律关系,现实生活中具体的权利义务关系是实际的法律关系。

以上讲的是私法方面的法律关系,比较简单。相比之下,公法方面的法律关系就比较复杂。例如,根据我国 1982 年《宪法》和 1995 年修改的《选举法》规定,年满 18 周岁的公民都有选举权和被选举权,但依法被剥夺政治权利的人除外;《选举法》还规定了选区划分、选民登记、选举程序以及对破坏选举的制裁等。这些规定是有关公民选举权,或选举法律关系的抽象规定。在每个有权参加选举的公民实际上行使选举权时,这些抽象的法律关系就成为具体法律关系。大体上说,这些具体法律关系有两类。一类是国家(由制定选举法的全国人大作为代表)与主持或负责选举工作的国家机关(如各级人大常委或选举委员会)之间的法律关系,即前者授予后者以一定权力并为其设定一定义务;另一类是这些负责选举工作的国家机关与行使选举权的公民(即选民)之间的法律关系,即

---

① 《马克思恩格斯选集》第 2 卷,人民出版社 2012 年版,第 2—3 页。

选民的选举权应由这些国家机关充分保护,反过来,选民应服从这些机关依法提出的对选举活动的各种要求。

抽象的法律关系和具体的法律关系中所体现的意志是有区别的。抽象的法律关系即纸面上的权利和义务规定所体现的只是代表法律的"国家意志",而具体的法律关系即实际生活中的权利和义务关系或权力和义务关系,却不仅体现国家意志,而且体现了选举法律关系中当事人(包括有关国家机关)的意志,当然,当事人的意志必须符合国家意志,才能使自己的行为成为合法行为。

一般地说,具体的法律关系在一开始产生时就体现双方、多方或至少一方当事人的意志,前面说的男女双方结婚或两个企业之间缔结合同是双方意志一致的体现。三个或三个以上的人缔结一个合伙协议构成了多方当事人的意志。所有权的法律关系却可以仅体现所有权人一方的意志,其他任何人虽然都负有不侵犯他的这种权利的义务,但并不需要明确地表达自己的意志。有的法律关系虽然在产生时并无任何当事人的意志,但其实现仍需当事人的意志。例如,一个婴儿的出生是一个不以人的意志为转移的自然现象,但当他一出生后,就产生了婴儿及其父母的亲属法律关系,就需要通过其父母的意志来实现。

第二节 法律关系的主体和客体

一、法律关系的主体

法律关系的主体,一般指法律关系的当事人,有时也指法律关系的参与人。当事人一般可分为两类,一类是指法律关系的直接关系人,如民事合同关系中的债权人和债务人,行政法律关系中的有关行政机关与公民或法人等。另一类是诉讼当事人,即司法诉讼中的原告和被告,上诉人与被上诉人等。

法律关系的参与人一般指直接关系人以外的、与特定法律关系有某种关系的人。在我国《民事诉讼法》和《行政诉讼法》中均规定有"诉讼参加人"的专章,但其含义与本章所讲的法律关系参与人不同。诉讼参加人主要指诉讼当事人,法律关系参与人是指诉讼当事人以外的但与特定法律关系有某种关系的人,例如当事人的近亲属、利害关系人、诉讼代理人、保证人、证人、鉴定人等。

在我国,法律关系的主体通常指:(1) 公民(自然人);(2) 法人;(3) 非法人组织;(4) 国家。

根据《宪法》规定,凡具有中华人民共和国国籍的人都是中华人民共和国公民(第33条第1款)。"自然人"是"法人"的对称。公民作为民事法律关系主体,应具有民事权利能力和行为能力。民事权利能力是指公民从出生起到死亡止依法享有民事权利、承担民事义务的能力。公民的民事权利一律平等。民事行为能力是指公民以自己的行为行使权利和承担义务的能力。公民都有权利能力,但有权利能力的人并不都有行为能力。我国《民法通则》根据年龄和精神健康状况的不同将民事行为能力人划分为以下几种:(1)完全民事行为能力人;(2)被视为完全民事行为能力人;(3)限制民事行为能力人;(4)无民事行为能力人。

我国《宪法》规定,年满18周岁的公民都有选举权和被选举权。但依法被剥夺政治权利的人除外。我国《刑法》中规定剥夺政治权利是一种附加刑。

承担民事法律关系的行为能力与刑事法律关系中犯罪人承担刑事责任的年龄和精神健康状况是密切联系的。我国《刑法》对此也有规定(第17—19条)。

法人与公民(自然人)是整个法律关系的两大类主体,他们都具有享有权利和承担义务的能力和资格。国外法律一般将法人分为财团法人与社团法人,我国《民法通则》将法人分为企业法人与机关、事业单位和社会团体法人两大类。法人是具有民事权利能力和民事行为能力,依法独立享有民事权利和承担民事义务的组织。这些能力从法人成立时产生,到法人终止时消灭。

在现代国家,一个公民或法人在同一时间要参加很多以至无数法律关系,最多的是各种民事和行政法律关系。

除公民和法人外,非法人组织也是法律关系的一个主体。我国《民事诉讼法》规定:"公民、法人和其他组织可以作为民事诉讼的当事人"(第48条第1款);《行政诉讼法》中也规定:提起行政诉讼的原告是"公民、法人或者其他组织"(第2条)。这里讲的"其他组织",可以理解为非法人组织。自1987年的《海关法》以来,我国刑法中出现了"单位犯罪"的规定,1997年修改后的《刑法》更确立了单位犯罪的专节。因此,单位也可以成为刑事法律关系的主体(即刑事被告人)。正如有的刑法学家所讲的,"单位犯罪比法人犯罪的外延要宽,单位既有法人单位,也有非法人单位,包括法人的分支机构以及某些经济实体等"①。

在国际法上,国家是国际法律关系最重要的主体。在国内法的具体法律关系中,国家作为法律关系的主体,一般都是通过相应的国家机关直接以这些机关的名义来实现的。例如国家的审判权就通过法院并直接以法院的名义来实现。但在像国家所有权这一类法律关系中虽然也通过相应国家机关来行使,但所有权的主体却仍然是国家。

二、法律关系的客体

法律关系的客体是指法律关系主体的权利和义务所指向的对象。在当代中

---

① 高铭暄:《试论我国刑法改革的几个问题》,载《中国法学》1996年第5期。

国,法律关系的客体大体上可分为三类。

第一,物。它指在法律关系中可以作为民事权利对象的物品或其他物质财富。同一种物在不同国家中的法律地位可能不同。

第二,精神财富。它指人们从事智力活动所取得的成果。如著作权(版权)、发明权、发现权、专利权、商标权等,通称为"知识产权"。

第三,法律关系主体的行为,包括作为和不作为两种,又称积极行为和消极行为。

我国《民法通则》中还规定了民事范围的人身权,包括公民的生命健康权、姓名权、肖像权、人格尊严、婚姻自主权;法人、个体工商户的名称权;公民、法人的名誉权、荣誉权等。这些权利,尤其是公民的这些人身权,是否应列为法律关系的客体？本书认为,在奴隶制社会中,奴隶不被认为是人,而是奴隶主的"会说话的工具";在封建制社会,农民(农奴)对封建主有人身依附关系,只能说是法律关系的不完全的主体,而且社会成员处于森严的等级体系中。在资本主义社会,虽然宣布法律面前人人平等,但对广大劳动者来说,这些平等权利在一些根本方面来说是不真实的;在有的西方国家,在法律上甚至容许娼妓制度的存在,将人的肉体作为买卖法律关系的客体。在我国社会主义社会中,公民在法律面前人人平等,公民的人身权应获得充分的保护。侵犯他人人身权的行为应受法律追究和制裁。因此,在侵犯人身权行为的案件中,即在民事、行政和刑事关系中,法律关系的客体是侵犯人身权的违法行为,被侵犯人是相应法律关系的有关当事人。

在《民法通则》中所提到的"肖像权"是一个较特殊的问题。该通则规定："公民享有肖像权,未经本人同意不得以营利为目的使用公民的肖像。"(第100条)这一条的一个重要词语是"未经本人同意"。这就是说,未经本人同意而以营利为目的使用他人肖像,就构成对他人的肖像权的侵犯,是民事侵权行为,这种违法行为是相应民事法律关系的客体。但如果经过本人同意而使用其肖像,就是双方当事人之间的一种民事协议。在这种情况下,相应民事法律关系的客体可以说是肖像本身。

再有,公民本人或家属在其死后,出于人道主义或其他正当理由同意将本人或死者身体某一部分或某一器官转让于人,这种行为如果符合法律的话,也不应被认为是侵犯他人人身权的行为。

第三节 法律关系的演变

具体法律关系的演变就是指这种关系的产生、变更和消灭。每一法律关系自产生后都可能在一定条件下趋于变更或消灭。这种变更或者是主体的变更,例如某一机关或单位被撤销后,它以前所参加的法律关系往往由其他机关或单位继承;或者是客体的变更,例如房屋租赁关系可能因部分房屋被烧毁而改变;或者是法律关系中权利义务的改变,例如,双方或多方当事人同意修改履行一定法定义务的期限或条件等。

任何法律关系的产生和存在都是以有关法律规定为前提的。因此,法律关系产生、变更和消灭的原因,首先在于法律本身。有的法律关系的演变,可能由法律直接规定而并不需要其他条件的中介,例如,法律规定某种机关的建立或撤销,就可以直接导致很多具体法律关系的产生、变更或消灭。

在大多数情况下,法律本身并不直接规定每一具体法律关系的产生、变更和消灭,而只是为这种关系的变更提供了前提或模式。例如,合同法规定合同当事人在什么条件下可以成立合同关系;刑法与刑事诉讼法则一般规定检察机关、法院对刑事被告在什么条件下,按什么法律程序提起公诉,进行审讯以及可以判决的罪与刑等。所以,大多数具体法律关系的产生、变更和消灭,除法律规定外,还需要一定的情况或条件。这种情况或条件就称为法律事实。它们是导致具体法律关系产生、变更或消灭的另一原因。

法律事实大体上可分为两类:第一类是不以人们意志为转移的事件。在实际生活中,不以人们意志为转移的事件是不胜枚举的,其中有的并没有直接的法律意义,例如气候的变化等;有的却具有法律意义,尽管这种事件本身可能并不存在合法与违法问题,但却可以导致某种法律关系的产生、变更和消灭。例如,因地震造成房屋倒塌会导致该房屋原先所有权关系和租赁关系的改变或消灭;冲积地的出现、人的出生、死亡以及达到一定法定年龄等现象也必然会带来许多新的法律关系。

另一类更重要的法律事实是人的行为(包括合法行为与违法行为)。法律行为具有社会性、法律性、外在性和意志性。法律行为能够产生社会效果,造成对他人的影响。但也不是所有的社会行为都是法律行为。法律行为是为法律所调整、获得法律评价、产生肯定或否定性的法律后果的行为。法律行为是表露在外的、能够为人们观察到的、有可能得到证据证明的行为,纯粹的内心活动不是法律行为。法律行为是能够为人们的意志所控制的行为,具有意志性。按照行为的法律性质,法律行为可以划分为合法行为与违法行为;不仅合法行为可以导致法律关系的演变,违法行为也可以导致法律关系的演变。按照行为的表现形式,可以把法律行为划分为作为(积极的行为)和不作为(消极的行为)。作为是指采取积极的行动以达到一定的目的,不作为是指通过不采取积极行动的方式来达到一定的目的,或者疏于采取积极的行动,造成某种法律后果。登记结婚和签订合同都是积极的行为。例如我国《刑法》第261条规定:"对于年老、年幼、患病或者其他没有独立生活能力的人,负有扶养义务而拒绝扶养,情节恶劣的,处 5 年以下有期徒刑、拘役或者管制。"这种违法行为就呈现不作为的形式。

第四节　法律关系的分类

一、分类的标准

在研究法律关系的分类时,首先碰到的一个问题可能是如何分类,特别是分类的标准是什么?就像前面在学习法律体系时一样,先要考虑部门法划分的标准和原则是什么。我们也可以从不同角度来考虑,例如,从现行部门法的划分来确定,但这种分类法数目过多,又易发生重复问题。也可以参考有的法理学学者对法律关系的分类法,如划分为四种分类:一般法律关系和具体法律关系;绝对法律关系和相对法律关系;调整性法律关系和保护性法律关系;平权型法律关系和隶属型法律关系。这种分类标准看来是从法律规范的分类来考虑的,作为法律关系分类不一定很合适。我们在这一章中试图从大多数国家法学中通用的公私法之分来考虑,即将法律关系划分为三大类:公法法律关系、私法法律关系和公私混合法律关系。

在本书第七章"西方国家法"中也讲到公私法之分。这里且对这一问题再作一简单的历史回顾。

公私法之分最早来源于古代罗马法。《查士丁尼法学阶梯》中就记载着:"法律学习分为两部分,即公法与私法。公法涉及罗马帝国的政体,私法则涉及个人利益。"[①]但在古代罗马和欧洲中世纪,除刑法外,公法并不发达。直到 17、18 世纪,公法地位大大提高,公私法之分才趋于确立,19 世纪在欧洲大陆这种划分法几乎成了自明的真理。在 20 世纪,又出现了公私法的混合。在英美法系国家,在传统上并无公私法的划分,但这些国家的法学家却经常应用这种划分法。这种划分法在理论上的一个重大争论是分类的标准如何确定。在 20 世纪初,这一争论曾经非常激烈。以后多数法学家倾向于不用单一标准而改用几种标准的结合,特别是将法律关系主体(国家或个人)和法律关系性质(对等和上下服从)两个标准结合起来。

我国传统法理学对公私法划分长期持否定态度,但自 20 世纪 80 年代末期开始,随着对市场经济看法的逐步深入,法学界对公私法之分,看法逐步改变;有关经济领域立法(包括商法)的迅速增多,更促使社会舆论和法学界多数人对公私法之分的认同。也有人有不同看法。本书认为,这种划分法有利于社会主义市场经济的发展,有利于社会主义法治的发展,也有利于我国法学的国际交往。

[①]〔古罗马〕查士丁尼:《法学总论——法学阶梯》,张企泰译,商务印书馆 1989 年版,第 5—6 页。

二、公法法律关系

这里讲的公法主要指宪法、行政法、刑法、刑事诉讼法等。公法的含义是什么？它与私法的区别在哪里？这是民法法系国家法学家争论不休的一个问题。大体上说，现代国家的公法在内容上一方面规定本国各种基本社会制度、各种主要国家机关的组织结构、相互关系、职能、权利（职权）与义务以及活动程序等；另一方面规定公民的基本权利与义务。公法不同于私法之处主要在于：公法基本上代表公共利益，私法基本上代表私人利益；公法调整国家机关之间、国家或国家机关与公民、非国家机关法人或社团的关系；私法主要调整私人事务和私人相互之间的关系。总之，公法主要调整纵向关系，私法主要调整横向关系。

宪法是一个国家的根本法，其法律地位是最高的，其他法律都直接或间接来源于宪法。宪法法律关系是其他法律关系的基础。但正由于宪法是根本法，宪法所规定的权利（权力）与义务关系是法律关系中最高层次的关系，宪法以下的一般法律、法规中规定了以下不同层次的权利（权力）和义务关系。因此，在各种具体的法律关系中，直接体现宪法法律关系的为数较少。例如我国全国人大常委会在 1997 年 11 月 1 日通过《节约能源法》，并于同日由当时国家主席江泽民发布第 90 号主席令公布，这一过程就代表这种具体的宪法法律关系。仅就数量而言，宪法的具体法律关系与其他公法，例如行政法、刑法、刑事诉讼法的法律关系，是无法相比的。行政法律关系之繁多，我们只要举税务部门的征税或城市交通管理部门对违反交通规则者的罚款等，就可以略知一二。刑法与刑事诉讼法律关系之繁多，可以从全国法院每年审理几十万件刑事案件中就可看出。

公法法律关系既有实体法律关系又有程序法律关系。例如我国全国人大及其常委会的两个议事规则和《行政诉讼法》《刑事诉讼法》等都是典型的公法程序法，规定了很多程序法律关系。例如《全国人民代表大会常务委员会议事规则》第 3 条中规定每两个月举行一次会议，由委员长召集并主持。根据这一规定，委员长既有召集会议的权力又承担召集会议的义务。委员会的其他组成人员兼有参加会议的权利和义务。

国家机关互相之间的关系是极为复杂的。这些机关包括：(1) 权力机关（或称立法机关）、行政机关、司法机关和武装力量（在中央以军事委员会为代表），在中央还有国家主席。(2) 中央国家机关和地方国家机关。(3) 上级与下级部门、领导与被领导部门、监督与被监督部门。(4) 上下级与平行级机关交错。我国《宪法》规定："国家行政机关、审判机关、检察机关都由人民代表大会产生，对它负责，受它监督。"（第 3 条第 3 款）因此，各级人大与同级的行政机关、法院、检察机关有监督与被监督关系。《宪法》又规定："最高人民法院监督地方人民法院和专门人民法院的审判工作，上级人民法院监督下级人民法院的审判工作。"(第127条第2款),因此,在审判机关系统内,又存在监督与被监督关系。与审判机关不同,在检察机关系统内,存在领导与被领导关系。同时,法院、检察机关和公安机关在处理刑事案件时还应有"分工负责、互相配合、互相制约"的关系。

三、私法法律关系

私法一般指民法与商法。民法通常指民法总则和民法分则;分则包括物权法、债权法、知识产权法、人身权法(包括家庭婚姻法等)。商法通常指公司法、保险法、票据法、海商法和破产法等。民事诉讼法的性质,法学界有不同看法,在这里暂且归属私法。

以上已指出,公法与私法的主要区别在于它们所代表的利益和调整对象的不同,也就是说,公法主要调整纵向法律关系,私法主要调整横向法律关系。1986年我国制定《民法通则》时,"商法"名称尚未使用,经济体制的目标还停留在"有计划的商品经济"时,立法部门负责人对民法与经济法、行政法之间的区别作了如下解释:"民法主要调整平等主体间的财产关系,即横向的财产、经济关系。政府对经济的管理、国家和企业之间以及企业内部等纵向经济关系或者行政管理关系,不是平等主体之间的经济关系,要由有关经济法、行政法调整,民法基本上不作规定。"①这一说明并没有提公法与私法,而只是讲民法与经济法、行政法之间的不同,但说明的理论却类似国外法学中划分公私法中常见的两个论据:一个是法律关系主体的不同,另一个是法律关系性质的不同。

在我国,《民法通则》中对民法分则共同适用的规则和原则,对商法也是适用的。在民法和商法中,法律关系的当事人在法律地位上是平等的;民事或商事活动中都遵循自愿、公平、等价有偿、诚实信用的原则。

民法与商法关系是平等主体之间的横向关系,但国家在保护和调整这种关系方面的作用仍是必不可少的。例如合同法中都规定违反法律和社会公共利益的合同是无效的,民事诉讼法规定了对民商事案件的诉讼程序。

四、公私混合法律关系

在我国体现公私法混合性质的法律主要是经济法、劳动与社会保障法、环境法等。关于经济法的具体内容,我国法学界有不同理解,一般地说,它主要包括各种企业法、预算法、计划法、银行法、信贷法、税法、物价管理法、产品质量法、消费者权益保护法及反不正当竞争法等。

---

① 王汉斌:《关于〈中华人民共和国民法通则(草案)〉的说明》(1986年4月2日在第六届全国人民代表大会第四次会议上)。

公法主要调整纵向关系,私法主要调整横向关系,公私混合法则调整纵向与横向结合的关系。1993年宪法修正案第7条规定:"国家实行社会主义市场经济。国家加强经济立法,完善宏观调控。国家依法禁止任何组织或者个人扰乱社会经济秩序。"经济法的出现和发展主要表明国家加强对经济的宏观调控的需要,它是实行宏观调控的一种重要形式。

某人在商店购得一种药品,回家后发现这一药品是假冒的,或质量有问题。在传统的法律制度下,某人在商店购买商品是一般的购销合同关系,购货人和售货人双方互有权利和义务。这是典型的民事法律关系。双方之间的争端可以通过民事诉讼解决。但在现代国家的法律制度下,例如在我国,除了民法外,还有《产品质量法》《消费者权益保护法》等法律,上述市民作为消费者有权就产品质量问题向产品生产者、销售者查询,向产品质量监督部门、工商行政管理部门申诉,有关部门应负责处理,作为社会组织的消费者协会应为维护消费者合法权益提供服务和支持。在这种情况下,一般的购销合同关系已转变为经济法法律关系,即从单纯的私法转变为公私混合法,这种法律关系的主体既有购货人和销售人,又有产品质量监督管理和工商行政管理等部门的国家机关,既有横向关系,又有纵向关系。当然,当事人也可以依照法定程序向法院提起诉讼。

思考题

1. 什么是法律关系?法律规定的抽象的法律关系与现实生活中存在的具体法律关系有什么差别?
2. 什么是法律关系的主体?
3. 什么是法律关系的客体?
4. 法律关系演变的原因是什么?试举不同实例加以说明。

参 考 书 目

1. 张文显:《法哲学范畴研究》(修订版),中国政法大学出版社2001年版,第二章"法律行为"、第三章"法律关系"。
2. 朱景文主编:《法理学》(第二版),中国人民大学出版社2012年版,第二十二章"法律关系"。

第十八章 法律责任与法律制裁

本章主要学习有关法律责任与法律制裁的基本理论,包括法律责任的概念,法律责任的目的与功能,法律责任与权力、权利、义务的关系;法律责任的种类;法律责任的归结与归责原则,免责;法律制裁的概念与分类等。

第一节 法律责任的概念

一、法律责任的含义

法律责任是一个重要的法学概念。但对于什么是"法律责任",学者们却众说纷纭,各有各的主张。择其要者,计有义务说、处罚说、后果说、责任能力及法律地位说、含义组合说(即把法律责任概括为两个或三个含义或组成要件)。①在现代汉语中,"责任"一词有两个彼此联系的含义:(1) 分内应做的事,如尽责任;(2) 没有做好分内应做的事,因而应当承担的过失,如追究责任。②

在有些场合,法律责任的含义与责任的第一个含义相对应,相当于义务。比如,我国《产品质量法》第三章规定了生产者、销售者的产品质量责任和义务:"生产者应当对其生产的产品质量负责"(第 26 条第 1 款);属于生产者的产品质量责任和义务的,如产品质量应符合"不存在危及人身、财产安全的不合理的危险,有保障人体健康和人身、财产安全的国家标准、行业标准的,应当符合该标准"等要求(第 26 条第 2 款第 1 项);属于销售者的产品质量责任和义务的,如"销售者应当建立并执行进货检查验收制度,验明产品合格证明和其他标识"(第 33 条)。

在多数场合,法律责任的含义与责任的第二种含义相近,指的是行为人做某种事或不做某种事所应承担的后果。比如,当我们说"应当追究有关人员的法律责任",或者说要"实行执法责任制"的时候,都是指行为人做某种事(或不做某种事)应当承担的法律后果。欠债还钱,杀人偿命,是人们对法律责任的最通俗的解释。"还钱""偿命"对责任人来说,都是不利的法律后果。再比如,《行政处罚法》《反垄断法》《食品安全法》等法律还以"法律责任"为题对行为人违反

---

① 刘作翔、龚向和:《法律责任的概念分析》,载《法学》1997 年第 10 期。
② 参见《现代汉语词典》(第 5 版),商务印书馆 2005 年版,第 1702 页。

该法的法律后果作出专门规定;在《刑法》和《民法通则》中,则有专节或专章分别对刑事法律责任和民事法律责任作出规定。本章所讲的法律责任,是在它的第二种含义上使用的,即行为人由于违法行为、违约行为或者由于法律规定而应承受的某种不利的法律后果。

西方法学家对法律责任的解释有许多种。比如,奥地利法学家凯尔森认为:"法律责任(responsibility,liability)是与义务相关的概念。一个人在法律上要对一定行为负责,或者他为此承担法律责任,意思就是,他作相反行为时,他应受制裁。"[1]凯尔森看到了法律责任与法律义务、制裁具有密切联系,但是,他将制裁作为唯一的法律后果。因此,他的解释与本章对法律责任的解释,既有相同点,又有不同点。

在法律史的早期,"立法是紧紧围绕着法律责任的依据、范围、承担者以及法律责任的认定和执行(制裁)等问题展开的。至于司法,更是以对法律责任的认定、归结和执行为其全部职能"[2]。在现代社会,法律责任制度与其他法律制度同样有了进一步的发展。有些法律和法规以规定法律责任为重要内容或主要内容,例如《产品质量法》《国家赔偿法》和《侵权责任法》等。

二、法律责任的特点

与道义责任或其他社会责任相比,法律责任有两个特点:(1) 承担法律责任的最终依据是法律。承担法律责任的具体原因可能各有不同,但最终依据是法律。因为一旦法律责任不能顺利承担或履行,就需要司法机关裁断。司法机关只能依据法律作出最终裁决。这里讲的法律既可以是正式意义上的法律渊源,也可以是非正式意义上的法律渊源。(2) 法律责任具有国家强制性。即法律责任的履行由国家强制力保证。当然,正如国家强制力有时是作为威慑力隐蔽于法律实施的幕后一样,在法律责任的履行上,国家强制力只是在必要时,在责任人不能主动履行其法律责任时才会使用。

三、违法行为及产生法律责任的其他原因

法律责任是一种不利的法律后果,那么是什么导致这种不利的法律后果呢?产生民商事法律责任的原因有三类,即违法行为、违约行为和法律规定。

(一) 违法行为

广义的违法行为,指所有违反法律的行为,包括犯罪行为和狭义的违法行为。狭义的违法行为,也可以称为一般侵权行为,包括民事侵权行为和行政侵权

---

[1] 〔奥〕凯尔森:《法与国家的一般理论》,沈宗灵译,商务印书馆2013年版,第113页。

[2] 张文显:《二十世纪西方法哲学思潮研究》,法律出版社2006年版,第393页。

行为,指除犯罪外所有非法侵犯他人人身权、财产权、政治权利、精神权利或知识产权的行为。大量的法律责任是由违法行为产生的。凯尔森看到了违法行为(他称为不法行为)与法律责任及法律制裁的密切联系,然而他否认违法行为是法律制裁及法律责任的原因。① 我们认为,违法行为固然由于法律的规定才被认为是违法行为,但是,它在不同程度上侵犯了法律所保护的某种社会关系和社会利益,这才是违法行为之所以成立并被追究法律责任的关键。

一般地说,违法行为由以下五个要素构成:

第一,违法行为以违反法律为前提。行为违反法律,是对法律的蔑视和否定,是对现行法律秩序的破坏。因此要通过追究法律责任、施加法律制裁否定违法,恢复法律秩序。以法律为准绳,既是准确追究违法,否定非法的重要条件,也是避免枉法、防止专横的重要保证。凯尔森认为:"不法行为并不是'法律的违反',而是法律规范存在的特定形态,法律规范的效力丝毫没有遭到不法行为的危害。"②他的这种观点是不全面的。刑法规范,尤其是刑法分则中的"罪状"部分,实际上是义务性法律规范,其中大多数是禁止性规范。公民、国家机关工作人员、法人或单位没有避免刑法禁止的行为,或者没有作刑法命令去作的行为,就是对刑法的违反,同时也是对刑法的触犯,因此应当依刑法承担刑事责任。

第二,违法行为必须是某种违反法律规定的行为。这里讲的行为包括积极的作为或消极的不作为。违法的作为是指作出了法律所禁止的行为;违法的不作为是指没有作法律所要求的行为。不论是作为的违法还是不作为的违法,都具有客观性,都不同于人们单纯的思想活动。因为人的思想如果不通过行为表现出来就不会产生危害社会的影响;并且,人的思想是主观的,难以认定的,以思想作为违法行为而实施惩罚,必然导致罪刑擅断,非法司法。因此,在立法和执法、司法工作中,必须严格区分思想问题和违法犯罪行为的界限,确认违法必须以人的行为作为客观依据。

第三,违法行为必须是在不同程度上侵犯法律上所保护的社会关系的行为。行为的违法性与行为的社会危害性具有密切联系,后者是前者的基础。人们制定并实施法律,是为了通过建立一定的法律秩序,进行社会控制,保障并促进社会发展,维护人们的利益。如果一个行为并不侵犯法律所保护的社会关系,没有侵犯社会、国家、集体或个人的合法利益,就不构成违法。

第四,违法行为一般必须有行为人的故意或过失。但是,故意和过失在不同的法律领域中具有不同的意义。在刑事法律领域,行为人故意或过失的心理状态是判定其主观恶性的重要依据,也是区别罪与非罪、此罪与彼罪、罪轻罪重的

---

① 参见〔奥〕凯尔森:《法与国家的一般理论》,沈宗灵译,商务印书馆2013年版,第100—102页。
② 同上书,第103页。

重要依据。在民事法律领域,故意和过失被统称为过错,是构成一般侵权行为的要素。在行政法律领域,实行"过错推定"的方法。"在实践中,行政领域的违法行为,只要符合法律规范所规定的外在形式,一般就不再过问行为人的主观因素,即可视为主观有过错,法律另有规定的除外。这是行政法的一个特点,或者将其理解为不以主观过错为要件。"①

第五,违法者必须具有法定责任能力或法定行为能力。自然人违法并不必然承担法律责任。当前世界大多数国家的立法例都通过引入法定责任能力或法定行为能力的规定,来减轻或者免除未成年人及精神病患者的法律责任。我国《刑法》第17条第1款规定:"已满16周岁的人犯罪,应当负刑事责任。"第18条第1款规定"精神病人在不能辨认或者不能控制自己行为的时候造成危害结果,经法定程序鉴定确认的,不负刑事责任"。在民法领域,私法自治允许每个人按照自己的意愿作出法律行为。然而,"只有当行为人能够理解其意思表示的后果时,这才是有意义的,因此他必须具有最低程度的理解和判断能力,即行为能力"②。我国《民法通则》根据自然人的具体情况,按照年龄阶段的不同和理智是否正常,将自然人的民事行为能力划分为:完全民事行为能力(第11条)、限制民事行为能力(第12条第1款、第13条第2款)和无民事行为能力(第12条第2款、第13条第1款)三种。德国民法理论又进一步将民事行为能力区分为行为能力(包括结婚能力和遗嘱能力)和侵权能力。其中侵权行为能力是实施导致损害赔偿义务的不法行为的能力(《德国民法典》第823条及以下)。"行为能力是实施有效法律行为的前提,而侵权行为能力原则上是侵权行为责任的前提。"③

(二)违约行为以及法律规定作为法律责任的产生原因

违约行为,即违反合同约定,没有履行一定法律关系中作为的义务或不作为的义务。违约行为是产生民事法律责任的重要原因。

法律规定成为产生法律责任的原因,是指从表面上看,责任人并没有从事任何违法行为,也没有违反任何契约义务,仅仅由于出现了法律所规定的法律事实,就要承担某种赔偿责任,如产品致人损害。它可以导致民事法律责任和行政法律责任的产生。

---

① 罗豪才、湛中乐主编:《行政法学》,北京大学出版社2006年版,第335页。
② 〔德〕汉斯·布鲁克斯、沃尔夫·迪特里希·瓦尔克:《德国民法总论(第三版)》,张艳译,杨大可校,中国人民大学出版社2012年版,第173页。
③ 同上书,第174、175页。

四、法律责任的目的与功能

(一) 法律责任的目的

为什么违法侵权或违约,或仅仅由于法律规定,就要使当事人承担不利的法律后果?这是法律责任的目的问题。我们生活在一个社会共同体中,一方面每个人都追求各自的特殊利益,另一方面,大家都有共同的社会利益、国家利益或集体利益。法律要求人们在追求自己的利益的同时尊重他人的利益,并共同维护和促进社会利益、国家利益和集体利益。为此,法律对应当维护的利益加以认定和规定,并以法律上的权利、义务、权力、自由作为保障这些利益的手段。法律责任的目的就在于:保障法律上的权利、义务、权力、自由得以生效,在它们受到阻碍或侵害时,通过适当的救济,使对侵害发生有责任的人承担责任,消除侵害并尽量减少未来发生侵害的可能性。

(二) 法律责任的功能

法律责任的上述目的是通过它的三个功能来实现的:惩罚、救济和预防。

1. 惩罚功能

惩罚,就是惩戒、处罚。法律责任的惩罚功能,就是惩罚违法者和违约人,维护社会安全与秩序。在社会生活中,侵害、纠纷、争议和冲突在所难免。在人类历史的早期,惩罚的形式是复仇或报复,它是主要的解决侵害、冲突和纠纷的方式。这种具有野蛮性、自发性的惩罚方式也是一种最古老的保护利益和维护权利的方式。随着社会的发展,人们以公共权力为后盾,由公民个人或国家机关根据法律程序要求行为人承担不利的法律后果,以此惩罚违法侵权者和违约人,从而以文明的方式平息纠纷和冲突,维护社会安全和秩序。① 法律责任的惩罚功能可以说是法律责任的首要功能。

2. 救济功能

法律责任的救济功能就是救济法律关系主体受到的损失,恢复受侵犯的权利。法律责任通过设定一定的财产责任,赔偿或补偿在一定法律关系中受到侵犯的权利或者在一定社会关系中受到损失的利益。救济,即赔偿或补偿,指把物或人恢复到违约或违法侵权行为发生前所处的状态。救济可以分为特定救济和替代救济两种。所谓特定救济,是指要求责任人作他应作而未作的行为,或撤销其已作而不应作的行为,或者通过给付金钱使受害人的利益得以恢复。比如,停止侵害,排除妨害,恢复原状,赔偿损失等。这种救济的功能主要用于涉及财产

---

① 英国法学家 Dennis Lloyd 认为,在原始社会,"'制裁'的主要目的并不在于惩罚违规的行为人以恢复旧有的状态,而是在维持社会秩序,因为违规行为有碍社会团结,这种团结必须予以恢复。"见其所著:《法律的理念》,张茂柏译,新星出版社 2005 年版,第 188 页。

权利和一些纯经济利益的场合。替代救济,是指以责任人给付的一定数额的金钱作为替代品,弥补受害人受到的名誉、感情、精神、人格等方面的损害。这种救济功能主要用于精神损害的场合。精神损害与其他人身损害一样,都是受害人所遭受的实际损失。替代救济是以金钱为手段在一定程度上弥补、偿付受害人所受到的心灵伤害,尽最大可能恢复受害人的精神健康,如果不能恢复,也使受害人的心灵得到抚慰。

在有些情况下,比如环境污染、产品缺陷致人损害,损失的发生并非人们有意而为,也很难说是由于人们的疏忽所致,如果让受害者承担损失,既不公平,也不利于防止未来损失的再次发生。使污染制造者、产品生产者或销售者承担法律责任是解决受害者遭受的"无妄之灾"的公平、合理的方法;它同时有利于人们采取措施避免侵权或利益损失,以促进社会福利的增长。

3. 预防功能

法律责任的预防功能,就是通过使违法者、违约人承担法律责任,教育违法者、违约人和其他社会成员,预防违法犯罪或违约行为的发生。法律责任通过设定违法犯罪和违约行为必须承担的不利的法律后果,表明社会和国家对这些行为的否定态度。这不仅对违法犯罪或违约者具有教育、震慑作用,而且也可以教育其他社会成员依法办事,不作有损社会、国家、集体和他人合法利益的行为。英国哲学家哈耶克从自由与责任密不可分的关系出发,指出责任的预防功能:"在一般意义上讲,有关某人将被视为具有责任能力的知识,将对他的行动产生影响,并使其趋向于一可欲的方向。就此一意义而言,课以责任并不是对一事实的断定。它毋宁具有了某种惯例的性质,亦即那种旨在使人们遵循某些规则的惯例之性质。"他同时指出,发挥责任的预防功能同时也是追究责任的理由:"课以责任的正当理由,因此是以这样的假设为基础的,即这种做法会对人们在将来采取的行动产生影响;它旨在告之人们在未来的类似情形中采取行动时所应当考虑的各种因素。"①

五、法律责任与权力、权利与义务的关系

法律责任与权力、权利、义务一样,都是法学的基本范畴,并和它们有着密切的关系。

美国法学家韦斯利·霍菲尔德曾经对权力与责任的关系进行过专门研究。他认为,权力是指人们通过一定行为或不行为而改变某种法律关系的能力。与权力相对应或者说相关联的概念,是责任,"指的是行使权力的影响(有利影响

---

① 〔英〕哈耶克:《自由秩序原理》,邓正来译,生活·读书·新知三联书店1997年版,第89、90页。

和不利影响均包括在内)"。① 不过,他所讲的责任与本章所讲的责任并不完全相同。从中国的法律实践来看,法律责任确实与法律权力有着密切的联系。一方面,责任的认定、归结与实现都离不开国家司法、执法机关的权力(职权);另一方面,责任规定了行使权力的界限以及越权的后果,因而"使权力的运作成为主体所施发的一种具有负责精神的行为过程"②。

法律责任与法定权利、义务有密切的联系。首先,法律责任规范着法律关系主体行使权利的界限,以否定的法律后果防止权利行使不当或滥用权利;其次,在权利受到妨害,以及违反法定义务时,法律责任又成为救济权利、强制履行义务或追加新义务的依据;最后,法律责任通过否定的法律后果成为对权利、义务得以顺利实现的保证。总之,法律责任是国家强制责任人作出一定行为或不作一定行为,救济受到侵害或损害的合法利益和法定权利的手段,是保障权利与义务实现的手段。

在历史上,法律责任可以转移,法律责任与权利、义务也是可以相互转换的。比如,在中国古代社会,法律责任的承担是可以代替的。并且,由于责任人的子孙兄弟请求代刑,责任还可以赦免或减轻。代刑,即代他人承担刑事责任,开始时本无法律根据,但因有人申请,而封建君主为了彰显伦常孝悌之道,作为特例批准,后来成为制度,人民可以依例申请,于是请求代刑便成为法定权利;再到后来,代刑不仅是子孙的权利,而且成为规定的义务了。③ 在这里,责任主体发生了转移,随着主体的转移,承担责任又变成了权利,继而又成为义务。当然,这些转移和转换并非儿戏,在这些转移和转换的背后,有着复杂的社会文化背景和政治、道德基础。在近现代,这种制度已不再存在。

第二节 法律责任的种类

法律责任的种类,也是法律责任的各种表现形式,根据不同的标准,可以作不同的划分。比如,以责任的内容为标准,可以分为财产责任与非财产责任;以责任的程度为标准,可以分为有限责任与无限责任;以责任的人数不同为标准,可以分为个人责任与集体责任;以行为人有无过错为标准,可以分为过错责任与无过错责任;以责任实现形式为标准,可以分为惩罚性责任和补偿性责任;以引起责任的法律事实与责任人的关系为标准,可以分为直接责任、连带责任和替代责任。下面,以引起责任的行为性质为标准,将法律责任划分为:刑事责任、民事

---

① 沈宗灵:《对霍菲尔德法律概念学说的比较研究》,载《中国社会科学》1990年第1期。
② 林喆:《权力的交换与交换中的权力》,载《中国法学》1993年第5期。
③ 参见瞿同祖:《中国法律与中国社会》,中华书局1981年版,第60—62页。

责任、行政责任、违宪责任和国家赔偿责任。

一、刑事责任

刑事责任是指行为人因其犯罪行为所必须承受的,由司法机关代表国家所确定的否定性法律后果。刑事责任的特点是:

第一,产生刑事责任的原因在于行为人行为的严重社会危害性,只有行为人的行为具有严重的社会危害性即构成犯罪,才能追究行为人的刑事责任。

第二,刑事责任是犯罪人向国家所负的一种法律责任。这是与作为刑事责任前提的行为的严重社会危害性相适应的。它与民事责任由违法者向被害人承担责任有明显区别,刑事责任的大小、有无都不以被害人的意志为转移。

第三,刑事责任是一种惩罚性责任,因而是所有法律责任中最严厉的一种。惩罚是刑事责任的首要功能。刑事责任的内容包括限制、剥夺责任人的自由、财产、政治权利甚至生命。这些都最为明显地体现了法律责任的惩罚功能。刑事责任"给行为人所带来的不利影响或后果远比其他法律责任严重"①。行为人一旦有过被追究刑事责任的记录,就会失去从事某些职业或担任某种职务的资格,而承担过其他法律责任的人则不受这种限制。刑事责任的惩罚性与严厉性,是由它的严重社会危害性决定的。但是,法律责任之间的这种区分,是经过了一个演变过程的。根据英国学者梅因的研究,"古代社会的刑法不是'犯罪法';这是'不法行为'法,或用英国的术语,就是'侵权行为'法",因为,当时"被认为受到损害的是被损害的个人而不是'国家'"。② 美国法学家庞德也指出:"以复仇或报复为形式的惩罚是一种最古老的保护利益和维护权利的方式……当罗马人想到对损害的赔偿时,他们所想到的是一种赔偿的刑罚。"③

第四,刑事责任基本上是一种个人责任。一般来说,只有实施犯罪的行为者本人才能承担刑事责任。因为人是具有主观能动性或叫"自由意志"的,一个人如果从事了犯罪行为,国家就要以刑事责任对其行为作出否定性反应,对极个别罪大恶极者剥夺其生命,对绝大多数犯罪者要进行惩罚、教育,使其不再危害社会。同时,刑事责任也包括集体责任,如有些国家称为"法人犯罪"的刑事责任,在中国,称为"单位犯罪"的刑事责任。不管是惩处个人,还是惩处单位,都是为了惩罚犯罪者,救济被侵害的权利,预防犯罪的再发生。当代中国在反腐败过程中,虽然注意到对单位犯罪的惩处,然而,在处罚单位的同时,如果不能同时有效地处罚个人,就会由于处罚的"弥散化"而无法发挥处罚的功能。正如哈耶克所

---

① 张明楷:《论刑事责任》,载《中国社会科学》1993 年第 2 期。
② 〔英〕梅因:《古代法》,沈景一译,商务印书馆 1959 年版,第 208、209 页。
③ 〔美〕庞德:《通过法律的社会控制》,沈宗灵、董世忠译,商务印书馆 1984 年版,第 114—115 页。

说：" 欲使责任有效，责任还必须是个人的责任。在一自由的社会中，不存在任何由一群体的成员共同承担的集体责任，除非他们通过商议而决定他们各自或分别承担责任……如果因创建共同的事业而课多人以责任，同时却不要求他们承担采取一项共同同意的行动的义务，那么通常就会产生这样的结果，即任何人都不会真正承担这项责任。"①

第五，刑事法律是追究刑事责任的唯一法律依据，罪刑法定。司法机关以刑法规定的犯罪构成为根据追究行为人的刑事责任。

二、民事责任

（一）民事责任的特点

民事责任是指由于违反民事法律、违约或者由于民法规定所应承担的一种法律责任。

民事责任的特点是：

第一，民事责任主要是一种救济责任。民事责任的功能主要在于救济当事人的权利，赔偿或补偿当事人的损失。为此，承担民事责任的方式主要是：停止侵害、排除妨碍、消除危险、恢复原状、修理、重作、更换、消除影响、恢复名誉、赔礼道歉、赔偿损失、支付违约金、返还财产。当然，民事责任也执行惩罚的功能，具有惩罚的内容。例如违约金本身就含有惩罚的意思。收缴进行非法活动的财物和非法所得，罚款、拘留等，都是以执行惩罚和预防功能为主的责任。在美国侵权法中，法院可以对"蓄意害人"的侵权行为判处惩罚性赔偿金。我国《食品安全法》第 96 条第 2 款规定："生产不符合食品安全标准的食品或者销售明知是不符合食品安全标准的食品，消费者除要求赔偿损失外，还可以向生产者或者销售者要求支付价款 10 倍的赔偿金。"这是作为惩罚被告的一种方式而给予原告的超过其实际损失的损害赔偿金。它的首要目的就是惩罚并威慑侵权者和他人的这种行为。在传统的非商业故意侵权中，单独的补偿性赔偿金可以实现预防或威慑将来的侵权行为的效果，但是在与商业有关的侵权中，制造商也许认为将补偿性赔偿金打入经营成本比采取措施避免损害更有利可图。惩罚性赔偿金的一个主要目的就是威慑这种损人利己的公司政策，它也向个人提供了一个实施法律规则的动力，并使个人得以补偿诉诸法律的巨大开销。

第二，民事责任主要是一种财产责任。这是与第一个特点相联系的。

第三，民事责任主要是一方当事人对另一方的责任，在法律允许的条件下，多数民事责任可以由当事人协商解决。

---

① 〔英〕哈耶克：《自由秩序原理》，邓正来译，生活·读书·新知三联书店 1997 年版，第 99—100 页。

(二) 民事责任的分类

我国《民法通则》第 106 条规定:"公民、法人违反合同或者不履行其他义务的,应当承担民事责任。公民、法人由于过错侵害国家的、集体的财产,侵害他人财产、人身的应当承担民事责任。没有过错,但法律规定应当承担民事责任的,应当承担民事责任。"据此,我们可以根据承担民事责任的原因,将民事责任分为:由违约行为(或不履行其他义务)产生的违约责任;由民事违法行为,即侵权行为产生的一般侵权责任;由法律规定产生的特殊侵权责任。

违约责任与侵权责任的区别是:

(1) 所违反的义务及所依据的法律不同。违约责任是行为人违反了约定的合同义务。侵权责任是行为人违反了法律规定的不得侵犯他人权利的义务,不以当事人之间事先存在的合同关系为前提,这种损害赔偿的债权债务关系由法律规定而不以责任人的意志为转移,它主要依据民事法律中有关侵权行为致人损害的条款来确定。

(2) 受侵害的权利和利益的性质不同。违约行为侵害的是合同相对人的债权,属于相对权,侵犯的是特定个人的利益;侵权行为侵害的是受害人的健康权、人格权、生命权以及财产权,属于绝对权,侵犯的是社会利益。

(3) 责任构成不同。违约责任以违约行为的存在为核心;一般侵权责任则要求不仅存在侵权行为,而且存在损害事实、侵权行为与损害事实之间的因果关系,以及行为人的主观过错。特殊侵权责任的特殊之处在于它不以过错为责任构成条件,而以法律的专门规定为前提,如产品责任中的生产者责任,"因产品存在缺陷造成他人损害的,生产者应当承担侵权责任"。(《侵权责任法》第 41 条)

(三) 民事责任的归责原则

归责原则是指认定和归结法律责任必须依照的标准和规则。它对确定民事责任具有重要的意义。一般而言,确定民事责任的原则有三种:绝对责任、过错责任和严格责任。

绝对责任(absolute liability),是指行为人只要其行为造成危害结果,行为和结果之间存在着外部联系,就应承担责任。不法行为人的精神状态与行为结果之间的关系,行为人是否预料到或意图达到其行为的结果,都不影响责任的成立。西方学者认为,这种归责原则可以追溯到法律历史的原始阶段。有些学者并且认为,它是与所谓"偶然事故"相对应的归责原则。[1]

过错,指行为人在实施行为时的某种应受责备的心理状态。故意和过失是

---

[1] 〔奥〕凯尔森:《法与国家的一般理论》,沈宗灵译,商务印书馆 2013 年版,第 113 页;〔美〕彼得·斯坦、约翰·香德:《西方社会的法律价值》,王献平译,郑成思校,中国法制出版社 2004 年版,第 175 页。

过错的两种形式。过错的出现在西方最早可以追溯到罗马法。罗马法将所有不法侵害他人或社会利益的行为统称为"不法行为","不法行为"又可分为"公犯"和"私犯",后者既包括了犯罪,也包括了侵权行为。① 侵权,就是做错事;侵权责任,就是对做错事的惩罚。在这种情况下,造成损害者必须具有过错(culpa),古典学者把过错理解为可归责性。假如事件的发生不以他的意志为转移,那么就不应该对他进行惩罚。这里,侵权责任是以道义责任为基础的。比如,为了能够提起诉讼,损害必须具有实在性,它应当是直接由行为人造成的,并且应当是针对物体造成的,即直接侵害标的,如"以物掺杂在他人的油或酒之中,损坏油、酒的优良质量的"②。在古罗马,不仅对契约外损害的归责要求有过错,就是对违反契约也要求有故意或疏忽的存在。罗马人认为,每一个契约都是由双方当事人自由达成的,是当事人意愿的表达,"契约必须遵守",即已经自由达成的协议必须履行;"随意作出许诺的人必须履行其诺言。承诺人如果没有完全实现其已经同意的事,不论是出于故意还是由于疏忽,一般都应对此负责。如果由于他所无法控制的原因而使他无法履行其诺言,他就没有责任,除非他事先明确表示愿意对此负责"。③

严格责任(strict liability),是指一种比过错责任标准更加严格的责任标准,如果发生了应该避免的伤害事件,就要承担责任,不论责任人是否有过错。严格责任与过错责任的区别是:在过错责任下,被告可以设法证明自己不存在疏忽,比如尽到了"合理的注意"义务,因而不具有可归责性,不应承担责任;严格责任对责任人的要求更加"严格",行为人即使没有疏忽也并不影响责任的成立。严格责任与绝对责任的区别是:严格责任存在抗辩,而绝对责任不存在抗辩。在法律历史的早期,绝对责任与严格责任是不分的。在现代社会,有些学者或法学作品,也将严格责任与无过错责任(liability without fault)混用。但是,许多国家的现代法律制度,都将两者区别开来。比如在美国,无过失(no fault)或叫"不问过错"有特定的含义,比如,在汽车事故、医疗事故等领域中,"根据保险原则,不经过错举证('不问过错')给予赔偿"④。我国《民法通则》第132条规定:"当事人对造成损害都没有过错的,可以根据实际情况,由当事人分担民事责任。"这是指在当事人双方对造成的损害均无过错的情况下,由法院根据公平的观念,在考

---

① 参见江平、米健:《罗马法基础》(修订本第三版),中国政法大学出版社2004年版,第368页。
② 〔古罗马〕查士丁尼:《法学总论——法学阶梯》,张企泰译,商务印书馆1989年版,第199—200页。
③ 〔美〕彼得·斯坦、约翰·香德:《西方社会的法律价值》,王献平译,郑成思校,中国法制出版社2004年版,第183页。
④ 〔美〕彼得·哈伊:《美国法律概论》,沈宗灵译,北京大学出版社1997年版,第83页。

虑当事人的财产状况及其他情况的基础上,责令加害人对受害人给予适当补偿。类似的还有某些无民事行为能力人和限制民事行为能力人致人损害的责任,紧急避险致人损害的责任。这是一种特殊的归责方法。

三、行政责任

行政责任是指因违反行政法或因行政法规定而应承担的法律责任。

行政责任的特点是:

第一,承担行政责任的主体是行政主体和行政相对人。

第二,产生行政责任的原因是行为人的行政违法行为和法律规定的特定情况。

第三,通常情况下,实行过错推定的方法。在法律规定的一些场合,实行严格责任。例如,我国《水污染防治法》第83条第1款规定:"企业事业单位违反本法规定,造成水污染事故的,由县级以上人民政府环境保护主管部门依照本条第二款的规定处以罚款,责令限期采取治理措施,消除污染;不按要求采取治理措施或者不具备治理能力的,由环境保护主管部门指定有治理能力的单位代为治理,所需费用由违法者承担;对造成重大或者特大水污染事故的,可以报经有批准权的人民政府批准,责令关闭;对直接负责的主管人员和其他直接责任人员可以处上一年度从本单位取得的收入50%以下的罚款。"

第四,行政责任的承担方式多样化。首先,行为责任是行政责任中数量很大的责任形式,如停止违法行为,撤销违法的行政行为,履行职务或法定义务,恢复原状、返还原物等;其次,精神责任在行政责任中所占的比重明显高于其他法律责任,如通报批评,赔礼道歉,承认错误;再次,财产责任仍然是行政责任的重要形式,如赔偿损失、罚款;最后,行政责任也包括人身责任,像拘留。① 这些责任共同执行着行政责任惩罚、救济、预防的功能。

四、违宪责任

违宪责任是指由于有关国家机关制定的某种法律和法规、规章,或者有关国家机关、社会组织或公民从事的与宪法规定相抵触的活动而产生的法律责任。违宪责任的产生原因是违宪行为。虽然广而言之,所有违法行为都是违宪行为,但是,构成违宪责任的违宪行为与一般违法行为还是有所区别的。因为宪法规范不仅为普通法律提供了立法依据,而且它还有自己特定的调整对象,即国家机

---

① 上述内容部分参考了罗豪才、湛中乐主编的《行政法学》,北京大学出版社2006年版,第345页。

关之间的相互关系以及它们与广大公民之间的相互关系。① 对违反这类宪法规范的行为,是不能通过追究刑事责任、民事责任或行政责任来预防和制止的。

维护宪法尊严、保证宪法实施,对于社会的稳定与发展具有特殊重要的意义。违宪责任是与破坏、违反宪法的行为作斗争的有力的法律武器。我国《宪法》规定:"全国各族人民、一切国家机关和武装力量、各政党和各社会团体、各企业事业组织,都必须以宪法为根本的活动准则,并且负有维护宪法尊严、保证宪法实施的职责"(序言);"一切违反宪法和法律的行为,必须予以追究。"(第5条第4款)世界上许多国家都设有专门的机构和制度来确认违宪行为,追究违宪责任。在我国,监督宪法实施的权力属于全国人民代表大会及其常务委员会。

五、国家赔偿责任

根据我国《国家赔偿法》,对于国家机关及其工作人员在执行职务过程中违法行使职权,造成公民、法人和其他组织人身权或者财产权损害的,国家承担赔偿责任。

国家赔偿责任是指国家对于国家机关及其工作人员执行职务、行使公共权力损害公民、法人和其他组织的法定权利与合法利益所应承担的赔偿责任。国家赔偿责任的特点是:

(1)产生国家赔偿责任的原因是国家机关及其工作人员在执行职务过程中的不法侵害行为。其合法行为如果给公民、法人和其他组织的权益造成损害,只构成损害补偿,而非国家赔偿责任。② 国家机关及其工作人员非职务行为所产生的责任也不属于国家赔偿责任。

(2)国家赔偿责任的主体是国家。因为国家机关及其工作人员是以国家的名义、代表国家行使公共权力,而不是以个人名义,所以损害赔偿责任应当由其所代表的国家来承担。

(3)国家赔偿责任的范围包括:行政赔偿与刑事赔偿两部分。行政赔偿是指行政机关及其工作人员在行使职权时,侵犯人身权、财产权造成损害而给予的赔偿。刑事赔偿是指行使国家侦查、检察、审判、监狱管理职权的机关在刑事诉讼中,侵犯当事人人身权、财产权造成损害而给予的赔偿。

---

① 参见李步云:《走向法治》,湖南人民出版社1998年版,第648—649页。
② 参见陈佳林主编:《〈中华人民共和国国家赔偿法〉实用问答》,中国政法大学出版社1994年版,第4页。

第三节 法律责任的归结与免除

一、法律责任的归结的含义

法律责任的归结,也叫归责,是指由特定国家机关或国家授权的机关依法对行为人的法律责任进行判断和确认。责任是归责的结果,但归责并不必然导致责任的产生。不同的法律责任具有不同的责任构成要件。责任的成立与否,取决于行为人的行为及其后果是否符合相应的责任构成要件。

二、归责的基本原则

这里讲的归责的基本原则,不同于前面讲的民法的归责原则。这里的基本原则,是具体法律部门归责原则的基础。归责是一个复杂的责任判断过程。它是特定法律制度的价值取向的体现,一方面,指导着法律责任的立法,另一方面,指导着法律实施中对责任的认定与归结。在我国,归责原则主要可以概括为:责任法定原则、公正原则、效益原则和合理性原则。

(一)责任法定原则

责任法定原则,是指法律责任作为一种否定的法律后果应当由法律规范预先规定,包括在法律规范的逻辑结构之中,当出现了违法行为或法定事由的时候,按照事先规定的责任性质、责任范围、责任方式追究行为人的责任。责任法定原则实际上是要求责任的确定性。确定的法律责任是使行为人预知法律的要求、正确安排自己行为的前提。责任不确定,或者责任太宽泛,不利于法律责任预防功能的正确发挥。对此,英国哲学家哈耶克的论述是有道理的:"为使责任有效,就必须对责任予以严格的限定,使个人能够在确定各不相同的事项的重要性的时候依凭其自身的具体知识,使他能够把自己的道德原则适用于他所知道的情形,并能够有助于他自愿地作出努力,以消除种种弊害。"[①]

要贯彻责任法定原则,第一,要由特定的国家机关或国家授权的机构归责。这是法律责任与道德责任的重要区别之一。在道德责任领域,每个社会成员都可以将违反道德的责任直接归于违反者。在我国,民事法律责任的认定和归结权属于人民法院和有关仲裁机构;刑事责任的认定和归结权属于人民法院和人民检察院;行政责任的认定和归结权分别属于人民法院和有行政执法权的国家行政机关;违宪责任由全国人大及其常委会认定和归结。第二,要反对责任擅断。任何认定和归结责任的主体都无权向任何一个责任主体追究法律规定以外

[①] 〔英〕哈耶克:《自由秩序原理》,邓正来译,生活·读书·新知三联书店1997年版,第101页。

的责任;任何责任主体都有权拒绝承担法律规定以外的责任。应当坚持"法无明文规定不为罪","法无明文规定不处罚"。第三,要反对有害追溯,不能以事后的法律追究在先行为的责任或加重责任。第四,责任法定一般允许人民法院运用判例和司法解释等方法,行使自由裁量权,准确认定和归结行为人的法律责任。

（二）公正原则

公正包括分配的公正与矫正的公正,实质公正和形式公正。在追究法律责任方面,第一,对任何违法、违约的行为都应依法追究相应的责任。这是矫正的公正的要求。第二,责任与违法或损害相均衡。即要求法律责任的性质、种类、轻重要与违法行为、违约行为以及对他人造成的损害相适应。[①] 这就是人们通常所说的"罚当其罪"。如果罚不当罪或赔偿与损害不相适应,不仅不能起到恢复法律秩序和社会公正的目的,反而容易造成新的不公正。第三,公正要求综合考虑使行为人承担责任的多种因素,做到合理地区别对待。第四,公正要求在追究法律责任时依据法律程序追究法律责任,非依法律程序,不得追究法律责任。第五,坚持公民在法律面前一律平等,对任何公民的违法犯罪行为,都必须同样地追究法律责任,不允许有不受法律约束或凌驾于法律之上的特殊公民,任何超出法律之外的差别对待都是不公正的。

（三）效益原则

效益原则是指在追究行为人的法律责任时,应当进行成本收益分析,讲求法律责任的效益。为了有效遏制违法和犯罪行为,必要时应当依法加重行为人的法律责任,提高其违法、犯罪的成本,以使其感到违法、犯罪代价沉重、风险极大,从而不敢以身试法或有所收敛。法律的经济分析是研究、确定某些法律责任的一个比较有用的理论工具。例如,在设计逃税的法律责任时,我们可以通过成本收益分析来确定对违法行为人的合适的法律责任。逃税是我国社会生活中存在的一个突出问题。逃税容易,而逃税被发现后处罚太轻,使得违法行为人认为逃税有利可图。目前如果不能短期内在查处违法行为的手段上有比较大的改进,即在查处发现可能性(逃避可能性)不变的情况下,就有必要加重单位处罚数额,以保证法律责任足够的威慑力度,从而实现惩罚违法,挽回损失,威慑、预防违法的功能。

我们可以借助数学公式来说明:如果逃税者一次逃税 5000 元,一共逃税 100 次,而只被发现 5 次(实际查处比例低于 5%),按照现行《税收征收管理法》,大多是"处以 5 倍以下罚款",那么,他的违法成本是:5000 元 × 5 倍 × 5 次 =12.5 万元;他的违法净收益(通过违法带来的收益)是:5000 元 × 100 次 −

[①] 张文显:《法哲学范畴研究》(修订版),中国政法大学出版社 2001 年版,第 140 页。

12.5万元＝37.5万元。假设在制度上将罚款额定在逃税额25倍。在其他因素不变的情况下,逃税者的违法成本就是:5000元×25倍×5次＝62.5万元;他的违法净收益是:5000元×100次－62.5万元＝－12.5万元。很显然,违法者是会考虑到自己的"利害关系"的。当然,这里为了说明道理,简化了分析细节,并把违法成本限定于财产责任,在实际生活中,确定法律责任还需考虑多方面因素并可以广泛使用多种责任形式,但是,提高违法成本,不使违法者从违法中得到好处是肯定的。

效益原则的另一方面要求是,在通常情况下,法律责任要与违法或违约行为造成的损害大体相等,使避免处罚的愿望稍微强于冒险违法或违约的愿望。"在进行惩罚时应该使其正好足以防止罪行重演。"①

(四) 合理性原则

合理性原则是指,在设定及归结法律责任时考虑人的心智与情感因素,以期真正发挥法律责任的功能。哈耶克指出:"既然我们是为了影响个人的行动而对其课以责任,那么这种责任就应当仅指涉两种情况:一是他预见课以责任对其行动的影响,从人的智能上讲是可能的;二是我们可以合理地希望他在日常生活中会把这些影响纳入其考虑的范围。"②

美国哲学家罗尔斯从人的自由权和人是理性的两个角度论证了合理地设定及归结法律责任的必要性:"正是为了自由权本身的缘故,处罚才得到了承认。除非公民能够知道什么是法律,并得到公平的机会去考虑法律的指导作用,否则刑罚制裁对他们就是不适用的。这个原则只是把法制看做是为了指导有理性的人的合作而为他们设立公共规章制度的结果,是给予自由权以适当重视的结果。"③1993年在湖北出土的郭店楚墓竹简有这样一段论述人性的话:"四海之内,其性一也。其用心各异,教使然也。"④庞朴先生在分析、解释其中的思想时指出:"人性是同一的,因为它受命于同一个天;人心是各异的,因为它受教于不同的人。……由于受教的不同,所以现实状况是人心不同,各如其面,从而又增加了教育的迫切性。"⑤如果揭开笼罩于其上的神权光环,它所记载的早期儒家思想对我们正确认识人本身无疑具有重要的意义;同时,它还可以帮助我们正确认识调整人的行为的法律以及正确把握法律责任的归责原则。人心是可教的,

---

① 〔法〕米歇尔·福柯:《规训与惩罚》(第二版),刘北成、杨远婴译,生活·读书·新知三联书店2007年版,第103页。
② 〔英〕哈耶克:《自由秩序原理》,邓正来译,生活·读书·新知三联书店1997年版,第99页。
③ John Rawls, *A Theory of Justice*, Harvard, 1971, p.241.
④ 《性自命出》,《郭店楚墓竹简》,第179页,转引自庞朴:《孔孟之间》,载《中国社会科学》1998年第5期。
⑤ 庞朴:《孔孟之间》,载《中国社会科学》1998年第5期。

人心是需教的。虽然"儒家所谓的教,主要指德教"①,但是,法律作为人们行为的重要社会规范,在它的实施过程中,肯定会把它的一些规范以及它所体现的一些理念内化到人的心里,实现一定的教育作用。

指出归责的合理性原则,一方面,是要在认定与归结法律责任时,考虑它对人的心智与情感因素的影响,实现法、理、情在最大程度的统一;另一方面,是要通过追究法律责任实现法律责任对人们的教育作用(即前文讲的预防功能)。

合理性原则要求,令某人或某一组织承担不利的法律后果时应当至少能够发挥法律责任中的某一功能;如果令某人或某一组织承担法律责任,只能发挥法律责任的一种功能,而事实上可以发挥法律责任两种以上的功能,那么前一种做法就不如后一种做法更合理。具体来说就是,归责应当或者能够发挥法律责任的救济功能,或者能够发挥法律责任的预防功能和惩罚功能,而单独的惩罚功能的实现是不合理的。换言之,只有在对某人课以责任时能够使他(她)了解法律的要求,并因此根据法律相应调整其行为的时候,归责才是合理的;如果对他(她)的归责仅仅令其感到法律的惩罚,而不思日后的依法行事,这种归责也是不尽合理的。

上述四项归责的基本原则可以概括为合法、公正、有效、合理八个字。而合法、公正、有效、合理地归结法律责任,是正确、充分地发挥法律责任的功能,实现法的价值的必要条件,进而也是建设社会主义法治国家的重要保证。

三、法律责任的免除

法律责任的免除,也称免责,是指法律责任由于出现法定条件被部分或全部地免除。这里的免责是法定免责,不同于中国封建社会在法律外对法律责任的赦免,即所谓"法外施仁"。有学者在谈到为法律所禁止的个人复仇的法律责任时指出:"伦理的概念和法律的责任常处于矛盾的地位。最后,往往能得到标榜以孝治天下的皇帝的赦宥。"②这里的免责也不同于"不负责任"或"无责任"。免责以法律责任的存在为前提,而后两者则并不存在责任,如正当防卫和紧急避险行为,不负刑事责任。从我国的法律规定和法律实践看,主要存在以下几种免责形式:

(1) 时效免责,即法律责任经过了一定的期限后而免除。时效免责的意义在于:保障当事人的合法权益,督促法律关系的主体及时行使权利、结清权利义务关系,提高司法机关的工作效率,稳定社会生活秩序,促进社会经济的发展。③

---

① 庞朴:《孔孟之间》,载《中国社会科学》1998 年第 5 期。
② 瞿同祖:《中国法律与中国社会》,中华书局 1981 年版,第 77 页。
③ 张文显:《法哲学范畴研究》(修订版),中国政法大学出版社 2001 年版,第 143 页。

（2）不诉及协议免责,是指如果受害人或有关当事人不向法院起诉要求追究行为人的法律责任,行为人的法律责任就实际上被免除,或者受害人与加害人在法律允许的范围内协商同意的免责。在这些场合,责任人应当向或主要应当向受害人承担责任,法律将追究责任的决定权交给受害人和有关当事人。

（3）自首、立功免责,是指对那些违法之后有自首、立功表现的人,免除其部分和全部的法律责任。这是一种将功抵过的免责形式。

（4）因履行不能而免责,即在财产责任中,在责任人确实没有能力履行或没有能力全部履行的情况下,有关的国家机关免除或部分免除其责任。

第四节 法律制裁

一、法律制裁与法律责任的承担

（一）法律制裁的概念

法律制裁,是指由特定国家机关对违法者依其法律责任而实施的强制性惩罚措施。功利主义者边沁认为痛苦和快乐构成行为的原因,而制裁的功能在于通过以痛苦相威胁而"赋予行为规则或法律以约束力"①。法律制裁保证法律的效力和约束力。

法律制裁与法律责任有着紧密的联系。一方面,法律制裁是承担法律责任的一个重要方式。法律责任是前提,法律制裁是结果或体现。法律制裁的目的,是强制责任主体承担否定的法律后果,惩罚违法者,恢复被侵害的权利和法律秩序。另一方面,法律制裁与法律责任又有明显的区别。法律责任不等于法律制裁,有法律责任不等于一定有法律制裁。比如在民事法律中,民法规定的承担民事责任的方式包括了两种情况:一种是对一般侵权行为的民事制裁,另一种是违约行为和特殊侵权责任的法律后果。在前一种情况下,司法机关通过诉讼程序追究侵权人的民事责任,给予民事制裁。在后一种情况下,如果违约方根据对方的要求履行合同义务,或采取补救措施,或向对方赔偿或支付违约金,违约方以自己的行为主动实现了自己的法律责任,就不会再有民事制裁。同样的,在特殊侵权责任的情况下,如果责任人主动承担赔偿责任,也不存在民事制裁。当然,如果违约方或特殊侵权责任的责任人拒不履行义务,经另一方向人民法院起诉,由人民法院判决违约方或侵权责任人赔偿损失或承担其他方式的民事责任,这种判决才能称为对被告的民事制裁。

---

① 〔英〕韦恩·莫里森:《法理学:从古希腊到后现代》,李桂林、李清伟、侯健、郑云瑞译,武汉大学出版社2013年版,第201页。

（二）法律责任的承担

法律责任的承担是指责任主体依法承受不利的法律后果。法律责任的承担方式可以分为主动承担和被动承担两类。

第一类，主动承担的方式，是指责任主体自觉地承担法律责任，主动支付赔偿，补偿或恢复受损害的利益和权利。比如，在合同当事人不履行合同义务和履行合同义务不符合条件时，违约方根据对方要求履行合同义务，或者采取补救措施，或者向对方赔偿或支付违约金。

第二类，被动承担的方式，是指责任主体根据司法机关和行政机关的确认和归结，承担相应的法律责任。其中包括：(1) 有关国家机关通过诉讼程序或行政程序追究行为人的法律责任，给予法律制裁；(2) 在行政法律责任中，由法院依法分别判决撤销或部分撤销被告的具体行政行为，或判决被告限期履行法定职责，或变更显失公平的行政处罚。

二、法律制裁的种类

法律制裁可依不同标准分为不同的种类。与上述法律责任的种类相对应，可以将法律制裁分为刑事制裁、民事制裁、行政制裁和违宪制裁。随着人类的发展，法律制裁的种类、形式和严苛程度发生过极大的变化。在历史上，首先出现的制裁一般是刑事制裁，包括关于生命、自由或财产方面的惩罚。近现代以来，随着社会的进步和发展，肉体痛苦不再是刑罚的构成要素，刑罚逐渐"从一种制造无法忍受的感觉的技术转变为一种暂时剥夺权利的经济机制"[1]。以后又出现了一种民事制裁，即强制剥夺财产以提供赔偿，之后又出现了要求恢复原状、停止侵害等形式。随着国家职能的日益扩展，行政制裁也随之发展。第二次世界大战之后，随着宪政运动的发展，对违宪责任的追究也逐渐形成。

（一）刑事制裁

刑事制裁是司法机关对于犯罪者根据其刑事责任所确定并实施的强制性惩罚措施。

承担刑事责任的主体既可以是公民，也可以是法人或非法人组织，但对法人或非法人组织的刑事制裁只能是处以罚金等财产刑。

刑事制裁以刑罚为主要组成部分。刑罚是一种最严厉的法律制裁，我国刑罚种类包括资格刑、财产刑、自由刑和生命刑。除刑罚以外，刑事制裁还包括一些非刑罚处罚方法，如训诫等。

---

[1] 〔法〕米歇尔·福柯：《规训与惩罚》，刘北成、杨远婴译，生活·读书·新知三联书店2012年版，第11页。

(二) 民事制裁

民事制裁是由人民法院所确定并实施的,对民事责任主体给予的强制性惩罚措施。在现代社会,民事制裁与刑事制裁有三个区别:首先,制裁目的不同,刑事制裁旨在预防犯罪,民事制裁的目的,虽然也是要预防民事违法,但是主要还是补救被害人的损失;其次,程序不同,刑事制裁一般由检察机关以国家名义提起公诉,而民事制裁一般要由被侵害人主动向法院提起诉讼;最后,在方式上,刑事制裁以剥夺或限制自由为重要内容,并以剥夺生命为最严厉的惩罚措施,民事制裁则主要是对受害人的财产补偿,刑事制裁也有财产刑,但要上缴国库。民事责任主要是一种财产责任,所以民事制裁也是以财产关系为核心的一种制裁。

(三) 行政制裁

行政制裁是指国家行政机关对行政违法者依其行政责任所实施的强制性惩罚措施。行政制裁可以分为行政处罚、行政处分两种。

(1) 行政处罚是由特定行政执法机关对违反经济、行政管理方面的法律、法规,尚不够犯罪的公民、法人所给予的一种行政制裁。行政处罚的方式有:警告、罚款、行政拘留、责令停产停业、没收违法所得、没收非法财物等。

(2) 行政处分是由国家行政机关或其他组织依照行政隶属关系,对违法失职的国家公务员或所属人员所实施的惩戒措施,有警告、记过、记大过、降级、撤职、开除。

通常所说的"经济制裁"含义很广。广义的经济制裁是指包括罚金、罚款、赔偿损失、没收财产、停止贷款等一切有经济性内容的制裁,它们分别存在于刑事制裁、民事制裁与行政制裁当中;狭义的经济制裁往往仅指行政处罚中的罚款。"罚款"一词适用于行政法和民法,不同于罚金,罚金是刑罚的一种。

(四) 违宪制裁

违宪制裁是根据宪法的特殊规定对违宪行为所实施的一种强制措施。它与上述三种法律制裁有所区别。承担违宪责任、承受违宪制裁的主体主要是国家机关及其领导人员。在我国,监督宪法实施的全国人民代表大会及其常务委员会是行使违宪制裁权的机关。制裁形式主要有:撤销或改变同宪法相抵触的法律与决定、行政法规、地方性法规,罢免违宪的国家机关领导成员和人大代表等。

除此之外,有学者认为还存在程序性法律责任及与之相对应的"程序性制裁",即特定主体违反法律程序所要承担的一种程序性法律后果。[①]

---

① 参见陈瑞华:《程序性制裁制度的法理分析》,载《中国法学》2005 年第 6 期。

思考题

1. 怎样理解法律责任的概念、目的与功能?
2. 怎样理解法律责任的种类?
3. 怎样理解归责的基本原则?
4. 怎样理解法律制裁的概念及其与法律责任的区别?

参考书目

1. 刘作翔、龚向和:《法律责任的概念分析》,载《法学》1997年第10期。
2. 张文显:《法哲学范畴研究》(修订版),中国政法大学出版社2001年版。
3. 〔奥〕凯尔森:《法与国家的一般理论》,沈宗灵译,商务印书馆2013年版。
4. 〔美〕罗斯科·庞德:《通过法律的社会控制》,沈宗灵译,商务印书馆2010年版。
5. 〔英〕韦恩·莫里森:《法理学:从古希腊到后现代》,李桂林、李清伟、侯健、郑云瑞译,武汉大学出版社2013年版。
6. 〔法〕米歇尔·福柯:《规训与惩罚》,刘北成、杨远婴译,生活·读书·新知三联书店2012年版。

第十九章　法律解释与法律推理

本章主要学习有关法律解释和法律推理的基本理论,包括法律解释的概念与特点,法律解释的种类,法律解释的意义与历史,法律解释的目标与方法,当代中国的法律解释体制;法律推理的含义、特点、意义及法律推理的方法。

第一节　法律解释的概念

一、法律解释的含义与特点

法律解释是指一定的人或组织对法律规定含义的说明。法律解释既是人们日常法律实践的重要组成部分,又是法律实施的一个重要前提。法官在依据法律作出一项司法决定之前,需要正确确定法律规定的含义;律师在向当事人提供法律服务时要向当事人说明法律规定的含义;公民为了遵守法律,也要对法律规定的含义有一个正确的理解。

与一般解释相比,法律解释具有以下四个特点:

(1) 法律解释的对象是法律规定和它的附随情况。法律规定或法律条文是解释所要面对的文本,法律解释的任务是要通过研究法律文本及其附随情况即制定时的经济、政治、文化、技术等方面的背景情况,探求它们所表现出来的法律意旨,即法律规定的意思和宗旨。

(2) 法律解释与具体案件密切相关。首先,法律解释往往由待处理的案件所引起。[①] 人们制定法律的目的是以公平、正义的规范去指引人们的生产和生活,解决人们遇到的纠纷和争端。而人们一般只有在将某个法律条文适用于特定的案件事实遇到理解困难时,才会发生需要解释的情况。其次,法律解释需要将条文与案件事实结合起来进行。"对法律条文而言,只有它那与具体案件有关的部分才是最重要的;对具体案件而言,只有它那与法律条文有关的部分才是最重要的。"[②]法律解释的主要任务,就是要确定某一法律规定对某一特定的法律事实是否有意义,也就是对适用于一个待裁判或处理的事实的法律规定加以解释。

[①] 梁慧星:《民法解释学》,中国政法大学出版社1995年版,第202页。
[②] 转引自黄茂荣:《法学方法与现代民法》,中国政法大学出版社2001年版,第202页。

(3) 法律解释具有一定的价值取向性。这是指法律解释的过程是一个价值判断、价值选择的过程。人们创制并实施法律是为了实现一定的目的，而这些目的又以某些基本的价值为基础。这些目的和价值就是法律解释所要探求的法律意旨。在法律解释的实践中，这些价值一般体现为宪法原则和其他法律的基本原则，比如我国《民法通则》规定的公平原则和诚实信用原则。

(4) 法律解释受解释学循环的制约。人们在解释某段具体文字或某个具体规定的时候，会遇到这样一种理解情形，即"必须从个别理解整体，从整体理解个别"。[①] 人们通常把这一理解情形称为"解释学循环"。具体来说就是：理解文本的部分语句有赖于对文本的整体意涵的把握，而对整体意涵的理解又必须从理解单个语句出发。法律解释作为一种特定的解释形式，同样存在这种情形。在法律解释中，解释者要理解法律的某个特定用语、条文和规定，需要以理解该用语、条文和规定所在的法律制度、法律整体乃至整个法律体系为条件；而要理解这一法律制度、法律整体乃至整个法律体系，又需要以理解单个的用语、条文和制度为条件。

二、法律解释的必要性

每一个法律词语都有自身存在的语义空间，法律解释就是在各种可能的语义中确定恰当语义的活动。在司法过程中，法官的找法、推理以及对裁判结论的正当性证明往往都涉及解释的问题。就此而言，法律解释的存在有其必要性：

(1) 由于法律具有概括性、抽象性的特点，因此需要法律解释化抽象为具体，变概括为特定。如拉伦茨所言，"法律经常利用的日常用语与数理逻辑及科学性语言不同，它并不外延明确的概念，毋宁是多少具有弹性的表达方式"[②]。在将具有概括性的规则适用于具体情况时，就会产生各种不同的理解。比方说，如何界定《民法通则》第7条所规定的"公序良俗"，人们可能就有着不同的认识和见解。为了统一适用法律，就需要对法律的含义作出统一的、正确的解释。在这个意义上，可以说法律解释是从法律制定到法律实施中间的桥梁。

(2) 由于人们在认识能力、认识水平上的差别，也由于人们利益与动机的差别，因此会对同一法律规定有不同的理解，特别是对法律规定中的一些专门术语有不同的理解。这就需要法律解释说明法律规定的含义。

(3) 由于立法缺憾，需要通过法律解释改正、弥补法律规定的不完善。由于种种原因，立法不可能是绝对完善的，诸如法律规定模糊不清，法律规定之间互相矛盾，或者法律应规定而未规定等。这些情况造成了法律适用的困难，因此需

---

① 〔德〕H. 科殷：《法哲学》，林荣远译，华夏出版社2002年版，第208页。
② 〔德〕卡尔·拉伦茨：《法学方法论》，陈爱娥译，商务印书馆2003年版，第193页。

要法律解释来消除、弥补、改正法律规定的不足。

（4）通过法律解释解决法律的稳定性与社会发展之间的矛盾。通过法律解释伸展、扩张或限制法律规定的含义，以适应发展了的社会现实。在我国，法律解释可以适应改革时期的特殊需要。在社会转型、新旧体制转换的过程中，一方面需要法律全面地规范和调整，另一方面，又需要这种规范和调整具有足够的灵活性和适应性。法律解释就可以随着体制改革的不断深入而及时对某些行为作出新的法律评价，以积极推进改革并有效地维护改革成果。

三、法律解释的种类

法律解释可以根据不同的标准分为不同的种类。

（一）正式解释与非正式解释

根据解释主体和解释的效力不同，可以将法律解释分为正式解释与非正式解释两种。

所谓正式解释，是指由特定的国家机关、官员或其他有解释权的主体对法律作出的具有法律上约束力的解释。正式解释有时也称有权解释。根据解释的国家机关的不同，正式解释又可以分为立法、司法和行政三种解释。有权作出正式解释的机关、官员和个人，在不同的国家或不同的历史时期都有所不同，这通常是由法律规定或是由历史传统决定的。

非正式解释，通常也叫学理解释，一般是指由学者或其他个人及组织对法律规定所作的不具有法律约束力的解释。这种解释是学术性或常识性的，不可作为执行或适用法律的依据。虽然如此，非正式解释在法律适用、法学研究、法学教育、法制宣传以及法律发展方面仍然具有十分重要的意义。

是否具有法律上的约束力是区别正式解释与非正式解释的关键。对于这里的"法律上的约束力"应当作狭义的理解，即特指一种具有普遍性意义的法律约束力。在中国，普通法官或其他司法、执法官员在日常司法、执法过程中所作的法律解释通常被认为是非正式解释。这是指他们的解释不具有只有正式解释才具有的普遍的法律效力。[①] 他们的这种法律解释与其司法或执法行为是合为一体的，如果是依法作出的，当然具有法律效力，相对人应当服从。

（二）限制解释、扩充解释与字面解释

根据解释尺度的不同，法律解释可以分为限制解释、扩充解释与字面解释三种。

[①] 有学者把"具有普遍的司法效力"作为司法解释的一个特征（参见周道鸾：《论司法解释及其规范化》，载《中国法学》1994年第1期）。其实所有正式解释都具有程度不同的普遍的法律效力，参见本章第三节。

(1) 限制解释。这是指在法律条文的字面含义显然比立法原意为广时,作出比字面含义为窄的解释。

(2) 扩充解释。这是指法律条文的字面含义显然比立法原意为窄时,作出比字面含义为广的解释。

(3) 字面解释。这是指严格按照法律条文字面的通常含义解释法律,既不缩小,也不扩大。

四、法律解释的历史发展

中国古代就有法律解释。在湖北云梦县出土的秦代竹简里的《法律答问》,就是秦官方对秦律的主干,即刑法的解释,具有法律效力。[①] 在汉代,法律解释随着"律学"的兴起而有了进一步的发展。律学就是以儒家学说对成文法进行解释的注释法学。从中国封建社会法律的历史看,法律解释有这样一些特点:其一,通过法律解释实现法律的改造。瞿同祖先生指出:"秦汉的法律都是法家所拟订的。"汉代以来,取得了正统地位的儒家认识到了法律在政治上的重要作用,所以用儒家的观点来解释法律,改变法律的意义和内容。[②] 其二,在法律解释的方法上,讲究"审名分,忍小理"。就是说,在法律解释中应当掌握维护封建等级名分这一核心原则,把握大旨,去除细苛,不拘泥于"小理"。法官在进行法律解释时可以有相当的自由裁量权。[③]

在西方法律史的早期,法律解释的出现、发展以及法律解释的主体与解释的形式,是同法律的出现、发展以及法律的性质与形式密切相关的。在古罗马社会的早期,法律的形式是习惯法。"关于法(ius)的传统材料恰恰保存在僧侣们的深宅之中。法的正式解释者正是一个由僧侣组成的团体。"[④]随着古罗马社会和法律的发展,职业法学家出现了。一些有名望、有才华的法学家对法律的解释被君主批准具有法律约束力。这种法律解释被称为"经君主批准的解答权"。这种具有法律效力的法律解释已经超出了对法律进行字面意义上的解释的范围,它同时是一种创制法律的形式。法律解释的主体和效力在此时有了新的发展。在法律解释的风格和方式上,古罗马法学家的解释是与具体案件紧密联系在一起的。[⑤]

罗马法在中世纪经历了几百年的沉睡之后,自11世纪末开始复兴。先后出

---

① 刘海年、杨一凡编著:《中国古代法律史知识》,黑龙江人民出版社1984年版,第204—205页。
② 瞿同祖:《法律在中国社会中的作用》,载《中外法学》1998年第4期。
③ 参见季卫东:《法律解释的真谛》(下),载《中外法学》1999年第1期;张国华、饶鑫贤主编:《中国法律思想史纲》(上),甘肃人民出版社1984年版,第405页。
④ 同上书,第103页。
⑤ 同上书,第341—343、349—350、362页。

现的注释法学家(Glossators)和后注释法学家(Post-Glossators)[也称评论法学派(Commentators)]对罗马法的解释、注释活动,不仅对于罗马法的复兴及其在欧洲的传播具有重要的意义,而且积累和形成了丰富的、风格各异的法律解释方法和解释技术,促进了法律解释学的发展。①

17—18世纪时,欧洲大陆兴起了编纂法典的活动。法律解释也因此进入了一个新的阶段。一方面,由于理性主义、分权学说的影响以及其他历史原因,强调只有立法机关才有权作出权威性法律解释;另一方面,由于要求法官不能以法律无规定或规定不明确、不完备为理由而拒绝审判,因此,法院和法官在事实上进行着大量的法律解释活动。②萨维尼作为古典法律解释理论的倡导者也认识到了这一点,他认为对于法官而言,根据其职责的一般性质,制定法的模糊性并不能妨碍他们形成关于制定法内容的明确观点,并据此作出裁决。为此,他提出了四种对后世影响深远的法律解释方法,即文义解释、逻辑解释、历史解释和体系解释,他进一步将法律解释的任务界定为,解释者应当站在立法者的立场上思考法律意图,人为地重复立法者的工作,在他们的思考中重现制定法。③ 而只有通过这种方式,才有可能获得对于制定法内容的可靠和完整的理解,并进一步达成制定法的目的。

在19—20世纪,西方先后出现了几个不同的有关法律解释的学派,对法律解释方法与技术的发展起了很大的作用。首先出现的是概念法学。概念法学认为法律体系具有逻辑自足性,无论社会生活中发生什么案件,均可依逻辑方法从既有的法律体系中获得解决;因此,在解释的方法上强调文义解释和体系解释,排除对具体案件的利益衡量及目的考量;认为法官只能对立法者所制定的法规做三段论的逻辑操作,否定法官进行任何带有价值判断的司法活动,更是禁止法官的造法行为。概念法学鼓吹一种法律决定论的观点,无视法官的能动作用,逐渐受到人们的质疑和批评。以德国法学家耶林为代表的目的法学强调法律是人类意志的产物,有一定的目的,与自然界受"因果律"支配不同,它应受"目的律"支配。所以在解释法律时,应当以了解法律所要实现的目的为解释的出发点和法律解释的最高准则。以奥地利法学家埃利希为代表的自由法学认为,在国家法之外存在自由法,它类似于自然法又不同于自然法;法律必然存在漏洞,法官有发现自由法的权利;审判是一种价值判断,如果没有法律规定,法官可以自由发现法律,即依照法律目的创造规范。另一位德国法学家赫克倡导了利益法学

---

① 参见沈宗灵:《比较法研究》,北京大学出版社1998年版,第94—96页。
② 参见〔法〕勒内·达维德:《当代主要法律体系》,漆竹生译,上海译文出版社1984年版,第109—120页;〔德〕K.茨威格特、H.克茨:《比较法总论》,潘汉典等译,贵州人民出版社1992年版,第167—168页。
③ 参见〔德〕萨维尼:《当代罗马法体系Ⅰ》,朱虎译,中国法制出版社2010年版,第162—166页。

的兴起。利益法学认为法律存在着漏洞,法官可以补充漏洞,但不是依照自己的价值判断,而是必须受立法者各种意图的约束,法官应探求立法者所欲促成或协调的利益,对案件所显现出来的利益冲突进行衡量,在不损及法的安定性的前提下谋求审判的妥当性。①

第二节 法律解释的目标与方法

一、法律解释的目标

（一）"主观说"与"客观说"

法律解释的目标,就是指解释者通过法律解释所要探求和阐明的法律意旨。然而,这个法律意旨究竟应是立法者制定法律时的主观意思,还是存在于法律中的客观意思,在法律解释学上有主观说与客观说的对立。

主观说认为,法律解释的目标应当是"探求历史上的立法者事实上的意思,亦即立法者的看法、企图和价值观"。主观说的理由是:(1) 立法行为是立法者的意思行为,立法者通过立法表示他们的看法和企图,借助法律实现所追求的社会目的。这些目的在法律解释中应当表现出来。(2) 立法者的意思是一种可以借助立法文献加以探知的历史的事实,只要取向于这种能历史地被探知的意旨,司法机关的审判或决定便不会捉摸不定,从而可以保证法的确定性。(3) 依据权力分立的原则,司法机关应当依照法律审判或决定,而法律则只能由立法机关来制定。所以,立法者的意思应是法律适用中的决定性因素,法律解释也应以探求立法者的意思为目标。②

主观说注重对立法者意思的探求固然有其合理意义,但它所讲的一个具有意思能力的立法者并不存在。法律的起草、制定,历经各种机关,这些机关的意见并不一致,并且他们各自的意见也常常是模糊不清的,因此很难确定到底谁是立法者以及立法者的意思。美国法学家德沃金也意识到了主观说的这种困境,他指出主观说难以回答"谁是制定法的作者"、"单一制定法作者的意思如何结合为立法者整体的意思"、"预想或期望等合作精神状态在判定立法者意思中起决定性作用"这三个难题。③ 在这种背景之下,客观说应运而生。

客观说认为,法律自从颁布时起,便有了它自己的意旨,法律解释的目标就是探求这个内在于法律的意旨。客观说的理由是:(1) 法律一经制定,就确立了它的法律思想,并与立法者脱离了关系,成为一种客观存在。立法者于立法当时

---

① 参见梁慧星:《民法解释学》,中国政法大学出版社 1995 年版,第 59—74 页。
② 黄茂荣:《法学方法与现代民法》,中国政法大学出版社 2001 年版,第 266 页。
③ 参见[美]德沃金:《法律帝国》,李冠宜译,时英出版社 2002 年版,第 326—332 页。

赋予法律的意义、观念及期待,并不具有拘束力;具有拘束力的是作为独立存在的法律内部的合理性所要求的各种目的。这些合理目的,也常常由于社会的发展变化而发展变化,法律解释的任务是在法律条文的若干种可能的语义解释中选择现在最合目的的解释。(2)法律与立法者的意思并不是一回事。作为审理案件依据的法律规范常常是从同时或先后颁布的不同的法律章节、条文中摘取或归纳出来的。法官审理案件并非简单到从现行法中抽取出条文作为依据然后就可以判案,而是有一个找寻法律并将它们组合起来的过程。(3)坚持客观说可以使法律解释适应变化的现实,实现法律解释补充或创造法律的功能,有助于提高法的确定性。如果法律解释以立法者的意思为基准,人们就不得不求助于普通人难以接触到的庞杂烦琐的立法资料,人们将会被这些资料所淹没,而不是发现法律。①

美国法学家格雷的观点对我们解决"主观说"与"客观说"的分歧也许会有启发意义:"之所以出现所谓解释的困难,是在立法机关对之完全没有含义的时候——当时的立法机关从未想到今天会对该制定法提出这个问题;这时,法官必须作的并不是确定当年立法机关心中对某个问题究竟是如何想的,而是要猜测对这个立法机关当年不曾想到的要点——如果曾想到的话——立法机关可能会有什么样的意图。"②鉴于主观说与客观说各执一端,一些学者认为法律解释的目标在于"探求当今现行法上准则的,亦即'规范的'法律意旨"。这种被当作准则的法律意旨,既区别于历史上立法者的意思或具体的法律规范,又与它们有一定联系,它是一种综合考虑主观和客观因素,使用多种解释方法的程序性思考的结果。③

(二)严格解释与自由解释

严格解释(strict interpretation)与**自由解释**(liberal interpretation)是进行法律解释时的两种不同的态度。持严格解释态度的人强调探求法律条文字面的含义,要求精确地遵循某种既定的规则进行解释,而不考虑解释的结果。持自由解释态度的人则强调通过解释得出合乎社会的、道德的愿望的结果,认为不是必须遵循那种规则,不必拘泥于法律条文的字面含义。

就传统而论,西方两大法系有所区别。民法法系国家比较倾向于自由解释,而普通法系国家,特别是英国,由于判例法的影响,比较倾向于严格解释。但在20世纪,特别是第二次世界大战以后,两大法系都倾向于法律的自由解释。如

---

① 参见梁慧星:《民法解释学》,中国政法大学出版社1995年版,第207页;黄茂荣:《法学方法与现代民法》,中国政法大学出版社2001年版,第268页。
② 转引自〔美〕卡多佐:《司法中的类推》,苏力译,载《外国法译评》1998年第1期。
③ 参见黄茂荣:《法学方法与现代民法》,中国政法大学出版社2001年版,第302页。

美国《统一商法典》规定:"(1)本法应较自由地解释与适用,以促进基本目的与政策。(2)本法的基本目的与政策是:第一,使调整商业活动的法律简化、澄清和现代化。第二,容许继续扩展通过习惯、惯例与当事人协议的商业实践。第三,使不同管辖区的法律趋于统一"。(第1—102部分)

二、法律解释的方法

法律解释的方法是解释者在进行法律解释时为了达到解释的目标所使用的方法。它与前面所讲的法律解释的特点、法律解释的必要性和解释的目标是密切相连的。对于法律解释的方法,民法法系和普通法法系的国家的概括和表述是不同的,但大体上都包括文义解释、历史解释、体系解释、目的解释等几种方法。

(一)文义解释

文义解释,也称语法解释、文法解释、文理解释。这是指从法律条文的字面意义来说明法律规定的含义,可以以下五种具体方法来确定法律条文的字面含义:

(1)根据日常语言文字的含义来确定法律的含义。语言是表达思想的工具。日常语言是大众进行思想交流的基本工具。立法者在制定法律的时候,一般要考虑本民族的语言习惯,根据语法规则表述法律要求,尽可能使法律规定得清楚、明确。因此,在解释法律文本的时候,应当根据语法规则,从法律条文的最常用、最自然、最明显的含义来解释法律。

(2)掌握法律专业术语的特定含义。法律专业术语是法律工作者之间进行交流或在法律文件中表达特定事物、概念的语言,其含义不同于日常语言的字面含义或者不属于日常语言,俗称"法言法语",如:法人、动产、不动产等。对于这类法律专业术语的解释通常属于正式解释。一般应先由立法者进行定义。在实施法律的过程中,对有关的法律专业术语进行解释的时候,应当遵循立法者的界定。有时会出现一些应当界定的法律专业术语而没有界定的情况,司法者就需要对此作出界定。

(3)根据语境确定字面含义。几乎所有民族的语言中都存在一词多义或一义多词的现象。有时为了确定一个字或词的含义,需要结合它的语境或上下文甚至整部法律来解释。

(4)根据个别事项与一般性用语的连用,确定包括同一种类的所有项目。比如,如果法条中涉及动物时写作:"猫、狗和其他动物",这里的"其他动物"应当解释为包括其他所有宠物。

(5)以类别中明文提及者为限。如果法律中明文提及某类东西中的一些具体项目,但没有以一个一般性的类概念结尾,可以解释为它无意包括同一类别中并未被提及者。例如:"周末与节日",其中没有提及工作日,因此应当解释为不包括工作日。

文义解释的特点是将解释的焦点集中在语言上,而不顾及根据语言解释出的结果是否公正、合理。文义解释在普通法系的国家曾经被作为法律解释的主要方法,也就是前面所讲的狭义解释的态度。其理论依据是三权分立的理论,即法律由立法机关制定,司法机关的职责是忠实地执行法律,实现立法机关的意愿,而对法律文本进行文义解释是了解这种意愿的唯一途径。①

(二) 历史解释

历史解释是指通过研究有关立法的历史资料或从新旧法律的对比中了解法律的含义。有关立法的历史资料包括:关于制定法律的提案说明,关于审议法律草案的说明,关于讨论、通过法律草案的记录和其他有关文献等。进行历史解释的目的,主要是探求某一法律概念如何被接受到法条中来,某一个条文、制度乃至某一部法律是如何被规定进法律体系中来的,立法者是基于哪些价值作出决定的。

在主观说盛行的时期,这种方法曾经扮演过重要角色。现在,历史解释已经不像以前那么重要。有学者讲:"现在它的主要任务,与其说在终局的决定法律的内容,不如说是在划定法律解释的活动范围。"②文义解释也有划定解释范围的功能,即解释不应超出字面含义可能覆盖的范围。历史解释是在文义解释划定的范围内进一步限定,在给定的历史条件上确定法律的含义。

(三) 体系解释

体系解释,也称逻辑解释、系统解释。这是指将被解释的法律条文放在整部法律中乃至整个法律体系中,联系此法条与其他法条的相互关系来解释法律。在普通法法系的国家,有所谓"整体性规则",即法律应被作为一个整体来解释,以避免出现内部矛盾。在解释学上,有解释循环的现象。体系解释即遵循这一原则所进行的解释。首先,应综合考虑条文之间的相互关系。立法者在制定法律、表述法律的时候,为了使法律条文简洁、清晰,会使用不同的法律规范(规则),诸如确定性规范、委任性规范和准用性规范。在解释法律条文的时候,也应考虑到它们的照应关系。其次,应当考虑法律条文在情事上的同类性或一致性。比如,我国《民法通则》第 122 条是有关产品责任的规定,那么,其责任性质是过错责任还是无过错责任?运用体系解释的方法,我们可以看出,它被立法者

---

① 陈弘毅:《当代西方法律解释学初探》,载梁治平编:《法律解释问题》,法律出版社 1998 年版,第 5 页。

② 黄茂荣:《法学方法与现代民法》,中国政法大学出版社 2001 年版,第 277 页。

归入特殊侵权责任一类,特殊侵权责任是无过错责任。① 最后,应当运用法条竞合的规则解决可能出现的法条之间的矛盾。有时,法律体系中会出现两个以上的法律条文对同一事项作出规定,而与此同时这些条文之间又彼此矛盾。在这种情况下,应当运用有关法条竞合的规则解决矛盾,其中包括:高位阶法优于低位阶法;特别法优于普通法;后法优于前法等。

(四) 目的解释

目的解释是指从制定某一法律的目的来解释法律。这里讲的目的不仅是指原先制定该法律时的目的,也可以指该法律在当前条件下的需要;既可以指整部法律的目的,也可以指个别法条、个别制度的目的。按照这种方法,在解释法律时应当首先了解立法机关在制定它时所希望达到的目的,然后以这个目的或这些目的为指导,去说明法律的含义,尽量使有关目的得以实现;如果由于社会关系发展变化,原先的立法目的不适应新的社会情势的需要,按照自由解释的态度,解释者可以根据需要确定该法律新的目的。

许多规范性法律文件的第 1 条往往写明了该法的立法目的,比如我国《消费者权益保护法》第 1 条就规定:为保护消费者的合法权益,维护社会经济秩序,促进社会主义市场经济健康发展,制定本法。这是一种明示的法律目的;有些法律目的以宪法原则或基本法律的原则的形式表现出来,这是一种体系化的法律目的或法律价值,像人权、平等、诚实信用等。为了确定法律的目的或者为了发展法律的目的,解释者需要考虑比法律条文本身更广泛的因素,包括:政治、经济、文化、社会情势、公共政策以及各种利益等。相对于其他几种解释方法,目的解释赋予解释者更大的自由解释的空间。解释者不必拘泥于条文的字面含义;如果条文有缺陷或漏洞,解释者可以进行修正或弥补。在出现法条矛盾而用体系解释的方法不能奏效时,目的解释的方法可以帮助人们发现使法律适应社会发展需要的正确道路,最大限度地发挥法律的社会功能。

上述这些方法,有时是综合使用的。在一些有争议的法律问题上,解释者往往同时使用多种方法。在有些情况下,解释者需要按照一定的顺序依次使用几种方法。在通常情况下,文义解释的方法是最先使用或考虑的一个基本方法,"只有在具有排除文义解释的理由时,才可能考虑放弃文义解释。文义解释具有有限性,即只要法律措词的语义含义清楚明白,且这种含义不会产生荒唐的结果,就应当按照语义进行解释"②。如果不能取得满意的解释,解释者还可以使用历史解释的方法、体系解释的方法和目的解释的方法,其中目的解释是用来解

---

① 梁慧星:《论产品制造者销售者的严格责任》,载《法学研究》1990 年第 5 期;张骐:《中美产品责任的归责原则比较》,载《中外法学》1998 年第 4 期。

② 孔祥俊:《法律解释方法与判解研究》,人民法院出版社 2004 年版,第 325 页。

决解释难题的最后方法,相应地对目的解释的选择也应当慎之又慎,这具有特殊的意义。

三、法律解释的规则

法律解释不是任意进行的,应当遵守一定的规则,这对于限制法官的自由解释权力、保证裁判受到法律规范的拘束具有十分重要的意义。德国法学家拉伦茨在论及法律解释时,将法律解释的标准归纳为以下几个方面:(1)字义解释;(2)法条的意义脉络;(3)历史上的立法者之规定意向、目标及规范想法;(4)客观的目的论的标准;(5)合宪性解释标准。① 仔细研究不难发现,前四种大致对应于前面我们所讲的文义解释、体系解释、历史解释和目的解释,因此此处解释的标准大致等同于解释的方法。就此而言,有必要对解释的原则、解释的规则以及解释的方法这三个概念进行区分。虽然三者都意在影响或指导法律解释的活动,但其作用的具体方式及范围是有差异的,解释的原则是从最宏观的角度对法律解释活动提出要求,比如我国《立法法》中所规定的法律解释的合宪性原则、法制统一原则、民主原则以及科学原则就起到了这种作用。相比之下,法律解释的方法是解释者在进行解释活动时所应遵循的具体的方法、标准和程式,而法律解释的规则是介于解释的原则和解释的方法之间的,它所提供的是一种中观的指导性。

法律解释应当遵循哪些规则呢?法律通常对此是不作规定的,而是由学者在观察司法实践的过程中所提出的,大体来说主要有三个规则:字面解释规则(literal rule)、黄金规则(golden rule)和缺陷规则(mischief rule)。

(一)字面解释规则

字面解释规则和解释方法中的文义解释是一致的。根据字面解释规则,法官应不论结果是否合理,而完全按照法条的字面含义作出解释。字面解释规则是首要的解释规则,同时也是诸解释规则中的主导性规则。其存在的合理依据在于,现代的法律条文较之于过去更为全面、精致,这意味着立法者已经将其意图充分地表达出来了,因此也就没有推导出更多含义的必要与可能,解释者应当忠实于法律条文的字面含义而无权加入自己的理解,否则就构成对法条的曲解甚至自创法律的活动。这有助于维护和实现法律解释的客观性、统一性。

然而,字面解释规则也面临着一些难题,例如:(1)最根本的批评之一,它建立在一个错误的前提之上,即字词脱离语境的情况下有其通常而明确的含义;(2)适用字面解释方法的人常常谈到使用有关字词的"字典含义",但字典对某一字词的解释通常有多种可选择的含义;(3)通常含义的方法无法适用于一般

---

① 参见〔德〕卡尔·拉伦茨:《法学方法论》,陈爱娥译,商务印书馆2003年版,第200—218页。

性的字词,因为一般性的字词明显可以有多种不同的含义;(4) 法院说字词的某一含义"通常显而易见",但法官对此难以达成一致意见的情形也是多见的;(5) 根据字义解释作出的直观解释,有时候是与人们的直觉、生活经验以及法律的原则相冲突的,也就是说得出了一个荒谬的解释结果。

（二）黄金规则

根据黄金规则,解释者首先应当按照字面解释规则解释法条,除非它将产生荒谬或者不一致的解释结果,此时应当寻求其他含义。这一规则最早是在 River Wear Commissioners v. Adamson 一案中由温斯利戴尔勋爵所创造的,它要求我们应当将整个法律放在一起来考虑,进行整体解释,按照通常含义解释其中的用语,除非如果法官如此解释将导致极大的不一致、荒谬或不便而使得法官可以确信立法本意不是使用该用语的通常含义,从而使法官可以将其解释为其他含义,虽然没有那么合适,但法官确实认为该用语有这种含义。黄金规则可以看做是字面解释规则的补充规则或保证规则,其优点在于防止出现荒谬的解释结果。批评者认为这一规则依然存在两个困难,一方面是它缺乏可预见性,另一方面它只是告诉法官可以偏离字面解释产生的不可接受的荒谬结果,但并没有告诉解释者下一步将该怎么办,缺乏具体的操作方法。

（三）缺陷规则

缺陷规则,也被称为纠错规则、除弊规则,是指法官解释成文法时要充分考虑成文法所要弥补的法律制度上的漏洞,并努力去弥补立法机关在制定成文法时所要弥补的缺陷。在普通法系国家中,可以说制定法的出现在某种程度上是为了弥补或清除普通法的缺陷,为此在寻求制定法条文的真正和确切含义时,应当辨明和考虑以下四个方面:(1) 法令制定以前普通法的规则是什么;(2) 有哪些缺陷和不足普通法未作调整;(3) 对于弥补制定法的不足,议会决定和采取了什么样的补救措施;(4) 议会采取这一补救的真正原因。缺陷规则与目的解释是内在一致的,它要求解释者在探明法律条文之词义时考虑相关的背景或语境,这也是它和前两个只关注字词本身之语义的规则的本质区别所在,在这个意义上说缺陷规则的运用更为灵活也更少受到形式上的限制。[①]

第三节 当代中国的法律解释体制

法律解释体制,是指正式解释的权限划分。目前中国关于法律解释的体制主要是在 1982 年《宪法》的有关规定、1981 年全国人大常委会《关于加强法律解

---

① 参见〔英〕迈克尔·赞德:《英国法——议会立法、法条解释、先例原则及法律改革》,陈江辉译,中国法制出版社 2014 年版,第 212—244 页。

释工作的决议》和 2000 年 7 月 1 日起施行的《立法法》的基础上建立的。根据这些规定,当代中国建立了以全国人大常委会为主体的各机关分工配合的法律解释体制。

一、全国人大常委会所作的解释

全国人大常委会所进行的解释也叫立法解释。① 它包括对宪法的解释和对法律的解释两部分。这里所说的法律指狭义的法律,即由全国人大制定的基本法律和由全国人大常委会制定的非基本法律。由全国人大常委会进行解释的情况有两种:第一,法律的规定需要进一步明确具体含义的;第二,法律制定后出现新的情况,需要明确适用法律依据的。"这两种情况实际上属于立法的延伸,因此,解释权只能由全国人大常委会行使。全国人大常委会的立法解释,同法律具有同等的法律效力。"②我国《立法法》对立法解释的程序作出了明确的规定。

在我国,立法解释的主要任务是:(1)阐明法律实施中产生的疑义。即对法律规定本身不十分清楚、明确的条文进行说明,或者规定本身虽然清楚、明确,但实施法律的人不了解立法者的立法精神,因此需要立法解释的。(2)适应社会发展,赋予法律规定以新的含义。在没有对原法律进行修改、补充、废止之前,通过赋予法律规定新含义的方法补充法律。(3)解决法条冲突以及司法解释之间的冲突。一方面,当出现法条冲突,而不能用法条竞合的一般规则来解释时,需要全国人大常委会进行立法解释;另一方面,根据我国现行的法律解释体制,最高人民法院和最高人民检察院都有权进行司法解释,如果它们两家的司法解释发生冲突,应当由全国人大常委会作出最终解释。

由全国人大常委会负责解释我国整个法律制度的核心部分,即宪法和法律,表明它在我国法律解释体制中应当占有主体地位。这是由我国的基本政治制度决定的,全国人大是国家最高权力机关,全国人大常委会是它的常设机关,它们是国家的立法机关。

立法解释的方式主要是通过决定、决议进行有针对性的解释。例如,1983 年 9 月 2 日,第六届全国人大常委会第二次会议作出的《关于国家安全机关行使公安机关的侦查、拘留、预审和执行逮捕的职权的决定》。这可以认为是对《宪法》第 37 条、第 40 条以及《刑事诉讼法》有关条文的解释和补充。

此外,对于有关部门或地方在实际工作中提出的在内容上不属于需要进行立法解释的有关具体问题的法律询问,全国人大常委会工作机构可以经过一定

---

① 有的学者对立法解释的机关有另外的界定,见蔡定剑、刘星红:《论立法解释》,载《中国法学》1993 年第 6 期。

② 顾昂然:《中华人民共和国立法法讲话》,法律出版社 2000 年版,第 38 页。

程序上报批准后作出正式答复,并报常委会备案。这种答复具有权威性,对此如有异议,可以通过法定程序要求法律解释。①

二、国家最高司法机关所作的解释

国家最高司法机关所作的解释也叫司法解释,是指由国家最高司法机关在适用法律过程中对具体应用法律问题所作的解释。这类解释又可分为两种,一种是审判解释,另一种是检察解释。审判解释是由最高人民法院对人民法院在审判过程中具体应用法律问题所作的解释。我国的审判解释权由最高人民法院统一行使,地方各级人民法院都没有对法律的审判解释权。检察解释是指由最高人民检察院对人民检察机关在检察工作中具体应用法律问题所进行的解释。如果审判解释与检察解释有原则性分歧,则应报请全国人大常委会解释或决定。在司法实践中,审判机关和检察机关为了更好地协调和配合,统一认识,提高工作效率,对如何具体应用法律的问题,有时采取联合解释的形式,共同发布司法解释文件。

当代中国的法律解释体制是以全国人大常委会为主体的。但是这并不意味着全国人大常委会应当成为法律解释具体任务的主要承担者。在其他国家,由最高立法机关或其常设机关主要负责法律解释的情况也是很少的。在我国,从全国人大常委会的工作时间和它作为议事机构的性质上来看,它也无法承担主要的法律解释工作。新中国成立以来,常委会法律解释的历史也说明了这一点。② 从数量上看,目前司法解释最多。这是由它作为司法机关的工作性质决定的,即适用法律于具体案件。

根据最高人民法院 2007 年 3 月发布的《关于司法解释工作的规定》,人民法院在审判工作中具体应用法律的问题,由最高人民法院作出司法解释。司法解释,应经最高人民法院的审判委员会讨论通过。最高人民法院发布的司法解释,具有法律效力。人民法院在审理案件时,如果引用司法解释为裁判依据,应当在司法文书中明确援引;如果同时引用法律和司法解释作为裁判依据的,应当先援引法律,后援引司法解释。同时,该规定第 6 条把司法解释的形式分成四种:(1)"解释":对在审判工作中如何具体应用某一法律或者对某一类案件、某一类问题如何应用法律所制定的司法解释。(2)"规定":根据立法精

---

① 顾昂然:《中华人民共和国立法法讲话》,法律出版社 2000 年版,第 39 页。
② 有学者统计,自新中国成立以来至 1993 年,全国人大常委会只作过 6 件立法解释。见蔡定剑、刘星红:《论立法解释》,载《中国法学》1993 年第 6 期。另外,全国人大常委会从 1996 年起作过的法律解释有 16 件,主要分三种情况:一是关于国籍法在香港澳门的适用,二是关于香港澳门基本法规定的含义,三是关于刑法的。全国人大常委会对刑法规定的含义和适用问题共作过 9 件解释。参见《全国人大常委会立法解释》,http://news.xinhuanet.com/politics/2014-04/21/c_1110339712.htm,2014 年 5 月 20 日访问。

神对审判工作中需要制定的规范、意见等司法解释,采用"规定"的形式。(3)"批复":对高级人民法院、解放军军事法院就审判工作中具体应用法律问题的请示所制定的司法解释。(4)"决定":修改和废止司法解释,采用"决定"的形式。最高人民法院应以公告形式在《最高人民法院公报》和《人民法院报》发布司法解释。

司法解释的基本作用是为司法机关具体适用法律审理案件提供指导和适用依据。总结我国司法解释的经验,这种作用具体包括以下几个方面:

(1)对法律规定不够具体而使理解和执行有困难的问题进行解释,赋予比较概括、原则的规定以具体的内容。比如1984年4月最高人民法院、最高人民检察院和公安部对1979年《刑法》第139条的解释,具体解释了什么是强奸罪、什么是暴力手段、胁迫手段和其他手段等。再比如刑法许多条文都有"情节较轻""情节严重""情节恶劣"或者"造成严重后果""尚未造成严重后果"等规定,如不通过解释加以具体化,"解决在什么情形下构成情节较轻、情节严重等问题,就会影响正确定罪量刑甚至混淆罪与非罪的界限"。[1]

(2)通过法律解释使法律适应变化了的新的社会情况。法律调整应当与社会现实相协调,应当随社会的发展而赋予某类行为以相应的法律意义,作出适合社会发展的法律评价。例如,联营合同纠纷案件是在当时企业体制改革中出现的新类型案件。1986年制定的《民法通则》对联营只做了原则的规定,这些原则性规定不足以解决司法实践中的新情况、新问题。最高人民法院根据《民法通则》和其他有关法律、法规的规定和十年来的实践经验,于1990年11月作出了《关于审理联营合同纠纷案件若干问题的解答》,对审理这类案件的一系列法律问题作了详细的解释,"基本上解决了这类案件如何适用法律的问题"。[2]

(3)对适用法律中的疑问进行统一解释。其中包括几种情况:第一,在适用法律过程中对具体法律条文理解不一致,通过解释,统一认识,正确司法。比如对1979年《刑法》第44条中规定,审判的时候怀孕的妇女,不适用死刑。最高人民法院针对有关"审判的时候怀孕的妇女"的不同理解,根据立法原意进行了解释,"从而解决了在起诉前已被作了人工流产的妇女,是否适用死刑这一重要法律问题"。[3] 第二,为统一审理标准,针对某一类案件、某一种案件、某一问题或某一具体个案,就如何理解和执行法律规定而作出统一解释。[4]

---

[1] 周道鸾:《论司法解释及其规范化》,载《中国法学》1994年第1期。
[2] 同上。
[3] 同上;张志铭:《中国的法律解释体制》,载梁治平编:《法律解释问题》,法律出版社1998年版,第170页。
[4] 张志铭:《中国的法律解释体制》,载梁治平编,同上书,第169页。

(4) 对各级各类法院之间应如何依据法律规定相互配合审理案件、确定管辖以及有关操作规范问题进行解释。①

(5) 通过解释活动,弥补立法的不足。由于种种原因,在法律实践中曾经存在过法律没有规定、立法前后不一致、立法不配套、实体法与程序法不一致以及立法滞后的问题,最高司法机关在这些情况下所作的司法解释对弥补立法不足,保证司法工作的顺利进行发挥了重要的作用。② 此外,最高人民法院《关于适用〈中华人民共和国民事诉讼法〉若干问题的意见》《关于贯彻执行〈中华人民共和国民法通则〉若干问题的意见(试行)》等,是在总结大量司法实践经验的基础上,对具有普遍性的问题所作的原则解释。这些解释用概括性的方法解释法律的含义,对司法机关具有普遍的指导意义。这种解释方式具有时代性,在一定程度上弥补了法律规定的不足,解决了司法机关适用法律的理解困难,对统一司法实践起到了十分积极的作用。

三、国家最高行政机关的解释

国家最高行政机关的解释也叫行政解释,是指由国务院及其主管部门对有关法律和法规的解释。它包括两种情况:一是对不属于审判和检察工作中的其他法律如何具体应用的问题所作的解释。比如,国家技术监督局在"技监局法发(1990)485号""技监局法发(1992)491号"文件中,对《产品质量法》所规定的"违法所得"的确定和计算方法所作的解释。二是国务院及其主管部门在行使职权时对自己所制定的法规所进行的解释。

国家最高行政机关是国家最高权力机关的执行机关,它所作出的或由它授权作出的法律解释具有法律约束力。有权进行行政解释的机关包括:制定行政法规的国务院以及制定行政规章的各部委;制定规范性文件的国家机关授权的下级机关。

为了保证国家法制的统一,应当加强对行政解释的监督。首先应当加强全国人大常委会对行政解释的监督,全国人大常委会有权撤销国务院及其主管部门违反宪法和法律的解释。不过,全国人大常委会是一个议事机构,其工作性质和特点使它很难承担日常的对行政解释的监督任务。而司法机关的职责就是受理案件,进行审判,适用法律。这种工作性质使它有能力承担对行政解释的日常监督。如果建立、健全一定的法律制度,赋予司法机关一定的权力,使它通过一定的程序对行政解释进行司法监督,对于维护国家法制的统一,保证依法治国,将具有十分积极的意义。

---

① 参见沈宗灵主编:《法理学研究》,上海人民出版社1990年版,第229页。
② 参见周道鸾:《论司法解释及其规范化》,载《中国法学》1994年第1期。

四、地方政权机关的解释

国家地方政权机关所进行的法律解释包括两种情况:第一是对地方性法规条文本身需要进一步明确界限或作补充规定的,由制定该法规的地方国家权力机关的常设机关进行解释或作出规定。第二是对地方性法规如何具体应用的问题,由地方国家行政机关所进行的解释。

地方政权机关的法律解释的特点是:(1) 只有法定的地方国家政权机关,即有权制定地方性法规的地方国家权力机关及其执行机关才有此项职权;(2) 解释只能在本地区所辖范围内发生效力;(3) 解释必须符合国家的宪法、法律、行政法规和其他国家政策,否则无效;(4) 地方国家政权机关无权解释宪法、法律和行政法规。

第四节 法律推理

一、法律推理的含义与特点

对法律推理(legal reasoning)的含义可以从不同的角度作不同的说明。从法律推理的任务看,法律推理就是在法律论辩中运用法律理由的过程。① "以事实为根据,以法律为准绳"是当代中国法律适用的一个基本原则。法律是在有关法律问题的争议中解决问题的理由。何以具有概括性、抽象性和普遍性的法律规定会成为解决某一具体案件的理由?假如没有相应的法律规定还能否审理案件?法律推理就是将具有概括性、抽象性和普遍性的法律适用于具体案件的桥梁;它是人们在有关法律问题的争议中,运用法律理由解决问题的过程。从与其他推理的关系看,法律推理是推理的一种。推理是人们的一种逻辑思维活动,即从一个或几个已知的判断(前提)得出一个未知的判断(结论)。法律推理就是这种思维活动在法律领域中的运用,它"大体上是对法律命题运用一般逻辑推理的过程"。②

在这里,法律推理既包括根据现行、明确、正式的法律渊源对有关争议、违法的解决,也包括在一定框架内对解决有关争议、违法的法律根据的寻找和确定。在第一种情况下,作为解决问题理由的法律规定比较明确,所以法律推理的一般方式是形式逻辑的推理,例如演绎推理。在第二种情况下,作为解决问题理由的

---

① 参见〔美〕史蒂文·J.伯顿:《法律和法律推理导论》,张志铭、解兴权译,中国政法大学出版社1999年版,第1页。

② David M. Walker, *The Oxford Companion to Law*, Clarendon Press, 1980, p.1039.

法律规定不甚明确,"无法可依"或者"有法难依",而又要求法官依法办事,在这种情况下的推理方式一般为辩证推理,就是对法律命题的实质内容进行判断和确定的推理。从另外一个角度看,法律推理就是讲道理,就是以理服人。此处的"理"是法律理由,包括法律的正式渊源或非正式渊源。

　　法官的任务就是要对发生过的案件作出法律上的评判,他在审理案件的时候必须进行一系列的推理活动。① 不过,法律推理并非法官的专利,因为"法律在法院外的作用就像在法院内的作用同样繁多和重要";"法律是供普通的男男女女之用的"。② 公民在依法从事自己的工作的时候,律师在为当事人提供法律服务的时候,立法者在决定是否通过某一法律草案的时候,也都需要进行法律推理。当然,由于司法活动在法律实施中的重要作用,法官的法律推理成为人们进行法律推理研究的重点。

　　法律推理与一般推理相比,有这样几个特点:

　　(1) 法律推理是一种寻求正当性证明的推理。自然科学研究中的推理是一种寻找和发现真相和真理的推理。而在法学领域,因为法律是一种社会规范,其内容为对人的行为的要求、禁止与允许,所以法律推理的核心主要是为行为规范或人的行为是否正确或妥当提供正当理由(justification)。法律推理所要回答的问题主要是:规则的正确含义及其有效性即是否正当的问题,行为是否合法或是否正当的问题,当事人是否拥有权利、是否应有义务、是否应负法律责任等问题。

　　(2) 法律推理要受现行法律的约束。现行法律是法律推理的前提和制约法律推理的条件。法律的正式渊源或非正式渊源都可以成为法律推理中的"理由",成为行为的正当性根据。在我国,宪法、法律、行政法规、地方性法规都是法律推理的前提。在缺乏明确的法律规定的情况下,法律原则、政策、法理和习惯都会成为法律推理的前提。③ 在英美法系的国家,来自于判例中的法律规则,也是法律推理的前提。

---

① 《中华人民共和国最高人民法院公报》1999年第3期曾发布了《最高人民法院关于印发〈法院刑事诉讼文书〉(样本)的通知》。该《通知》指出了目前裁判文书中存在的一大缺点:"不说理或者说理不充分,理由部分没理由,只引用法条;不阐明适用法律的道理",对此,最高人民法院要求改革裁判文书的制作,"增强裁判的说理性"。这里所讲的"说理",是审判机关运用法律推理的一个重要方面,即将法官的实际推理过程明确地写出来。

② 〔英〕麦考密克:《公民的法律推理及其对法理学的重要性》,载1987年第十三届国际法律哲学和社会哲学大会全体会议论文英文本第10页,日本神户出版社1987年版,第10页。转引自沈宗灵主编:《法理学研究》,上海人民出版社1990年版,第338页。

③ 例如,在一起行政诉讼案中,原告提出被告上海市××区人民政府不具有执法主体资格;其根据是建设部《城市危险房屋管理规定》第5条第2款规定:"县级以上地方人民政府房地产行政主管部门负责本辖区的城市危险房屋管理工作。"法院没有支持原告的主张,根据的不是有关法律规定,而是我国行政法学界比较公认的"行政应急性原则"和该案的特殊性。见李昌道主编:《98上海法院案例精选》,上海人民出版社1999年版,第440页。

(3) 法律推理是一种实践理性。比利时哲学家佩雷尔曼指出：法律推理"不是一种形式的阐释，而是一个旨在劝说和说服那些它所面对者们的论辩，即这样一个选择、决定或态度是当前合适的选择、决定或态度。根据决定所据以作出的领域，在实践性论辩所给出的理由，'好的'理由，可以是道德的、政治的、经济的和宗教的。对法官来说，它们实质上是法律的，因为他的推理必须表明决定符合他有责任适用的法律"。美国法学家波斯纳谈到实践理性时指出："实践理性被理解是当逻辑和科学不足之际人们使用的多种推理方法（包括直觉、权威、比喻、深思、解释、默悟、时间检验以及其他许多方法）。"①在法律推理中，人们总是寻求尽量减少被视为专断和非理性的意志的干扰。法学家的任务，就是运用法律推理的方法，依照法律制度努力促进的价值，使法律的精神与文字协调一致。②

二、法律推理的意义——法律推理是实现司法公正的重要保证

法律推理与司法公正有着内在的联系。这表现在：首先，法律推理的规则与司法公正的要求是一致的。法律推理对逻辑一致性、不矛盾性、类似案件类似处理的要求，同时也是形式公正的要求，即对法律一贯的、严格的、有规则的执行。依照法律、根据法律推理的逻辑规则对法律命题进行推理的过程，同时也是实现司法公正的过程。所以美国法学家戈尔丁把有关法律推理的内容作为程序公正的重要组成部分："解决的诸项条件应以理性推演为依据；推理应论及所提出的论据和证据"③。其次，法律推理的目标与司法公正具有一致性；法律推理与司法公正的关系是一种形式与内容的关系，法律推理的过程也是追求公正的过程。这是因为，法律推理是一个正当性证明的过程，它的目标是为法律规范及人们的行为提供理由。公正是法律及行为正当的一个重要理由，是正当性证明得以成立的充分必要条件。当然，在实际生活中，法律推理的操作结果并非总是符合公正。但是作为一个规范性命题，作为一个价值要求，指出公正是法律及行为正当的一个重要理由、是正当性证明得以成立的充分必要条件，是正确的和必要的。④ 美国法学家卡多佐的一段话，十分贴切地说明了法律推理与公正这种相互制约的表里关系："在一种逻辑与另一种逻辑之间，通过指导人们作出选择，正义对逻辑起着作用，情感对理性起着作用。而反过来，通过清除情感中那些专

---

① 〔美〕波斯纳：《法理学问题》，苏力译，中国政法大学出版社 2002 版，第 39 页。
② Chaim, Perelman, *Justice, Law, and Argument*, D. Reidel Publishing Company, 1980, pp. 128—129,135,130.
③ 〔美〕戈尔丁：《法律哲学》，齐海滨译，生活·读书·新知三联书店 1987 年版，第 240 页。
④ 关于这一点，英国法学家麦考密克有过令人信服的论述，请见他与另一位法学家魏因贝格尔合著的《制度法论》，周叶谦译，中国政法大学出版社 1994 年版，第 248 页。

断恣意的东西,通过制约否则的话也许过分的情感,通过将情感同方法、秩序、融贯性和传统联系起来,理性又对情感起着作用。"①

由于法律推理与司法公正的内在联系,因此法律推理可以成为进行司法改革、实现司法公正的一个重要内容。具体来说就是:

第一,法律推理是法治国家的必然要求。法律推理与法治有着密不可分的关系。在非法治社会,法律的制定与适用,或者依靠统治者的个人权威与魅力,或者依靠传统社会的道德与习俗,而不需要追求合理性、特别是形式合理性的法律推理。法治社会,借用马克斯·韦伯的话,是法律的制定和法律的适用都具有合理性的社会。法律推理,即提供法律制定与法律适用的正当理由,是实现法治社会中法律制定与实施的合理性的必由之路。

第二,法律推理是通过职业自律实现司法公正的重要方法。"司法腐败"是当前司法改革所要解决的一个重要问题。通过长期的、各种形式的法律教育,使法律职业者运用共同的法律语言、法律思维,形成一种符合法治社会要求的理性的思维方式,这对在法律职业内部弘扬正气、公正司法、公正执业,具有更为长远的意义。法律推理是在法治社会中,培养法律职业理性思维方式的重要方法。这是在保证司法独立的前提下,通过法律职业共同体的自律或自治避免司法腐败、实现司法公正的重要方法。"为防止法庭武断,必有严格的法典与先例加以限制,以详细规定法官在各种案情中所应采取的判断。"②通过先例约束法院和法官,使下级法院受上级法院判例的约束,上级法院受自己判例的约束,就是在司法职业内部建立一种自律机制。法律推理是制作具有约束作用的判例体系的理论武器。

第三,通过法律推理保证裁判公正。法院是解决纠纷的地方,法院又是讲理的地方。讲理就是实现公正。法院之所以能解决纠纷,是因为她讲理(调解也以讲理为基础)。法院的讲理,一方面是提供判决的理由,另一方面是说明这些理由与结论之间的合乎逻辑的联系。也就是说,讲理包括前提的合理与过程的合理两个方面。法律推理就是这两方面合理的保证。

三、法律推理的基本方法及其问题

(一) 演绎推理

演绎推理,或称三段论的推理方式,是从一个共同概念联系着的两个性质的判断(大、小前提)出发,推论出另一个性质的判断(结论)。在结构上,演绎推理由大前提、小前提和结论三部分组成。大前提是那种概括了若干同类个别事物

---

① 〔美〕卡多佐:《司法中的类推》,苏力译,载《外国法译评》1998年第1期。
② 〔美〕汉密尔顿等:《联邦党人文集》,程逢如等译,商务印书馆1980年版,第395页。

中共性的普遍性判断;小前提是对某一个别事物属于大前提主词外延的一种说明;结论表明该个别事物也具有大前提中普遍性判断所揭示的属性。由于生活世界存在着特殊与普遍之间的内在联系,而那种共性、普遍性是同类事物的任何个别事物都共同具有的,所以一个正确的演绎系统,本身是对这种特殊与普遍之间的联系的反映。① 当代中国是以制定法为法律渊源主体的国家,制定法中的各种具体规定,是人们进行法律推理的大前提。所以演绎推理在法律推理中被广泛运用。

演绎法律推理具有与一般演绎推理不同的特点。美国法学家史蒂文·J.伯顿认为,法律演绎推理的关键步骤有三:(1)识别一个权威性的大前提;(2)明确表述一个真实的小前提;(3)判断重要程度。而其中的真正的问题可能在于"选定大小前提并在它们之间确立一种适当的关系"。② 在此,有必要分步骤进行分析。

第一步的问题是如何寻找大前提。大前提是用作法律依据的法律规定。有两个因素影响着对大前提的找寻。其一是对案件事实的全面、准确的把握。即到底发生了什么事情? 其二是人们的法律知识。人们只有具备足够的法律知识和法律训练才能在"全面"、"准确"地确定案件事实之后"对号入座",从自己的法律知识之网中找到合适的大前提。

第二步的问题是如何确定小前提。这一过程其实是在事实与法律之间反复沟通与联络的过程。因为小前提是对某一个别事物属于大前提主词外延的一种说明,而法律演绎推理的小前提通常是对某一特定的、待判断问题的描述。在有些情况下,对小前提的描述并非易事。"到底发生了什么事情?"这种描述有可能是一个颇需"法律技艺"的事情,通常需要精心"剪裁",去芜存菁,从而使案件事实透过小前提涵摄在大前提之下。

与第二步相联系,第三步是判断重要程度。"判断重要程度就是判断在案件的许多事实中哪些事实可以证明把该案归于一法律类别。"③由于很多案件有很多具体的事实细节,哪些事实细节可能重要或者不重要呢? 所谓重要的事实是那种恰好与有关法律要做什么的规范性指示相吻合的事实,而不重要的事实对该案的法律定性没有太大的影响。由于规则是抽象的,而事实是具体的,"一

---

① 这里的普遍性判断、共性等主要是指维特根斯坦所讲的事物之间的"家族相似"(family resemblance)。参见〔英〕维特根斯坦:《哲学研究》,汤潮、范光棣译,生活·读书·新知三联书店1992年版,第46页。
② 〔美〕史蒂文·J.伯顿:《法律和法律推理导论》,张志铭、解兴权译,中国政法大学出版社1999年版,第54、55页。
③ 同上书,第117页。

个案件的事实并非事先就包装在规则的语言之中"①。那么,要想使案件事实"符合"相应的法律规定,从而可以适用,就需要解释——解释规则的含义,解释(说明)案件事实以及它与这个规则相符合的程度。因此,判断事实的重要程度对法律演绎推理的正确进行是至关重要的。并且,在科学研究中,演绎推理的一种具体方法是公理方法。公理是少数几个作为推理大前提的、不加证明的初始原理。这种方法要求公理的独立性、公理系统的无矛盾性和完备性。② 在演绎法律推理中,作为推理大前提的法律规定,可以逐渐发展成为独立的规范体系,但却很难做到完备和无矛盾。法律的这一特点,决定了判断重要程度的问题需要通过演绎推理之外的价值判断来解决。

(二) 归纳推理

作为形式逻辑的推理形式之一,归纳推理与演绎推理的思维路径恰好相反——它是从特殊到一般的推理。归纳推理是人类认识世界和改造世界时所不可或缺的思维工具。因为透过它可以有效地认识和把握生活世界所具有的某种必然性和规律性。这种必然性和规律性通过个别现象的偶然性、多样性表现出来。我们可以通过认识大量个别现象的偶然性和多样性去把握生活世界的必然性和规律性,并在此基础上指导我们对待未知事物(案件)的认识,对世界的发展趋势和未来进行预测、把握。归纳推理的任务在于通过整理、概括经验事实,使分立的、多样的事实系统化、同一化,从而揭示对象的那种必然性和规律性。③

归纳推理应用于法律领域,即为归纳法律推理。美国法学家卡多佐指出:"普通法的运作并不是从一些普适的和效力不变的前定真理中演绎推导出来结论。它的方法是归纳的,它从具体中得出它的一般。"④归纳推理的具体方法大致是:首先,汇集众多个别案件及经验事实;其次,对所汇集的对象进行比较、分类和概括;最后,发现或者确定归纳得以实现的案件和经验事实中那些共同的特征和属性,并形成具有普遍性的判断。为了保证归纳推理正确,归纳结论的确定性程度应当根据检验、证伪的彻底性来评价:结论越确定,需要的案件越多;结论比较笼统,需要的案件可以比较少。控制的种种有关条件越多,则排除其他假说就越彻底。⑤ 此外,法律目的、法律价值也是进行合理选择的重要保证。

在中国,法官的判决一般以有关制定法作为基础,因而在法律适用过程中,归纳推理适用得比较少。但在中国的司法实践中,判例也有重要作用。首先,最

---

① 〔美〕史蒂文·J.伯顿:《法律和法律推理导论》,张志铭、解兴权译,中国政法大学出版社1999年版,第62页。

② 参见夏甄陶:《认识论引论》,人民出版社1986年版,第305页。

③ 同上书,第297页。

④ 〔美〕卡多佐:《司法中的类推》,苏力译,载《外国法译评》1998年第1期,第15页。

⑤ 参见〔英〕L.乔纳森·科恩:《理性的对话》,邱仁宗译,社会科学文献出版社1998年版,第79页。

高人民法院通过对下级法院对类似案例的若干判决进行比较,从中归纳出各种一般原则或规则,以司法解释的形式公布出来或下发给有关下级法院,指导下级法院的审判活动;其次,最高人民法院通过对下级法院对类似案件的若干判决进行比较,从中选择出个别可供其他法院"借鉴"的案例(归纳推理与类比推理的结合),然后最高人民法院可以将其作为指导性案例予以公布,下级法院在今后审理类似案件时可以参照。它们对于各级法院的审理具有十分重要的指导意义。因此,我们可以说,最高人民法院运用了归纳推理,即从特殊到一般的推理方式。

(三) 辩证推理

辩证推理,即侧重对法律规定和案件事实的实质内容进行价值评价或者在相互冲突的利益间进行选择的推理。它的特点在于:不能从前提到结论的单一连锁链的思维过程和证明模式得出结论。[①] 类比推理、法律解释、论辩、劝说、推定是通常进行辩证推理的具体方法。

这里的类比推理是狭义的,并不完全包含通行于大陆法系国家中的类推适用(简称为"类推")。前者是判例法和先例制度的核心方法,后者是大陆法系国家的一种法律适用方法。作为一种具体的法律适用方法,类推适用是一种填补法律漏洞的工具。由于类推具有法官造法的特点,所以为严格奉行"罪刑法定原则"的刑事法律所不取。狭义的类比推理与类推适用是有区别的。当然,它们也有共同点,即满足形式正义的基本要求,相同对待实质相似的情形。所以,广义上的类比推理包括类推适用。

在美国法学家伯顿看来,类比推理的具体方法可以分为三个步骤:首先,识别一个权威性的基点或判例。那么,什么东西可以作为类比推理的基点?他认为:"至少有7个背景因素可能包含着有用的基点:(1) 制定法文字的通常含义;(2) 适用同一制定法规则的司法判例;(3) 无争议的假设案件;(4) 由同一制定法中其他一些规则所支配的案件或情况;(5) 与制定法相联系的历史事件或情况;(6) 与法律制定同时期的经济和社会实践,以及(7) 立法史。"其次,在判例和一个问题案件间识别事实上的相同点和不同点。最后,判断是事实上的相同点还是不同点更为重要,如果属于前一种情况,就要依照基点或判例所指示的方法,如果是后一种情况,就要区别对待。[②] "然而,严格的类比推理并没有使对重要程度的关键性判断——决定事实上的相同点还是不同点应该控制结果——受

[①] 参见〔英〕麦考密克、〔奥〕魏因贝格尔:《制度法论》,周叶谦译,中国政法大学出版社1994年版,第202页。

[②] 参见〔美〕史蒂文·J.伯顿:《法律和法律推理导论》,张志铭、解兴权译,中国政法大学出版社1999年版,第31—38、89页。

法律制约,它仍然听凭人们任意决定。"①因此,相同或不同的重要程度,需要通过法官的价值判断来决定。

思考题

1. 怎样理解法律解释的特点?
2. 法律解释有哪些方法?
3. 法律解释应当遵循哪些规则?
4. 怎样理解当代中国的法律解释体制?
5. 怎样理解法律推理的特点?
6. 怎样理解法律推理的基本方法及其问题?

参 考 书 目

1. 梁治平编:《法律解释问题》,法律出版社1997年版。
2. 张志铭:《法律解释操作分析》,中国政法大学出版社1999年版。
3. 梁慧星:《民法解释学》,中国政法大学出版社1995年版。
4. 张保生:《法律推理的理论与方法》,中国政法大学出版社2000年版。
5. 解兴权:《通向正义之路——法律推理的方法论研究》,中国政法大学出版社2000年版。
6. 张骐:《法律推理与法律制度》,山东人民出版社2003年版。
7. 〔美〕安德雷·马默:《法律与解释——法哲学论文集》,张卓明等译,法律出版社2006年版。
8. 〔美〕史蒂文·J.伯顿:《法律和法律推理导论》,张志铭、解兴权译,中国政法大学出版社1999年版。
9. 〔美〕爱德华·H.列维:《法律推理引论》,庄重译,中国政法大学出版社2002年版。
10. 〔英〕尼尔·麦考密克:《法律推理与法律理论》,姜峰译,法律出版社2005年版。

---

① 参见〔美〕史蒂文·J.伯顿:《法律和法律推理导论》,张志铭、解兴权译,中国政法大学出版社1999年版,第31—38,33页。

第二十章 法律监督

本章主要学习法律监督的含义、历史;当代中国法律监督的实质和意义;法律监督的构成与分类;国家机关的监督;中国共产党的监督;人民政协及民主党派的监督;其他社会团体及社会组织的监督;社会舆论的监督;公民的监督,等等。

第一节 法律监督概说

一、法律监督的含义

汉语"监督"一词,指察看并督促。① 随着社会的发展,监督已经成为现代社会生活的重要现象;监督的词义也更加丰富,其含义既包括对某种行为的监视、察看并督促,也包括对权力的检查、约束、制约和控制。

"法律监督"一词,目前在我国法学界通常有广义与狭义两种含义。狭义上的法律监督,是指由特定国家机关依照法定权限和法定程序,对立法、司法和执法活动的合法性所进行的监督。广义的法律监督,是指由所有国家机关、社会组织和公民对各种法律活动的合法性所进行的监督。当人们将"法律监督"与"党内监督""公民监督"等相并列时,这里的"法律监督"是狭义的;当人们在"加强对宪法和法律实施的监督,维护国家法制统一"的意义上讲"法律监督",或者笼统地讲"监督"或"法律监督"的时候,它通常是广义的。广义的法律监督包括狭义的法律监督,二者都以法律实施及人们行为的合法性为监督的基本内容。

二、法律监督的历史

(一) 中国古代的法律监督

法律监督是中国古代法律制度中富有特色的一个组成部分。早在西周,就已经有了监察机构的设置。在战国时期,进一步设置了具有监督百官职能的御史。《史记·滑稽列传》中讲:"执法在旁,御史在后。"中国古代的法律监督制度于秦汉初具规模,经过魏晋南北朝的发展,到唐宋已经形成法规详细、体制健全的封建监察体系。在唐朝,以御史台为中央监察机关,下设台院、殿院、察院。台

---

① 《现代汉语词典》(第5版),商务印书馆2005年版,第663页。

院负责弹劾究举违法的朝内官吏;殿院负责纠察朝廷礼仪;察院负责"分察巡按郡县",并可处理地方狱讼事务。① 到明清两朝,随着君主专制的强化,监察体系更加严密,以都察院和六科给事中代替御史台,实现了监察组织的空前完整和统一。②

中国古代的法律监督制度在两千多年的发展与演变中形成了如下一些特点:(1) 机构发达。中国古代监察机构经历了由小到大、由简而繁、由微而显的发展过程。在东汉光武帝时,"三独坐"③中有两个是掌管监察的官员,即御史中丞和司吏校尉。到清朝时,二十二道(监察分区)监察御史组成的都察院与六科给事中一起,成为国家机器的重要组成部分。(2) 法律详细。与发达的机构相适应,有关监督的法律规定也愈益具体、详细。这些法律规定了有关监督的职责、权限、规格与程序,使得监察官吏可以"以条问事",有法可依。(3) 从属于皇权。设置监察的目的,一方面是监督官吏勤政治事、抑制贪横,另一方面,更重要的,就是要官吏忠君报国(这里的国是皇帝一家之国),维护君主专制。监察官员职权的行使、监察制度作用的发挥,都取决于皇帝。(4) 实效有限。虽然中国古代法律监督机构发达、规定详细,但是,在封建专制的制度下,法律的实效是非常有限的。统治者为了维护君主专制,多方设置监察机构,这一方面使官僚机器的权力得以划分,并使其相互掣肘,另一方面,在客观上,各监察机构之间争权夺利、互相倾轧,不仅未能起到法律监督的作用,反倒平添了不少冤狱;监察官员为了维护君主专制,可以风闻言事④,有法不依;皇帝为了防止监察机关权力过重,独掌监察官员对百官弹劾的最终裁决权,监督的效果随皇帝的好恶而有很大的不同。

(二) 欧洲历史上的法律监督

在古罗马共和国时期,两名经过选举产生的执政官代替了王政时期的"王",掌握政权,任期一年,一般不得连任。两位执政官是国家的最高官吏,有平等的权力,可以互相牵制。最初是两人轮流执政,每人执政一个月,不执政的对执政的有监督权。随着罗马国家的强盛,公共事务的增多,两人便同时执政,各自分管一些部门的工作。嗣后,通过选举又产生出一些新的官职来。监察官(censores)于公元前443年—前435年间设立,负责人口普查和社会道德风俗,

---

① 参见张晋藩:《中国法律的传统与近代转型》,法律出版社1997年版,第186—187页。
② 韦宝平:《中国封建监察制度得失刍议》,载《南京师范大学学报(社会科学版)》1996年第4期。
③ 东汉时期,每逢朝会,御史中丞、司隶校尉和相当于宰相的尚书令各据一席,被称为"三独坐"。参见张晋藩:《中国法律的传统与近代转型》,法律出版社1997年版,第186页。
④ 指御史官不举控告人姓名而以听说某官有违法行为,对其进行弹劾,又称"风弹"。参见韦宝平:《中国封建监察制度得失刍议》,载《南京师范大学学报(社会科学版)》1996年第4期。

编制市民的名单。①

(三) 国外近现代的法律监督

公元1722年,沙皇俄国的彼得大帝创建了"君主耳目"的机构,中央政府的代表部署在各省以监督地方行政。这种制度对后来苏联检察机关的设置有着一定的影响。②

在现代社会,法律监督的主体、方式和种类都有了进一步的发展。首先是议会进行的监督。现代社会多实行议会民主制,议会对行政机关和司法机关拥有监察权。"就各国实例而言,在议会内阁制之下,议会监察行政或司法机关的方法有:(1) 质询权,(2) 查究权,(3) 受理请愿权,(4) 建议权,(5) 弹劾权,(6) 不信任权,(7) 设立常设委员会等权。在非责任内阁制的国家,则监察权便无如此之多。"③其次是司法机关进行的监督,通常也叫司法审查,指由司法机关通过司法程序审查和裁决立法机关及行政机关的行为是否违宪的一种制度。④它对保障宪法实施、维护法制统一具有重要的意义。再次是由新闻工作者运用报纸、广播、电视、网络等大众传播媒介进行的舆论监督。这种监督由于反应速度快、传播范围广,而具有非常大的道义影响和震撼力,比如一些有关官员贪污腐败的信息或证据就是由人们通过微博进行举报和公开的。代议制机关对其他国家机关的法律监督、司法审查、舆论监督是同民主政治、法治原则、国家机关之间的权力划分及相互制约原则紧密联系在一起的,它们共同对法律的实施、社会的稳定与发展起着重要的保障作用。

法律监督在历史上是作为维持国家机器正常运转、维护政治权力稳定、保障法律有效实施的机制而发挥作用的。这种机制的性质、构成与功能在不同的国家、不同的历史时期都各不相同。

三、当代中国法律监督的实质与法律监督的构成

在当代中国,《宪法》明确规定了"依法治国,建设社会主义法治国家",法律监督因此有了进一步的发展。法律监督在我国源远流长。这与法治、民主在我国的"陌生"情形形成鲜明对照。那么,我们今天所要完善的法律监督与中国历史上的法律监督有什么区别?

中国古代的法律监督在实质上是人治原则下的法律监督,是在专制集权基

---

① 周枏:《罗马法原论》,商务印书馆1994年版,第31页;[意]朱塞佩·格罗素:《罗马法教科书》,黄风译,中国政法大学出版社1994年版,第89页。

② [法]勒内·达维德:《当代主要法律体系》,漆竹生译,上海译文出版社1984年版,第204页;[德]K.茨威格特、H.克茨:《比较法总论》,潘汉典等译,贵州人民出版社1992年版,第564页。

③ 王世杰、钱端升:《比较宪法》,中国政法大学出版社1997年版,第220页。

④ 《法学词典》(增订版),上海辞书出版社1984年版,第245页。

础之上的法律监督。作为监督的依据和内容的法律,在本质上是维护君主专制的工具,是"防民之具"。在法律实施过程中,皇帝凌驾于法律之上,皇权不受法律约束,不受监督,也不允许被监督。在人治原则指导下,在制度设计上,封建政治法律思想家希冀由贤主明君掌握至高无上的权力,站在权力金字塔的顶峰,以道德教化为本,对政治法律制度的廉洁、效能和有序进行最终的控制和调节。然而,正是这个拥有最高权力的皇帝,由于没有任何力量控制、约束,自己常常是腐败、低效和无序的加剧者。不仅如此,由于不受监督与制约,皇权还成为法律监督的"黑洞",监督行为被皇权所化解、吸收和吞噬,化为乌有。

当代中国法律监督的实质是:以人民民主为基础,以社会主义法治为原则,以权力的合理划分与相互制约为核心,依法对各种行使国家权力的行为和其他法律活动进行监视、察看、约束、控制、检查和督促的法律机制。具体来说就是:

第一,法律监督的基础是社会主义民主。当代中国的法律监督建立在人民主权的基础上。中华人民共和国的一切权力属于人民。法律监督的重点对象是代表人民行使国家权力的所有国家机关及其工作人员的各种公务活动。

第二,法律监督的指导原则是"依法治国,建设社会主义法治国家"。这是指,要以宪法为依据,将法律监督的手段、方式规范化、制度化、程序化,并使它们在社会生活中得到切实、有效的实施。这要求:首先要将宪法所确认的公民各项监督权利规范化、具体化;其次,要建立、健全、完善与公民监督权配套和使监督有效实现的各种制度,使公民的各项监督权利以及有关法律监督的各种制度具有可操作性。

第三,法律监督的核心是由所有国家机关、社会组织和公民依法对各种行使国家权力的行为和其他法律活动进行监视、察看、约束、制约、控制、检查和督促,以保障体现人民意志的宪法和法律的贯彻实施,实现人民当家做主的根本权力;要通过法律规定、规范国家机关之间的权力划分与制约关系,不允许不受制约的权力的存在。

法律监督的构成是指实现法律监督所必须具备的因素。一般来说,实现法律监督必须具备五个要素,即法律监督的主体、法律监督的客体、法律监督的内容、法律监督的权力与权利、法律监督的规则。换言之就是,由谁来监督、监督谁、监督什么、用什么监督和怎样监督。这五个要素缺一不可,共同构成一个完整的法律监督机制。

(一)法律监督的主体

法律监督的主体是指由谁来实施监督。法律监督的主体,主要可以概括为三类:国家机关、社会组织和公民。监督主体的种类和范围,决定于一个国家政治制度,并在一定程度上反映了一个国家民主、法治建设的水平。在专制政体下,监督主体仅限于君主以及为他服务的官僚阶层,广大社会成员被排除在监督主体之外;在民主政体下,不仅特定的国家机关拥有监督权,公民以及他们结成的各种社会组织也是监督主体,享有监督权。在我国,监督主体具有广泛性和多元性。全国人民、国家机关、政党、社会团体、社会组织、大众传媒都是监督的主体,他们依据法律,按照自己的法定监督权,从各自的角度对法律的实施进行广泛的监督,共同组成我国法律监督的主体。

(二) 法律监督的客体

法律监督的客体是指监督谁或者说谁被监督。法律监督的客体同样决定于一个国家的政治制度,并在一定程度上反映一个国家民主、法治建设的水平。在专制政体下,掌握国家最高权力的君主不受法律约束,当然也不能成为法律监督的客体。各级官吏和社会大众都是法律监督的客体。《管子·任法》对此说得很明白:"有生法,有守法,有法于法。夫生法者,君也;守法者,臣也;法于法者,民也。"在民主政体下,公民在法律面前一律平等,不允许有不受法律约束的特殊公民。所有国家机关、政党、社会团体、社会组织、大众传媒和公民既是监督的主体,也是监督的客体。在我国学术界,有些学者由于对法律监督的概念有广义与狭义两种观点,因此对法律监督的客体也有广义和狭义两种理解。广义的观点认为,法律监督的客体包括从事各种法律活动的所有国家机关、政党、社会团体、社会组织、大众传媒和公民。狭义的观点认为,法律监督的客体是立法、司法和执法机关及其公职人员。这两种见解虽然对监督客体的外延理解认识不同,但是都认为法律监督客体的重点应当是国家司法机关和行政执法机关及其工作人员。将监督的重点定位于国家司法机关和执法机关及其工作人员,是由于他们是实施宪法和法律的法定机关,他们所进行的各种公务活动对于维护宪法和法律的统一和尊严具有特殊重要的意义。

(三) 法律监督的内容

法律监督的内容包括与监督客体行为的合法性有关的所有问题。由于对客体的广义与狭义两种不同认识,所以对监督内容的范围的理解也有广、狭两义。狭义观点认为,法律监督的内容是对有权的国家机关及其工作人员的立法、司法和执法活动进行监督。其中包括对有关国家机关制定规范性文件的合法性及合宪性进行监督,以及对司法和执法活动的合法性进行监督。广义的观点认为法律监督的内容除了包括上述内容外,还应包括对社会组织和公民活动的合法性进行监督。我们认为,法律监督的内容应当是广泛的,包括:国家立法机关行使国家立法权和其他职权的行为,国家司法机关行使司法权的行为,国家行政机关行使国家行政权的行为,共产党依法执政和各民主党派依法参与国家的政治生活和社会生活的行为,各社会团体、社会组织参与国家的政治生活和社会生活的行为,以及普通公民的法律活动。监督的重点是国家司法机关的司法行为和国家行政机关及其工作人员的执法行为。

（四）法律监督的权力与权利

法律监督的权力与权利是指监督主体监视、察看、约束、制约、控制、检查和督促客体的权力与权利。"工欲善其事，必先利其器"，法律监督的权力与权利就是行法律监督之事的"器"。法律监督的权力与权利之所以是法律监督的构成要素，主要有三个原因：第一，法律监督内容的重点，是有关国家机关行使权力的行为，监督的目的是保证监督客体正确行使权力，严格依法办事，维护法律的统一、尊严和有效实施。第二，历史表明，只有对国家权力进行合理划分，以权力制约权力，才有可能使监督成为真实、有效的监督。第三，法律的基本特征之一就是国家强制性，以国家强制力为后盾，追究违反或背离法律的行为并施与制裁，是建立、维护法律秩序的题中应有之义。因此，一定的法律监督权，对于有效开展法律监督，防止对权力的滥用，实现法律监督的目的必不可少。如果没有相应的法律监督权，法律监督就会形同虚设，无法发挥作用。在我国，权力与权利既有联系，又有区别。① 监督权作为管理国家的权力的一部分，为人民所有。由人民的监督权力所派生的包括：国家机关的监督权力以及公民、其他社会团体、社会组织依宪法享有的监督权利。不同的主体凭借自己依法拥有的监督权力与权利，积极主动地开展法律监督，就会充分发挥法律监督的功能，实现法律监督的目的。

（五）法律监督的规则

法律监督的规则包括法律监督的实体规则与程序规则两部分。法律监督的实体规则是指规定所有监督主体的监督权力与权利以及监督客体相应的责任与义务的法律规则。法律监督的程序规则是指规定主体从事监督行为的顺序、方式和手续的规则。责任与权力、义务与权利有着密不可分的关系。将监督主体和客体的权力与权利、责任与义务法律化、制度化，是使法律监督有效、有序的重要环节，是法律监督法治化的必然要求。法律监督的程序规则在法律监督机制中同样具有非常重要的作用。一方面，一定的程序规则是实体规则得以实现的前提；另一方面，一定的程序规则本身还具有制约权力、防止权力滥用的功能。所以说，法律监督的规则对于保证监督活动顺利、有效地进行，充分发挥法律监督的效果，具有十分重要的作用。目前我国虽然已经有了《各级人民代表大会常务委员会监督法》《行政监察法》和《行政监察法实施条例》，以及全国人民代表大会常务委员会《关于加强对法律实施情况检查监督的若干规定》《关于加强中央预算审查监督的决定》《关于加强经济工作监督的决定》等法律、法规，但从总体上来看，有关法律监督的实体规则仍然有待健全并系统化，有关法律监督的程序规则更亟待加强。例如，我国《宪法》规定全国人大和全国人大常委会行使

---

① 参见沈宗灵：《权利、义务、权力》，载《法学研究》1998年第3期。

宪法监督权,但对如何行使此项权力却没有必要的规定和具体的制度,比如:对制定法律、行政法规、地方性法规的行为怎样进行监督?怎样处理违宪案件?违宪的具体的法律、政治、行政后果是什么?公民的基本权利受到损害,在一般法律没有规定救济措施的情况下,如何得到宪法救济?[①] 这都需要通过制定具体的法律规范加以落实。

四、法律监督的分类

法律监督的分类,是指按照不同的标准,从不同的角度对法律监督的方法或体制所作的划分。研究法律监督的分类,有助于我们多方面了解法律监督的结构、特点,更充分地发挥法律监督的功能。

(一)国家性的监督和非国家性的监督

这是根据监督主体和监督权的性质不同所作的划分。国家性的监督主体是国家机关。国家性的监督主体拥有宪法和法律赋予的监督权力(职权),国家性监督主体依法行使监督权的行为是具有国家强制性的行为,监督客体如果不依法接受这种国家性监督,就要承担相应的法律责任。如果国家性的监督主体不行使或不依法行使监督权,会因为渎职或滥用职权而承担相应的法律责任。非国家性监督也称社会监督,其监督主体享有宪法和法律确认的监督权利。与国家性监督主体依法行使监督权的行为不同,非国家性监督主体行使监督权的行为不具有国家强制性。但是,这种监督行为却可以成为国家性监督介入的先导。

(二)内部监督和外部监督

这是根据系统论的理论,按照监督的主体和客体是否同属一个组织系统而作的分类。内部监督的监督主体与监督客体同属于一个组织系统,如行政系统的内部监督。所谓内部监督,一般是在系统内部,设有一个或几个专司监督的子系统,对其他子系统进行监督。外部监督的监督主体与监督客体分别属于不同的系统,甚至监督主体同时是监督客体,监督客体同时是监督主体。外部监督的特点是监督权来自系统外部,不会受到系统内由于利益驱动导致的对监督权的破坏;由于监督主体与客体交叉而形成的监督权的交叉,扩大了监督范围,强化了监督力度,因而监督效果好。只有外部监督才真正体现了权力合理划分与制约的要求,因此外部监督是真正民主的监督,而且,由于外部监督避免或减少了决策失误,因而外部监督的社会效益大于内部监督的社会效益。

---

① 参见李步云主编:《立法法研究》,湖南人民出版社1998年版,第255页。

五、当代中国法律监督的意义

法律监督是国家法制的重要组成部分,对社会生活和经济生活有着广泛的影响。在我国,法律监督的重要意义主要表现在以下方面:

(1) 法律监督是社会主义民主政治的保障和重要组成部分。社会主义民主是社会主义法律的基础。社会主义民主政治是代表制民主,是一种间接民主制度。在这种制度下,不可能每个公民都直接参加国家各项事务的管理,多数事务只能靠由公民选举产生的代表以及由代表们选举或任命的官员去管理。国家机关及其工作人员拥有管理国家事务的多项权力。权力具有腐蚀性。不受制约的权力必然被滥用,导致腐败。腐败是公职人员为实现其私利而违反社会规范的行为,它的基本形式就是政治权力与财富的交换。① 为了防止权力滥用和腐败,为了保证少数管理者始终按大多数不能直接参加管理的人的意志办事,就要将权力置于监督之下,从而保障民主政治的安全。《联邦党人文集》的作者指出:"如果人都是天使,就不需要政府了。如果天使统治人,就不需要对政府有任何外来的或内在的控制了。在组织一个人统治人的政府时,最大困难在于必须首先使政府能管理被统治者,然后再使政府管理自身。毫无疑问,依靠人民是对政府的主要控制;但是经验教导人们,必须有辅助性的预防措施。"②法律监督就是一种至关重要的预防措施。同时,法律监督是普通公民参与民主政治的重要方式。美国学者科恩认为:"民主是一种社会管理体制,在该体制中社会成员大体上能直接或间接地参与和可以参与影响全体成员的决策。"③

在我国,普通公民可以通过行使自己的监督权利以及其他监督方法参与国家的政治生活,实现自己的政治权利。毛泽东曾经指出:"只有让人民来监督政府,政府才不能松懈。只有人人起来负责,才不会人亡政息。"④邓小平总结了过去的经验教训,指出要加强群众监督制度,并使之法律化、制度化,他说:"要有群众监督制度,让群众和党员监督干部,特别是领导干部。凡是搞特权、特殊化,经过批评教育而又不改的,人民就有权依法检举、弹劾、撤换、罢免,要求他们在经济上退赔,并使他们受到法律、纪律处分。对各级干部的职权范围和政治、生活待遇,要制定各种条例,最重要的是要有专门的机构进行铁面无私的监督

---

① 参见〔美〕塞缪尔·亨廷顿:《变革社会中的政治秩序》,李盛平等译,华夏出版社1988年版,第59、66页。
② 〔美〕汉密尔顿等:《联邦党人文集》,程逢如等译,商务印书馆1980年版,第264页。
③ 〔美〕科恩:《论民主》,聂崇信、朱秀贤译,商务印书馆1988年版,第10页。
④ 转引自薄一波:《若干重大决策与事件的回顾》(上卷),中共中央党校出版社1991年版,第157页。

检查。"①

(2) 法律监督是依法治国,建设社会主义法治国家的保证。法律的权威高于个人的权威,通过法律控制权力,是法治与人治的一个根本区别。实现依法治国、建设社会主义法治国家必然要求严格依法办事、维护社会主义法律的统一和尊严,要求正确贯彻党和国家的方针政策,保证政令畅通,要求禁止各级官员特别是高级官员滥用权力,严惩执法犯法、贪赃枉法。行政机关和司法机关掌握着国家的行政权和司法权,是维护法律的统一和尊严、保证政令畅通的职能机关。以权力的合理划分与相互制约为核心的法律监督,使得这些职能机关及其工作人员在制度上无法滥用权力,因而是保证司法机关、执法机关严格依法办事、恪尽职守、廉洁自律的关键。同时,有效的法律监督对于监察、督促所有国家机关、社会组织和公民遵守宪法和法律,依法办事,也具有十分重要的意义。

(3) 法律监督是建立和完善社会主义市场经济的需要。在社会主义市场经济体制下,国家在经济方面的职能主要是对市场活动进行宏观调控,由市场来引导企业,而不是由国家直接管理和经营企业;国家通过制定法律,规定经济主体的行为模式,经济主体依照法律自主地从事各种与私与公两利的活动。法律监督可以一方面维护各经济主体最大限度地发挥自己的经济活力,另一方面监察、督促他们根据法律的指引合理、合法、有效地从事各种经济活动,维护社会利益,促进社会主义市场经济的健康发展。

第二节 国家机关的监督

国家机关的监督,包括国家权力机关、行政机关和司法机关的监督。我国宪法和有关法律明确规定了国家监督的权限和范围。这类监督都是依照一定的法定程序,以国家名义进行的,具有国家强制力和法律效力,是我国法律监督体系的核心。

一、国家权力机关的监督

(一) 国家权力机关监督的重要意义

在现代西方社会,责任制内阁也好、非责任制内阁也好,按照三权分立原则建立的政体也好、按照议会至上原则建立的政体也好,虽然监督权的范围与规模不尽相同,但监督权都是代议制机关的一项重要权力,它对于维护法治、捍卫民主,防止专横,抑制腐败,具有非常重要的作用。

我国实行人民代表大会制,与西方政治制度的模式不同,国家权力机关及其

---

① 《邓小平文选》(第2卷),人民出版社1994年版,第332页。

监督权在国家政治生活中地位和作用更为重要。在我国,国家的一切权力属于人民。人民行使国家权力的机关是全国人民代表大会和地方各级人民代表大会。坚持和完善人民代表大会制度,保证人民代表大会及其常委会依法履行国家权力机关的职能,是健全社会主义民主制度、保证人民掌握管理国家的权力的一项重要内容。国家权力机关的监督是国家权力机关依法履行其职能的重要组成部分,是人民行使国家权力的重要方面。

(二) 国家权力机关的监督主体与监督客体

国家权力机关的监督,是指各级人民代表大会及其常务委员会为全面保证国家法律的有效实施,通过法定程序,对由它产生的国家机关实施法律的监督。这种监督的主体是各级人民代表大会及其常务委员会,其中全国人民代表大会及其常务委员会在整个法律监督体系中居于主导地位。

国家权力机关监督的客体,可以分为三类。第一类是那些由国家权力机关及其常设机关产生并向它们负责的国家机关及其组成人员。第二类是有关国家权力机关及其组成人员。根据我国《宪法》,全国人民代表大会有权改变或者撤销全国人民代表大会常务委员会不适当的决定,因此,全国人大常委会是全国人大的监督客体;根据我国《宪法》和有关法律,全国人大常委会有权撤销省、自治区、直辖市国家权力机关制定的同宪法、法律和行政法规相抵触的地方性法规和决议,地方县以上各级人民代表大会及其常委会有权改变或者撤销下一级人民代表大会的不适当的决议,因此,省、自治区、直辖市国家权力机关以及其他下级人民代表大会都是其上一级国家权力机关的监督客体;全国人民代表大会的代表和省、自治区、直辖市、自治州、设区的市的人民代表大会的代表是选举他们的代表大会的监督客体。第三类是国家武装力量、各政党、各社会团体、各企事业组织和公民个人。因为根据《宪法》,他们必须遵守宪法和法律,而监督宪法和法律的实施分别是国家最高权力机关及其常设机关和地方各级国家权力机关及其常设机关的重要职责。

(三) 国家权力机关监督的内容和方式

1. 国家权力机关监督的内容

国家权力机关的监督内容是广泛而带有根本性的。对此,可以从不同的角度进行概括。习惯上,人们将这种监督概括为法律上的监督和工作监督两种。法律上的监督,是指全国人大以及地方人大及其常委会对法律实施的监督。工作监督主要是指对政府、检察机关和审判机关工作的监督。工作监督的方式主要是:听取和审议这些机关的工作报告,向有关机关提出质询案,对重大问题组织调查委员会进行调查处理等,通称为对"一府两院"的工作监督。

如果以监督客体为基本标准、以监督内容的性质为辅助标准,可以大体上将国家权力机关法律监督的内容分为五种:(1) 立法监督,是指由国家权力机关对立法行为和立法活动及其结果的合法性所进行的监督。这里的"立法"是广义的立法,即不仅包括全国人大及其常委会的制定规范性法律文件的活动,而且包括其他所有国家机关制定规范性法律文件的活动。立法监督通常是由有较高立法权的机关对较低一级有立法权的机关制定的规范性法律文件是否违反法律、法规,是否相互矛盾和不协调,进行审查,并作出裁决和处理。立法监督的目的是消除法律、法规之间的抵触和不协调现象,维护国家法制的统一。① (2) 行政监督,是指对各级政府的行政行为的合法性进行的监督,包括对各种具体行政行为以及其他制定行政法规以外的抽象行政行为的监督。(3) 司法监督,是指由国家权力机关对各级司法机关适用法律的活动进行的监督。② (4) 人事监督,即对有关国家公职人员任职资格的监督,这种监督的重点是公职人员的腐败行为。(5) 宪法监督,是指监督各种法律、法规和其他规范性法律文件的合宪性,社会组织和公民个人的行为的合宪性,并解决宪法规定的国家机关权限之间的争执。

2. 国家权力机关监督的方式

在我国,国家权力机关监督的方式主要有:(1) 听取和审议工作报告,这是指通过定期召开会议,听取和审议政府和司法机关行使职权、履行职责的情况,以及这些机关对重大事项和专题工作的汇报,并作出相应的决议。这是人大监督的一种基本方式。(2) 审查文件,这是指对"一府两院"(政府、法院和检察院)依法呈送的规范性法律文件和非规范性法律文件进行审查,并作出相应决议。"使计划预算审查批准这一法律程序逐步成为实质性审批,是预算法、审计法实施以来不少地方人大及其常委会取得的突破性进展。"③ (3) 质询,指针对宪法、法律、法规和政令实施中的重大问题以及其他社会生活中的重大问题向行政机关及其工作人员提出询问,并作出相应决议。(4) 组织特定问题的调查委员会,是指全国人大及其常委会为查证某个重大问题而依照法定程序成立临时性调查组织,它是国家权力机关实施监督的一种重要形式,也是国家权力机关法定的调查方式。(5) 受理申诉、控告和检举,是指接受公民、社会团体、企业事业组织和机关对"一府两院"及其工作人员违法、失职行为的申诉、控告和检举,并进行处理。(6) 开展执法检查,这是指对法律和有关法律问题的决议、决定以及法规和有关法规问题的决议、决定贯彻实施的情况,进行有计划、有重点的检查监督。(7) 视察,是指由人民代表有组织地对法律、法规、有关决议和决定的贯

---

① 参见李步云、汪永清主编:《中国立法的基本理论和制度》,中国法制出版社 1998 年版,第 367 页。
② 这与后文所讲的国家司法机关的监督在主体上不同。
③ 侯召迅:《人大监督:最高层次的监督》,载《法制日报》1998 年 12 月 1 日。

彻执行情况,国民经济和社会发展计划、财政预算的执行情况以及人民群众反映强烈或普遍关心的问题进行视察。(8)督促办理人民代表和委员提出的建议、批评和意见,指督促"一府两院"办理人民代表和委员对其工作依法提出的各种建议、批评和意见。(9)代表评议、述职评议及审议撤销职务议案。①

（四）国家权力机关监督的发展

在法治的方针下,我国人民代表大会多种方式的民主监督工作以及相关的制度建设在地方、省和中央三个层面全面展开。

下面的两组数字显示了1979—2004年间每次全国人民代表大会全体会议代表提出的议案情况。

表1 各次全国人民代表大会全体会议的议案情况(1979—1998)

(1)	1979	1980	1981	1982	1983	1984	1985	1986	1987	1988	1989	1990	1991	1992	1993	1994	1995	1996	1997	1998
(2)	5届2次	5届3次	5届4次	5届5次	6届1次	6届2次	6届3次	6届4次	6届5次	7届1次	7届2次	7届3次	7届4次	7届5次	8届1次	8届2次	8届3次	8届4次	8届5次	9届1次
(3)	1890	2300	2318	2102	61	114	128	265	262	488	411	384	471	472	611	723	732	603	700	830
(4)					2331	2697	2832	3341	3014	3847	3778	3491	3491	1731	1687	1605	1593	1958	1289	

表中(1)=年,(2)=全国人民代表大会全体会议,(3)=议案数,(4)=意见、批评、建议的数字。

数据来源:刘正等编:《人民代表大会工作全书》,中国法制出版社1998年版,第1418—1420页。

表2 各年全国人民代表大会全体会议代表提出的议案情况(1999—2004)

年份	全国人民代表大会全体会议	会议收到的议案数量	会议提请审议的议案数量
1999	9届,2次	759	229
2000	9届,3次	916	195
2001	9届,4次	1040	268
2002	9届,5次	1194	285
2003	10届,1次	1050	338
2004	10届,2次	1374	641

数据来源:《全国人民代表大会常务委员会公报》2004年第3期,第216—236页;2003年第2期,第252—262页;2002年第2期,第161—170页;2001年第3期,第266—275页;2000年第2期,第176—186页;1999年第2期,第207—217页。

表1、表2所显示的、逐渐上升的有关议案和意见、批评、建议的数字表明全国人大代表日益活跃,全国人大已是国家政治法律生活中一股不容忽视的力量。而且随着我国《各级人民代表大会常务委员会监督法》的制定和实施,全国人大

---

① 参见徐秀义:《我国省级人大常委会监督法规述评》,载《中国法学》1993年第5期。

常委会从 2007 年起开始制定《监督工作计划》，各省级人大也纷纷针对该法制定了相应的实施条例和办法，这使得权力机关的监督工作得到了进一步的制度化，有力地推动了监督工作的展开。另外，代表们还可以通过投票使政府、法院、检察院明白地感受到人大监督的实质意义。人大对法律实施进行一般监督的职能也开始逐步具有了重要意义，例如全国人大和地方人大加强了对政府预算的审查。

二、国家行政机关的监督

行政机关的法律监督，是指由国家行政机关所进行的法律监督。它既包括国家行政系统内部上下级之间以及行政系统内部设立的专门机关的法律监督，也包括行政机关在行使行政权力时对行政相对人的监督。因此，国家行政机关的监督可以分为四类，即一般行政监督、专门行政监督、行政复议和行政监管。

（一）一般行政监督

一般行政监督是指行政隶属关系中上级行政机关对下级行政机关所进行的监督。这种监督是依行政管理权限和行政隶属关系产生的，是由上级行政机关对所属部门和下级政府的监督，上级政府部门对下级政府部门实施法律、法规的监督。它同时也是行政机关行使管理职能的一种手段。这种监督主要表现在：国务院有权改变或者撤销各部、委发布的不适当的命令、指示和规章，改变或者撤销地方各级国家行政机关不适当的决定和命令。县级以上的地方各级人民政府有权改变或者撤销所属各工作部门和下级人民政府不适当的决定。

（二）专门行政监督

专门行政监督是指行政系统内部设立的专门监督机关实施的法律监督。它与一般行政监督的主要区别在于，它是由专门对行政机关及其公职人员进行法纪检查的职能机关作出的。专门行政监督在各国情况不同。在我国，它包括行政监察、审计监督两种。

（1）行政监察，是由行政监察机关进行的对国家行政机关及其工作人员和国家行政机关任命的其他人员执行法律、法规、政策和决定、命令的情况以及违法违纪行为进行的监督。

（2）审计监督，是指由国家审计机关根据有关经济资料和国家法律、法规审核和稽查被审计单位的财政财务收支活动、经济效益和财政法纪遵守情况，以加强经济管理的专门监督检查活动。

（三）行政复议

行政复议，是指由行政复议机关根据公民、法人或者其他组织的申请，对被申请的行政机关的具体行政行为进行复查并作出决定的一种活动。

(四) 行政监管

行政监管,是指行政机关以法定职权,对相对方遵守法律、法规、规章,执行行政命令、决定的情况进行的监督。与上述前三类行政机关的监督不同,行政监管的客体是作为行政相对方的公民、法人或者其他组织;这种监督同时是一种行政管理手段,如工商行政监督、质量技术监督等。

三、国家司法机关的监督

司法机关的监督是我国监督制度的重要组成部分,包括检察机关的监督和审判机关的监督两种。

(一) 检察机关的监督

我国人民检察院是依照前苏联的模式设立的。[①] 我国《宪法》第 129 条规定:"中华人民共和国人民检察院是国家的法律监督机关。"根据《宪法》和有关法律规定以及目前的检察实践,检察机关的监督是一种专门监督,即对有关国家机关执法、司法活动的合法性以及国家工作人员利用职务的犯罪和其他犯罪行为所进行的监督。人民检察院的法律监督职能与诉讼活动有着密切的联系,或者是在诉讼过程中进行,或者最终通过诉讼得以完成。因此,可以将检察机关的监督分为三类:刑事诉讼监督、民事诉讼监督和行政诉讼监督。同时,我们可以说,检察机关扮演着双重角色:国家法律监督机关和(刑事)公诉机关。

当前,我国检察机关的法律监督存在着法律监督意识不强、对法律监督实践的理论支持不足、监督主体素质不高等问题。[②] 因此,检察机关的监督制度仍然需要进一步完善。在推进司法改革的过程中,既要总结新中国成立以来检察机关监督的历史经验,又应考虑国外一些国家检察机关设置的经验以及我们目前改革的方向,充分发挥检察机关作为国家公诉人和国家法律监督机关的双重作用,在开展法律监督、防止司法腐败与维护审判独立、保护诉讼参与人的合法权利之间保持合理的平衡。

(二) 审判机关的监督

审判机关的监督,也称人民法院的监督。在我国,人民法院是行使国家审判权的专门机关,在我国整个法律监督体系中具有重要地位。人民法院的监督分为三种。

---

① 李世英:《当代中国监察制度》,中国社会科学出版社 1988 年版,第 7 页。
② 参见向泽选:《法律监督的困惑与出路——从实证角度考量法律监督的运行机制》,载《法学杂志》2007 年第 5 期。

1. 人民法院系统内的监督

根据我国《宪法》和《人民法院组织法》的规定,最高人民法院监督地方各级人民法院和专门人民法院,上级人民法院监督下级人民法院的审判工作,最高人民法院对各级人民法院已经发生法律效力的判决和裁定,上级人民法院对下级人民法院已经发生法律效力的判决和裁定,如果发现确有错误,有权提审或者指令下级人民法院再审。各级人民法院院长对本院已经发生法律效力的判决和裁定,如果发现在认定事实上或者在适用法律上确有错误,必须提交审判委员会处理。最高人民法院于 1998 年先后公布的《人民法院审判人员违法审判责任追究办法(试行)》《人民法院审判纪律处分办法(试行)》《最高人民法院督导员工作条例》等文件,对有效开展人民法院系统内的监督,具有十分重要的意义。

2. 人民法院对检察机关的监督

人民法院对检察机关的监督是在办理刑事案件的过程中,通过行使审判职权来实现的。人民法院对人民检察院的监督是在分工负责、互相配合、互相制约的框架内进行的,因而监督主体与监督客体之间形成双向的监督关系。

3. 人民法院对行政机关的监督

人民法院对行政机关的监督是通过依法审理与行政机关及其工作人员有关的刑事案件、行政案件、经济案件等,以判决、裁定的形式处理行政机关及其工作人员的违法行为和犯罪行为来实现的。我国行政法学者认为,人民法院依法对具体行政行为的合法性进行审查的司法活动是司法审查。① 我国《行政诉讼法》第 53 条第 2 款规定:"人民法院认为地方人民政府制定、发布的规章与国务院部、委制定、发布的规章不一致的,以及国务院部、委制定、发布的规章之间不一致的,由最高人民法院送请国务院作出解释或者裁决。"据此可以认为人民法院对于较低层次的抽象行政行为拥有间接审查的权力,即虽没有直接作出司法判决的权力,但具有审查、判断、适用权。②

第三节 社会监督

社会监督,即非国家机关的监督,指由各政党、各社会组织和公民依照宪法和有关法律,对各种法律活动的合法性所进行的监督。由于这种监督具有广泛性和人民性,因此在我国的法律监督体系上具有重要的意义。根据社会监督的主体不同,可以将它分为以下几种:

---

① 罗豪才主编:《行政法学》,北京大学出版社 1996 年版,第 389 页。
② 同上书,第 390 页。

（一）中国共产党的监督

中国共产党的监督，是我国的一种具有关键性的法律监督形式。中国共产党是执政党，在国家生活中处于领导地位，在监督宪法和法律的实施，维护国家法制统一，监督党和国家方针政策的贯彻，保证政令畅通，监督各级干部特别是领导干部，防止滥用权力等方面，具有极为重要的作用。

中国共产党的监督的重要作用可以从两方面说明。首先，中国共产党作为全国各族人民的领导核心，领导人民制定宪法和法律，共同遵守、执行宪法和法律，保障宪法和法律的实施。党运用对人民群众的领导机制，领导与动员人民群众和各种社会组织去依法对所有监督客体，特别是执政的党组织和党员干部，进行广泛的监督。其次，按照"党要管党"的原则，运用党内民主监督与制约机制，加强对从政的党员特别是领导干部的严格监督。一方面，通过扩大党内民主，保障党员权利，以充分发挥全体党员与党组织在党的监督中的作用。另一方面，建立、健全有关党内监督的规章制度，充分发挥党内监督机制的功能。党的十七大报告明确提出："建立健全中央政治局向中央委员会全体会议、地方各级党委常委会向委员会全体会议定期报告工作并接受监督的制度。"这一重要举措对于完善党内民主、加强党内监督、规范党的权力运作具有深远意义。

为了充分发挥党的监督的作用，需要在制度上解决这样几个问题：第一，通过政治体制改革，避免权力过分集中。一些身居要职者的腐败行为之所以未被及时揭露出来，与党内权力过分集中、监督机制失灵有直接关系。法律监督的要义是权力之间的合理划分与相互制约。但是，由于党政不分，权力过分集中于党的个别领导人，使得以国家机关之间权力划分与制约为核心的监督机制无法发挥作用。邓小平曾经在《党和国家领导制度的改革》一文中深刻分析了权力过分集中的表现与危害，他尖锐地指出："权力过分集中的现象，就是在加强党的一元化领导的口号下，不适当地、不加分析地把一切权力集中于党委，党委的权力又往往集中于几个书记，特别是集中于第一书记，什么事都要第一书记挂帅、拍板。党的一元化领导，往往因此而变成了个人领导。权力过分集中于个人或少数人手里，多数办事的人无权决定，少数有权的人负担过重，必然造成官僚主义，必然要犯各种错误，必然要损害各级党和政府的民主生活、集体领导、民主集中制、个人分工负责制，等等。"①他认为，应当通过政治体制改革，实行党政分开，这是改善党的领导的重要步骤。② 因此，在党的领导权与国家的立法权、司法权、行政权之间进行合理划分，是充分发挥监督机制功能的重要前提。第二，

---

① 《邓小平文选》第2卷，人民出版社1994年版，第328—329页。
② 《邓小平文选》第3卷，人民出版社1993年版，第177页。

党应当依据法律实施监督。党的监督的目的是保证监督客体活动的合法性,因此应当在法律程序内开展监督,以保证自己的党员和党组织严格依法办事。

(二) 社会组织的监督

社会组织的监督,主要指民主党派、人民政协和社会团体的监督。

在我国社会主义初级阶段,在人民内部,不同的社会阶层和社会集团的人,由于经济利益、生活方式、文化素养和觉悟程度的不同,政治要求也不尽相同,他们必然要通过一定的政治组织或社会团体反映自己的观点和愿望。我国的各民主党派是各自所联系的一部分社会主义的劳动者和一部分拥护社会主义的爱国者的政治联盟,是接受中国共产党领导的,同中国共产党通力合作、共同致力于社会主义事业的亲密友党,是参政党。他们参加国家政权,参与国家大政方针和国家领导人选的协商,参与国家事务的管理,参与国家方针、政策、法律、法规的制定和执行。他们通过多种形式、多种途径积极地开展法律监督的工作,是法律监督的一支重要的社会力量。

中国人民政治协商会议(以下简称"人民政协")是中国人民爱国统一战线的组织,是中国共产党领导的多党合作和政治协商的重要机构,是我国政治生活中发扬社会主义民主的重要形式。长期以来,人民政协在政治协商和民主监督方面发挥着重要作用。全国政协会议与全国人大会议同时召开,共商国是,已经成为习惯。政协委员以视察、调查研究等方式进行的法律监督,在实践中发挥了积极、有效的作用。现在应当总结经验,完善政党立法,实现政治协商、民主监督的法律化、制度化。社会团体的法律监督,主要是指由工会、共青团、妇女联合会以及城市居民委员会、农村村民委员会、消费者保护协会、环境保护组织等社会组织所进行的法律监督。工会、共青团、妇女联合会是中国共产党联系广大人民群众的桥梁和纽带,在管理国家和社会事务中发挥着民主参与和民主监督的重要作用。城市居民委员会、农村村民委员会是群众性自治组织。消费者保护协会、环境保护组织等社团是在市场经济条件下发展起来的公民参与社会监督、进行自我保护的利益集团。这类监督作为一种集体监督,可以在某些特定的领域发挥重要的监督作用。

(三) 公民的监督与表达自由

公民的监督,是指由公民直接进行的法律监督。这种监督的主体是公民个人;客体是所有国家机关及其工作人员、政党、社会团体、社会组织、大众传媒。监督内容包括:国家立法机关行使国家立法权和其他职权的行为,国家司法机关行使司法权的行为,国家行政机关行使国家行政权的行为,共产党依法执政、各民主党派依法参与国家的政治生活和社会生活的行为,各社会团体、社会组织参与国家的政治生活和社会生活的行为,以及普通公民的法律活动。

我国《宪法》规定,中华人民共和国的一切权力属于人民。人民依照法律规定,通过各种途径和形式,管理国家事务,管理经济和文化事业,管理社会事务。公民对于任何国家机关和工作人员,有提出批评和建议的权利;对于任何国家机关和工作人员的违法失职行为,有向有关国家机关提出申诉、控告或者检举的权利,但是不得捏造或者歪曲事实进行诬告陷害。对于公民的申诉、控告或者检举,有关国家机关必须查清事实,负责处理。任何人不得压制和打击报复。根据我国《宪法》,公民法律监督的权利是我国人民所拥有的国家权力的必不可少的表现形式和组成部分。公民的监督行为是一种法律行为。它或者直接促使监督客体纠正错误、改进工作,或者可以启动诉讼程序或国家权力机关的监督,任何破坏或阻止公民行使监督权的行为,都是违法行为,应当受到法律的追究。

作为公民的一项基本权利的表达自由,对于公民的法律监督具有特殊重要的作用:(1)启动公共权力内部的监督机制;(2)维持和促进政府机构及其官员的自律意识;(3)通过选举机制发挥作用。① 可以说,充分的表达自由是实现各种社会监督的必要条件。

为了充分发挥公民监督的作用,还需要在监督的法律化、制度化方面做很多的工作。同时,需要认真研究伴随网络、信息技术的普及而出现的公民监督的新的形式,例如网上举报等,对其需要作出妥当的法律规范。

(四)法律职业的监督与法律职业的成熟

当我们讲"法律职业的监督"的时候,是从"法律职业"的狭义上讲的,专指律师和法学家。律师和法学家是人民群众的一部分,法律职业的监督当然属于人民群众的监督。但是,由于这些人专门从事法律职业,拥有关于法律的专门知识,因此,他们在法律监督体制中具有特殊重要的作用。律师在向当事人提供法律服务、代理当事人参与诉讼、为当事人出庭辩护和办理其他法律事务的过程中,可以监督和制约司法机关、行政机关的司法、执法工作。通过完善法律、法规、规章和律师自律的章程、规范、约束、指引律师职业行为,可以充分发挥律师在法律监督中的作用。

法学家以研究和教授法学为职业。法学家的监督,在西方国家中"通常被认为是最为公正的监督,因而得到普遍的推崇"②。法学家可以在法律监督中发挥特殊作用的原因有三点:第一,与一般公众相比,他们有更为强烈的追求法治和社会公正的意识,法学家不仅积极参与改进和完善立法,而且热切关注司法与执法,以其敏锐的观察力监督法律的实施;第二,法学家的职业特点和特殊的知

---

① 参见侯健:《表达自由的法理》,上海三联书店2007年版,第71页。
② 顾培东:《社会冲突与诉讼机制》,四川人民出版社1991年版,第252页。

识结构,使得法学家具有较强的法律监督能力;第三,法学家既不像律师那样由于为当事人提供服务而可能影响自己的判断力,也不像国家机关公职人员那样握有公共权力,因此他们的监督具有因其超脱地位而带来的客观性和说服力。所以说,法学家是法律监督中重要的人力资源。

这里在讲"法律职业的成熟"时,是从"法律职业"的广义讲的,包括所有以司法、执法、法律服务、法学研究和法学教育为职业的人士。所谓成熟的法律职业,即能够自治、自律,具有相应专业能力、良知和职业伦理的法律职业共同体。在"人治与法治之争"中,人的作用经常被提出来。我们以为,肯定人的重要作用不在于否定法治,而在于重视法律从业人员的人格与能力。目前重要的是建立一个自治、自律、有共同法律观念,其成员可以从中得到规训的法律职业共同体。在这一共同体内,人们拥有共同的法律信仰和严格依法办事的态度和职业习惯。这既有助于维护法律职业的正直和气节,又有利于防止外界干涉。司法独立将有助于法律职业的早日成熟。可以说,实现司法独立与法律职业的成熟是互为因果的一件事情的两个方面。而法律职业的成熟对于防止司法腐败、实现司法公正有着重要意义;它也是法律职业的监督得以有效发挥作用的基础和发挥更大作用的条件。

(五) 新闻舆论的监督

新闻舆论的监督,是由新闻媒介进行的监督。它既是宪法规定的公民享有言论、出版自由在法律监督领域的具体应用,也是人民群众的监督在新闻、出版领域中的体现。在现代社会,新闻工作者是以自己对社会事件的报道和评价,参与社会生活与政治生活的;新闻工作者以自己的职业敏感,运用报纸、广播、电视、网络等大众传播媒介,对社会生活进行广泛的、甚至是无孔不入的报道,因此在社会生活中扮演着重要的角色。新闻舆论监督因其反应速度快、传播范围广,而具有相当大的道义影响和震撼力。同时,新闻舆论监督,可以在法律监督方面起到防微杜渐、防患于未然的作用。所有严重、恶劣的腐败事件和腐败分子,都有一个从小到大、由轻至重的发展过程。如果存在一个有效的舆论监督机制,将尚不严重的、见不得人的权钱交易等腐败丑闻公之于众,使其成为众矢之的,那就可以在很大程度上遏制腐败的滋长和蔓延。古人讲:"民之有口,尤土之有山川也,财用于是乎出;尤其原隰之与衍沃也,衣食于是乎生。口之宣言也,善败于是乎兴,行善而备败,其所以阜财用、衣食者也。"[①]这段话的意思是:"百姓有嘴,就像大地上有山河一样,资财器物从这里产生出来;又像大地上有平原洼地平川沃野一样,衣服粮食都从这里产生出来。百姓发表的意见,是成功或败亡的起

---

① 《国语·周语上》。

点,推行善政防范败亡,才正是增加财富、器物、衣物、粮食的办法。"①这里讲的是人民群众言论的益处,其中也包括舆论监督的作用。

舆论监督在法律监督体系中具有特别重要的意义。但是一方面,新闻工作者的工作权利和舆论监督权还缺乏充分的法律保护。另一方面,有些新闻报道由于个别从业人员受私利驱使不能做到客观、公正。在开展舆论监督时应避免干扰司法机关依法独立行使职权、避免误导群众;正确的舆论监督还应避免侵犯公民的隐私权。所有这些都说明,健全新闻法制,依法指引、规范、保障舆论监督,使新闻舆论监督法律化、制度化的重要性和迫切性。

（六）公民社会的形成对于当代中国法律监督的重要意义

公民社会(civil society,也有学者称之为市民社会、民间社会和文明社会),是一个原本由西方学者提出、用来研究西方社会的理论,同时也是具有不同意义和多种规范性词义的理论概念,研究者往往根据各自的需要和理论目的来使用它。近年来,中国学者也用它来研究中国社会的变迁与法治的发展。② 我们在此所说的公民社会,"是指包含了由个人、民间团体之间的自愿安排来组织的家庭、经济领域、文化活动及政治互动等若干社会生活领域的政治共同体,其重要特点是这些自治组织对国家政策和整个社会发生影响"③。

公民社会是一个以私人自治和公民个体权利为基础,建立在公共参与之上、公共空间充斥其中的社会。正是这种公共参与和公共空间使得各个社会主体的意见得到充分表达和交流,上述社会监督的各种形式可以有效地实现。因此,公民社会的形成,为落实上述社会团体的监督、公民的监督、法律职业的监督和新闻舆论的监督等创造了条件。

思考题

1. 怎样理解当代中国法律监督的实质与法律监督的构成？
2. 怎样理解当代中国的国家权力机关监督？
3. 怎样理解当代中国法律监督中的社会监督？

---

① 《国语选译》,高振铎、刘乾先译注,巴蜀书社1990年版,第4页。
② 例如马长山:《国家、市民社会与法治》,商务印书馆2001年版;邓正来:《市民社会理论的研究》,中国政法大学出版社2002年版。
③ 参见张骐:《走向和谐——当代中国的公民社会探析》,载《北京大学学报(哲学社会科学版)》2005年第4期。

参 考 书 目

1. 张晋藩:《中国法律的传统与近代转型》,法律出版社 1997 年版。

2. 王亚南:《中国官僚政治研究》,中国社会科学出版社 1981 年版。

3. 〔美〕达尔:《民主理论的前言》,朱丹、顾昕译,生活·读书·新知三联书店 1999 年版。

4. 〔美〕汉密尔顿等:《联邦党人文集》,程逢如等译,商务印书馆 1980 年版。

第四版后记

本书是普通高等教育"十五"国家级规划教材,供高等学校法学专业本科生学习法理学课程之用,也可供法学专业研究生参考。

本书体例按有关规定,每章正文前有提要,章末有思考题和参考书目。

本书由沈宗灵任主编。各章撰稿人(按撰写章节顺序排列)是:

第一章至第十一章、第十七章——沈宗灵教授(沈宗灵教授去世后,由沈宗灵教授的学生李清伟教授负责对第一、二、三、六、七、九、十一章进行修订,侯健教授对第四、五、八、十、十七章进行修订);

第十二章——罗玉中教授;

第十三章至第十五章——巩献田教授;

第十六章、第十八章至第二十章——张骐教授。

编者

2014 年 8 月

全国高等学校法学专业核心课程教材

法理学(第四版)	沈宗灵主编
中国法制史(第三版)	曾宪义主编
宪法(第二版)	张千帆主编
行政法与行政诉讼法(第五版)	姜明安主编
民法(第五版)	魏振瀛主编
经济法(第五版)	杨紫烜主编
民事诉讼法学(第二版)	江 伟主编
刑法学(第六版)	高铭暄、马克昌主编
刑事诉讼法(第五版)	陈光中主编
国际法(第五版)	邵 津主编
国际私法(第四版)	李双元主编
国际经济法(第四版)	余劲松、吴志攀主编
知识产权法(第四版)	吴汉东主编
商法(第二版)	王保树主编
环境法学(第三版)	汪 劲著